Inhalt

Christopher Balme (München)
Editorial 5

Aufsätze

Gerald Siegmund (Gießen)
Zappeln, Glitzern, Gestikulieren: Zum Verhältnis von Komödie, Subjekt und
symbolischer Ordnung im Theater René Polleschs 7

Katja Meroth und Sebastian Stauss (München)
Enkulturativer Bruch und Formen der Vermittlung. Empirische Befunde zum
deutschen Musiktheater 22

Maya Arad Yasur (Tel Aviv)
The Makerly Text & the Spectatorly Text. A Narratological Analysis of Rimini
Protokoll's *Remote Jerusalem* 40

Gulistan Gursel-Bilgin (Istanbul)
Theatre of the Oppressed for Critical Peace Education Practice: Difficult Dialogues
in the Turkish University Classroom 54

Lily Climenhaga (Alberta)
Performative Compassion: Blindness and Cynicism in Milo Rau's *Mitleid.
Die Geschichte des Maschinengewehrs* (2016) 70

Berenika Szymanski-Düll (München)
Between Uncertainty, Submission and Hope – Experiences and Reflections on Waiting
by Theater Migrants 89

Themenheft: Spielräume professionellen Schauspielens

Wolf-Dieter Ernst (Bayreuth), Anja Klöck (Leipzig)
Editorial 101

Aufsätze

Anna Volkland (Berlin)
Künstlerische Autonomie im solidarischen Kollektiv? Paradoxe Selbstverständnisse
und gefundene Spielräume von Ensembleschauspieler*innen in Stadttheaterbetrieben
des 21. Jahrhunderts 105

Hanna Voss (Mainz)
Leistungskörper/Körperleistung? – Die Aufnahmeprüfung an
Schauspiel(hoch)schulen aus ethnographischer Perspektive 120

Raimund Rosarius (München)
Stanislawski vs. Datensternchen: Fluide Spielräume junger Schauspielender im
digitalen Zeitalter der Volksrepublik China 135

Anja Klöck (Leipzig)
Spielraum, Intervention, Strukturwandel. Bertolt Brechts „kleine, wendige Truppen"
von 1956 153

Daniel Rademacher (Graz)
Unbestimmtheit üben. Kulturtheoretische Interventionen in den
Schauspielunterricht 166

Meike Wagner (Stockholm)
„Schöpferin glücklicher Stunden . . ." – Utopische Spielräume von Amateur-
Schauspielerinnen im frühen 19. Jahrhundert 177

Wolf-Dieter Ernst (Bayreuth)
Der pädagogische Spielraum. Die Schauspielerin als Rollenmodell der
Emanzipation 191

Terao Ehito (Sapporo)
Sprache und Hierarchie. Die Möglichkeit des Widerstands in internationalen
Koproduktionen des Regisseurs Suzuki Tadashi 205

Nora Niethammer (Bayreuth)
„But there is another side." Spielräume zwischen Markt und Kollektiv im frühen
Living Theatre 218

Rezensionen

Sarah Ralfs, *Theatralität der Existenz. Ethik und Ästhetik bei Christoph Schlingensief*
(Johanna Zorn) 231

Astrid Schenka, *Aufführung des offen Sichtlichen. Zur Poesie des Mechanischen im
zeitgenössischen Theater* (Franziska Burger) 232

Leon Gabriel, *Bühnen der Altermundialität. Vom Bild der Welt zur räumlichen
Theaterpraxis* (Christoph Rodatz) 234

Autorinnen und Autoren 237

Umschlagabbildung: View of empty auditorium, photo by Authentic Images.

© 2022 · Narr Francke Attempto Verlag GmbH + Co. KG
Dischingerweg 5 · 72070 Tübingen

Internet: www.narr.de
eMail: info@narr.de

Satz: typoscript GmbH, Walddorfhäslach
CPI books GmbH, Leck

ISSN 0930-5874
ISBN 978-3-8233-0428-9

Editorial

Christopher Balme (München)

Vielfalt und Diversität sind zwei Begriffe, die zur Zeit Konjunktur haben und auf kulturelle Differenzen hinweisen. Beide sind tendenziell integrativ, zumindest geben sie vor, kulturellen Unterschieden affirmativ gegenüberzustehen. Wie steht es aber mit der Wissenschaft? Wieviel Vielfalt und Diversität in der Methodologie und in den Gegenständen verträgt eine Disziplin wie die Theaterwissenschaft, ohne an Schärfe und Verbindlichkeit zu verlieren? Oder ist die Frage gar nicht legitim, weil der Forschungsfreiheit abträglich? Man könnte natürlich auf andere Disziplinen und deren längst abgeschlossene bzw. weiter voranschreitende Ausdifferenzierungsprozesse hinweisen. Die Soziologie gibt es wahrscheinlich nicht mehr, sondern eine Vielfalt an Subdisziplinen: Man ordnet sich ein in die Arbeits-, Rechts-, Umwelt-, oder, wenn man richtig am Rand stehen will, in die Kunst- und Kultursoziologie. Das sind wahrscheinlich unaufhaltsame Prozesse, die man *wissenssoziologisch* schlüssig erklären kann: Nicht nur die Gesellschaft wird komplexer, sondern die Wissensbereiche immer anspruchsvoller und spezialisierter. Die Naturwissenschaften sind besonders geschickt darin, neue Wissens- und damit Forschungsgebiete auszuweisen und damit auch institutionelle Stärke (Personal- und Sachmittel) zu sichern. Ich weiß nicht, ob es die mathematische Mikrobiologie gibt, aber es kann nur eine Frage der Zeit sein, bis jede Universität einen Lehrstuhl braucht.

Und die Theaterwissenschaft? Als Fachleute kennen wir unsere eigenen und die Spezialisierungen der Kolleg*innen. Das ist aber Insider-Wissen, das keinerlei Signalwirkung nach außen hat. Bei Neuausschreibungen sind wir zwar angehalten, Schwerpunkte und Denominationen zu definieren, aber ein theaterwissenschaftlicher Lehrstuhl (die wenigen, die es gibt) tragen bei Ausschreibungen immer noch den Anspruch, das Fach „in voller Breite" (aber nie Tiefe) zu vertreten. Das bedeutet implizit, die (westliche) Theatergeschichte von der Antike bis zur Gegenwart, Theatertheorie, Dramaturgie, Theaterarchitektur, Szenographie usw., und das sind nur die traditionellen Bezeichnungen, die in der eigentlichen Forschungsarbeit kaum eine Rolle spielen. Faktisch ist es aber so, dass Kolleg*innen, die etwa im Bereich des *applied theatre* arbeiten, recht spezielle, meistens empirische Forschungsmethoden einsetzen, die Spezialist*innen für antike Theaterarchitektur (gibt es sie überhaupt noch im Fach?) kaum kennen und wahrscheinlich gar nicht schätzen würden.

Ich weiß nicht, ob ein Heft von *Forum Modernes Theater* überhaupt repräsentativ für das Fach sein kann. In gewisser Weise schon, weil hier ein Querschnitt an Forschungsinteressen abgebildet ist. Wenn wir das vorliegende Heft, das sogar ein Doppelheft ist, betrachten, dann gewinnen wir einen gewissen Eindruck des fachlichen Geschehens, eine Momentaufnahme des disziplinären Pulses. Was die Artikel verbindet, ist, dass sie sich nicht leicht rubrizieren lassen im Sinne der oben genannten Begriffe (Theatergeschichte, -theorie usw.). Berenika Szymanski-Düll's Artikel über Migration und Warten verbindet die Aufführungsanalyse einer zeitgenössischen Inszenierung (*What They Want to* Hear an den Münchner Kammerspielen) mit historischer Forschung über Theatermigrant*innen des 19. Jahrhunderts auf der Grundlage wis-

Forum Modernes Theater, 33/1-2, 5–6.
Gunter Narr Verlag Tübingen

DOI 10.24053/FMTh-2022-0001

senssoziologischer Überlegungen zum Warten. Gulistan Gursel-Bilgins Essay über die Anwendung von Boals Methode des *Theater of the Oppressed* an türkischen Hochschulen ist eindeutig dem Feld des *applied theatre* zuzuordnen. Die drei Aufsätze von Siegmund, Yasur, und Climehaga befassen sich mit prominenten Vertreter*innen des postdramatischen Theaters: René Pollesch, Rimini Protokoll und Milo Rau. Der Aufsatz von Meroth und Stauss über Vermittlung im deutschen Musiktheater stellt ein Beispiel für empirische Publikumsforschung dar. Mit Ausnahme des historischen Beispiels bei Szymanski-Düll sind alle Aufsätze fest in der Gegenwart verankert, obwohl sie recht unterschiedliche Methoden anwenden. Die Theaterwissenschaft scheint auf dem besten Weg, den Wappenspruch der Vereinigten Staaten – e pluribus unum (aus vielen eins) – neu zu bestimmen. Die Vielfalt der Beispiele und der Methoden münden letztlich in das Hier und Jetzt. Oder anders formuliert: Anstatt sich in immer neue Subdisziplinen aufzufächern, bleibt das Fach einheitlich, dadurch, dass es sich vornehmlich mit der Gegenwart beschäftigt. Die deutsche Theaterwissenschaft steht hier nicht allein. Vor einigen Jahren hat ein renommierter Kollege aus Großbritannien, der an einem kleineren Institut arbeitete, mir ironisch versichert, der Lehrkörper an seinem Institut würde die Jahre 2000 bis 2010 „ganz gut abdecken".

Den Status einer Gegenwartswissenschaft zu sein, teilt die Theaterwissenschaft mit den meisten Sozial- und den Wirtschaftswissenschaften, den Natur- und Lebenswissenschaften: Eigentlich mit fast der ganzen Universität mit Ausnahme der Geschichtswissenschaften und den Philologien. Institutionell sind wir aber meistens mit diesen ‚alten' Fächern verbandelt und es stellt sich zunehmend die Frage, ob wir unser fachliches Potential – jetzt in die Zukunft gerichtet – in diesen alten Verbünden voll entfalten können? Wie auch immer man sich zu diesem Problem verhält – und es gibt gute Argumente für eine geschichtliche Orientierung –, die Frage nach der disziplinären Zuordnung für die Zukunft wird eine zentrale sein. Vielleicht beruht ja das Zukunftspotential des Fachs in der Konzentration auf die Gegenwart? Jedoch wäre es wichtig, der Gefahr der Atomisierung der Forschungsgegenstände dadurch zu entgehen, dass man das Theatergeschehen der Gegenwart mit Zukunftsfragen verknüpft. Denn letztere werden vermutlich immer stärker die Legitimation unseres wissenschaftlichen Tuns bestimmen.

Christopher Balme, München im April 2022

Zappeln, Glitzern, Gestikulieren: Zum Verhältnis von Komödie, Subjekt und symbolischer Ordnung im Theater René Polleschs

Gerald Siegmund (Gießen)

Der Beitrag unternimmt den Versuch, das Theater von René Pollesch strukturell als Komödie zu begreifen. Um dies zu tun, rücken die auffallenden kleinen Dinge und körperlichen Gesten der Schauspieler*innen wie das Gestikulieren oder Zappeln in den Vordergrund der Betrachtung, um als Elemente einer Komödienstruktur begriffen zu werden. Die Komödie ist für Pollesch ein Vehikel, über verschiedene Formen des Theaters, seine Spielweisen und Darstellungskonventionen zu sprechen. Damit verbunden ist die Frage nach einer anderen, zeitgenössischen Form von Subjektivität, die den Aporien spätmoderner Subjetivität kritisch begegnet. Polleschs Komödien antworten auf diese Herausforderungen mit dem Erspielen von Freiräumen, die durch die genuin theatrale Konfrontation von Logos, Sprache, und Körper, Physis, entstehen. Die symbolische Ordnung produziert auf diese Weise Unsinn als (neuen) Sinn, der andere Verbindungen zwischen ihren Elementen möglich erscheinen lässt.

Der Schauspieler Martin Wuttke gestikuliert heftig. Immer wieder streicht er mit beiden Händen an seinem Körper entlang und beugt dabei seinen Oberkörper leicht nach vorne als wolle er überprüfen, ob sein Körper noch da sei. Seine ungehaltene Art, aus der eine leichte Verzweiflung spricht, geht seinen Mitspielerinnen schon auf die Nerven: „Sie zappeln herum" oder später „Sie zappeln schon wieder herum", was Wuttke zurückweist: „Ich zapple doch gar nicht, das ist nur eine nichtartikulierte Äußerung."[1] Ungehalten hält er sich nicht, er desartikuliert seinen Körper just in jenem Moment, indem er auf ihn aufmerksam macht, ihn artikuliert und sogar auf ihm beharrt. Doch hat er überhaupt einen Körper? Wenn ja, ist dieser nach alter christlicher Tradition nicht ein bloßes Behältnis für die Seele? Ist er ein Garant für das Selbst und die Subjektivität des Menschen, die sich im und am Körper ausdrückt? Der Chor jedenfalls weist die Forderung von der Figur Margit Carstensen scharf zurück, doch bitteschön man selbst zu sein: „Du willst doch hier wieder nur, dass sich Subjektivität kon-

stituiert und Personen, an denen die Erfüllung von Moral gelingen kann."[2]

In Rene Polleschs Stück *Schmeiß dein Ego weg!*, das an der Berliner Volksbühne im Januar 2011 uraufgeführt wurde,[3] steht das Verhältnis von Körper und Subjekt auf dem Prüfstand. In einem Science-Fiction Szenario, das davon handelt, das die Figur Wuttke vor mehr als 200 Jahren eingefroren und nun wieder aufgetaut wurde, läuft Wuttke auf der Bühne herum und wundert sich, dass dort plötzlich eine baulich befestigte vierte Wand herumsteht, wo diese doch früher nur eine Redewendung war. Der Bühnenbildner Bert Neumann hat diese Wand als Fortsetzung der Holztäfelung des Zuschauerraums der Volksbühne auf die Bühne gestellt. Während die Figuren reden, so lässt sich dem Szenario entnehmen, reden die Schauspieler*innen auch von ihrem eigenen Tun; dem Schauspielen und dem Ort, an dem dies geschieht: der Bühne. Polleschs Text verhandelt das Verhältnis von Seele und Körper über die veristische Spielweise des bürgerlichen Theaters, das es den Zuschauern durch genaue Beobachtung hinter einer

Forum Modernes Theater, 33/1-2, 7–21.
Gunter Narr Verlag Tübingen

DOI 10.24053/FMTh-2022-0002

imaginären vierten Wand erlaubt, von äußeren Gesten auf das Innenleben der Figuren und deren moralischen Wahrhaftigkeit zu schließen. Das Verhältnis von inneren Seelenregungen zu deren körperlichem Ausdruck in Gesten und Mimik, die sich im Spiel der Schauspielerinnen und Schauspieler zu einer „natürlichen Gestalt"[4] verbinden, ist eines der Grundthemen des aufkommenden bürgerlichen Theaters im 18. Jahrhundert. Versteht sich Theater, in welcher Form auch immer, als Menschendarstellung, bleibt das Problem des 18. Jahrundets auch für ein zeigenössiches Theater virulent. Die Frage nach der Konstitution einer Person oder einer Figur auf der Bühne, an der Moral gelingen kann, wird in Polleschs Stück, das im oben ausgeführten Sinn *keine* Menschen darstellt, aufgegriffen und vom Chor infrage gestellt. Ist doch der Chor keine einzelne Person und damit auch kein Subjekt, das ‚sich' ausdrückt.

Immer wieder versucht Wuttkes Figur, seine Mitspielerinnen davon zu überzeugen, dass die Seele doch das Äußere des Menschen sei, dass es mithin gar keinen abgeschlossenen Innenraum der Seele geben kann, der auszudrücken wäre. Dabei stößt er auf Skepsis. „Was ist denn mit der inneren Schönheit?", möchte Margit Carstensen wissen. „Liebling, es gibt keine innere Schönheit", erwidert Wuttke. „Du must doch das hier sehen. Das was vor dir steht: die Seele. Ich bin's doch: die Seele".[5] Doch ähnlich wie Margit Carstensen, die entmutigt in ihrem bodenlangen altrosé-farbenen Kleid auf einem Sitzmöbel Platz genommen hat, sehen auch die Zuschauer*innen augenscheinlich den Körper von Wuttke, der in einem blauen Offizierskostüm steckt als sei er aus der Zeit gefallen. Das Publikum, wie es die Aufzeichnung einer Vorstellung verrät, lacht herzhaft. Warum wird aber an dieser Stelle und an vielen anderen vergleichbaren Stellen in diesem und auch in anderen Stücken von René Pollesch gelacht? Was ist so komisch an

der artikulierten nichtartikulierten Verzweiflung der Figur Wuttke?

Gestikulieren

Mein Text unternimmt den Versuch, diese auffallenden kleinen Dinge wie das Gestikulieren oder Zappeln als Elemente des Komischen zu begreifen.[6] Die Komödie ist für Pollesch ein Vehikel, über das bürgerliche Theater und seine Spielweisen und Darstellungskonventionen zu sprechen. Damit verbunden ist die Frage nach einer anderen, zeitgenössischen Form von Subjektivität, ist doch die alte längst zum Ort neoliberaler Ökonomisierung geworden. Die Flexibilisierung von Arbeitsverhältnisen in der Spätmoderne[7] hin zur Projektarbeit und die damit einhergehende Notwendigkeit zur permanenten Selbstoptimierung und Selbstdarstellung, um den eigenen Marktwert zu steigern, machen den Typus der Kunstschaffenden als Kreativsubjekt zum Modell allgemeiner Subjektivität. Will sich Theater nach wie vor als Instanz verstehen, die gesellschaftliche Entwicklungen kritisch reflektiert, wirft dies die Frage auf, welchen Umgang Theater mit diesem neuen Subjekttypus pflegen kann, ohne dessen Widersprüche zwischen dem Versprechen von Selbstverwirklichung und seiner gesellschaftlich prekären Realität blind zu reproduzieren.

War für Walter Benjamin bekanntlich das barocke Trauerspiel die allegorische Wiederholung und das Ende der antiken Tragödie als „Parodie"[8], so ist Polleschs Theater die Wiederholung bürgerlicher Theaterkonventionen wie jene der vierten Wand, des Vorhangs oder des veristischen Spiels unter anderen historischen Vorzeichen. Bei ihm wiederholt sich die Geschichte frei nach Karl Marx als Farce: Alles Bühnenbild ist offensichtlich Kulisse, alle Kostüme sind aus dem Fundus, alle Gefühle offensichtlich gespielt oder hergestellte Theatereffekte. Der Chor aus *Schmeiß dein Ego weg!* schminkt sich seine Tränen einfach auf, respektive er produziert sie durch das für die Zuschauer*innen sichtbare Auftragen einer tränenauslösenden Flüssigkeit. Echte Dialoge gibt es nicht und psychologisch motivierte Charaktere sucht man vergebens. Diese Verbindung zwischen der Form der Komödie, derer sich Pollesch bedient, und den Fragen zeitgenössischer Subjektivität ist, so meine These, keine zufällige. Vielmehr benutzt Pollesch die Komödie, weil sie eine bewusste Antwort darstellt auf die Fragen, die aktuelle gesellschaftliche Entwicklungen in Bezug auf das Subjekt aufwerfen. Mit ihrer Verwechslungssgtruktur erscheinen die Komödie als Selbstreflexion des thetralen ‚Als-ob‘ und ihre Subjekte damit als substanzlose Leerstellen. In Polleschs Arbeiten verbinden sich die Aporien von Subjektivität mit der Selbstreflexion der Arbeit mit und am Theater und seinen Konventionen. Auf die Herausforderungen aktueller symbolischer Orndungen antworten Pollleschs Komödien mit dem Erspielen von Freiräumen, die durch die genuin theatrale Konfrontation von Logos, Sprache, und Körper, Material, entstehen.

Die symbolische Ordnung produziert auf diese Weise Unsinn als (neuen) Sinn, der andere Verbindungen zwischen ihren Elementen möglich erscheinen lässt. Mit seinem Theater entwirft Pollesch mithin eine Vorstellung von Subjektivität, die bei allen tragischen Aporien, die sein Theater ausstellt, prinzipiell komisch strukturiert ist. Ich greife mit dieser These auf einen früheren Text zurück, den ich 2004 auf dem Kongress der Gesellschaft für Theaterwissenschaft in Wien gehalten habe.[9] Darin wurden Pollleschs Texte mit den Boulevardkomödien oder Farcen des französischen Autors Georges Feydeau verglichen und deren Komik im Verhältnis von Körper und Sprache auf der Bühne zu lokalisieren versucht. Im Gegensatz zu zahlreichen anderen Untersuchungen zur Komik in Pol-

leschs Theater analysiere ich hier eine Vielzahl von Verfahrensweisen, die komische Wirkungen auslösen. Von eingespielten Vidoeclips über das Austellen von Gesten bis hin zum Wörtlichnehmen von Sprache dienen sie zunächst dazu, das Geschehen zu unterbrechen. Was all diese Verfahren verbindet ist die Produktion von komischen Objekten, die ich als Effekte einer komischen Struktur lese und die es aus psychoanalytischer Sicht zu beschreiben gilt. Komik entzündet sich dabei an sowohl merkwürdigen als auch lächerlichen Gesten und Objekten, die wie das Zappeln der Figur Wuttke ohne Sinn und Verstand die Bühne bevölkern, um andere Ordungen aufscheinen zu lassen.

Stand der Forschung

Pollesch als Komödienautor und Komödienregisseur zu betrachten, hat in der Forschung bislang kaum Widerhall gefunden. Pollleschs Theater wird häufig als Diskurs- oder Poptheater begriffen. Arbeiten seine Stücke doch mit Zitaten aus der Populärkultur, etwa durch die Einspielung von bekannten Popmusiktiteln in den sogenannten Clips: kurze unmotivierte Unterbrechungen des Geschehens, die das Format des Videoclips oder des Werbefilms für die Bühne adaptieren. Pollleschs Texte greifen aktuelle theoretische Diskurse auf zum Zustand des Kapitalismus und den Veränderungen von Subjektivität, die er produziert. In *Schmeiß dein Ego weg!* wurden Gedanken und Zitate aus Jean-Luc Nancys Körperphilosophie in *corpus* und *singuläre plural sein* verwendet, die mal als direktes Zitat, mal als assoziativer Raum in einen von Pollesch geschriebenen Text einfließen. Der theoretische Diskurs, den er, wie zu zeigen sein wird, mit den Mitteln des Theaters und eben nicht nur der Literatur fortsetzt, wirft, wie der Kritiker Dietrich Diederichsen schon 2002 bemerkt hat, die Frage nach dem Ort und dem Ursprung der Rede auf, weil die „ganz fremde und künstliche Sprache akademischer Texte"[10] von den Schauspielern nicht verkörpert werden kann.

Der Widerstand, der das Sprechen theoretischer Texte auslöst, kann auch als Widerstand in der Aneignung und im Ausagieren der verhandelten Gedanken verstanden werden. Für Diederichsen reflektiert Polleschs Theater in Form und Inhalt den Übergang von einer Disziplinar- zu einer Kontrollgesellschaft im späten 20. Jahrhundert: „von der Dominanz fordistischer zu postfordistischer Produktion, von Repression zu Zwangspartizipation, von sedierter Passivierung durch Konsum und Massenkultur zu aktivierender Überidentifikation mit McJob und interaktiver Massenkultur, von Rollenspielenmüssen zu Authentischseinmüssen".[11] Doch die Form der Kritik, die Pollesch übt, verweigert, wie Achim Geisenhanslüke[12] oder Tim Schuster[13]bemerken, einen übergeordneten objektiven Standpunkt, von dem aus aktuelle gesellschaftliche Verhältnisse kritisiert werden könnten. Geisenhanslüke betont daher die affirmative Natur der Kritik, mit denen Polleschs Texte eine Abkehr von den Utopien von 1968, wie etwa der Forderung nach Selbstverwirklichung, vollziehen.[14]

Neben der Auseinandersetzung mit gesellschaftlichen Widersprüchen stellt für die Forschung die Selbstreflexion des Theaters einen weiteren Schwerpunkt dar. Birgit Lengers untersucht in ihrem Aufsatz den Einsatz von Medien in Polleschs Theater und stellt die These auf, dass sich in Polleschs medialen Grenzüberschreitungen das Theater selbst reflektiert.[15] Bettine Menke betrachtet Polleschs Theater als Dekonstruktion des bürgerlichen Theaterapparates, die die geschlossenen Räume und Figuren der Guckkastenbühne aufbricht.[16] Patrick Primavesi betont in seinen Texten immer wieder die konfligierenden Wirklichkeiten, die sich in Polleschs Stücken kreuzen und die in Folge die Grenze zwischen Theater und Wirklich-keit aufzulösen beginnen.[17] Im Anschluss an Brechts *Lehrstück* sieht er Polleschs Arbeit seit 2009 als eine Rückkehr zum und eine Arbeit am Chor, um das Potential eines „kollektiven Agierens" jenseits neoliberaler Ideologien auszuloten.[18]

In allen Ansätzen liegt der Schritt zur Komödie – als Form der Kritik, als Dekonstruktion von bürgerlichen Subjektivität – nahe, wird jedoch von den Autorinnen und Autoren nur zögerlich gemacht.[19] Für Bettine Menke zitiert Pollesch in seinen Inszenierungen „klamottige Komödien"[20]. Patrick Primavesi bezeichnet Polleschs Stücke eher beiläufig als „Kollektivkomödien"[21] und spricht dem Chor zu, „(komische) Funken"[22] im zeitgenössischen Theater schlagen zu können. Unklar bleibt jedoch in allen Fällen, worin diese Komik strukturell begründet liegt, wie sie in den Inszenierungen konkret ausgelöst wird und wozu sie gerade in der Auseinandersetzung mit aktuellen gesellschaftlichen Diskursen dient. Diesem Desiderat möchte ich in meinem Text ein Stück weit Abhilfe schaffen. Welche Art von Subjektivität entwirft René Pollesch jenseits des engagierten und sich selbst verwirklichenden Subjekts? Und was hat das Theater damit zu tun? Das Drama, so viel hat uns die eingangs kurz zitierte Szene mit Martin Wuttke gezeigt, spielt sich am Körper ab. Oder, um es präziser zu fassen, am Verhältnis von Sprache und Körper, der nicht in der Sprache aufgehen will. Diese Diskrepanz von Sehen und Hören, Bild und Text ist strukturell ebenso charakteristisch für die Arbeit am Theater wie für das menschliche Subjekt. Komik resultiert aus dem Missverhältnis von Logos und Physis, die voneinander abhängen und sich doch gegenseitig ausschließen.

Farce als Füllsel

Ab Mitte der 2000 Jahre tritt bei Pollesch das bürgerliche Theater auf. Von den möblierten

Interieurs der Bouelvardkomödien in *L'Affaire Martin!*[23], das den Salon der schlesischen Junkerfamilie Von Henckel zu Donnersmarck darstellen soll, dem üppigen Blumenvorhang in *Ein Chor irrt sich gewaltig*[24], der den Hintergrund für eine Liebeskomödie abgibt, bis hin zum veritablen Auftritt der vierten Wand in *Schmeiß den Ego weg!* zitiert Pollesch Formen und Versatzstücke unterschiedlicher Theterkonventionen, von denen zunächst einmal jeder Sinn abgefallen zu sein scheint. „Mit Boulevardtheater beschäftigen wir uns in letzter Zeit tatsächlich", so Pollesch in einem Interview aus dem Jahr 2006. „Komödien von Feydeau oder Labiche sind Formate, mit denen man rumspielen kann, die man auch als Ersatz für eine Inszenierung benutzen kann. Ein Vehikel für das, was wir zu sagen haben."[25] Hinzu kommt die Auseinandersetzung mit Brechts Theater ebenfalls als stummes Zitat. Für *Kill your Darlings! Streets of Berladelphia*[26] hat Bert Neumann den Wagen der Marketenderin aus Brechts Mutter Courage-Inszenierung nachgebaut, während auf einem halbhohen Brechtvorhang der Titel von Brechts Lehrstück *Fatzer* eingeblendet wird. Am Züricher Schauspielhaus lässt er 2016 in *Bühne frei für Mick Levčik*[27] in Casper Nehers Bühnenbild für Brechts Inszenierung der Antigone von Sophokles aus dem Jahr 1947 spielen.

Das Wort Farce kommt eigentlich aus der Küche: Es kommt vom Lateinischen „farcire" – was mit hineinstopfen übersetzt werden kann –, und bezeichnet ein Fleischfüllsel, mit dem etwa eine Gans gestopft wird. Zugleich bedeutet es „Posse": „Die Bedeutungsentwicklung", weiß das etymologische Wörterbuch des Duden, „erklärt sich dadurch, daß Possenspiele oft zwischen die einzelnen Akte eines ernsten Schauspiels eingeschoben wurden, um mit ihren komischen, burlesken Einfällen die Zwischenpausen ‚auszufüllen'."[28] Die Farce ist demnach etwas, das dazwischenkommt. Etwas,

ein Köper, der mit etwas anderem gefüllt wird. Diese Füllsel, die Farcen also, trennen aber auch das, was sie verbinden und ausfüllen. Ausgehend von dieser Definition kann man Polleschs Rede vom Boulevard als Vehikel auch als Struktur der Farce verstehen: Pollesch füllt das Boulevardtheater mit etwas ihm Äußerlichen und Fremden, eben der Farce als einer parasitären Form. Man kann Polleschs Stücke desweiteren auch als komische Zwischenspiele des etablierten Theaterbetriebs betrachten, Stücke, die die Spielpläne füllen, den gewohnten Ablauf durch die Art und Weise zu proben, zu arbeiten und mit dem Text umzugehen aber gehörig stören oder wie Patrick Primavesi betont, unterbrechen.[29] Sie besetzen, wie die Beispiele zeigen, alte Bühnenbilder des Boulevards und nisten sich in ihnen wie ein Fremdkörper ein. Polleschs Theater arbeitet parasitär, nicht originär. Es propft sich auf bestehende Strukturen und Formen des Theaters auf, um diese zu ver-rücken, von ihrem Platz zu schieben. Damit füllt und unterbricht es das Theater selbst, indem es seine Gattungen aufgreift und transformiert.

Die Farce ist nicht nur etwas, das dazwischen geschoben wird. Gleichzeitig arbeitet eine gute Farce ständig auch mit Ereignissen, die dazwischenkommen. Durch Auftritte von Personen zur falschen Zeit am falschen Ort müssen Pläne verschoben und Notlügen erdacht werden, die die eigentliche Handlung verschieben und auf Abwege führen. Allein die Bühnen der Salonkomödien ermöglichen ein solches Spiel mit Auf- und Abtritten: Die fast schon sprichwörtliche Tür auf-Tür zu-Mechanik der Farcen wiederholt sich in *Schmeiß dein Ego weg!* mithilfe der beiden Durchbrüche durch die vierte Wand, durch die die Figuren im Kreis rein und raus laufen können, wobei sie dies auch noch selbst thematisieren. „Aber sie sehen mich doch gar nicht!", ruft Wuttke Carstensen zu, die gerade wieder hinter der vierten Wand verschwunden ist.

Bettine Menke zeichnet in ihrer Analyse von *Schmeiß dein Ego weg!* detailliert nach, wie durch das Spiel mit der Vorder- und Rückseite der vierten Wand der Auftritt der Figuren auf der Szene ständig verschoben und suspendiert wird. Durch das Verweben von Außen und Innen, hinter und vor der Wand, vermögen sich die Figuren nie als solche abzuschließen. Ihr Potential, das als Voraussetzung der Figuren im Off liegen muss, aus dem heraus sie sich ablösen, indem sie auftreten und sichtbar werden, dringt mit auf die Bühne. Das Abwesende wird als Anwesendes auf die Bühne geholt mit dem Resultat, dass diese sich spaltet, verschiebt, uneigentlich wird. Die Versuchsanordnung des Stücks hält eine zusätzliche Komplikation bereit. Denn das eigentliche Geschehen, das für die Zuschauer*innen *hinter* der vierten Wand liegen soll, bleibt ihm vom Zuschauerraum aus gesehen unzugänglich. Die vierte Wand versperrt den Zuschauer*innen den Blick auf die eigentliche Bühne. Gespielt wird in Umkehrung dessen, was die vierte Wand im 18. Jahrhundert einmal leisten sollte, eigentlich auf dem Proszenium, d. h. also *vor* der vierten Wand, einem Bereich, der die Bühne mit dem Zuschauerraum *verbindet*. Das eigentliche psychologisch-emotionale Spiel der Schauspieler*innen, dessen Beobachtung die vierte Wand doch ermöglichen soll, findet hinter der vierten Wand statt. Um es in die Sichtbarkeit des Bühnenraums zurückzuholen, hängt über der Wand in einem alten üppigen Bilderrahmen eine Leinwand, auf die das Geschehen mit Hilfe einer Kamera aus dem Off projiziert wird. Die Projektion eines seelischen Innenraums nach außen wird hier also wörtlich genommen und in ein anderes Medium, den Video-Film, ausgelagert, das Bilder von emotional agierenden Schauspieler*innen produziert. Wie Menke bemerkt,[30] löst Pollesch damit das Bild von den auf dem Proszenium sichtbar agierenden und sprechenden Körpern ab; er trennt das Körperbild von seiner Physis und seinem Sprechen und etabliert auf diese Wiese wiederum im Wortsinn einen Körper, der außerhalb von sich – im Bild nämlich – ist. Zwischen Sprache, Körper und Bild fügt Pollesch Abwesenheiten ein, die, so möchte ich behaupten, Auslöser für die Komik der Inszenierungen sind. Die Szene spielt nicht nur im Hier und Jetzt, sondern auch im Damals und Dann sowie im Dort – hinter der Bühne, in einem anderen Medium.[31] Die Frage, die sich nun stellt, ist, warum Polleschs Trennung von Sprache und Körper Komik erzeugt. Darum geht es nun im nächsten Abschnitt.

Nicht Eins

In einem Interview aus dem Jahr 2002 versucht René Pollesch der komischen Wirkung seiner Stücke selbst auf die Spur zu kommen. So vermutet er, dass das Publikum deshalb lacht, weil „die Themen", die er in seinen Texten anspricht, „kollidieren. Dass die Schnitte so unrealistisch sind, die Anschlüsse so merkwürdig. Es gibt natürlich Effekte, die der Text produziert. In dieser Absurdität, die Komik erzeugt. Und diese unvermittelten Ausbrüche. Wenn man es nicht gewohnt ist: Jemand redet, dann schreit er, dann redet er einfach weiter, das ist", so Pollesch, „einfach komisch."[32] Pollesch führt den komischen Effekt seiner Texte und Inszenierungen auf die Schnitte zurück, also auf modernistische Verfahren technologischer Medien, wie sie Benjamin für den Film oder den Rundfunk reklamiert hat.[33] Im Gegensatz zum populären Film jedoch, der die Schnitte zugunsten der Illusion einer einheitlichen Narration verdeckt, macht Pollesch seine Schnitte zum Thema.[34]

Die slowenische Philosophin Alenka Zupančič weißt in ihrem Buch *Der Geist der*

Komödie darauf hin, dass die Komödie von „allen Arten von Kurzschlüssen"[35] lebe. Am deutlichsten werde dies, so Zupančič, wenn eine Person für eine andere gehalten wird, nur weil sie zufällig zugegen ist. Diese Kurzschlüsse oder, um Polleschs Begriff aufzugreifen, diese Schnitte durch die Logik einer Handlung oder die Stringenz einer Figur, werden in Polleschs Theater nicht durch ein veristisches Spiel überspielt, sondern geradezu ausgestellt. Das einzige, was die Episoden verbindet, *ist* der Schnitt oder der Riss, der durch die Logik der sprachlichen Ordnung hindurchgeht. Das, was im bürgerlichen Theater wie im Leben, als konsistente Ursache-Wirkung Kausalität erscheint, erscheint plötzlich als unsinnig und widersprüchlich. Damit zeigt der Schnitt, der Kurzschlüsse produziert, auch deutlich an, dass der Logos selbst inkonsistent ist, eine notwendige Setzung zur Verständigung, eine Ordnung, die aber prinzipiell auch anders aussehen könnte. Die Einsicht in die Inkonsistenz der Ordnung erzeugt Komik.

Doch was taucht im Schnitt auf, wenn wir die Farce vorhin als materielles Füllsel bezeichnet haben? Der Kurzschluss produziert „Funken"[36], Ideen oder Einfälle, aber in Polleschs Theater vor allem auch konkrete Objekte. Martin Wuttke weist darauf hin, wenn er sein Zappeln als eine „nichtartikulierte Äußerung" bezeichnet, die, so betont es auch der Schauspieler Fabian Hinrichs in dem Stück *Ich schau dir in die Augen, gesellschaftlicher Verblendungszusammenhang*[37], ihre eigene Lesbarkeit durchstreicht. Diese paradoxe Formulierung (wie kann eine Äußerung nicht artikuliert sein?) markiert eine Äußerung, die sinnlos ist, die ihre Lesbarkeit im Moment des Ausführens wieder durchstreicht. Damit wird die Autorität des Sinns und des Verstehens suspendiert. An deren Stelle tritt, das, was Alenka Zupančič das „komische Surplus-Objekt"[38] nennt. Etwas Materielles, ein Objekt, fügt

sich dazwischen und vertritt den Sinn, der abwesend gemacht und suspendiert wurde. „Während der Suspendierung ist der Andere nicht einfach von der Szene abwesend; er ist abwesend als der symbolische Rahmen des Sinns, aber sozusagen sehr präsent als ein Surplus-Objekt des Unsinns."[39] Das komische Objekt vertritt den Sinn, der auf eine andere Art und Wese, als Unsinn nämlich, Sinn ergibt. Wenn Pollesch betont, „mit seinen Texten noch nicht fertig zu sein", wenn er mit ihnen auf die Probe kommt, unterstreicht er auch, dass es für ihn kein letztgültiges Wissen oder einen Sinn gibt, den er inszenieren könnte. Die Arbeit am Text und am Theater erweist sich mithin als Frage sowohl im Hinblick auf die Aporien zeitgenössischer Subjektivität im Konsumkapitalismus als auch auf die Widersprüche und Zwänge der eigenen Arbeit am Theater und dessen Ausbeutungsmechanismen.

Polleschs Inszenierungen sind voller solcher komischer Objekte, die zugleich ihre eigene Ursache und Wirkung sind. Sie verbinden das Unlogische im Logos und machen es auf diese Weise überhaupt erst sichtbar. In ihrer wirkungsvollen Zweckfreiheit sind sie perfekte ästhetische Objekte. Sie glitzern wie die Diskokugeln aus Scheinwerfern in dem Stück *Ich schau Dir in die Augen, gesellschaftlicher Verblendungszusammenhang*. In ihrer Lächerlichkeit zeigen sie auf sich selber und damit auf die Abwesenheit des Sinns, von dem sie doch wie der Schauspieler Fabian Hinrichs halbnackt von der Diskokugel abhängen. Sie supplementieren das vermeintlich Ganze, das Eine, Authentische und Selbst-Identische und markieren damit gleichzeitig dessen Gespaltenheit. Polleschs Theater ist deshalb so komisch, weil in ihm ständig kleine Füllsel als Vermittler auftreten, die das vermeintlich Natürliche, Einheitliche aufspalten und von sich trennen.

Für unsere Zwecke lassen sich grob vier solcher Objekte benennen. Da sind zum einen die Gesten wie das sinnlose „Zappeln" oder das ständige Zeigen auf den eigenen Körper. Dazu gehören auch die unvermittelten Schreie der Darsteller*innen, die aber vor allem Polleschs frühe Stücke auszeichneten und schon seit Längerem wieder von der Bühne abgetreten sind. Zweitens lassen sich auch die sogenannten Clips, die plötzlich eine andere Wirklichkeit in das Geschehen einfügen, als derartige Vermittler verstehen. Drittens ergeht sich Polleschs Theater im Einsatz von sinnfreien Objekten wie etwa dem völlig funktionslosen Krakenkostüm, in dem Fabian Hinrichs am Ende von *Kill your Darlings! Streets of Berladelphia* minutenlang über die Bühne rollt. Mit diesen Objekten, die auf der Bühne ihre eigene komische Wirklichkeit entfalten, produziert gerade Hinrichs ständig wunderbare Theatereffekte, von der die Discokugel, an der er schwingt wie Tarzan an der Liane, nur ein Beispiel ist. Eine Tischtennisplatte wird hereingerollt, Kostümteile werden unmotiviert an- und wieder ausgezogen. Jens Roselt reiht Hinrichs daher in die großen Theatervirtuosen des 19. Jahrhunderts ein, indem er ihn als „Rampensau" bezeichnet.[40]

Viertens, entstehen komische Objekte auch dadurch, dass Sprache wörtlich genommen wird. Auf dem daraus resultierenden Effekt baut die ganze Inszenierung von *Schmeiß dein Ego weg!* auf. Denn die vierte Wand, die für ihrem Erfinder Denis Diderot eine Metapher, eine Redewendung war, tritt hier plötzlich als materielles Objekt auf. Aus der figürlichen Rede, der Rede im übertragenen Sinn, entsteht, wenn die Rede konkret auf die Bühne übertragen wird, ein komisches Objekt, das die Redewendung und das, was damit ‚eigentlich' gemeint ist, über sich hinausführt. In *L'Affaire Martin!*, das vom Verschwinden des ‚Anderen' im hegemonialen Diskurs des vermeintlich Eigenen handelt, verschwindet Martin Wuttke tatsächlich in der Kulisse. Auf die Vorder- und Rückseite seines Kostüms sind Teile der Bühnenrückwand aufgezeichnet, die sich, stellt er sich an die entsprechenden Stellen vor die Wand, perfekt in die Dekoration einpassen. In *Kill your Darlings!* wird der Chor der Turnerinnen und Turner stets als Netzwerk bezeichnet, auf dessen Trikots Geldscheine aufgedruckt sind. Auch hier ist das Netzwerk ursprünglich lediglich eine Metapher für neoliberale Arbeitsweisen, es wird jedoch im Chor der Turnerinnen und Turner materialisiert und dadurch komisch. Das Abstrakte wird konkret und streicht dadurch die Reinheit der Idee durch. „Der Kapitalismus", so Hinrichs, „tritt heute als Netzwerk auf. Er hatte sich lange versteckt, um sich einer orientierungslos gewordenen Kritik zu entziehen, man wusste lange nicht, wo der Kapitalismus hin ist, den man kritisieren konnte […]. Gott sei Dank wissen wir Linken jetzt wieder wie er aussieht."[41] Vor diesem fleischgewordenen Netzwerk-Kapitalismus, der aus ein paar harmlosen Turner*innen besteht, muss nun wirklich niemand Angst haben. Mehr noch: Was unterscheidet ihn eigentlich vom alt-linken Kollektiv? Das Surplus der aufgedruckten Geldscheine etwa? Wie die Turner*innen, die ein Chor sind, der ein Netzwerk darstellt, von einem linken Kollektiv zu unterscheiden sind, ist auf der Bühne augenscheinlich nicht auszumachen. So wirkt das komische Objekt verändernd zurück auf den Logos und unsere Vorstellungen von ihm.

An dieser Stelle kommen wir der Komik und ihrem Verhältnis zur Subjektivität einen Schritt näher. Polleschs Verfahren der Wörtlichkeit überprüfen die Sprache, den Diskurs, den Logos am Körper und am konkreten Material. Im Abstand zwischen dem, was der Text sagt und entwirft, und dem konkreten Vorgang auf der Bühne, wird deren Inkompatibilität augenfällig. Der Sinn bricht sich am Material, das doch bezeichnet werden soll und doch nie letztgültig bezeichnet werden kann. Die Physis zappelt und ist uneindeutig, nichtartikuliert, und doch sichtbar vorhanden. Die bedeutungsvolle Überdeterminierung der Subjekte im zeitgenössischen Kapitalismus, der ihnen grenzenlosen Konsum und grenzenlose Selbstverwirklichung durch narzisstische Selbstoptimierung verspricht, trifft am Körper auf ihre Grenze. Nie deckt er sich mit dem, was der Diskurs will. Er ermüdet, zappelt undefiniert herum oder ist bereits schon wieder ein anderer. In der Verschiebung und Trennung von Körper und Sprache entstehen Freiräume des Denkens und des Imaginierens. Bringt das realistische oder psychologische Theater Körper und Sprache zur Deckung, um so die Referenz einer aus der Lebenswelt wiedererkennbaren Figur zu erzeugen, verweigert Pollesch diese Identifizierung. Aus theaterwissenschaftlicher Sicht resultiert aus der Abwesenheit eines sich selbst präsenten Subjekts Komik, die jedoch nicht nur aus dem Aufschub des Sinns folgt. Vielmehr entsteht die Komik hier aus dem Widerspruch zwischen Semiotik und Phänomenologie. Denn auch wenn der Text unermüdlich behauptet, dass der Geist außen sei, der Körper offen und unabgeschlossen, singulär plural wie es die Umschreibungen von Jean-Luc Nancys Theorie in *Schmeiß dein Ego weg!* vorsagt, so sehen wir doch auf der Bühne durchaus abgeschlossene Körper, die gemütlich ihren Platz auf dem Sofa einnehmen. Polleschs Theater kostet diese Widersprüche aus. Obwohl man angeblich mit einem ökonomisierten neoliberalen Netzwerk keine befriedigenden Beziehungen eingehen kann, („Du Netzwerk behauptest, du könntest Beziehungen führen. Aber das kannst du ja nicht. Das sind alles unpersönliche Beziehungen."[42]) zeigen uns Fabian Hinrichs und der Turner*innen-Chor für die Dauer der Aufführung auf lustvolle Weise, dass es augenscheinlich doch geht. Vorsichtig tragen sie Hinrichs über ihren Köpfen über die Bühne, nähern sich ihm immer wieder an und rutschen mit ihm

zusammen wie spielende Kinder auf der nassen Bühne herum. Obwohl er, als „Linke", wie er im Text behauptet,[43] unmöglich mit dem Netzwerk ins Bett gehen kann, tut er genau das. Roland Barthes hat in Anlehnung an Brechts Theater aus diesem Befund der Nicht-Identität von Sinn und Material, den er als wesentlich für das Theater betrachtet, sein Verständnis von Theatralität abgeleitet. Aus dem Spalt zwischen Körper und Sprache, die voneinander abhängen und sich gegenseitig ausschließen, resultieren sinnliche Umschreibungen, die sowohl die Sprache als auch den Körper transformieren.[44] Polleschs Texte brauchen die Bühne, weil sie die Theorie am Körper überprüfen und umschreiben. „Geht einmal Euren Phrasen nach, bis zu dem Punkt wo sie verkörpert werden", sagt Mercier im dritten Akt von Georg Büchners Revolutionsdrama *Dantons Tod*.[45] In Polleschs Theater erzeugen die verkörpeten Phrasen der Theorie vor allem Widersinn und Lachen.

Subjektivität

Die Selbstunterbrechung des Theaters ist auch eine Unterbrechung des Selbst. „Es geht um eine andere Subjektivität, die da verhandelt wird", sagt René Pollesch. „Wenn sie [die Figuren, G. S.] psychologisiert werden, ist das Verrat an den Texten."[46] Sprache versteht Pollesch als etwas Übersubjektives, „die von den Subjekten nicht verinnerlicht werden kann"[47]. Dennoch hängen auch seine Schauspielerinnen und Schauspieler an der Sprache, an den „Thesen", den der Regisseur seinen Schauspieler*innen „zur Stellungnahme" gibt, wie es Benjamin in Bezug auf das epische Theater formuliert hat, eine hellsichtige Formulierung, die auf Pollesch genauso zutrifft wie auf Brecht.[48] „Das eigene Selbst bleibt völlig unausgedrückt" sagt Sophie Rois in *L'Affaire Martin!*.

Wie könnte es auch anders sein, da die Körper der Schauspielrinnen und Schauspieler ständig mit anderen Namen belegt werden, die eine kohärente Illusion des Selbst einer Figur auf der Bühne zunichte macht. Martin Wuttke ist mal der Praktikant, der in der Wand verschwindet, dann wieder ein Schimpanse aus einem Naturfilm der britischen Primaten-Forscherin Jane Goodall. Der Name Miss Petersen in *Schmeiß dein Ego weg!* bezeichnet zunächst eine Einzelperson, die Figur der Schauspielerin Christine Groß, wandert aber dann zum Chor, der den singulär pluralen Körper von Miss Petersen darstellen soll. Ein Körper zwei Namen, zwei Körper, ein Name: Aus diesem für die Verwechslungskomödie typischen Verfahren wird ersichtlich, dass die Physis aus dem Logos herausgefallen ist, von dem sie abhängt.

In meiner Formulierung klingt Hans-Thies Lehmanns bekannte Definition des Subjekts der Tragödie an. Und in der Tat muss geklärt werden, in welcher Hinsicht das Subjekt der Tragödie sich vom Subjekt der Komödie unterscheidet wenn doch beide mit dem Austritt aus dem Logos in Erscheinung treten.

> Die Tragödie ‚gebiert‘ das Subjekt aus der Erfahrung der Anhängigkeit, der Angewiesenheit, der Ungewißheit und Zweideutigkeit dessen, was ihm *zugesprochen* wird. Darin, daß sie dergestalt das *Subjekt als Ort einer Frage ohne Antwort*, nicht als wie immer geartete Position, bestimmt, korrespondiert sie dem Grundzug der Subjekttheorie, die besagt: ‚Was ich im Sprechen suche, ist die Antwort des anderen. Was mich als Subjekt konstituiert, ist meine Frage.‘[49]

Das Subjekt als Frage, das Hans-Thies Lehmann hier mit einem Verweis auf Jacques Lacans Subjekttheorie entwirft, kann „über die Bedeutung seines Tuns nicht selbst […] verfügen"[50]. Die Bedeutung seines Tuns und damit seine Bedeutung ist ihm entzogen,

liegt im Schweigen der Götter, deren Willen sich in dunklen Orakelsprüchen verbirgt und sich erst nachträglich offenbart haben wird, wenn es bereits zu spät ist. Das tragische Subjekt, so Lehmann, wird, kaum, dass es aus dem Logos heraus geboren wird, schon wieder durchgestrichen.[51] Sein Schmerz dient als Signifkant für etwas, das ihm unzugänglich und entzogen bleiben muss. Doch wie verhält es sich mit dem komischen Subjekt, das, obwohl es doch als theatrales Subjekt ebenso aus dem Logos herausgefallen sein muss, wie die Figuren aus einem Comic-Strip völlig schmerzfrei agiert?

Der österreichische Kulturwissenschaftler Robert Pfaller wirft aus triebökonomischer Sicht einen in unserem Zusammenhang erhellenden Blick auf die Gattungsunterscheidung zwischen Tragödie und Komödie.[52] Während sich die/der Zuschauer*in in der Tragödie mit dem tragischen Held*in identifizieren muss, damit die kathartische Wirkung eintritt, unterbleibt in der Komödie die Identifizierung und weicht einer gewissen Distanz, aus der heraus das Geschehen betrachtet wird. An die Stelle des Pathos tritt das Lachen. „Die Tragödie hingegen", so Pfaller, „vertritt grundsätzlich die Auffassung, dass die Akteure mit ihren Absichten, Gefühlen und Überzeugungen im Recht wären gegen das Existierende, das Darrgestellte, den Augenschein, das Offensichtliche."[53] Die Komödie dagegen glaubt dem Augenscheinlichen:

> Im Verhältnis zu Verwechslung und Augenschein reduziert die Komödie also den Charakter immer auf den Effekt einer Struktur – jeder wird für den gehalten, dessen Platz er einnimmt (z.B. für einen authentischen Geliebten). Sie thematisiert damit eine illusorische ‚Überbestimmung‘ der Subjekte: ihr seid viel verwechselbarer, als ihr euch gerne einbildet. Die Komödie ist insofern ‚strukturalistisch‘: Sie gibt der symbolischen Struktur, der Ordnung der Plätze, recht gegen das Imaginäre, das Selbstbild des Individuums.[54]

Auch Polleschs Figuren glauben dem Augenscheinlichen: Sie zögern keinen Moment das zu sein, was man ihnen zuschreibt. Da alle ohnehin in ihrer Verwechselbarkeit gleich sind, kann auch keine Identifizierung mit einer bestimmten Figur erfolgen. Stattdessen vermag die distanzierte Einsicht in die strukturelle Abhängigkeit des Subjekts eine lustvolle Reflexion auf eben diese Struktur auszulösen. Die Zuschauer*innen identifizieren sich mithin nicht mit dem Held*in, sondern mit der Struktur der Verwechslung, deren Spiel sie zugleich durchschauen. Sie lachen über die „symbolische Kohärenz", die augenscheinlich Unsinn produziert. Das tragische Subjekt scheitert letztlich an seinem eigenen Narzissmus, der im Glauben lebt, sich den Logos und damit der Totalität eines Sinns wieder einverleiben zu können, was ihm aber qua Menschsein nicht gelingen kann. Das komische Subjekt dagegen straft den Logos Lügen und freut sich daran. Was die andere Art von Subjektivität betrifft, um die es Pollesch zu tun ist, lässt sich Folgendes sagen: Wenn die symbolische Ordnung, die gesellschaftlichen Normen und ihre Artikulationen dem Subjekt ständig versprechen oder ihm gar auf subtile Art und Weise befehlen, im Konsum, im Einsatz seiner Kreativität durch Selbstoptimierung, es selbst sein zu können, schadet es nichts, sich daran zu erinnern, dass wir alle im Hinblick auf die symbolische Ordnung verwechselbar sind. Die symbolische Ordnung interessiert sich nicht für unser Selbst, im Hinblick auf die Norm haben wir kein Selbst. Haben wir das einmal begriffen, setzt die eigentliche Arbeit der Subjektivierung ein.

Denn das Subjekt kann sich mit der Ordnung auseinandersetzen, weil es *von sich absehen* kann und weiß, dass es nur der Effekt und nicht der Sinn des Logos ist. Es gewinnt Sinn gerade aus dem Abstand zum Logos, von dem es doch abhängt, ohne jedoch mit ihm identisch zu sein. Eben dies führt uns die komische Spaltung von Sprache und Körper in Polleschs Theater vor. Schließlich steht auch Wuttkes Praktikantenkörper in *L'Affaire Martin!* so sehr er sich auch an die Kulisse drückt, immer von ihr ab, er geht nicht restlos illusionär in ihr auf. Als Subjekte sind wir alle der symbolischen Ordnung unterworfen, *subjectus*. Im Gegensatz zum tragischen Subjekt zerbrechen die komischen Subjekte nicht an der ausbleibenden Antwort des Logos. Sie stehlen der Ordnung etwas von der ihnen durch den Akt der Unterwerfung geraubten Lust zurück und gewinnen dadurch eine abständige Eigenständigkeit von sich und den Strukturen, die sie hervorbringen jenseits der narzisstischen Vorstellung von Individualität und Unverwechselbarkeit. An dieser Stelle ist der literaturwissenschaftlichen Rede vom fehlenden transzendentalen Standpunkt der Kritik in Polleschs Theater aus theaterwissenschaftlicher Sicht nachzutragen, dass es in Polleschs Theater sehr wohl eine außenstehende Instanz gibt, die der Zuschauer nämlich, die aus der räumlichen Distanz des Parketts heraus den Geschehnissen auf der Bühne folgen. Diese Distanz ist wichtig für die Entfaltung der Komik. Denn sie ermöglicht den Zuschauer*innrn eine Position, von der aus die Verwechslungen und Aporien der Stücke eingesehen und verlacht werden können.

Komisch werden die Szene und ihre Subjekte dann, wenn die Illusion der Einheit durch das Erscheinen der Vermittler, der Signifikanten, durchbrochen wird. An der Präsenz der komischen Objekte entzündet sich eine Lust, die als Kern oder Keimzelle für ein anderes Genießen fungieren kann, das Bühne und Zuschauerraum über das Lachen hinweg anders verbindet. Die Objekte manifestieren eine andere Logik, die als Unsinn Sinn macht. Wie die Schauspieler*innen in der Arbeit am Theater gewinnen auch die Zuschauer*innen durch ihren distanzierten Blick aus dem Zuschauerraum heraus auf die Bühne Freiheiten des Handelns und Denkens zurück.

Gestus und Komik

„Gesten", so schreibt Walter Benjamin über Brechts episches Theater, „ erhalten wir umso mehr, je häufiger wir eine Handlung unterbrechen."[55] Gibt man Walter Benjamin Recht, ist René Polleschs Theater ein erstklassiger Gesten-Produzent und damit episches Theater. Es ist aber auch, nachdem was ich ausgeführt habe, unzweifelhaft ein Theater der Komik. Auf Polleschs Verbindung zu Brecht in Bezug auf das Aufgreifen neuer Medien- und Produktionstechniken, die zu einer anderen, seriellen Dramaturgie führen, hat nicht zuletzt Patrick Primavesi wiederholt hingewiesen.[56] Ich möchte zum Schluss zumindest kurz die Verbindung von Gestus als kritischer Haltung zum komischen Objekt ziehen, das, so Alenka Zupančič, eine enge Verbindung zum Lacanschen *objet a* aufweist.[57] Ich stelle damit das komisches Objekt, das Lacansche *objet a* und den Brecht'schen Gestus in eine Reihe, um der Auseinandersetzung Polleschs mit Brecht die Komik nachzutragen, die die Kritik sowohl bei Pollesch als auch bei Brecht gerne vergisst. Komik und die damit verbundenen Lust erscheinen dadurch auch als grundlegend für Brechts Theater jenseits seiner didaktischen Ausprägungen, die René Pollesch bewusst ablehnt.[58]

Die Komödie bricht die Illusion der Zuschauer*innen, indem sie auf die Gemachtheit der Situation als Theaterspiel verweist. Die Komödie produziert durchaus im Sinne Brechts Gesten, die, wie Walter Benjamin es will, durch Unterbrechung einer vermeintlich natürlichen Situation entstehen und deren Charakteristikum es ist, dass sie wiederholbar sind. An dieser Stelle sei auch an die Herkunft des Wortes Gestus erinnert: das Sich verhalten, zur Schau stellen im

Kontext der pantomimischen Gaukler*innen und Komödiant*innen.[59] Der Zitathaftigkeit des Gestus ist es nun eigen, dass er nichts Eigenes besitzt oder anders formuliert, dass er wesenhaft nichts ist. Jede Situation, in welcher die Geste in einer Konstellation mit anderen wiederholten Elementen auftritt, wird für Benjamin damit zu einer Versuchsanordnung, die Erkenntnis nicht einfach abgebildet, sondern zuallererst produziert. Die „Zustände" müssen erst einmal „entdeckt"[60] werden. Die Geste trägt damit einem strukturalistischen Prinzip Rechnung, dass besagt, dass der Wert eines Zeichens ganz und gar abhängt von seiner Stellung im System, seinem Umfeld also. An und für sich hat es keinen Wert. Eben dies widerfährt den Figuren in einer Komödie. Sie haben kein Innen und sind reine Äußerlichkeit. Für Robert Pfaller ist das Prinzip der Komödie – die Verwechslung, bei der jemand, der /die Schauspieler*in, erkennbar als jemand anderes erscheint– zugleich das generelle Prinzip des Theaters.[61]

Damit ist auch gesagt, dass eine Komödie immer auch das Theater als Medium mitthematisiert. Den Gestus nun als *Haltung* zur aufgezeigten gesellschaftlichen Realität gilt es, nimmt man Benjamins Definition ernst, erst zu entdecken. Sie ist mithin in den Gesten noch nicht gegeben, sondern bleibt Potential einer anderem zukünftigen Ordnung, die es noch nicht gibt. Die Haltung ist mithin ein Auftrag. Sie inmitten all der Aporien zwischen Sprache und Körper, Logos und Physis zu finden, wird mir aufgetragen. Hans-Thies Lehmann hat auf die körperliche (stimmliche, mimische) Dimension des Gestus hingewiesen und dabei betont, dass diese die eindeutige Lesbarkeit und Veständlichkeit der sprachlichen Aussage zunichte macht.

Gesellschaftliche Bedeutung, die, wie es das Konzept des Gestus will, in körperlichen Vorgängen sich artikuliert, verliert *eo ipso* ihre unzweideutige Lesbarkeit. Sinnlichkeit unterläuft Sinn. Der Körper ‚sagt' immer noch anderes, als er will.[62]

Das epische Theater produziert wiederholbare Gesten wie das komische Theater komische Objekte produziert, die die Struktur am Laufen halten. Gestus und Objekt entstehen qua Schnitt durch das Kontinuum. Damit unterbrechen sie einerseits die herkömmliche Illusion einer geschlossenen Welt mit ihren Identifikationsangeboten. Sie fördern aber andererseits gerade aber auch eine andere Art der Illusion, die viel grundlegender ist als jene, die die Repräsentation einer geschlossenen Welt erzeugt.[63] Gestus und Objekt halten die grundlegendere Illusion aufrecht, die nötig ist, um überhaupt eine Welt aufbauen zu können, das Potential einer anderen Ordnung im Sinne einer anderen Ursache-Wirkung-Relation nutzen zu können, die im komischen Aussetzen der alten Kausalkette aufzuscheinen beginnt. Für Zupančič ist das *objet a* wie vieles andere in unserer Kultur zwar das Resultat der symbolischen Ordnung, des Anderen, zugleich aber ein ganz besonderer Punkt: „Es ist der Punkt, an dem der Effekt tatsächlich eine ‚offene Verbindung' zu der symbolischen Struktur, die es generiert, unterhält, sodass diese von ihm abhängig, ‚verletzbar' bleibt."[64] Aus der Perspektive des *objet a* hängt die Struktur von ihm ab und wird durch sein Auftauchen sogar ‚verletzbar', d. h. veränderbar. Indem das Objekt die Koinzidenz von Ursache und Wirkung ist, ein theatraler Evidenzeffekt der schauspielenden Rampensäue sozusagen, vermag es andere Ketten zu generieren. Diesen neuen Ursache-Wirkungsketten liegt es wiederum als fremdes Objekt zugrunde, wie es von ihnen ausgeschlossen bleiben muss, damit diese ihre illusionäre Wirkung entfalten können.

Die Bedeutung der Komik für Polleschs Theater, um die es mir in meinen Text zu tun war, liegt im Sichtbarmachen der Inkonsis-

tenz unserer symbolischen Ordnung, die Selbstverwirklichung durch Selbstausbeutung verlangt. Sein Verfahren ist dabei die Trennung von Körper und Sprache: Er produziert Schnitte, in deren Lücke komische Objekte wie Gesten, Clips, Dinge oder die körperliche Materialisation von Sprache erscheinen, die Schauspieler*innen wie Zuschauer*innen erlauben, anderen Sinn zu produzieren und aus dem Abstand zur Ordnung heraus Freiheiten zu gewinnen. Auch auf die Gefahr hin, dass die Freiheit impliziert, die Struktur bewusst zu umarmen, und trotz einer vermeintlich linken Gesinnung, so Fabian Hinrichs in *Kill your Darlings*, ein Netzwerk zu lieben.

Anmerkungen

1   René Pollesch, *Kill your Darlings. Stücke*, Reinbek. b. Hamburg 2014, S. 201.
2   Ebd.
3   René Pollesch, *Schmeiß dein Ego weg!* (UA: 12.01.2011, Volksbühne Berlin, R: René Pollesch).
4   Vgl. Günther Heeg, *Das Phantasma der natürlichen Gestalt*, Frankfurt a. M./Basel 2000.
5   Pollesch, *Kill your Darlings*, S. 204.
6   Der vorliegende Text ist die überarbeitete Fassung eines Vortrags, den ich im Januar 2019 auf Einladung von Eiichiro Hirata an der Keio Universität in Tokio gehaltem habe. Die japansiche Übersetzung des Vortrags ist erschienen in: Gerald Siegmund, *Hiyoshi-Studien zur Germanistik* 59 (2019), S. 107–131.
7   Der Soziologe Andreas Reckwitz verwendet den Begriff der Spätmoderne, um in seinen Studien die Veränderungen des modernen Subjektbegriffs zu beschreiben, vgl. etwa *Das Ende der Illusion. Politik, Ökonomie und Kultur in der Spätmoderne*, Berlin 2019, Kapitel 4; *Die Gesellschaft der Singularitäten. Zum Strukturewandel der Moderne*, Berlin 2017.
8   Walter Benjamin, *Der Ursprung des deutschen Trauerspiels. Abhandlungen. Gesam-*

melte Schriften Bd. I.1., Frankfurt a. M. 1991, S. 292; vgl. auch Bettine Menke, *Das Trauerspiel-Buch*, Bielefeld 2010, S. 53–68.

9 Gerald Siegmund, „Der Skandal des Körpers. Zum Verhältnis von Körper und Sprache in der Farce von Feydeau und René Pollesch", in: Hilde Haider-Pregler und Monika Meister (Hg.), *Komik. Ästhetik – Theorien – Strategien*, Wien 2006, S. 249–262.

10 Dietrich Diederichsen, „Denn Sie wissen, was sie nicht leben wollen. René Polleschs Kulturtheoretisches Theater erfindet die Serienkunst neu", in: *Theater Heute* 43/3 (2002), S. 56–63, hier S. 13.

11 Dietrich Diederichsen, „Laudatio auf René Pollesch zur Verleihung des Else-Lasker-Schüler-Preises 2012", in: René Polesch, *Kill Your Darlings. Stücke*, S. 7–14, hier S. 12.

12 Achim Geisenhanslüke, „Schreie und Flüstern. René Pollesch und das politische Theater in der Postmoderne", in: Ingrid Glicher-Holtey, Dorothea Kraus und Franziska Schößler (Hg.), *Politisches Theater nach 1968. Regie, Dramatik und Organisation*, Frankfurt a. M. 2006, S. 254–268, hier S, 264.

13 Tim Schuster, *Räume, Denken. Das Theater René Polleschs und Laurent Chétouanes*, Berlin 2013, S. 150.

14 Geisenhanslüke, „Schreie und Flüstern", S. 255.

15 Birgit Lengers, „Ein PS im Medienzeitalter. Mediale Mittel, Masken und Metaphern im Theater von René Pollesch", in: *Theater für das 21. Jahrhundert*, Sonderband von *Text +Kritik*. München 2004, S. 143–155.

16 Bettine Menke, „Suspension des Auftritts. Lulu – Pollesch", in: Annemarie Matzke, Ulf Otto und Jens Roselt (Hg.), *Auftritte. Strategien des In-Erscheinung-Tretens in Künsten und Medien*, Bielefeld 2015, S. 213–244.

17 Patrick Primavesi, „Theater als Teil der Wirklichkeit. René Polleschs Arbeit an der Lesbarkeit von Konflikten", in: Marion Tiedke und Philipp Schulte (Hg.), *Die Kunst der Bühne. Positionen des zeitgenössischen Theaters*, Berlin 2012, S. 96–109.

18 Patrick Primavesi, „Macht es für Euch! – Zum Echo des Chores im Theater von René Pollesch", in: Veronika Darian et al.

(Hg.), *Die Praxis der/des Echo. Zum Theater des Widerhalls*. Frankfurt a. M.: 2015, S. 249–268, hier S. 267.

19 Auf Polleschs frühe Arbeiten Bezug nehmend, die er Anfang der 1990er Jahre im Frankfurter Theater am Turm realisiert hat, spricht der Kritiker Arnd Wesemann in einem Kurzporträt von Pollesch als „König der Komödie", Arnd Wesemann, „Der König der Komödie", in Frank Hörnigk (Hg.), *Stück-Werk. Arbeistbuch Theater der Zeit*, Berlin 1997, S. 87–89; vgl. zur Verbindung der frühen Arbeiten zum späten Pollesch auch Siegmund, „Der Skandal des Körpers".

20 Menke, „Suspension des Auftritts", S. 233.

21 Primavesi, „Macht es für Euch!", S. 258.

22 Ebd, S. 267.

23 René Polesch, *L'Affaire Martin!* (UA: 11.10.2006, Volksbühne Berlin, R: René Polesch).

24 René Polesch, *Ein Chor irrt sich gewaltig* (UA: 02.04.2009, Prater der Volksbühne Berlin, R: René Polesch).

25 René Polesch, *Liebe ist kälter als das Kapital. Stücke, Texte, Interviews*, Reinbek b. Hamburg 2009, S. 357.

26 René Polesch, *Kill your Darlings! Streets of Berladelphia* (UA: 18.01.2012, Volksbühne Berlin, R: René Polesch).

27 René Pollesch, *Bühne frei für Mick Levčik* (UA: 01.04.2016, Schauspielhaus Zürich, R: René Pollesch).

28 Günther Drosdowski (Hg.), *Duden „Etymologie". Herkunftswörterbuch der deutschen Sprache*, Mannheim, Wien und Zürich 1898, S. 176.

29 Patrick Primavesi, „Schauspielen (das gab es doch mal) bei René Pollesch", in: Jens Roselt und Christel Weiler (Hg.), *Schauspielen heute. Die Bildung des Menschen in den performativen Künsten*, Bielefeld 2011, S. 157–176, hier S. 174.

30 Menke, „Suspension des Auftritts", S. 235.

31 Der Philosoph Samuel Weber entwickelt eine Genealogie des Theaters, die sich aus der Deplatzierung, der Wanderung und der damit verbundenen Störung der etablierten Ordnung ableitet. Damit streicht das Theater das Hier und Jetzt seines Ortes und seiner Zeit ebenso durch wie die Selbstprä-

senz seiner Helden, in deren Schicksal sich Vergangenheit, Gegenwart und Zukunft zur absoluten Gegenwart verdichten, Samuel Weber, *Theatricality as Medium*, New York 2004, S. 97–120.

32 Pollesch, *Liebe ist kälter als der Tod*, S. 318.

33 Walter Benjamin, „Was ist das epische Theater? (1)", in: Rolf Tiedemann und Hermann Schweppenhäuser (Hg.), *Walter Benjamin: Gesammelte Schriften*, Bd. II.2, *Aufsätze, Essays, Vorträge*, Frankfurt a.M. 1991, S. 519–531, hier S. 519.

34 Der Titel einer Fernsehsendung, die Pollesch 1997 für das ZDF produziert hat, lautet: „Ich schneide schneller".

35 Alenka Zupančič, *Der Geist der Komödie*, Berlin 2014, S. 15.

36 Primavesi, „Macht es für Euch!", S. 267.

37 René Pollesch, *Ich schau Dir in die Augen, gesellschaftlicher Verblendungszusammenhang* (UA: 13.01.2010, Volksbühne Berlin, R: René Pollesch).

38 Zupančič, *Der Geist der Komödie*, S. 107.

39 Ebd, S. 108.

40 Jens Roselt, „Phänomenologie der Rampensau", in: Annemarie Matzke, Ulf Otto und Jens Roselt (Hg.), *Auftritte. Strategien des In-Erscheinung-Tretens in Künsten und Medien*, Bielefeld 2015, S. 141–156.

41 Pollesch, *Kill Your Darlings*, S. 293–294.

42 Ebd., S. 295.

43 Ebd., S. 294.

44 Barthes entwickelt seine Vorstellung von Theatralität bereits 1954 in einem Aufsatz über das Theater des Dichters Charles Baudelaire und dessen fehlgeschlagenen dramatischen Entwürfen; zur Theatralität bei Roland Barthes vgl. Gerald Siegmund, *Jérôme Bel. Dance, Theatre, and the Subject*, London 2017, S. 82–92.

45 Georg Büchner, *Dantons Tod*, in: *Georg Büchner Werke und Briefe*, München 1985, S. 47.

46 Pollesch, *Liebe ist kälter als der Tod*, S. 313.

47 Ebd., S. 328.

48 Benjamin, „Was ist das epische Theater?", S. 520.

49 Hans-Thies Lehmann, *Theater und Mythos. Die Konstitution des Subjekts im Diskurs der antiken Tragödie*, Stuttgart 1991, S. 141.

50 Ebd., S. 133.

51 Lehmanns Definition des tragischen Subjekts als einem, dem (s)ein Sinn entzogen wird, ähnelt dem, was der Philosoph Christoph Menke als ästhetische Subjektivität generell bestimmt hat. Der Entzug von Sinn, die schockhafte Erfahrung von Unterbrechung, die Suspension von Wertvorstellungen und das Aufkommen von Ambivalenz, die Lehman als tragische Erfahrung markiert, wäre dann der Kunst in ihrer ästhetischen Funktion prinzipiell eigen, vgl. Christoph Menke, *Die Kraft der Kunst*, Berlin 2013.

52 Robert Pfaller, „Die Komödie der Psychoanalyse", in: Andrea B. Braidt, Klemens Gruber und Monika Meister (Hg.), *Mit Freud. Zur Psychoanalyse in Theater-, Film- und Medienwissenschaft*, Sonderband der Zeitschrift *Maske und Kothurn*, Wien 2006, S. 37–54.

53 Ebd., S. 50.

54 Ebd.

55 Benjamin, „Was ist das epische Theater?", S. 521.

56 Primavesi, „Schauspielen (das gab es doch mal)", S. 159–164.

57 Zupančič, *Der Geist der Komödie*, S. 117.

58 Pollesch, *Liebe ist kälter als der Tod*, S. 317.

59 Der Germanist Uwe Wirth hat in seinem unveröffentlichten Vortrag „Reiner Spaß? Komödie als Realsatire" auf die enge Verbindung zwischen dem epischen Theater und der Komik hingewiesen.

60 Benjamin, „Was ist das epische Theater?", S. 535.

61 Pfaller, „Die Komödie der Psychonanalyse", S. 52.

62 Hans-Thies Lehmann, „Fabel-Haft", in: *Das politische Schreiben*, Berlin 2002, S. 219–237, hier S. 226.

63 Nikolaus Müller-Schöll thematisiert das Spiel des Theaters mit der Illusion und deren Durchbrechung als Spiel mit dem Glauben an die Illusion, der notwendig ist, um dem Subjekt überhaupt einen Zugang zur Welt zu eröffnen, vgl. Nikolaus Müller-Schöll, „(Un)Glauben. Das Spiel mit der Illusion", in: *Forum Modernes Theater* 22/2 (2007), S. 141–151.

64 Zupančič, *Der Geist der Komödie*, S. 117.

Enkulturativer Bruch und Formen der Vermittlung. Empirische Befunde zum deutschen Musiktheater

Katja Meroth und Sebastian Stauss (München)

In den letzten drei Jahrzehnten ist die Publikumsforschung für das deutsche Musiktheater in großen Schritten vorangetrieben worden. Im Zuge dieser neuen Betrachtungen sind Altersstruktur und Sozialstruktur des Musiktheaterpublikums in den Fokus der empirischen Forschung gerückt.[1] Von frühen Studien aus der Wissenschaft sowie der Stadt- und Staatstheater, in denen dem Bildungsniveau und dem elitären Charakter der Oper nachgegangen wurde,[2] verlagerte sich der Fokus zur Jahrtausendwende immer mehr auf das durchaus kontrovers diskutierte Phänomen des ‚Silbersees‘ im Publikum (ausgehend von der im Auditorium dominierenden Haarfarbe), welches sowohl für das Theater als auch für das klassische Konzert konstatiert wird.[3] Seit den 1990er Jahren ist ebenfalls zu beobachten, dass diesem Trend des Wegbrechens jüngerer Publikumsgenerationen in den Musiktheatersparten, verstärkt mittels neuer Vermittlungsstrategien entgegengewirkt wird. Im folgenden Artikel wird diese Dynamik in vier Schritten untersucht: Erstens werden zuerst die theoretischen Begrifflichkeiten von Vermittlung und Enkulturation kontextbezogen geklärt. Im zweiten Schritt werden auf einer empirisch-qualitativen Basis Ansatzpunkte der Vermittlung in der Musiktheaterpraxis bestimmt, im dritten die Enkulturation anhand einer quantitativen Studie für zwei Staatstheater und ihr Musiktheaterpublikum beleuchtet. Im vierten und letzten Schritt werden, wiederum gestützt mit qualitativem (Interview-)Material, Potentiale partizipativer Projekte im Musiktheater zur Diskussion gestellt.

Die Entwicklung der Institution Musiktheater zur Vermittlung hin nahm ihren Anfang bei einzelnen Organisationen und Akteur*innen, die sich der Publikumsveränderung bewusst wurden bzw. als Stakeholder selbst davon betroffen waren. So diskutierten der Förderverein und die Intendanz der Kölner Oper Anfang der 1990er Jahre die Überalterung des Publikums, woraus die Gründung der dortigen Kinderoper resultierte.[4] Wenige Jahre später leistete der Förderverein des Stuttgarter Staatstheaters für die Gründung der Jungen Oper als Untersparte eine Anschubfinanzierung, die die damalige kommissarische Vorsitzende des Vereins, Ulrike Braschel, mit dem Argument eines intergenerationellen Bruchs kommentierte: „Die meisten von uns haben Kinder und Enkel, und es ist erschreckend, wie gering deren Kontakt zur Oper ist.“[5]

Nicht nur auf Seiten des Publikums ist Vermittlung gesellschaftlich von zunehmendem Interesse. Sie findet sich im Diskurs um das Theater auch als kulturpolitische Setzung, als Strategie für eine erhöhte Öffentlichkeitswirksamkeit und Bildungsfunktion sowie als konkrete Herausforderung in der Theaterarbeit, Öffentlichkeitsrelevanz und Bildung ästhetisch form- und genregerecht zu integrieren. Kulturpolitisch gesehen, kamen die Oper Köln und die Staatsoper Stuttgart als Einzelakteure mit ihrer Einrichtung der Abteilungen für ein junges Publikum der breit angelegten Empfehlung der Enquete-Kommission „Kultur in Deutschland“ zuvor, die in ihrem Abschlussbericht 2008 u. a. zu kulturellen Auswirkun-

Forum Modernes Theater, 33/1-2, 22–39.
Gunter Narr Verlag Tübingen

DOI 10.24053/FMTh-2022-0003

gen des demographischen Wandels den Schluss zog, dass „neue Wege der Publikumsgewinnung [...] generationenspezifische [...] und bedarfsgerechte Angebote für Kinder, Jugendliche und Senioren"[6] notwendig seien.

Bemerkenswerterweise wurde an dieser Stelle des Berichtes die „[g]esellschaftliche Alterung" aus den Grundlagen des entsprechenden Abschnitts aufgegriffen, während die ebenfalls beobachtete „Internationalisierung der Gesellschaft"[7] damals keine Schlussfolgerungen nach sich zog. An anderer Stelle des Schlussberichts lautete eine Empfehlung der Kommission an die Länder und Kommunen, bezogen auf die rechtlichen und strukturellen Rahmenbedingungen der Kulturbetriebe „die Förderung auch darauf auszurichten, inwiefern Theater, Kulturorchester und Opern auch Kulturvermittlung betreiben, um möglichst breite Schichten der Bevölkerung zu erreichen."[8]

Die Verwendung des Begriffs ‚Kulturvermittlung' erfolgt in diesem Zusammenhang recht unspezifisch. Als eine Strategie für Kulturelle Bildung hat sie Birgit Mandel u. a., in einer Reihe mit dem ‚Kulturmanagement' und dem ‚Audience Development', eingeordnet. Sie setzt Kulturvermittlung dabei als „Überbegriff für verschiedene Funktionen, die zwischen künstlerischer Produktion und Rezeption sowie zwischen verschiedenen kulturellen Ausdrucksformen Brücken bauen und kulturelle Gestaltungsfähigkeiten und Prozesse von Laien unterstützen [...]"[9]. In einer weiter gefassten Definition, die auf das Ziel erhöhter gesellschaftlicher Teilhabe ausgerichtet ist, bezeichnet Mandel Kulturvermittlung

> als Gestaltung kultureller Kontexte mit dem Ziel, zum einen Zugänge zu eröffnen zu Kunst und Kultur durch Neu-Kontextualisierung, Anknüpfungspunkte und Bezüge für unterschiedliche kulturelle Interessen zu ermöglichen, aber auch Verbindungen herzustellen zwischen unterschiedlichen Gruppen und Kulturen.[10]

In der Praxis überschneidet sich dieser auf erhöhte Teilhabe zielende Anspruch mit der Kunstvermittlung, wie sie Carmen Mörsch, allerdings um eine kritische und verändernde Funktion erweitert, umrissen hat: „Dritte einzuladen, um Kunst und ihre Institutionen für Bildungsprozesse zu nutzen: sie zu analysieren und zu befragen, zu dekonstruieren und gegebenenfalls zu verändern".[11] Nach diesem Konzept verändert sich auch die Kunst selbst mit der Vermittlung, da diese über affirmative und reproduktive Diskurse hinaus in dekonstruktiven und transformativen Diskursen erfolgen kann. An diese Begrifflichkeit lehnt sich Ute Pinkert aus dem Blickwinkel der Theaterpädagogik an. Sie plädiert, ‚Vermittlung' auch „für die Bezeichnung der theaterpädagogischen Praxis zu nutzen, die sich innerhalb der Institution Theater entwickelt hat."[12] Dabei hebt Pinkert die punktuell vor allem erhöhte Aufmerksamkeit auf Vermittlung hervor, wenn die Gruppe des spezialisierten Publikums in einem ‚avantgardeorientierten' Theater gegenüber den spezialisierten Künstler*innen zu klein wird: „Dann erscheint Vermittlung als defizitärer Bereich und wird durch zusätzliche Kräfte unterstützt, zum Beispiel durch Marketing, Öffentlichkeitsarbeit und Theaterpädagogik."[13] Die Bündelung dieser Mittel wird in dieser konkreten Konfiguration aber nicht wie von Mandel als Bündelung von Formen der Kulturvermittlung gesehen, sondern in Entsprechung zum reproduktiven Diskurs nach Mörsch kritisch bewertet. Die damit verknüpfte Frage ist wiederum insbesondere für das Musiktheater relevant: Inwieweit ist Vermittlung wirkungsvoll, wenn sie eben nicht unterschiedliche Gruppen, Kulturen und ‚Dritte' verbindet, sondern die bestehende Zuschauer*innen-Gruppe erweitert?

Mit diesem kurzen Abriss gewachsener Erwartungen und Empfehlungen ist die mehrfache Herausforderung an die Kulturbetriebe umrissen, in den letzten Jahren vermittlerisch auf den Generationenwandel und weiter gefasste gesellschaftliche Veränderungen einzugehen. Welche Grundlagen und welche generationenspezifischen Unterschiede innerhalb des bestehenden Publikums lassen sich voraussetzen, um überhaupt wie von der Enquete-Kommission angemahnt, „möglichst breite Schichten der Bevölkerung"[14] adressieren zu können? Wie wird direkt im Spartenbetrieb damit umgegangen? Zu dieser doppelten Fragestellung werden im Folgenden, unter Zuhilfenahme quantitativer und qualitativer empirischer Methoden, Untersuchungsmöglichkeiten durchgespielt.

Zum Begriff der Enkulturation und der Problematik des enkulturativen Bruchs für das Theater

Der Begriff der Enkulturation erscheint das erste Mal in der englischsprachigen Fachliteratur als ,enculturation' (seltener auch ,inculturation'). Das Präfix ,en' signalisiert eine Bewegung in etwas hinein. Bezogen auf die Kultur bedeutet das vor allem das Erlernen und somit das Teilwerden einer Kultur. Unter dem Aspekt, dass dieser Vorgang im kontinuierlichen Generationenwechsel erfolgt, ist Enkulturation nach Marvin Harris' kulturanthropologischer Definition „das Ergebnis eines teils bewußten, teils unbewußten Lernprozesses, durch den die ältere die jüngere Generation mit oder ohne Zwang dazu bringt, traditionelle Denk- und Verhaltensweisen zu übernehmen".[15] Zu relativieren ist dies insofern, als Enkulturation immer auch den Anpassungs- und Wandlungsvorgängen unterworfen ist, die das soziale Miteinander prägen. „Old patterns are not always faithfully repeated in successive generations, and new patterns are continually added."[16] Demgegenüber beruht das Konzept der Diffusion auf der Prämisse, dass im kulturellen Kontakt und Austausch kulturelle Eigenheiten übernommen werden, bis hin zu global gepflegten Praktiken.

Eine erziehungswissenschaftliche Basisdefinition lautet: Enkulturation ist die „pädagogische Vermittlung von Kompetenzen der Anschlußfähigkeit an die Wissensbestände einer Kultur".[17] Diese schließt Unterschiedliches ein; zunächst so genannte Basisfähigkeiten wie etwa das Erlernen der Muttersprache(n).

Das Beispiel des Spracherwerbs veranschaulicht den Prozess und die Funktionsweise der Enkulturation gut. So wird an ihm deutlich, dass die Enkulturation sowohl bewusst als auch unbewusst erfolgt. Sprache wird im Kleinkindalter hauptsächlich unbewusst, kognitiv-spielerisch durch Zuhören aufgenommen, aber immer wieder durch Instanzen der Kulturvermittlung wie Kernfamilie, Betreuer*innen und Lehrende auch bewusst geübt, vermittelt und korrigiert.

Die Enkulturation ist eng mit der Sozialisation verbunden. Jene lässt sich „als die Gesamtheit aller Lernprozesse" definieren, „die aus der wechselseitigen, diskursiven Kommunikation des Menschen mit seiner Umwelt resultiert".[18] In ihrer ersten Phase, der Soziabilisierung,[19] bilden sich die Grundstrukturen des Welt- und sozialen Positionsverständnisses des Individuums. Diese erste Phase der Sozialisation beginnt mit der Geburt und endet mit dem Abschluss der Kleinkindphase (ca. 1.-5. Lebensjahr). Entsprechend grundlegend sind die in dieser Phase geschaffenen Strukturen, Denk- und Wahrnehmungsmuster für das Individuum.[20] Die wichtigste Prägungsinstanz ist in diesem Alter die Kernfamilie, innerhalb derer das Individuum aufwächst.

Es wird deutlich, dass Sozialisation und Enkulturation einen lebenslangen Einfluss auf das Weltbild und das soziale Selbstverständnis sowie den hieraus resultierenden Habitus haben. Allerdings unterscheiden sich diese beiden Prozesse stark in ihrer Dauer: Während die Sozialisation erst mit dem Tod als abgeschlossen gilt,[21] ist die Enkulturation kein lebenslanger Prozess, sondern ist viel mehr zu einem bestimmten Zeitpunkt,[22] meist in der Adoleszenz, beendet. Mit Abschluss der Enkulturation setzt die so genannte Akkulturation ein. Von hieran wird nicht mehr die eigene oder aber eine weitere ‚Mutterkultur' angeeignet, sondern eine fremde Kultur erlernt, was in späteren Lebensphasen auch mit höherem Aufwand verbunden ist.

Die Enkulturation beschränkt sich jedoch nicht auf die Anpassung an Kulturen, ihre Traditionen und deren Reproduktion; „vielmehr bewirkt sie zugleich die Aktivierung kultureller Produktivität und Kreativität, wie sie über das Nachschaffen hinaus zum Neuschaffen kultureller Gebilde erforderlich ist".[23] Sie ist also nicht nur die Grundlage des Fortbestehens einer Kultur, sondern auch derer Weiterentwicklung.

Es ist jedoch wichtig zu beachten, dass die in der Soziabilisierung erworbene Basisfähigkeit weiterhin einen äußerst prägenden Rahmen schafft, innerhalb dessen später verstanden, ausgedeutet und bewertet wird.

Gerade an diesem Punkt stellt sich für Zugänge des heutigen Publikums zum Musiktheater die Frage nach Phänomenen eines ‚enkulturativen Bruchs' oder, wie auch in der englischen Fachliteratur benannt, eines „enculturation breakdown".[24] Dieser erfolgt, wenn bei der Erziehung einer (jüngeren) Generation durch ältere Generationen bestimmte Bestandteile des kulturellen Erbes nicht mehr weitergeben werden. Infolgedessen kommt es zu einem Abbruch aller hiermit verbundenen kulturellen Praktiken. Diese können kaum merklich oder auch vollständig erfolgen.

Ein enkulturativer Bruch kann bewusst, unbewusst, oder exogen, also durch äußere Einflüsse herbeigeführt werden. Ein deutliches Beispiel zeigt sich aktuell fast täglich: Vor Beginn der Covidpandemie war es üblich, einander zur Begrüßung die Hände zu schütteln. Inwieweit Praktiken wie diese oder noch komplexere (selbst bei vollständiger Wiederaufnahme des gesellschaftlichen Lebens) verlorengehen, wieder aufleben, oder sich weiterentwickeln, hängt auch von Alternativen und der Reaktivierung durch neue Legitimationen oder Sinngebungen ab. In der jüngeren Vergangenheit war das deutsche Musiktheater innerhalb der jahrzehntelang dominierenden, angebotsorientierten Kulturpolitik bezüglich seines Nutzens zunehmend kritischen Bewertungen ausgesetzt. Eine Neubestimmung seines Stellenwertes innerhalb des Diskurses um kulturelle Bildung und Teilhabe ist, wie eingangs skizziert, in vollem Gang.

Vermittlung an den ‚Bruchstellen'

Wie für Köln und Stuttgart erwähnt, werden seit den 1990er Jahren im deutschen Musiktheater die Zugänge des sich wandelnden Publikums als vermittlerische Aufgabe erkannt. Der enkulturative Bruch beschäftigt insofern das Musiktheater als Institution (als Überalterung des Publikums, zu hohe Exklusivität, Publikumswandel etc.) und somit auch die Vermittlungsarbeit. Genauer gesagt hat er sogar maßgeblich zu ihrer Etablierung als Tätigkeitsbereich beigetragen. Ein Überblick wurde mittels der Abteilungs- und Arbeitsbereichsaufstellung der Musiktheatervermittlung, basierend auf dem Jahrbuch der *Opernwelt* (Jg. 1998 bis 2018) mit durchschnittlich 80 Ensemble-Übersichten pro Spielzeit erstellt.[25] Betrachtet wurden die Bereiche Pädagogik, Öffentlichkeitsarbeit, Dramaturgie (auch da die Öffentlichkeitsarbeit in der ‚grauen Vermittlungsvorzeit' der 1980er in der Regel noch mit zur Dramaturgie gerechnet wurde). Erstere bildete sich spezialisiert für Musiktheater, wie erwähnt, überhaupt erst Ende der 1990er Jahre heraus.[26] Den in der Opernwelt gelisteten Personalaufstellungen zufolge ist der Anteil öffentlich getragener Musiktheaterbetriebe mit ständigen pädagogischen Stellen bis 2018 auf über 20 % angewachsen. 2000 waren es gerade einmal 2 %. Das bedeutet wohlgemerkt nicht unbedingt, dass im Musiktheater allerorten ‚mehr' pädagogische Vermittlung stattfindet, aber dass diese in der Organisation der Arbeit im Staats- und Stadttheater immer klarer benannt und eingeteilt wird.

Der Frage, inwieweit das Problem der Enkulturation vermittlerisch, vor allem in Sinne des Schließens von Lücken im Publikum Berücksichtigung findet, wurde außerdem in 16 Expert*innen-Interviews und Fokusgruppengesprächen mit 22 Teilnehmer*innen an partizipativen Projekten zurückgegriffen. Sie wurden 2019/20 an ausgewählten deutschen Theaterstandorten in Baden-Württemberg, Bayern, Berlin, Niedersachsen, Nordrhein-Westfalen und Thüringen, in den Bereichen Kommunikation und Pädagogik für Musiktheater, ange- und befragt (Expert*innen auch in Organisationen wie im Rundfunk und in der Bild-/Tonträgerindustrie). Die Durchführung erfolgte teils vor Ort, teils (auch aufgrund von Coronapandemie und -Lockdown) telefonisch in Form halbstrukturierter Interviews.[27] Die Fragen zielten auf die Verankerung von Vermittlung im Musiktheater, insbesondere auf Neuorganisation von Theaterabteilungen und den Auftakt von Projekten bezogen. Rückschaufehlern durch den häufig retrospektiven Charakter der Interviews wurde durch Quellenabgleich (Presse- und Theaterarchivalien der Theater) entgegengewirkt. Vier zentrale Themenkomplexe wurden behandelt: Von welcher Basis wird in der Vermittlung ausgegangen, welche Wege der Vermittlung werden hervorgehoben, welche persönlichen und orga-

nisationsbezogenen Veränderungen finden dabei statt und welche Perspektiven und Wünsche für künftige Vermittlungsarbeit sind offen?

Als ein vorherrschender Wunsch nahezu aller Befragten wird (nicht eben überraschend) ein möglichst breites Publikum angeführt, das erreicht werden soll. Gerade Mitarbeiter*innen mit längerer Berufserfahrung (20 Jahre und mehr) betonen, dass verglichen mit früheren Zeiten eine weniger exklusive und steife Haltung des Publikums zu beobachten ist. Das bringt allerdings auch die zum enkulturativen Bruch feststellbare Problematik bei mittleren und jüngeren Generationen mit sich, dass die Neigung zu zeitlicher Flexibilität im Wahrnehmen kultureller Angebote größer geworden ist.

Grundsätzlich werden in den Interviews im Bereich von Öffentlichkeitsarbeit/Pressestelle bzw. Vertrieb/Marketing einerseits die positiven Entwicklungen von Online-Kommunikation und Social-Media-Kanälen hervorgehoben, über die sich vor allem in Großstädten vermehrt bei schwach besuchten Vorstellungen auch kurzfristig ‚gegensteuern' lasse. Andererseits wird an kleineren Häusern moniert, dass bisher bei jüngeren Zielgruppen wenig bis gar nicht erkennbar bleibt, inwieweit Reaktionen auf Social-Media-Plattformen in Relation zu Vorstellungsbesuchen der jeweiligen Musiktheaterproduktionen stehen. Der Gradmesser bleibe in den meisten Fällen die Kasse bzw. der Kartenerlös. Gerade die Wahrnehmung der generationenspezifischen Entwicklungen innerhalb des Publikums ist häufig differenziert. Eine Lücke nehmen mehrere Vermittelnde bei Publikumsschichten mittleren Alters zwischen ca. 35 und 50 Lebensjahren wahr. Als Erklärungsmuster wird diesbezüglich in den Interviews die bereits erwähnte, im Vergleich mit älteren Zuschauer*innengenerationen schwindende Bereitschaft herangezogen, sich z. B. im Abonnement frühzeitig auf Vorstellungstermine festzulegen. Als argumentative Stütze hierfür dient auch die verhältnismäßig späte Phase der Familiengründung mittlerer und jüngerer Generationen, die im entsprechenden Alter noch zu einer Verdichtung terminlicher Verpflichtungen des Berufs- und Familienlebens führe. Als tiefergreifendes Problem wird mittlerweile vielerorts wahrgenommen, dass dort, wo im frühen Kindesalter keine Kontakte mit musikalischen und/oder theatralen Formen gestiftet worden sind, im höheren Alter nur noch schwer Bindungen etablierbar sind. Was Anne-Kathrin Ostrop, Leiterin des Bereichs ‚Komische Oper Jung' seit 2004, bereits 2012 als eines der Ziele des musiktheaterpädagogischen Bereichs formuliert hat, gilt seither mehr denn je: „Uns ist es wichtig, das ‚Outsourcen' von Bildung aus den Familien heraus etwas rückgängig zu machen, damit die Familien wieder mitbekommen, was ihre Kinder eigentlich lernen".[28]

Gerade die musiktheaterpädagogische Arbeit der Komischen Oper Berlin ist ein wichtiger Baustein für die Erweiterung ihres Publikums geworden. Vorangegangen war eine bedenkliche Krisensituation Ende der 1990er und zu Beginn der ‚Nuller' Jahre, auch im Zuge eines regelrechten Kohorten-Zerfalls des ehemaligen DDR-Publikums.[29] Von 2005 bis 2020 konnte am Haus – regelmäßigen internen Evaluationen zufolge – die Auslastung auf 90 % und einen Anteil von 25 % Erstbesucher*innen, darunter ca. 11 % mit Migrationshintergrund und 45.000 Kindern/Jugendlichen, pro Saison gesteigert werden (bis zur Corona-Krise und den damit verbundenen Lockdown-Maßnahmen).

So erfolgsträchtig sich diese Zahlen lesen, sind die besonderen Berliner Voraussetzungen nicht zu unterschätzen, unter denen in der Bundeshauptstadt ein gemischtes Publikum adressiert werden kann. Welche Verhältnisse sind aber, bezogen auf die ‚alten' und die ‚neuen' Bundesländer, in anderen Musiktheaterspartenbetrieben vorzufinden, die auf ähnlichen, traditionellen Strukturen des Spielbetriebes und des Repertoires aufbauen? Als Vergleichskriterium dienen außerdem die Adressierung sowohl lokaler als auch überregionaler Teilpublika und einer nicht auf Exklusivität ausgerichteten Preisstruktur (durchschnittlich 20–80 €).

Erkenntnisse aus der Befragung von Musiktheaterpublikum in zwei Städten

Um der Frage nach dem Phänomen des enkulturativen Bruchs im deutschen Musiktheaterpublikum quantitativ nachzugehen, erfolgten für das Staatstheater am Gärtnerplatz in München und das Meininger Staatstheater zwei Querschnittsstudien.[30] Wie erwähnt, wurde zunächst quantitativ gearbeitet, die hieraus gewonnenen Daten wurden jedoch anschließend qualitativ ergänzt, um explorativer arbeiten zu können.

Für eine vergleichende Publikumsbefragung in München und Meiningen, die im Herbst 2018 und 2020 mittels Fragebögen für das Publikum im Opern- und im Operetten-/Musicalrepertoire durchgeführt wurde, sind trotz einiger Unterschiede mehrere ähnliche Variablen einbeziehbar.[31] Bei allen Unterschieden, beginnend mit den großstädtischen Rahmenbedingungen Münchens und den mittelstädtischen Meiningens, lassen sich die beiden Theater in der kulturpolitischen und programmatischen Ausrichtung auch in Verhältnismäßigkeiten setzen. Etat und Zuschüssen von über 65 Millionen Euro für das Staatstheater am Gärtnerplatz mit Musik-, Tanztheater und Konzert auf dem Spielplan, stehen in Meiningen und Eisenach (wo das seit 2008 aufgestockte, gemeinsame Ballett angesiedelt ist) rund ein Drittel niedrigere Werte bei entsprechend schmalerer personeller Aufstellung gegenüber – mit denen außerdem noch die Schauspiel-

und die Puppentheatersparte bestritten werden. Im regionalen Kontext stellt das Gärtnerplatztheater wie auch das Meininger Staatstheater unter den drei benachbarten Musiktheatersparten (neben der Bayerischen Staatsoper und dem Theater Augsburg bzw. dem Theater Erfurt und dem Nationaltheater Weimar) jeweils die Hauptspielstätte mit der geringsten Publikumskapazität (bei baukonzeptionell 725 bzw. 843 Plätzen). Als zentrale organisationale Besonderheit und damit klarsten Unterschied zum Bayerischen Staatstheater und Regiebetrieb hervor zu heben ist die Kulturstiftung Meiningen-Eisenach als Träger des Meininger Theaters und die Meininger Theaterstiftung als Förderer. Beide Träger machten sich 2005 bemerkbar, als eine umstrittene Programmgestaltung und rückläufige Publikumszahlen sie veranlassten, den Vertrag mit den Intendanten nicht zu verlängern bzw. in Meiningen vorzeitig aufzulösen. Seitdem haben sich beide Häuser ästhetisch weniger hochkulturell oder (nach Ute Pinkerts Terminologie) avantgardeorientiert und spezialisiert aufgestellt; die Vermittlungsangebote sind dagegen ausgebaut worden. In Meiningen wurden seit 2005 z. B. in Abstimmung mit dem Generalmusikdirektor Konzertreihen und Sonderprogramme für Kinder und Jugendliche entwickelt. Zum Programm „Junge Musik" zählen auch öffentliche Probenbesuche, mobile Projekte und Schulkooperationen im Länderdreieck Thüringen, Hessen und Bayern.

Auf Reichweite bedacht, was die regionale und überregionale Bedeutung des Meininger Staatstheaters betrifft, hat der dortige Intendant Ansgar Haag 2005–2021 von einer „besondere[n] Funktion von Tourismus" für das Haus gesprochen.[32] In diesem Zusammenhang sind, zusätzlich zu Kooperationen mit Reiseunternehmen (wie sie auch am Gärtnerplatz gepflegt werden), Regionalabonnements mit Busverbindung in die erweiterte Umgebung (nach Thüringen und Bayern) für die Theaterorganisation von starker Bedeutung.

Zu diesen für einen Vergleich günstigen Faktoren kommen auch am Gärtnerplatztheater in Josef E. Köpplingers Intendanz (seit 2013) mit „musikalische[m] Unterhaltungstheater"[33] im Zentrum vielfältige Vermittlungsangebote hinzu, die aus mehreren ‚Säulen' bestehen, wie es Susanne Schemschies, die Leiterin des Jungen Gärtnerplatztheater seit 2014/15, formuliert.[34] Auf dreien davon hat sie ihr Konzept aufgebaut: als erstes (ohne wertende Reihenfolge) die Musiktheaterstücke für Kinder und Jugendliche, inklusive Kinderkonzerten und mobiler Produktionen für Klassenzimmer o. dglm. An zweiter Stelle wird von Schemschies das pädagogische Begleitprogramm (u. a. neben Workshops für Schulkinder auch mit Fortbildung für Lehrer*innen) aufgeführt. An dritter Stelle schließlich nennt Schemschies gleichsam einen Zwischenbereich „zum Mitmachen", zu der auch die ‚Gärtnerplatz Jugend' (Teilnahme im Alter von 15 bis 20 Jahren) mit einer eigenen Stückentwicklung pro Spielzeit gehört. Wie in anderen Häusern bestätigt die ‚Gärtnerplatz Jugend' den Trend der letzten Jahre, dass die in früheren Jahren eher an die Schauspielsparte angebundene Form des Jugendclubs im Musiktheater ebenso realisierbar ist – auch in Verbindung mit jüngeren Musikstilen wie Musical oder Hip-Hop.[35]

In Meiningen ist der partizipative Zwischenbereich in der Theaterorganisation, wenn man Susanne Schemschies' Einteilung auch für andere Musiktheaterhäuser und sparten übernimmt, zwischen den Sparten angesiedelt. Er findet sich verteilt auf Produktionen des Jungen Theaters und der Bürgerbühne sowie in der Jungen Musik der Konzertsparte (an beiden Häusern kommt das Orchester der Musiktheatersparte außerdem wie weithin üblich in der Tanzsparte zum Einsatz). In einem Jahrzehnt insgesamt stabiler Zahlen bis zur Corona-Krise verzeichnete das Meininger Staatstheater in der Spielzeit 2018/19 für Oper, Tanz, Operette, Musical und Konzert insgesamt 60.371 Besuche in 105 Vorstellungen. Für dieselbe Saison wurden am Gärtnerplatztheater sogar die besten Auslastungszahlen seit 20 Jahren gemeldet, wobei auf die für Meiningen genannten Formen und Gattungen bezogen 148.576 Besuche in 212 Vorstellungen verbucht.[36] Das Verhältnis der Vorstellungen in Oper gegenüber Operette/Musical in Meiningen betrug 43:50 und am Gärtnerplatz 92:100. Neben Mehreinnahmen und einer „Besucher-Steigerung [sic!] von 15,77 %" werden in der hauseigenen Statistik und Meldung des Gärtnerplatztheaters 31.461 Schüler- und Studentenkarten (für alle Sparten zusammengenommen) hervorgehoben.

Auch vor dem Hintergrund der umrissenen Vermittlungsarbeit an beiden Häusern (und der Option der Nachhaltigkeit dieser Arbeit auch noch in Zukunft nachzugehen) bietet sich die En- und Akkulturation der verschiedenen Generationen im Meininger und im Münchner Musiktheaterpublikum als empirischer Untersuchungsgegenstand an. Aufgrund der ähnlichen Repertoiregewichtung zwischen Oper als ‚ernstem' und Operette/Musical als Unterhaltungsgenre wurde die Umfrage in Stichproben für beide Bereiche durchgeführt. Hierzu stellte sich die Frage, in welchem Verhältnis das genrebezogene Besucher*inneninteresse an Bildung bzw. Unterhaltung zur Enkulturation der Befragten steht, wobei sich im Vergleich zwischen den Genres hierin kaum Auffälligkeiten zeigten. Dies liegt vermutlich darin begründet, dass praktisch alle Operettenbesucher*innen auch angaben, Opern zu besuchen. Im Gegensatz hierzu geben viele Opernbesucher*innen jedoch an, keine Operettengänger*innen zu sein. Die Operettenbesucher*innen bilden also in der großen Mehrheit eine Teilmenge der Opernbesucher*innen ab.

Im Fokus der Analyse standen vor allem die Unterschiede zwischen den Alters- bzw. Enkulturationsgruppen. These war, dass die Zeit, in der die Befragten enkulturiert wurden (Enkulturationszeit), relevanter für die Vorhersage ihres Besuchsverhaltens ist als ihr Alter; dass also das Jahr, in dem mit dem Theaterbesuch begonnen wurde, relevanter ist als das Geburtsjahr.

In der direkten Nachkriegszeit enkulturierte Theaterbesucher*innen machen dabei einen wesentlichen Anteil der Befragten aus. Unberührt von der Pandemie fand bereits 2019 die Studie am Münchner Gärtnerplatztheater unter Erhebung ~180 gültiger Fragebögen aus acht Vorstellungen statt. Im Vergleich konnten aus der Studie am Meininger Staatstheater, welche zwischen den beiden coronabedingten Lockdownphasen im Herbst 2020 durchgeführt wurde, ~50 gültige Fragebögen gegenübergestellt werden.[37]

Befragt wurde mittels eines zwölffragigen Fragebogens, dessen Ausfüllen drei bis vier Minuten in Anspruch nahm. Dieser wurde vorab in einem zweistufigen Pretest erprobt. Geschultes Personal teilte ihn vor der jeweiligen Vorstellung im Foyer an interessierte Besucher*innen aus, die ‚gut angekommen' sind (also bereits an der Garderobe waren, nicht gerade aßen und entspannt im Foyer standen bzw. saßen). Hierbei wurde quotiert – also nur jede dritte Besucher*innengruppe – angesprochen, um einen unbewussten Bias der Befragenden auszuschließen. Die Besucher*innen gaben den Bogen selbstständig beim Personal wieder ab, wobei eine fast hundertprozentige Rücklaufquote erzielt wurde. Von der Auswertung ausgeschlossen wurden vor allem solche Bögen, die gemeinsam, unvollständig oder unleserlich ausgefüllt worden waren. Im Gärtnerplatztheater wurde an acht Vorstellungsabenden befragt, wobei an jeweils zwei Operetten-, Musical-, kanonischen und zeitgenössischen Opernterminen befragt wurde. In Meinungen wurde pandemiebedingt an jeweils einem Operetten- und einem zeitgenössischen Opernabend befragt. Um eine angemessene Stichprobengröße für die statistische Auswertung zu erreichen, wurden die gültigen Bögen beider Befragungen gemeinsam ausgewertet. Vorab soll jedoch kurz auf die Unterschiede der beiden Stichproben eingegangen werden: Der Altersdurchschnitt war am Theater Meiningen mit 60,53 Jahren rund achteinhalb Jahre höher als am Gärtnerplatztheater. Ähnlich verhält es sich mit dem durchschnittlichen Bildungsabschluss, der in Meiningen noch höher liegt als in München, der bereits den Bevölkerungsdurchschnitt übersteigt.

Im gesamten Datensatz – sowohl bei den Befragten aus dem Gärtnerplatztheater und denen aus dem Theater Meiningen – fällt immer wieder eine Variable in deutlich signifikanten Korrelationszusammenhängen auf: Die Relevanz, die Kultur und der Besuch kultureller Veranstaltungen für die Befragten hat (im Folgenden ,individuelle Relevanz'). Diese wurde folgendermaßen erfragt: „Stimmen Sie der folgenden Aussage zu? Kultur und der Besuch kultureller Veranstaltungen sind mir wichtig." Geantwortet wurde mittels einer fünfstufigen Selbstbeurteilungsskala (Stimme überhaupt nicht zu, stimme nicht zu, stimme teils zu, stimme zu, stimme voll und ganz zu) oder aber mit „keine Angabe". Im Folgenden werden die Fragen und die Antwortmöglichkeiten in den Endnoten dargelegt.

An dieser Stelle soll darauf hingewiesen sein, dass Korrelationen keine Kausalität belegen und auch die Wirkrichtung nicht festlegen. Die vorliegenden Schlüsse sind also Interpretationen der Daten.

Diese individuelle Relevanz korreliert sehr stark mit dem Besuchsbeginnalter, also damit, wie alt die Personen jeweils waren, als sie begonnen haben, regelmäßig ins Theater zu gehen.[38] Die Korrelation ist negativ (r: -0,192; p: 0,005)[39], das bedeutet, je jünger die Person begonnen hat, ins Theater zu gehen, desto höher ist im Schnitt die Relevanz des Besuchs für sie – und umgekehrt: Je später das Individuum beginnt, ins Theater zu gehen oder andere kulturelle Veranstaltungen wahrzunehmen, desto niedriger ist tendenziell die Relevanz dieses Besuchs für sie. Diese Beobachtung stärkt die These der Enkulturation bzw. des enkulturativen Bruchs, dass eine früh etablierte und gelebte kulturelle Praxis starken Einfluss auf die weitere Lebensgestaltung hat. Das durchschnittliche Besuchsbeginnalter lag bei ~19,68 Jahren.

Die Relevanz für das Individuum korreliert außerdem direkt und stark mit der Besuchshäufigkeit (r: 0,493; p: < 0,001): Je wichtiger einer Person das Theater ist, desto häufiger besucht sie es tendenziell. Deswegen kann optimistisch gesehen bei einer Steigerung der individuellen Relevanz von einer größeren Häufigkeit von Theaterbesuchen ausgegangen werden.

Noch eine weitere Korrelation, die zunächst leicht tautologisch anmuten mag, erweist sich bei näherem Hinsehen als wesentlich: die Relevanz von Kultur und kulturellen Veranstaltungen im Elternhaus der Befragten.[40] Diese korreliert sehr stark mit der persönlichen Relevanz. Das ist insofern naheliegend, als dass die Kernfamilie die wichtigste Prägungsinstanz in Soziabilisierung und Enkulturation ist und ganz pragmatisch entscheidenden Einfluss auf die Freizeitgestaltung ihrer Kinder nimmt. Dementsprechend setzt das Besuchsbeginnalter deutlich früher ein, wenn die Relevanz im Elternhaus hoch ist (r: -0,371; p: < 0,001). Und die Relevanz für das Individuum steigt dieser einhergehend (r: 0,204; p: 0,003), wie auch die Besuchshäufigkeit im Erwachsenenalter (r: 0,211; p: 0,002).

Interessant ist auch, dass mit einer Steigerung der Relevanz die Angabe sogenannter Nichtbesuchsgründe[41] sinkt (r: -0,263; p: < 0,001). Dabei handelt es sich um die Gründe, aus denen man dem Theater teilweise oder gänzlich fernbleibt. Das können ganz praktische Gründe wie Zeit, finanzielle Umstände oder aber inhaltliche Motivationen sein. Hierbei geht es häufig um die Wahrnehmung des kulturellen Angebots, also, ob es beispielsweise ‚unverständlich‘, ‚zu oberflächlich‘, oder ‚zu konservativ‘ erscheint.

Es zeigt sich, in praktisch allen gültigen Fragebögen, dass ein/e Initiator*in notwendig war, um die Praxis des Besuchs zu beginnen. Ist im Elternhaus keine oder kaum Relevanz gegeben, handelt es sich bei/m Initiator*in üblicherweise um eine/n Lebenspartner*in oder aber gleichaltrige Freund*innen.

Als am besten wirkende/r Initiator*in für den Besuch kultureller Veranstaltungen lässt sich im Übrigen die Kombination von Elternhaus und Schule und oder musischen Vereinen bewerten.[42] Interessant ist zudem der Befund für die Meininger Stichprobe, dass ein Theaterbesuch mit der Schule ausnahmslos positiv bewertet wurde.

Zu den Herausforderungen für relevanzsteigernde Maßnahmen zählt insofern auch, aktuelle und zukünftige Eltern- und Großelterngenerationen zu erreichen, damit die frühe Enkulturation in der Kernfamilie weiter und wieder verstärkt aufgenommen wird.

Besonders interessant ist die zuvor angedeutete Unterscheidung zwischen Alters- und Enkulturationzeiten. In Querschnittsstudien sind allein aus Altersgründen Diskrepanzen in Lebensstil und -wirklichkeit und daraus folgend zwischen Angaben unterschiedlicher Altersgruppen zu erwarten. So gesehen könnte anstatt eines enkulturativen Bruchs auch von einem Kohorteneffekt ausgegangen werden. Um zu überprüfen, ob der entscheidende Faktor nicht das Alter, sondern die Zeit ist, in der die

Person enkulturiert wurde, wurde jene für jede/n errechnet (Befragungsjahr – Alter + Besuchsbeginnalter). Tatsächlich zeigt sich, dass Fragebögen älterer Befragter mit spätem Besuchsbeginnalter tendenziell stärker den Datensätzen jüngerer Befragter mit früher Enkulturationszeitraum ähneln als den Datensätzen Gleichaltriger, die früher begonnen haben, ins Theater zu gehen. Ein 90-Jähriger, der erst mit 50 begonnen hat, ins Theater zu gehen, gibt also tendenziell seltener an, was Altersgenossen angeben, sondern eher das, was ein 60-Jähriger angibt, der mit zehn Jahren begonnen hat, ins Theater zu gehen.

Entsprechend ist es wichtig, noch einmal die obigen Korrelationszusammenhänge der Relevanz in Zusammenhang mit der Enkulturationszeit zu bringen (s. Abb. 1).

Hierzu werden zwei Faktoren betrachtet: erstens, die Enkulturationszeit (fortlaufend in Zehnjahresschritten) und zweitens die individuelle Relevanz. Es lässt sich feststellen, dass von den in den 1950er Jahren Enkulturierten 80 % eine uneingeschränkt hohe Relevanz kultureller Veranstaltungen angeben. Diese Zustimmung nimmt mit jeder Enkulturationszeitgruppe ab. Hierbei diversifizieren sich die Antworten von vollständiger Zustimmung zu immer noch zustimmender oder zumindest teilweise zustimmender Haltung. Hieraus ergibt sich eine Abwärtsspirale für die Enkulturation in der Kernfamilie. Sinkt die individuelle Relevanz in einer Generation, resultiert daraus eine geringere Relevanz der Kultur in der Enkulturation der nachfolgenden Generation. Somit wird weniger intensiv (sowohl intentional als auch unintentional) enkulturiert, sodass in dieser Generation die individuelle Relevanz weiter sinkt und sich der Abwärtstrend ohne Vermittlung fortsetzt (s. Abb. 2).

Hinzu kommt ein Trend zur späteren Enkulturation: Das Besuchsbeginnalter korreliert positiv mit der Enkulturationszeit:

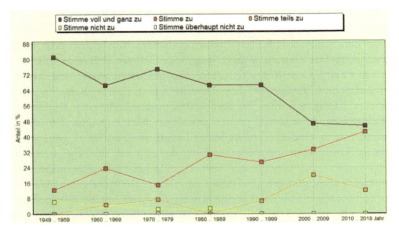

Abb. 1: Relevanz des Besuchs kultureller Veranstaltungen und Enkulturationszeit.

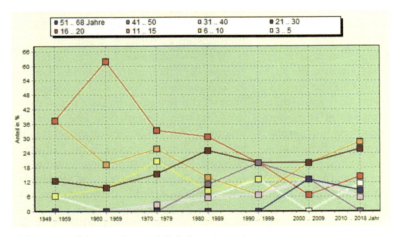

Abb. 2: Besuchsbeginnalter und Enkulturationszeit.

(r: 0,300; p:< 0,001). Bis Ende der 1960er Jahre beherrschen die Altersgruppen der 11- bis 15-Jährigen und der 16- bis 20-Jährigen den Besuchsbeginn. Nach Abschluss des 30. Lebensjahrs beginnt praktisch niemand mehr den regelmäßigen Theaterbesuch. Nach dem Bruch diversifiziert sich die Struktur der Verteilung des Besuchsbeginnalters. Mit Beginn der 1970er Jahre lässt sich eine deutliche Veränderung erkennen, sodass sich der enkulturative Bruch im deut-schen Musiktheaterpublikum in den Jahren der 68er-Bewegung vermuten lässt. Mit dem Beginn der 1970er diversifiziert sich die Verteilung des Besuchsbeginnalter. Es sind immer ältere Gruppen der Besuchsbeginner*innen vertreten, sodass Kindheit und Jugend zunehmend ihre Stellung als wichtigste Zugangsphasen verlieren. Seit den 1970er Jahren steigt der Anteil der 30- bis 39-Jährigen fast durchgängig an. Seit den 1990er Jahren ist sogar die Gruppe der 50-

bis 59-Jährigen permanent vertreten und 2000–2009 sogar so häufig wie die der 30- bis 39-Jährigen. Dementsprechend wird die Enkulturation tendenziell zur Akkulturation. Dies zeigt sich mitunter in der Abnahme der Relevanz im Laufe der Enkulturationszeit (r: -0,196; p: 0,004).

Diese Ergebnisse sollen nun durch qualitative Beobachtungen ergänzt werden. Hierfür wurden Teilnehmende der quantitativen Befragung eingeladen, die vorab Kontaktdaten zum Zweck einer anschließenden Befragung hinterlassen hatten. Die Gespräche wurden in Zweier- bzw. Dreiergruppen durchgeführt und dauerten etwa eine Stunde. Es handelt sich um narrative Interviews, die möglichst wenig durch die Befragenden unterbrochen werden, um einen Austausch und Erfahrungsabgleich innerhalb der Gruppe zu fördern. Durch den Interviewenden wurden bei Unklarheiten Nachfragen gestellt und Anstöße gegeben, um alle vorab festgelegten Themenbereiche erschöpfend zu besprechen. Die Gespräche wurden mittels eines Tonbands aufgezeichnet und anschließend transkribiert.

Bemerkenswert ist, dass sich viele der Befragten einer frühen Förderung und Enkulturation im Kinder- und Jugendalter gar nicht bewusst sind. In Gesprächen wir diese zunächst deutlich negiert, nach einer halben bis dreiviertel Stunde fällt jedoch häufig ein Satz wie ‚Naja, im Puppentheater war ich schon, aber das ist ja kein echtes Theater.‘ Im weiteren Gespräch kommt die befragte Fokusgruppe auf weitere Prägungen zu sprechen. Hierbei wurde erwähnt, dass z. B. Literatur für die Eltern relevant war, also grundsätzlich Freude am Lesen im Elternhaus geweckt wurde, klassische Musik gehört und vermittelt wurde, dass Erlernen eines Instruments ermutigt wurde und, dass an diesen Stellen später beim Besuch kultureller Veranstaltungen angeschlossen werden konnte. Auf dieser Grundlage aus frühkindlichem Alter wirken also alle Prägungsinstanzen nach. Im Vergleich dazu ist es gerade für Lehrer*innen in den weiterführenden Schulen schwerer, erst in der Adoleszenz initiales Interesse bspw. für die Lektüre von Dramen zu vermitteln.

Interessant ist weiterhin, dass einige, v. a. ältere Teilnehmer*innen, die eigenen Eltern als Initiatoren nennen, gleichzeitig keinerlei Relevanz von Kultur im Elternhaus angegeben. Hintergrund ist, dass der regelmäßige Theaterbesuch aus Sicht der Eltern auch bei wenigem oder keinerlei Interesse (der Eltern) im Sinne eines klassischen Bildungskanons „einfach dazu gehört" [habe]. „Montags bin ich ins Kino, mittwochs bin ich ins Theater".

Frühere Prägungen und insbesondere frühe Erlebnisse binden zudem stark an einzelne Häuser als auch ans Theater an sich. Einzelne Teilnehmer*innen hatten beispielsweise auch nach über 50 Jahren eine detaillierte Erinnerung an das Bühnenbild ihres ersten Theaterbesuchs und an Melodien, die sofort rezitiert werden konnten. Gerade ältere Befragte beschreiben ein Bedürfnis, diese Erfahrungen und Freunde am Theater an ihre Kinder- und Enkelgeneration weiterzugeben. Gleichzeitig herrscht jedoch eine deutliche Verunsicherung darüber, wie dies vonstattengehen kann. Dies verdeutlicht das Zitat eines Befragten Über-80-Jährigen: „[E]s wäre mir eine große Freude [meine Enkel an das Theater heranzuführen] und ich möchte sie auf keinen Fall überfordern, dass ich mal höre: ‚Nein, jetzt kommt der Opa wieder mit seinem Theater daher'". Dies ist ein wichtiger Ansatzpunkt für die Theatervermittlung. Angebote, die sich an Familien inklusive Erstbesucher*innen richten, können auf anderen Kanälen vermittelt und spezifisch auf ältere Publika zugeschnitten werden. So werden am Münchner Gärtnerplatz auch Theaterpatenschaften genutzt, um betreute Erstbesuche für Kinder und Jugendliche zu ermöglichen.[43]

Vermittlungsansätze und Erfahrungen aus partizipativen Projekten

Die nochmalige Einbeziehung der Expert*innen-Interviews legt nahe, dass sich auch die Praktiken der Vermittlung und der professionellen Heranführung neuen Publikums seit der Jahrtausendwende wandeln und überdacht werden. Durch die Expert*innen-Interviews ziehen sich drei zentrale Positionen:

a) Die interne Wahrnehmung und Wertschätzung für Vermittlung innerhalb der Musiktheaterorganisationen ist in den letzten Jahren gestiegen, die Aufstellung/Ausstattung jedoch stark leitungsabhängig und die externe Wahrnehmung disparat.

b) Die Ausbildungsangebote zur Spezialisierung auf Vermittlungsberufe im Bereich Musiktheater sind lückenhaft und an viele Stellen von *learning on the job* geprägt; sowohl in Bezug auf die Kommunikation als auch auf die Pädagogik.

c) Vermittlungsansätze variieren in Abhängigkeit von der individuellen Adressierung und in der Gewichtung der musikalischen und theatralen Formelemente.

Unter Position a) wurde in fünf Expert*inneninterviews auf der Ebene der Abteilungsleitung für Musiktheaterpädagogik festgehalten, dass der Rückhalt der Theaterleitung für die erfolgreiche pädagogische Arbeit unabdingbar sei. Susanne Schemschies hebt in München hervor, dass mobile Produktionsformate, wie sie sowohl in Meiningen als auch am Münchner Gärtnerplatz gepflegten werden, ein ausdrücklicher Wunsch des Intendanten waren, nachdem er dieses Format aus einer früheren Zusammenarbeit kannte und schätzte. Erfahrungen wie diese aus dem Theateralltag, die eher mit Aufgaben der Dramaturgie und der Spielleitung verbunden sind, prägen das Berufsfeld mit. Demgegenüber beurteilten

Befragte aus der Pädagogik (sowohl auf Leitungs- als auch auf Mitarbeiterebene) die musiktheaterspezifischen (eigenen) Ausbildungswege auch kritisch: So wurde von einer/m Befragten nach mehrjähriger Erfahrung im Berufsfeld, die Teilnahme am Lehrgang ‚Musiktheatervermittlung' (als zweijährige Weiterbildung an der Universität Salzburg) erwogen, um die erst im persönlichen Karriereverlauf erfolgte spartenbezogene Spezialisierung abzurunden. In einem anderen Fall wurde die Notwendigkeit musikpraktischer Fähigkeiten neben (kultur-)pädagogischen Kenntnissen angemahnt: „Sie lernen nicht mit 30 einigermaßen unbefangen mit Klavierauszügen umzugehen. Sie lernen nicht mit 30 Klavier oder ein anderes Instrument. Sie sind zu spät. Das heißt im Grunde, Sie müssen dauernd Musiker suchen, die über eine theaterpädagogische Erfahrung verfügen".

Bezogen auf Position c) wird es von den Befragten als ein Vorteil von Musiktheatervermittlung gegenüber reiner Musikvermittlung eingeschätzt, dass sich ästhetisch mehrere Anknüpfungspunkte (im Unterschied etwa zum Schauspiel oder zum Konzert) bieten. Wem es schwer fällt, sich verbale Inhalte zu erschließen, könne musikalisch aufnahmefähiger sein – oder umgekehrt. Wenn sich beides als unzugänglich erweist, sind szenische Aktionen und Bewegungen eine weitere Zugriffsmöglichkeit, weshalb aus pädagogischer Sicht auch im Grundschulalter Tanz und Choreographie von Bedeutung sind.

Welche Ausgleichsmöglichkeiten in der Vermittlung bleiben aber, um noch in der Adoleszenz und im Erwachsenenalter en- und akkulturativ zu wirken? Wie Barbara Tacchini (2006–2016 u. a. Leiterin der Jungen Oper Stuttgart) über frühere Bestrebungen des Musiktheaters für Kinder und Jugendliche hinaus festgestellt hat: Angesichts theaterinterner Zweifel an der eigenen gesellschaftlichen Relevanz, Überalterungserscheinungen des Publikums und gestiegenen kulturpolitischen Erwartungen an Vermittlung sind „Partizipationsprojekte in unterschiedlichsten Formaten und ästhetischen Ausprägungen auch im Erwachsenenalter realisiert worden, und es werden immer mehr."[44] Es stellt sich die Frage, gegenüber welchen Erwartungen – „Integrationsförderung, interkultureller Dialog, das Näherbringen von kulturellen Traditionen durch die aktive Teilhabe auf der Bühne"– welche Akzente sie setzen.[45]

In Fokusgruppengesprächen wurden hierzu Teilnehmer*innen in drei Projektzusammenhängen befragt: 1) im „Musiktheaterprojekt mit jungen Geflüchteten und Münchnern mit und ohne Migrationshintergrund", das ab 2015 als Trilogie (*Noah*, *Moses* und *Eva und Adam*) an der Bayerischen Staatsoper erarbeitet und aufgeführt wurde; die Interviews hierzu wurden im September 2019 durchgeführt; 2) an der Jungen Oper Stuttgart wurden im Januar 2020 Gesprächsrunden mit Mitgliedern des Bürger*innenchores in *Antigone-Tribunal* (komponiert von Leo Dick) abgehalten, die dort im Jahr zuvor uraufgeführt worden war. In dieser Produktion setzte sich die Gruppe der am Chor Partizipierenden generationenübergreifend zusammen. 3) Im Juli 2020 fand eine weitere Interviewrunde mit Mitgliedern des Jungen Gärtnerplatztheaters statt. Die von Barbara Tacchini genannte aktive Teilhabe auf der Bühne ist allen drei Projektzusammenhängen gemeinsam, auch wenn sie sich im Ansatz und der theatralen Ausgestaltung unterscheiden. Im Stuttgarter Fall war der intergenerationale Chor von Bürger*innen ein fest notierter Part der zugrundeliegenden Partitur, während es sich bei den beiden Münchner Beispielen jeweils um eine Stückentwicklung mit erst im Probenverlauf endgültig festgelegten musikalischen Nummern handelte. Am Gärtnerplatz ging diese aus der Gemeinschaftsarbeit der Jugendlichen im Lauf einer Spielzeit hervor, während die Staatsopern-Trilogie zu einem großen Teil auf biographischen Interviews aufbaute, die die Projektleiterin Jessica Glause mit den Teilnehmer*innen geführt hat. In den Fokusgruppengesprächsrunden wurde im Wesentlichen nach dem Zugang der Teilnehmenden zu Musik und Theater gefragt und inwieweit sich dieser durch die Projektmitwirkung verändert habe.

Angelehnt an das von Barbara Tacchini aufgeführte Spektrum von Erwartungen an partizipative Musiktheaterprojekte stellt die Auswertung der Interviewrunden einen Versuch der Überprüfung dar, inwieweit in den ausgewählten Fällen an Enkulturation angeknüpft oder Akkulturation geleistet werden konnte bzw. sich für beide Konzepte Anhaltspunkte finden lassen.

Die Aussagen von Vermittelnden und Partizipierenden ergänzen sich in einem Punkt, der besonders von partizipierender Seite hervorgehoben wird: die sozialen Komponenten, wie erhöhtes Selbstvertrauen und größere Offenheit der Teilnehmenden untereinander und dem Musiktheater gegenüber durch die Musiktheaterarbeit: „ solche Profis, […] mit denen wir da arbeiten dürfen. Und trotzdem: Man hat das Gefühl, 100 % ernst genommen zu werden […] und versucht auch, aus uns viel herauszuholen, von dem wir teilweise vielleicht gar nicht wussten, was in uns steckt". Oder wie es im Gespräch des Staatsopernprojektes mit Jugendlichen mit und ohne Migrationshintergrund geäußert wurde: „Am Anfang habe ich gedacht: schaffe ich nicht. Aber am zweiten Tag habe ich dann auch Gas gegeben – Musik, zusammen reinkommen, das ist es: schaffe ich". Und das Gegenstück hierzu (aus der Perspektive eines in Deutschland geborenen) Gruppenmitglieds: „Ich würd' sagen, es ist ein anderes Verständnis, also quasi zu merken, dass wir ganz oft durch die Popkultur […] quasi von dem ferngehalten werden, was wirklich interessant sein könnte".

Diese Erweiterung ästhetischer Aufgeschlossenheit erschöpft sich nicht nur im rein Musikalischen. Ein Effekt ist auch bei Projektteilnehmer*innen festzustellen, was die Erweiterung der ursprünglichen individuellen genre- und spartenbezogenen Interessen betrifft; und das wiederum altersunabhängig.

Äußerungen in den Gruppengesprächen im Kontext der erwähnten Münchner und Stuttgarter Musiktheaterproduktionen legen demzufolge nahe, dass auf Partizipation setzende Projekte den spartenübergreifenden Zusammenhalt verstärken bzw. bei der Überwindung der Trennung zwischen Oper und Schauspiel(haus) beschleunigend wirken.

Für die Fokusgruppengespräche an der Jungen Oper Stuttgart veranschaulicht dies die Aussage einer der Befragten mittleren Alters, die auf ihre vorangegangene Erfahrung in Chören verwies:

> Ich komme […] komplett von der Musik her […] Aber Theater hat mich gar nicht interessiert, und über die […] Projekte […] hab' ich so ein bisschen einen Zugang zum Theater gekriegt, […]Ich geh' jetzt auch eher in Theaterstücke. Und das Spielen an sich macht mir jetzt auch Spaß, was ich mir vorher gar nicht vorstellen konnte.

Unter den 8 über-30-jährigen Befragten war nur 1 Position (mit einem technischen Berufshintergrund), die die Projekterfahrung nicht in Beziehung zu schulischen Erlebnissen mit Aufführungen, von Musik, Musiktheater bzw. Bühnen-Gesang setzt – entweder aus der eigenen Kindheit oder auch aus eigenen Lehrtätigkeiten. Von den 14 Unter-30-Jährigen gab die Hälfte an, keine Vorerfahrung gemeinsamen Singens und Musizierens zu haben – in einem Fall explizit mangels der Möglichkeit zum Musikschulbesuch im Herkunftsland. Aber auch „ohne Migrationshintergrund" fielen typische Äußerungen wie: „Ich gehöre eigentlich zu denen, die eher Schauspiel machen […] Jetzt

wo man quasi dabei ist und merkt, wie schön Oper eigentlich sein kann, ist es für mich so ein viel größeres Thema geworden in meinem Leben und dass jetzt auch ich öfters selber in die Oper geh'".

Zwar sind solche Effekte nicht nur musiktheaterspezifisch, sondern generell für partizipative Projekte anzunehmen und ergeben sich auch aus Auswahlprozessen wie dem Casting; allerdings bestehen gerade in der erwähnten Verbindung von Theater und Musik, teilweise auch Tanz, Möglichkeiten, in der Projektarbeit stark auf individuelle Fähigkeiten einzelner Mitglieder einzugehen. Dabei besteht für die Projektleitungen durchaus eine zusätzliche Herausforderung im Moderieren gruppeninterner Prozesse.

In der Auswertung der Fokusgruppengespräche zu Musiktheaterprojekten mit Geflüchteten kam zu bereits geschilderten Aspekten veränderten Sozialverhaltens in der Gruppe noch das Element gestiegener Identifikation mit dem Theater in der für die Projektteilnehmenden neuen Umgebung hinzu.

> Wenn man am Opernplatz vorbeiläuft, diesem Riesengebäude, […] alle schick angezogen, denkt man sich: Gehör' ich überhaupt dazu? […] Und dann kommt man hierher und wird' Teil davon; und wenn ich [Bekannten] erzähle, ich spiele in der Staatsoper […] dann haben sie ein ganz andere[s] Bild von der Oper.

In jedem Fall ist hervorzuheben, dass die Zusammensetzung in heterogenen Projektgruppen die Reflexion der eigenen Herkunft und gesellschaftlichen Positionen befördert und darüber hinaus Kreise ‚zieht'.

Resümierend lässt sich festhalten, dass das Potential von Musiktheatervermittlung in partizipativen Formaten, den in den Gesprächsrunden geschilderten Erfahrungen zufolge (die in weiteren Befragungen zu überprüfen sind), in drei Merkmalen besteht:

i) Vermittlung in der Musiktheaterpraxis bietet Möglichkeiten sozialer Orientierung, schließt aber auch inneren und äußeren Erwartungsdruck (z. B. bezogen auf das Casting als Start in die Projektarbeit) nicht aus.

ii) Unter dem Aspekt der (kulturellen) Bildung stellt sich auch eine gesteigerte Wahrnehmung von Professionalität bzw. hoher Qualifikationen im Theaterbetrieb bei den Partizipierenden ein (wie sie von Vermittelnden auch als Ziel genannt wird).

iii) Intergenerative und interkulturelle Projekte ermöglichen einen direkten Austausch über unterschiedliche Stufen und Codes von Enkulturation.

Vor allem die Merkmale i) und ii) sind von großer Bedeutung für die Funktion von Initiator*innen oder auch der Reaktivierung von Interessen (wie nach Phase der oftmals verspäteten Familiengründung).

Das Potential intergenerativer und interkultureller Projekte in einer sich kulturell auf absehbare Zukunft stetig weiter diversifizierenden Gesellschaft sollte nicht unterschätzt werden. Dies ist besonders relevant vor dem Hintergrund einer zunehmenden Verschiebung der Enkulturationsaufgabe aus der Familie zu den Theatern, wie in der quantitativen Befragung aufgezeigt wurde. Ebenso ist es unerlässlich, ihrer Nachwirkung bei künftigen Publikumsgenerationen nachzugehen. Die hier auszugsweise vorgestellten empirischen Arbeiten und Erkenntnisse sind insofern auch als Ausgangspunkte für weitere Studien unter ähnlichen bzw. erweiterten Rahmenbedingungen intendiert.

Anmerkungen

1   Karl-Heinz Reuband (Hg.), *Oper, Publikum und Gesellschaft*, Wiesbaden 2018 (dieser Band versammelt, auch basierend auf der Expertise des Herausgebers, ein breites Spektrum publikumssoziologischer Fragestellungen und Untersuchungen der letzten Jahrzehnte).

2   So z. B. von Wiesand/Fohrbeck 1975 (vgl. Andreas Johannes Wiesand, „Musiktheater und Konzerte: Mehr Rückhalt in der Bevölkerung", in: *Das Orchester* 6 (1995), S. 2–14) oder Eva Kelch, „Unser Stammpublikum. Eine soziologische Untersuchung des Hausanrechts der Komischen Oper", in: *Die Welt der Oper* 6 (1968), S. 132–136.

3   Einen Überblick zur Diskussion bietet: Karl-Heinz Reuband, „Die Neustrukturierung der Altersbeziehung kultureller Partizipation. Ein Langzeitvergleich bundesweiter Bevölkerungsumfragen", in: *Zeitschrift Für Kulturmanagement* 4 (2018), S. 23–54.

4   Joscha Schaback, *Kindermusiktheater in Deutschland. Kulturpolitische Rahmenbedingungen und künstlerische Produktion*, Berlin 2020, S. 43 f.

5   Armin Friedl, „Mehr Kontakt zur Oper", in: *Opernwelt* 5 (1999), S. 29.

6   „Schlussbericht der Enquete-Kommission ‚Kultur in Deutschland'", Bonn 2008, S. 227.

7   Ebd., S. 221.

8   Ebd., S. 117.

9   Birgit Mandel, „Kulturvermittlung, Kulturmanagement und Audience Development als Strategien für Kulturelle Bildung", in: Hildegard Bockhorst, Vanessa-Isabelle Reinwand und Wolfgang Zacharias (Hg.), *Handbuch Kulturelle Bildung*, München 2012, S. 279–283, hier: S. 279.

10 Birgit Mandel, „Einleitung", in: *Teilhabeorientierte Kulturvermittlung. Diskurse und Konzepte für eine Neuausrichtung des öffentlich geförderten Kulturlebens*, Bielefeld 2016, S. 10.

11 Carmen Mörsch, „Am Kreuzpunkt von vier Diskursen: Die documenta 12. Vermittlung zwischen Affirmation, Reproduktion, Dekonstruktion und Transformation", in: Dies. (Hg.), *Kunstvermittlung 2*, Zürich/Berlin 2009, S. 9–34, hier S. 9.

12 Ute Pinkert, „Theater und Vermittlung. Potentiale und Spannungsfelder einer Beziehung", in: KULTURELLE BILDUNG ONLINE: https://www.kubi-online.de/artikel/th

eater-vermittlung-potentiale-spannungsfel
der-einer-beziehung [Zugriff am 25.11.2021].

13 Ebd.

14 „Schlussbericht der Enquete-Kommission ‚Kultur in Deutschland'", Bonn 2008, S. 117.

15 Marvin Harris, *Kulturanthropologie. Ein Lehrbuch*, übers. von Sylvia M. Schomburg-Scherff, Frankfurt a. M./New York 1989, S. 21.

16 Marvin Harris und Orna Johnson, *Cultural Anthropology*. Boston et al. 2003, S. 13.

17 Alfred K. Treml, „Pädagogik und Kultur. Erziehungswissenschaft als Kulturwissenschaft", in: Klaus E. Müller (Hg.), *Phänomen Kultur. Perspektiven und Aufgaben der Kulturwissenschaften*, Bielefeld 2003, S. 157–170, hier S. 164.

18 Kathrin Ding und Gerd-Bodo von Carlsburg, „Enkulturation. Einführung in die Thematik", in: Gerd-Bodo von Carlsberg (Hg.), *Enkulturation durch sozialen Kompetenzerwerb*, München 2011 (Baltische Studien zur Erziehungs- und Sozialwissenschaft, Bd. 22), S. 29–39, hier S. 29.

19 Solvejg Jobst, „Sozialisation", in: Wolfgang Hörner, Barbara Drinck und Solvejg Jobst, *Bildung, Erziehung, Sozialisation. Grundbegriffe der Erziehungswissenschaft*, Opladen/Farmington Hills 2010, S. 162.

20 Kathrin Ding und Gerd-Bodo von Carlsbourg: „Enkulturation. Einführung in die Thematik", in: Gerd-Bodo von Carlsbourg (Hg.), *Enkulturation durch sozialen Kompetenzerwerb*, München, 2011 (Baltische Studien zur Erziehungs- und Sozialwissenschaft, Bd. 22), S. 29–39, hier S. 30.

21 Heinz Abels und Alexandra König, *Sozialisation. Soziologische Antworten auf die Frage, wie wir werden, was wir sind, wie gesellschaftliche Ordnung möglich ist und wie Theorien der Gesellschaft und der Identität ineinander spielen*, Wiesbaden 2010, S. 10.

22 Bernhard Schäfers (Hg.), *Grundbegriffe der Soziologie*, Wiesbaden 2000, S. 56.

23 Jürgen Raithel, Bernd Dollinger und Georg Hörmann, *Einführung Pädagogik. Begriffe, Strömungen, Klassiker, Fachrichtungen*, Wiesbaden 2009, S. 59.

24 Vgl. Harris, *Cultural Anthropology*, S. 10 sowie Christopher Balme und Tony Fisher,

"Introduction", in: Dies., *Theatre Institutions in Crisis. European Perspectives*, London 2020, S. 1–23, S. 13.

25 Diese empirischen Untersuchungen wurden, wie auch die im Folgenden vorgestellten Interviews und Publikumsstudien, im Rahmen der DFG-Forschungsgruppe *Krisengefüge der Künste* durchgeführt.

26 Vgl. Christiane Plank-Baldauf (Hg.), *Praxishandbuch Musiktheater für Junges Publikum. Konzepte – Entwicklungen – Herausforderungen*, Berlin/Kassel 2019, darin zur Entwicklung der ersten deutschen Musiktheaterpädagogik-Abteilungen: Joscha Schaback, „Kindermusiktheater und gesellschaftlicher Wandel – Ein kulturpolitischer Blick ins deutsche Stadttheater", S. 19–34 und Anne-Kathrin Ostrop, „Musiktheatervermittlung in der europäischen Geschichte und Gegenwart", S. 255–266.

27 Alle Fokusgruppengespräche und der überwiegende Teil der Interviews wurden mit Einwilligung der Expert:innen akustisch aufgezeichnet und transkribiert, in 4 Fällen wurden Gesprächsnotizen angefertigt. Zum theaterwissenschaftlichen Nutzen von Expert*inneninterviews vgl. Mara Käser, „Intendanzwechsel als Auslöser institutionellen Wandels. Eine qualitative Studie am Fallbeispiel der Münchner Kammerspiele", in: Christopher Balme und Berenika Szymanski-Düll, Methoden der Theaterwissenschaft, Tübingern 2020, S. 293–311. Wie dort werden Aussagen hier z.T. anonymisiert wiedergegeben (wie auch aus Fokusgruppengesprächen).

28 Interview von Ute Pinkert, in: Dies. (Hg.), *Theaterpädagogik am Theater: Kontexte und Konzepte von Theatervermittlung*, Berlin et al. 2014, S. 332–341, S. 338.

29 Sebastian Stauss, „Krisenüberwindung durch Vermittlung? Vergleich zweier Phasen in der Geschichte der Komischen Oper Berlin", in: Ders., Elfi Vomberg und Anna Schürmer, *Krise, Boykott, Skandal*, München 2021, S. 240–263.

30 Beiden Staatstheatern gilt an dieser Stelle unser Dank für die Kooperation, besonders der Meininger Öffentlichkeitsarbeit mit ihren studentischen Mitarbeitern, ohne deren

Hilfe die Stichprobe in der durch Corona erschwerten Spielzeit 2020/21 kaum zustande gekommen wäre.

31 Zahlen im Folgenden nach *Theateralmanach und Theaterstatistik des Deutschen Bühnenvereins* 2016–17, 2017–18 und 2018–19.

32 „Da sollte man nicht so wirtschaftlich denken" (Ansgar Haag im Gespräch mit Christoph Heinemann), *Deutschlandfunk* 13. 3. 2012 https://www.deutschlandfunk.de/da-sollte-man-nicht-so-wirtschaftlich-denken.694.de.html?dram:article_id=71337 [Interview von 2012, Zugriff am 8.7.2021].

33 „Bühne frei für 2017", in *Süddeutsche Zeitung Extra* 29.12.2016, S. 4.

34 Eigenes Interview 2019.

35 Vgl. Marion Kaeseler, „Alle tun es! Eine Opern-Jugendclub-Produktion des Theaters Krefeld-Mönchengladbach nach Mozart ‚Così fan tutte'", in: *Diskussion Musiktheaterpädagogik* 1 (2009), S. 73–77.

36 https://www.gaertnerplatztheater.de/de/presse/highlights-der-saison-2018–2019.html [Zugriff am 8.7.2021]. Das ist auch insofern bemerkenswert, als Thomas Schmidt das Gärtnerplatztheater 2017 (wenngleich noch in der Sanierungsphase des Stammhauses) in der Rubrik von „Überförderung" im deutschen Theatersystem genannt hatte – gegenüber der Unterfinanzierung oft effizienterer kleinerer und mittlerer Theater (Thomas Schmidt, *Theater, Krise und Reform*, Wiesbaden 2017, S. 64).

37 In maßgeblicher Erweiterung dieses Vergleichs wird aktuell eine nicht theater- bzw. spielstättengebundene Studie auf Basis einer Onlinebefragung zur Enkulturation von Theaterbesucher*innen und Nichtbesucher*innen im gesamten deutschsprachigen Raum (mit bisher knapp 1500 Teilnehmer*innen) durchgeführt.

38 Frage: Seit welchem Alter besuchen Sie regelmäßig kulturelle Veranstaltungen (wie Musiktheater, Oper, Operette, Musical, etc.)? Die Antwort erfolgte frei auf einem leeren Feld.

39 R steht für die Effektstärke und p für die Wahrscheinlichkeit, dass die Korrelation fälschlicherweise festgestellt wurde.

40 Frage nach der Relevanz im Elternhaus: „Stimmen Sie der folgenden Aussage zu? In meinem Elternhaus waren Kultur und der Besuch kultureller Veranstaltungen wichtig." Antwortmöglichkeiten: Stimme überhaupt nicht zu, stimme nicht zu, stimme teils zu, stimme zu, stimme voll und ganz zu, oder aber mit „keine Angabe".

41 Als Folgefrage auf „Welche der folgenden kulturellen Angebote nehmen Sie wahr?": „Warum nehmen Sie die anderen Angebote nicht wahr?" Antwortmöglichkeiten: praktische Gründe (Anfahrt, Zeit, Logistik), ich habe es noch nie probiert, die anderen Angebote scheinen … 1. unverständlich, 2. zu konventionell, 3. zu modern, 4. zu oberflächlich, oder aber freie Antwort auf einem Leerfeld.

42 Katja Meroth, ‚*Das kann Dir noch gar nicht gefallen, das lernst Du noch.*' Qualitative Erhebung zur Frage, ob kulturelles Interesse eine Frage der Prägung ist. Freiburg 2017 [Graue Literatur].

43 „Bühne frei für 2017" (Anm. 32), S. 4.

44 Barbara Tacchini, „Stückentwicklung inklusiv: Gemeinsame Projekte von gesundheitlich oder sozial benachteiligten und anderen Gruppen", in: Christiane Plank-Baldauf (Hg.): *Praxishandbuch Musiktheater für Junges Publikum*, S. 163–177, hier S. 163.

45 Ebd.

The Makerly Text & the Spectatorly Text. A Narratological Analysis of Rimini Protokoll's *Remote Jerusalem*[1]

Maya Arad Yasur (Tel Aviv)

Remote Jerusalem, a site-specific walking performance by German theatre group Rimini Protokoll, sets out to explore the ways in which we move through the urban "meadow" and to what extent these movements are manipulated or navigated and by whom. We can translate these questions into questions of dramaturgy: If we consider any performance-text as an urban meadow and the audience as a herd led by a shepherd, then we can ask: To what extent is the individual spectator manipulated by this shepherd? How much freedom of choice and interpretation is given to the sheep? This paper leans on concepts from literary narratology and defines the shepherd as a *performative narrator* while analyzing the relationship between the performative narrator and the audience using Roland Barthes' concepts of the writerly text vs. the readerly text.

Remote Jerusalem, a site-specific walking performance by German theatre group Rimini Protokoll, sets out to explore the ways in which we move through the urban space and whether these movements are maneuvered, manipulated, or as the dramaturgy of the performance implies, navigated. *Remote Jerusalem* asks questions on themes of herd mentality vs. individualism and free will, using the performative mechanism of an audio-guided tour in which the voice heard through headphones leads a group of people through their day-to-day, natural habitat. The navigator not only tells the participants where to go, but also where and what to look at, what to think, and later, about midway through the performance, also manipulates and divides the group.

Shortly after the beginning of *Remote Jerusalem*, the sound of bells is heard through the headphones; the type of bells that shepherds hang around the necks of their sheep. This is the moment when one of the performance's main dramaturgical aspects is announced: we, the participants are turning into a herd. The navigator clearly says, "I will call you a herd," and explains:

[T]hose who are on the edges are eaten. Those in the middle don't get food. But you are not animals guided only by your instincts. You can think. And that distinguishes you from animals and machines. Or that's at least what you think.[2]

In saying that, the navigator unveils the premise of the performance and the overarching question that serves as the driving force behind the performance's dramaturgy: who or what is leading our choices, our movement, our speed, our thoughts, and our points of view when we walk around the meadow of our lives? The meadow and the act of walking around in our environment will quickly grow into a metaphor for the way we live.

Who or what steers our choices or the direction that our lives take? To examine this question, I will look at four performative agents that construct the performance: the individual participant – a sheep; the audio navigator – the shepherd; the remaining participants – the herd; and lastly, the urban space in which the performance takes place – the meadow. Each of these agents comes

Forum Modernes Theater, 33/1-2, 40–53.
Gunter Narr Verlag Tübingen

DOI 10.24053/FMTh-2022-0004

with their own individual interests and agendas which they try to guide and direct the participants towards.

The questions raised by the structure of the performance in turn raise methodological questions regarding the dramaturgy of the theatre performance as such. What potential do the space, the herd and the audio navigator have, combined and separately, in leading the participant through the theatre performance? The question of the participant's free will can be translated into a question related to audience reception. If we refer to any performance text as a meadow, then the audience is a herd made up of individual sheep. Who is then the shepherd, meaning, the performative narrator, guiding the participant through the performance text? To what extent is the spectator manipulated by that shepherd? How much control does this performative narrator have? How much freedom is given to the sheep?

This narratological relationship between the performative narrator and the audience can be effectively approached by means of Roland Barthes' concept of the *writerly text* and the *readerly text* in which he makes a post-structuralist distinction between literary classical forms such as the 19th century novel and the 20th century literary forms which challenged those realistic conventions[3]. "The more plural the text, the less it is written before I read it"[4], Barthes writes in his essay S/Z. While the *readerly text*, according to Barthes, does not acknowledge the reader as a producer of the text but only as a receiver of a pre-fixed reading, in the *writerly text* the addressee is the one who writes the text without any prior exclusive authority which narrows down the entrances into the text. A common example of a *writerly text* is the story *The Dinosaur* by the Guatemalan writer Augusto Monterroso. The complete story goes as follows: "When he awoke, the dinosaur was still there."[5] This story, known as the shortest story ever written, provides more gaps than information about the possible course of events, inviting the reader to be active in filling those gaps independently.

Noam Knoller extends Barthes' notion of the writerly/readerly text to his narratological research of digital artifacts, defining *a userly text* as a text which requires not only a mental effort as in Barthes' *writerly text* but also modes of physical engagement[6]. Whereas Knoller does not keep the symmetry to Barthes, I wish to apply Barthes' concepts of *writerly and readerly texts* to theatre and performance by defining *makerly (theatre) texts* and *spectatorly (theatre) texts*, accordingly. I use the term *a spectatorly (theatre) text* to refer to a performance which is encoded in signs in a way that invites a single reading, interpretation or an experience, manipulated and controlled as much as possible by the performative narrator who attempts to narrow down the number of variations in which the text can be decoded into one single reading. Such a text invites a rather passive spectating experience, both cognitively and physically, and thus a more semiotic approach of analysis. While Knoller proposes that the *userly text* requires not only a cognitive engagement with the text, but also a physical and bodily engagement of enactment[7], the *makerly text* features larger-scale forms of engagement. Performances in which the audience is physically static but is prompted to active spectatorship and interpretation show as much of a tendency towards the *makerly* as performances requiring physical engagement, such as walking tours, immersive forms of theatre and different participatory modes of theatre. The question is to what extent the individual spectator shares the performative narration of the piece, and how much freedom one has in making one's own experience of it, which is why such *makerly texts* invite a more phenomenological approach of analysis. The *makerly and spectatorly* theatre texts are not oppositional binaries but the two ends of a scale, and every performance can be positioned somewhere along that scale.

The narratological question of who is the agent guiding the participant through *Remote Jerusalem* or who is the performative narrator can also indicate the position of the piece on the spectatorly – makerly scale. The more the theatrical elements and strategies of the performance guide the participants in their experience in one direction as a herd, the more spectatorly the text is. At the other end of the scale, the more the individual participant controls their own experience and choice of directions (physically and mentally), the more makerly is the text is. In other words, the more the members of the audience share the performative narration, the more the performance is a *makerly text* and the more plural the number of experiences. In order to position *Remote Jerusalem* on the makerly-spectatorly scale, I will analyze the role and level of control that the space, the navigator, the herd and the participant have in the performative narration.

The Meadow: Space

Can space serve as a performative narrator? To what extent does the urban space of *Remote Jerusalem* serve as a guiding agent for the participant? *Remote Jerusalem* is a walking performance in which a group of participants is guided through various urban locations. Following Marie-Laure Ryan, Kenneth Foote, and Maoz Azaryahu, I define the various locations throughout the city that comprise the route of the performance as the *spatial frames* of the performance – the shifting scenes of action in which the characters move[8]. In the first instance, the spatial frames of *Remote Jerusalem* are the streets of Jerusalem. The walk starts in a

Jewish cemetery, from which the participants are guided across the city through malls, a tram, a shopping street, a hotel and the city hall square, ending on a balcony of a building facing the old city of David. With the exception of the cemetery and the old city at the beginning and at the end of the performance, the rest of the spatial frames, the middle of the performance, are a sequence of *non-places*[9] – as defined by Marc Augé – spaces that are constructed for specific purposes, such as travel, shopping, leisure, and the relationships that people have with these spaces create a shared identity of passengers or customers. While Augé does not use the word escapism, he does, however, describe the effect of entering into a non-place as temporarily distancing those who enter it from their worries and concerns by means of the environment of the moment.[10] Augé says that the subject experiences a *loss of identity* when entering a non-place, because they are subjected to a sort of possession that frees a person of his or her identity and gives them the pleasure of roleplaying instead.[11] The participants are led from one non-place to another, turning the city into a series of non-places: a tram where we all play the role of faceless commuters; a shopping street where we all play the role of customers, and a hotel where we play the role of temporary lodgers. The places selected as the spatial frames of the performance make us forget about our identities and surrender to the role assigned to us, along with the other role-players around us. When the audio navigation guides us to enter a shopping mall everything in the shopping mall prompts us to forget about the reality outside of it. To further substantiate this point, the navigator points at the shimmering lights and sculpted heroes from the films shown there. Going even further, the participants are then instructed to sit in rows, like an audience at a show, and to observe passersby as if they

Fig. 1: *Remote Jerusalem* by theatre group Rimini Protokoll, Israel Festival 2018.

were characters themselves. The navigator wants us to observe the manner in which Augé's thesis is made manifest in a Jerusalem mall: "soon a theatre show will begin," the navigator announces, describing the mall as a stage placed by a designer, and the passersby as actors standing on the stage, pretending to be waiting for something. The participants are watching passersby in the navigated roleplay, but all they see is the image of themselves, as the navigator instructs them to step onto the stage (Fig. 1).

Remote Jerusalem is what Fiona Wilkie categorizes as "site-generic,"[12] in the sense that it is constructed for every city while being adapted to whichever one it takes place in; the city of Jerusalem in 2018, in this case. Seeing as how *Remote X* (the general title of the project, independent of any specific locale) is performed in various cities around the world, the unique aspects of any particular city are not the primary object of investigation. Similarly, *the setting* – the second level of narrative space defined by Ryan, Foote and Azaryahu as the socio-historical-geographical-environmental ba-

sis of the entire narrative[13], is not twenty-first-century Jewish Jerusalem, though the spatial frames may well be. The history of the city, its extreme socio-political climate or the locations in it, are neither explored, nor relevant. For instance, the cemetery, the performance's first spatial frame, is merely presented as a site where people are buried, as it would be anywhere else in the world. The fact that the cemetery in Jerusalem is a Jewish one or that the burial traditions practiced there are of those of the Jewish faith is in no way relevant. Equally irrelevant is the history of the place, the ground on which it is built, or the identity of the individuals buried there. The main function of the selected spatial frames is to evoke certain thoughts, feelings, and positions of the individual participant toward their own patterns of behavior in the environment where they live. Therefore, the setting decided on is the twenty-first-century metropolis and, indeed, it is the setting of every iteration of *Remote X* – whether in Berlin, Jerusalem, or Madrid. What is the common aspect of all cemeteries then?

The cemetery and the city of David are different from these non-places and can better be described as heterochronic heterotopias. A cemetery, according to Michel Foucault, is a heterotopia: a counterplace, a place of otherness which is real, as opposed to a utopia.[14] A cemetery is a heterotopia, says Foucault, because it begins with the heterochronia; a time which, for the individual, is a loss of life. *Remote Jerusalem* opens and closes with two spatial frames that are heterochronic heterotopias. The cemetery is personal and manifests a point in time that every individual knows they will inevitably reach. The closing spatial frame is of a balcony facing the old City of David, a place which, time and again, for millennia has been occupied and reoccupied by different empires and which symbolizes, if anything, a place's triumph over time. The performance leads us from this first heterochronia, through a sequence of more everyday urban spatial frames, to the second heterochronia. The sequence of spatial frames within the modern city, contained between the two, is where we keep on moving, despite the certainty of our own mortality. And indeed while walking along a bridge overlooking the whole city, the city is described by the navigating audio as "one big organism"[15] in which "streets and tunnels cross it like veins in your body."[16] Such words that paint the city as a living organism, in contrast to the death-dominated cemetery, highlight the production of space as a statement of the performance. The urban space is designed and produced in a way that separates the world of the living from the world of the dead and the transience of humans. But who designed it for that purpose? Not the audio navigation. The latter is just guiding us through existing spaces in which we spend our daily lives. A space is a product, according to Henri Lefebvre, and acknowledging it as such can expose its production process.[17] The city, to elaborate on Lefebvre, is a place produced by the hegemonic, capitalist powers that be for capitalist-escapist purposes; a site designed to help us suppress the knowledge of the cemetery that awaits us at the end of the road, and of our own mortality and meaninglessness that confront us when looking at the Old City.

The questions to be asked are: To what purpose? What are the representations of the space? Or, to use Lefebvre's second tier of space production, who and what are those representations made to serve, and how? Alternatively, in narratological terms: is it possible that the space is a narrating agent that guides the way we experience the narrative of our daily lives? Bal defines narrative text as a story which, in order to be conveyed to recipients, is converted into signs, the agency uttering those signs being the narrator (an agency constructed by an author)[18]. If we establish the notion that the space is a hegemonic product, designed to create an escapist mentality that turns the people into a herd of customers in service of the agenda of capitalist hegemony, then this space becomes a narrator that, following Bal, uses roads, signs, structures, stations, lights, windows, etc., to create an experience that leads the addressees through the plot that they, the authors, are communicating. Although the space can be seen as a narrator, it is not the performative narrator of the performance, as it also exists without it. While the space is produced to narrate our life experience, the performative narrator of *Remote Jerusalem* guides us towards the insight that the place is a product and that our experience in it is narrated. The space thus is a tool in the service of the performative narrator.

The Herd

When the navigator instructs the participants to exit the cemetery, he orders us to stand in a circle with the rest of the participants as we are about to become "a herd." The sound of cowbells is heard through the headphones and the navigator says, "I will call you a herd,"[19] and explains that we are not animals guided only by instincts but are also capable of thinking and, at the very least, being under the illusion that we are not just like animals. In that moment, the navigator establishes the idea that our mind is being manipulated and guided by agenda- and interest-driven forces. The navigator identifies itself as our shepherd, a shepherd not only telling us where to go but also guiding our awareness of other influences: "How do the others influence your walking pace? How do you influence the others?"[20] the audio navigation asks.

At another point, when we reach a T-junction, the navigator tells us to choose which way we would like to go. The herd somehow ends up following a handful of leaders who start walking to the right, but then the navigator tells us to turn left. In doing so, the navigator exposes the hierarchy between the forces within the herd, which is part of an attempt to gain control over our minds: The space was designed to stop us at this point, and to force us to choose between right and left. The herd seized power, though not for long. The navigator – that figure of power and authority – proved to be stronger than the herd. At a later point, in the middle of the street, the navigator instructs the participants to stand in front of a glass window with the rest of the herd. We are told where to stand so that every face is seen. "The herd is reflected in the glass window,"[21] the navigator says, asking us to make room for the whole herd and to look at ourselves. This moment of self-reflection, looking at ourselves as part of a large group of strangers is a basic narratological focalization technique in the most optical sense. Focalization, according to Bal, is an element of the story level and describes the vision of the character who sees[22]. The participant, that is the protagonist of their own story, is looking at their own reflection, realizing that though they may consider themselves an individual, they are ultimately just another face in the crowd. This gap between their subjective self-perception as an individual and the realization of their loss of identity through the gaze is a moment of self-focalization in which the protagonist-focalizor not only sees him- or herself as a member of a herd, but also realizes that all the members of the herd, wearing the same headphones, are looking at themselves and experiencing the same realization – it is a herd of protagonists who are seeing their own solitary images that echo in those of the others, on a par with *Augé's* description of non-places (Fig. 2)

The ultimate test which the participant faces as the navigator further increases efforts to prove the herd's unreliability takes place in a hotel lobby. After the group has rested for a while, the participant suddenly realizes that the navigator has split up the herd, and that not all the participants are hearing the same messages. Suddenly, some herd members are leaving while others are being told to stay where they are. This is a powerful moment in the performance as it raises questions of choice: how do we choose whom to follow? How can we be so sure that the voice we choose to listen to is right? Doubt creeps into one's mind when one realizes that many people are choosing a different path. What if their voice is more right than mine? Ultimately, this has a positive effect as it makes one doubt everything – the voice and the herd. It summons one's individuality, for if one does not know who to trust, one should therefore trust oneself. The herd was not the most dominant influence on the participant's decisions and choice of direction. When the navigation gave the participants freedom of choice, as happened at the T–junction, we could see

Fig. 2: *Remote Jerusalem* by theatre group Rimini Protokoll, Israel Festival 2018.

that it is the navigation which turns the participants into a herd, meaning, the herd would not exist without the shepherd – the navigator.

The Navigator

In the first instance, it appears that the navigator functions almost as an epic narrator, opting for traditional theatrical strategies, recounting the story orally from their own perspective, manipulating the plot, selecting and coloring the places with thoughts and commentary, and framing the views and thoughts that will be communicated to the participant – the addressee. If space alone were the element of performance being examined here, then we could argue that the navigator is in fact the performance's narrator who is leading us, like a tour guide, through the various locations. However, in *Remote Jerusalem* the primary focus is on the relationship between an individual and their urban environment, and not merely on the environment itself.

The narrator uses the terms *herd* and *shepherd*, and in doing so, opens both up to discussion while leaving a gap for negotiation over free will, because, ultimately, human beings are not sheep. They think, they remember, they look around and are engaged by a range of desires beyond the most primal stimuli of hunger and fear. The navigator undertakes to consider all of the above, to navigate the thoughts and points of view of the wanderers, to propose interpretations, and to evoke doubt and insecurity.

If the navigator were a narrator of the traditional, epic kind then that would make the participants – the addressees in the traditional sense – an audience, in which case the performance would tend to the spectatorly side of the makerly-spectatorly scale. In *Remote Jerusalem*, the navigator, when speaking, often favors the second person, in both the singular and the plural form, sometimes referring to the herd and other times to the individual participant. Whereas Bal notes that second-person narration is not only fundamentally illogical but also impossible for the reader to manage, seeing as how the reader *is* that second person,[23] the medium of theatre enables simpler management of second-person narration; for one, because the narration is heard rather than read, but most importantly, because the audience and the performance share the same space and time. A site-specific performance makes it even more manageable, seeing as the narrative space and performative space come together and unite. Consequently, the second-person narrator can refer to the addressee's movements, to what they see, and what they hear. Yet, once more, this all suggests that the participant is not the external spectator of the narrative, but rather a character within it. What is more, if the participant is indeed a character, then as Chatman's communication model of the literary narrative[24] asserts, the agency speaking to him or her is not the narrator, but rather another character which, in the participants' story, represents a shepherd or guide. The navigator thus is not the performative narrator but rather a character.

As I have shown so far, the performance is not a free-style walking tour in the non-places comprising modern Jerusalem. The order of the spatial frames is selected and organized by a certain agency. That agency, the performative narrator, is the one selecting the cemetery and the old city as the spatial frames that open and close the tour, deciding that the walk starts in one heterochronic heterotopia and ends in another one. The notion that the cemetery is a heterotopia that separates itself from the space of the living is articulated in the performance by the very fact that the experience which the performative narrator sets into motion within it is a personal, intimate one. The navigator, the spatial frames and the herd are the main expressive means in the service of the performative narrator. Upon entering the graveyard, the navigator instructs the participants to wander around the gravestones

independently; they are to choose one to sit on and then reflect on their own death and the death of their loved ones. By choosing the cemetery as the first spatial frame, the performative narrator uses the space and the navigator to equip the participants with the notion and prospect of their own inevitable death. It is only later, when each participant is making their way outside the cemetery, that the navigator gives the instruction to form a circle and to then walk together along the path leading to the gate that "separates the living from the dead."[25] In doing so, the performative narrator, using the spaces and the navigating audio, points at two ways in which the participants might cope with the knowledge of their demise: an acknowledgment of their own herd mentality and a dissection of the production process of the spaces they spend their lives inhabiting, produced by the capitalist hegemony in order to preserve its dominance and power.

If we were to conclude now, then the impression would be that *Remote Jerusalem* can be positioned on the spectatorly side of the makerly-spectatorly scale. The performative narrator uses all the performative and spatial means to control the experience of the participants, to manipulate it and to direct their thoughts and visions. But how far does it succeed?

The Participant

Having established the argument that the navigator is a character on the story level, we now have a solid enough ground to stand on and claim that the participant, in addition being an addressee, is also a character on the story level.

The content of the text, as in Bal's definition of *story*[26], directly relates to the participant. The participant is the protagonist, which is why the navigator addresses them in the second person as one would expect to observe in a dialogue between two characters, or in one character's monologue delivered to a second character.

The participant and the navigator are two characters with a very specific power dynamic. The navigator is not only a guide whose purpose it is to instruct the protagonist where to go and what to do. Here, the navigator's main goal, as previously argued, is to awaken the protagonist's awareness to the other forces trying to influence or control his or her choices. In this case, the navigator emerges as a most unique navigation system as they steer the protagonist's consciousness, like a guru, teacher, or spiritual guide.

Bal writes that whenever events are presented, they are always presented from within a certain vision. A point of view is chosen, a particular way of seeing things.[27] The vision of the fabula[28] is the basis of the *focalization* that is carried out by the agent of the story level – the focalizor. The fabula is seen through the eyes of an agent whose vision turns it into a story. *Remote Jerusalem* does not aim to create a scene for the eyes of *external focalizors* who are watching the herd from the outside. Instead, in *Remote Jerusalem*, the focalization is more *character-bound*[29], or a form of *internal focalization*[30] that is it is carried out through the vision of each protagonist as they perceive and experience the series of events. In *Remote Jerusalem*, what the protagonist is hearing and seeing is the main act of focalization. Therefore, the participant, that is the main character, is experiencing the sequence of spatial frames through the prism of their own mind. However, the navigator has limited control over where a participant looks, and even less control over how and what they may see in whatever it is they are looking at. As a participant in *Remote Jerusalem*, I sometimes chose to look where the navigator instructed me

to, whereas at other times something else would be more appealing to me. And while a voice may have been navigating my thoughts, I did find myself often disagreeing with it, or feeling irked by the direction in which it was trying to steer my thoughts. This relationship between navigator and protagonist is a constant test of the latter's free will, seeing as, ultimately, each participant creates/perceives his or her own story and experiences a different level of free will, accordingly. The optical focalization, the memories and thoughts evoked by the spatial frames, the herd, and the navigation make up the main level of the story as experienced by the protagonist.

For instance, at the entrance to the cemetery just before the performance officially begins, the navigator instructs the participant to wait and look around. Trying to follow the instruction, I did indeed look at the trees and the bushes; however, something else, much more appealing caught my attention. A woman suddenly appeared behind a rickety wall, just outside the graveyard and was not an intended part of the performance. The woman was praying, or so it seemed. Her mouth was moving, yet I could not hear her because of the music playing through the headphones and the navigator's voice which was louder than anything else going on outside. My gaze was fixed on numerous posters and handwritten signs on the cemetery wall that read, "Praying at the rabbi's graveside Monday, Thursday, Monday saves the soul."

Once again, I looked at the woman, whom I believed may have been there for the purpose of "saving her soul," only to then realize it was a Wednesday. Something about that woman took me back years ago to a time when I, myself had lived in Jerusalem, a place where I experienced many close confrontations with religion and its attempts to judge the way I chose to live my life. The woman looked at me and, for a moment, I felt judged by her. For me, this was the beginning of the story. It was much more powerful, in my experience, than the visit to the graveyard as designed by the performative narrator.

Bal refers to memory as an act of vision of the past that is situated in the memory's present.[31] The events from the past that are focalized by the protagonist are events on the fabula level; therefore, the fabula of the performance is more than just the series of spatial frames within *Remote Jerusalem*'s timeframe. In fact, the number of fabulas experienced in the performance is as high as the number of participants and, as such, it creates the *narrative universe* – the performance as a single event, shared by all of them, as categorized by Ryan, Foote and Azaryahu[32]. The herd shares a collective consciousness as a group of people participating in the same performance and yet, each member comes with their own baggage of beliefs, wishes, fears, memories, etc. The narrative universe is the sum of all the participants' memories, thoughts, fears, and fantasies, even if each of them, being a character-bound focalizor, is only exposed to their own narrative space.

My very intense encounter with the seemingly praying woman turned the whole performance, as I experienced it, into a location tour of my own Jerusalemite past, spanning the seven years I had lived there during the Second Intifada when suicide attacks in Jerusalem were a daily occurrence. When I step into the cemetery along with the rest of the participants, the navigator asks me to pick a gravestone and stand next to it. A gravestone bearing the name "Raphael Tzvi Elimelech" catches my eye, mostly because of what is written underneath the deceased's name: "The greatest young man in the history of Israel. Depressed and tormented".

The navigator instructs me to ask myself questions about the man, only I cannot relate

to this instruction as I am still deeply influenced by the vision of the woman behind the graveyard and those bizarre signs calling on people to pray on certain days if they seek redemption. My thoughts drift off to Nakhshon Waxman instead, a fallen soldier who was kidnapped twenty years earlier, back when I was stationed in a military base in Jerusalem. I think about his parents and whether they too came to this cemetery all that time ago to pray for his or their own redemption. The navigator asks me to imagine my own death and what would be left and remembered of me, only I am not really bothered by it at that moment. The spatial frames of my own narrative pulled me twenty years into the past to my own story space locations, as categorized by Ryan. The spatial frame of the cemetery serves as a world-disrupting event, one of David Herman's four basic narrative elements.[33]

At a certain point, we were asked to board the Jerusalem tram which, twenty years ago, had not yet been built. I could not help but think of Amsterdam, another city I had lived in for several years, where trams were an integral part of my daily life. I thought about the passing of twenty years, and about everything that has happened to me and to Jerusalem in the course of that time.

However, the most vivid memory that comes back to me during the performance is evoked by the spatial frame of the main shopping street. I experience a memory of my old friend, Einat, who used to work as a waitress in a café on this road. She was there, at the café, the day a suicide bombing took place there. After an agonizing few hours, we finally learned that Einat was safe. Some years later, she became religious; a thought that in my mind, was directly linked to the woman in the cemetery.

Ultimately, the participant in *Remote Jerusalem* is active in the creation of the

Fig.3: *Remote Jerusalem* by theatre group Rimini Protokoll, Israel Festival 2018.

performance text as a character, focalizor, and is invited to share the performative narration. Now we can easily position the performance on the makerly side of the scale, depending on the level of freedom that each participant takes to share the performative narration (Fig. 3).

The Makerly Text and the Level of Site-Specificity

Positioning the performance on the makerly side of the scale has further implications on the way we categorize the performance. Wilkie reserves the label, *site-specific* only for performances in which a profound engagement with *one site* is absolutely essential both to the creation and execution of the work. When we realize that *Remote Jerusalem* is a makerly text, with the participant being both a character-focalizor and a performative narrator, the sites of the performance and the selected spatial frames become crucial to the narrative experienced by the participant. *Remote Jerusalem*, we can

therefore argue, features high levels of site-specificity, while the documentation of the site, that is the objects, the anecdotes, etc., which Wilkie describes as elements of site-specific performances, are all part of the memory or personal baggage which the participants bring along with them. Wilkie argues that "To make a truly site-specific piece means it sits wholly in that site in both its content and form, otherwise, if movable, it becomes more about the site as a vehicle/vessel."[34] A non-narratological analysis of the performance could lead us to categorize *Remote Jerusalem* as *site-generic* rather than *site-specific*, seeing as how in *Remote Jerusalem* the specific places to which the group is led are not the focus, but instead serve as vehicles/vessels for the human experience, as defined by Wilkie.

The narratological analysis demonstrates, however, that the performance is indeed site-specific, after all. If the participant is the actant in the fabula, a character on the story level, and the receiver on the level of the text, then not only is the narrative space rendered the geographical space but the protagonist's biography, history, and memory now also become the receiver's. This duality whereby a character is also its own receiver means something virtually impossible in literature and in film. Only a personal journal would be an equivalent, although the performance is not delivered by the receiver[35] in the same way that a journal is written by its protagonist, and what is more, it is meant to be read by the latter. I would have had a fundamentally different experience had I participated in *Remote Vienna*, or *Remote Berlin*, or any other iteration of the performance other than Jerusalem. The reason for the difference in experience is the narrative's greater fabula, that is the fabula in which *Remote Jerusalem* is but one event in a series of events experienced by the protagonist – myself.

Rimini Protokoll is known for having coined the term, *Experts of Daily Life*. They make a point of avoiding using professional performers in their shows and, instead, opt for *real people* whose biographies and backgrounds (*Airport Kids*)[36], professions (*Cargo X*)[37], or any other biographical element are in line with the performance's theme. *Remote Jerusalem* refines the concept of *experts of daily life* to its core: each person is the expert of their own story, and they narrate it, focalize it and act in it, as they walk through their narrative universe; an understanding that could only come from a narratological analysis of the performance's discourse level at the moment of the performance itself.

Conclusion

The question of the spectator's free will and the level of freedom one takes in overcoming the other narrating forces to narrate one's own story is what will eventually position the performance on either side of the ma-kerly-spectatorly scale. Analyzing *Remote Jerusalem* using narratology enabled us to overcome a tendency to view the speaking voice, the navigator, as the narrator of the performance. Such a simplified analysis may falsely regard the participant as the addressee and the herd as audience and, in doing so, completely overlook the depth and complexity of the performance. However, using narratology to analyze the piece has shown that the participant is the protagonist and, as such, as a unique element of site-specific theatre, they are rendered an internal, or character-bound focalizor. The navigator therefore is not the narrator, but rather yet another character on the story level.

The hegemonic capitalist forces are the authors of the participant-protagonist story, while the navigator is a character in it who is trying to open the protagonist's eyes to the fact that he or she is being led by hidden forces. The navigator is aspiring to become the narrator and sometimes does succeed, albeit partially; for instance, when the protagonist acts contrary to what the space dictates like walking backwards, placing imaginary binoculars on one's eyes in the middle of a shopping street, and dancing at city hall. However, as long as the navigator fails to convince the participant to destroy the produced space and regain the ability and right to narrate his or her own story, they are destined to remain a character in the protagonist's story: a teacher, guru, or spiritual guide who aspires to expose hidden powers.

The herd, the audience as one homogenous group, is a major indication of the performance's makerly-spectatorly position. When the audience of a performance is a homogenous herd, led in one direction both in movement and in interpretation and narration, then we might say that a performance is a spectatorly text, while the more divided the herd is in their experiences, the more makerly it is, with different individual narrations making it as makerly as possible. The herd in *Remote Jerusalem*, though comprised of protagonists of their own narratives, is but another character in each participant's story. The herd has the power to influence and dictate the protagonist's movements, thoughts, and actions as much as the space does. However, what my own experience of *Remote Jerusalem* demonstrates is that neither the space nor the herd can eliminate one's subjectivity, memory, point of view, free will and thought, or the ability to bring into the performance's fabula an additional, even larger fabula: an individual fabula, emotional baggage, and/or a sequence of events from one's past. The stronger the participant's ability is to resist the narration of the space and the herd, the more they can claim their own story. Once again, in a non-narratological analysis, the participant's distraction from the navigation to his or her own thoughts and memories would be considered a marker of where the performance had failed or was not strong enough in its ability to control the audience's experience, whereas, according to the narratological analysis, therein lies the very strength of it.

Notes

1   Stephan Kaegi and Jörg Karrenbauer, dirs., Rimini Protokoll Theatre Group, *Remote Jerusalem* (Jerusalem, May 2018).
2   Ibid.
3   Roland Barthes, *S/Z: An Essay*, trans. Richard Miller, New York 1974, pp. 3–14.
4   Ibid., p. 10
5   Augusto Monterosso, *Complete Works and Other Stories*, trans. Edith Grossman, Austin 1995.
6   Noam Knoller, "Complexity and the Userly Text", in: Marina Grishakova and Maria Poulaki (eds.), *Narrative Complexity: Cognition, Embodiment, Evolution*, Lincoln 2019, pp. 98–120, here p.107.
7   Ibid.
8   Marie-Laure Ryan, Kenneth Foote and Maoz Azaryahu, *Narrating Space / Spatiailzing Narrative: Where Narrative Theory and Geography Meet*, Columbus 2016.
9   Marc *Augé, Non-Places: Introduction to an Anthropology of Supermodernity*, London 1995, p. 94.
10 Ibid., 103.
11 Ibid.
12 Fiona Wilkie, "*Out of Place: The Negotiation of Space in Site-Specific Performance*", (PhD diss., University of Surrey School of Arts, 2004).
13 Ryan, Foote and Azaryahu, *Narrating*.
14 Michel Focault, *Heterotopia*, trans. Ariella Azoulay, Tel Aviv 2003, pp. 14–15.
15 *Remote Jerusalem*, Rimini Protokoll, 2018.
16 Ibid.
17 Henri Lefebvre, *The Production of Space*, Blackwell 1991, p. 186.
18 Mieke Bal, *Narratology: Introduction to the Theory of Narrative*, Toronto 2009, p. 9.
19 *Remote Jerusalem*, Rimini Protokoll, 2018.
20 Ibid.
21 Ibid.
22 Bal, *Narratology*, p.145
23 Ibid., p. 29.
24 Seymour Chatman, *Coming to Terms: The Rhetoric of Narrative in Fiction and Film*, Ithaca and London 1990.
25 *Remote Jerusalem*, Rimini Protokoll, 2018.
26 Bal, *Narratology*, p.5.
27 Ibid., p. 145.
28 Bal defines the fabula level of the narrative as a series of chronological events experienced by actants, whereas the story is those fabula events rearranged and colored (ibid., p. 5)
29 Ibid., p. 25.
30 Ibid., p. 147–153.
31 Ibid., p. 150.
32 Ryan, Foote and Azaryahu, *Narrating Space*, p.25.
33 David Herman, *Basic Elements of Narrative*, Oxford 2009, p. 105.
34 Wilkie, "*Out of Place*", p. 53.
35 This is related to the *author* of the piece, another widely discussed term in narratology, which, narratologists commonly agree is external to the narrative model.

36 Lola Arias and Stefan Kaegi, dirs., Rimini Protokoll Theatre Group, *Airport Kids*, Théâtre Vidy-Lausanne (2008).

37 Stephan Kaegi and Jörg Karrenbauer, dirs., Rimini Protokoll Theatre Group, *Cargo X* (2006).

Theatre of the Oppressed for Critical Peace Education Practice: Difficult Dialogues in the Turkish University Classroom[1]

Gulistan Gursel-Bilgin (Istanbul)

This article emphasizes the urgent need for critical peace education practice in Turkish educational settings. The traditional teacher-centred pedagogies dominant in Turkish higher education make it difficult to employ critical pedagogies in ways relevant to students. This study proposes Theatre of the Oppressed as an invaluable instrument and medium to effectively employ critical peace education and investigates different sociological perspectives of societies, cultures and institutions. Towards this end, I first explain that educating for peace has to be a critical initiative due to its inherently controversial and challenging nature. Theatre of the Oppressed is then explored in detail as an inspiring tool for the aspirations and challenges of critical peace education practice. Finally, an example from a Turkish university classroom is presented in order to illustrate the affordances and limitations of employing Theatre of the Oppressed in similar higher education contexts.

Introduction

Peace education refers to a range of educational policy, planning, and practice aimed at transforming direct, indirect, and structural forms of violence.[2] Despite the growing literature on peace education over the past four decades, the potential transformation education can achieve to build peace is still limited, even unrealistic, because high-quality teaching methodologies introducing peace education are scarce.[3] If rooted in a Freirean analysis of power, critical peace education can achieve consciousness raising by allowing Freire's transformative pedagogy.[4] This can be achieved through transformative agency grounded in critical consciousness and praxis relevant to the local realities of the students.[5] Also rooted in Freire's extraordinary understanding of education,[6] Theatre of the Oppressed provides an invaluable setting to promote the transformative potential of critical peace education, allowing peace educators to promote social justice and equity through critical dialogue.

Critical teaching methodologies introducing peace education in developing countries like Turkey are under-studied in the literature. Due to the contextual nature of peace education practice, it is essential to develop and employ critical pedagogies in ways that are relevant to students. Despite the challenges Turkish higher education settings might provide, Theatre of the Oppressed can be an invaluable instrument and medium for effective critical peace education and fostering the critical consciousness of students.

This paper calls for critical peace education practice due to its invaluable potential to address numerous forms of violence.[7] Despite its high theoretical and practical potential to transform the present violent realities across the globe, this relatively new field of peace education may also present particular challenges in different settings. In dealing with such challenges, Boal's Theatre of the Oppressed has a lot to offer as an effective tool for critical peace education practice. Developed by Augusto Boal as a form of social theatre aiming for intercultural dialogue and conflict transformation,

Forum Modernes Theater, 33/1-2, 54–69.
Gunter Narr Verlag Tübingen

DOI 10.24053/FMTh-2022-0005

Theatre of the Oppressed provides an inclusive setting to critically analyse social injustices and conflicts between groups, and to create solutions to social challenges.

This paper proposes Theatre of the Oppressed as a substantial tool for peace-making practice. I first explain that educating for peace has to be a critical initiative due to its inherently controversial and challenging nature. Theatre of the Oppressed, as developed by Augusto Boal, is then explored in detail as an inspiring tool in dealing with the challenges critical peace education may present in various settings. The real contribution of the paper to the literature takes place in the final section where the link between critical peace education and the Theatre of the Oppressed is highlighted. Given that these two fields of study tackle similar social and political challenges by grappling with the existing structures, this link, although under-discussed in the literature, deserves to be emphasized.

Peace Education: Complexities and Affordances

Peace education aims to transform the present violent realities around the world, and create cultures of peace.[8] Fulfilling such a goal necessitates indirectly confronting different forms of violence present in society. Teaching about the causes and results of various forms of violence and establishing cultures of peace based on alternative ways of being and doing means changing established social structures and ingrained thought patterns.[9] Furthermore, peace education has been concerned notably with the aversion of disasters due to its attention and work especially in societies experiencing intractable conflicts.[10] As a result, one does not need to be an expert to see that teaching peace is intensely controversial,

which makes it challenging to employ in public schooling.

Noddings[11] argues that it is crucial for education to help students to understand what a variety of thinkers have said on the topic and encourage reflective exploration instead of telling them what to believe. Concerned that there are critical questions to which schools give too little attention and that current systems fail to go beyond producing citizens who are confused and easily manipulated, Noddings[12] provides priceless insights into a vigorous program designed to promote understanding of human attitudes toward war and peace, and an effectual setting in which teachers can be free to construct and implement such a program successfully.

Another aspect of peace education that presents challenges for practitioners is that it is highly influenced by power relations.[13] Although many educators feel a sense of urgency to take action towards peace by addressing the existential dilemmas surrounding peace and conflict, "they need to pause and consider how making peace can be both possible and probable within their particular institutional or community settings".[14] It is crucial that peace educators be aware of the controversial nature of this process and the obstacles they may face.

Given all these complexities and challenges with which peace education has to grapple, peace educators would do well to reconceptualise what peace education entails and focus their attention on critical peace education, proposing criticism of society[15] and analysis of power structures.[16] Highlighting the importance of unpacking the societal conditions of peace education, Wulf[17] goes on to argue that central concepts of critical peace education are structural violence, organized peacelessness, and participation in society.

According to Freire[18] education has the potential to promote critical consciousness that is vital for transformative agency. Such a perspective is in line with the idea of "all human rights for all people(s)"[19] and requires a comprehensive conceptualization and inclusive pedagogies rather than prescriptive instruments. Theatre of the Oppressed provides a powerful instrument for the emancipatory potential of critical peace education, promoting an essential blend of hope, faith and action. In the following section, Theatre of the Oppressed is discussed as an effective tool for peace educators who believe that education for peace has to be a critical initiative.

Theatre of the Oppressed as an Emancipatory Tool

Founded by the Brazilian director and activist, Augusto Boal, the Theatre of the Oppressed is an overarching theatrical form used for radical change in many areas of society.[20] Theatre of the Oppressed embodies dramatic techniques that enable spectators to become active *spect-actors* and engaged participants in social change.[21] Therefore, Boal's vision of theatre as a political act is embodied in techniques promoting learning and empowerment, which are not limited to the stage and are meant to serve oppressed people around the world as powerful tools for building community, fostering dialogue and promoting democracy.[22]

Boal suggests the necessity of the Spect-Actors taking on the role of Actors and invading the Characters and the stage. In this way, Theatre of the Oppressed provides the individual with an opportunity to perform a responsible act by occupying their own Space and offering solutions for the present reality. Although the stage represents a fictional form of the reality, the Spect-Actors are not fictional. They exist both on the stage, because they contribute to the scene and in their social reality because through their responsible act on the stage, they transform themselves as well.[23] Boal calls this "a dual reality."[24]

Another significant notion in the Theatre of the Oppressed is the idea of trespass. According to Boal, the notions of existence, freedom, and trespass are all connected. He states, "to free yourself is to trespass. To trespass is to exist. To free ourselves is to exist."[25] This invasion is a symbolic trespass, and it is not necessarily violent. It results in the creation of a new reality. In order to transform reality, it is not enough to be aware of the oppressed reality; one must take action to recreate it through trespass. If individuals do not trespass, as Boal[26] cautions, they can never be free.

According to Shutzman and Cohen-Cruz, one of the fundamental characteristics of Theatre of the Oppressed is that it demonstrates the inseparability of politics, art and therapy. They assert that "Theatre of the Oppressed exposes the insufferability of politics that is artless and dogmatic, the presumptuousness of art that lacks self- or collective consciousness, and the ultimate futility (if not harmful) of therapies devoid of playfulness and cultural contextualization."[27] Thus, it is no surprise that educators and social workers have adapted Boal's work to address social and political issues.

The theory and practice of Theatre of the Oppressed combine effectively to constitute "a *praxis* that is rooted in the struggle to change consciousness, and this struggle emerges as the art of organizing for direct democracy by using direct democracy."[28] Picher goes on to examine several of Boal's works in order to explore closely the system of Theatre of the Oppressed, and emphasizes six basic tenets. The first tenet proposes creation as the inherent feature of human beings. In other words, individuals are born artists who (re)organize and change the world in which they live.[29] According to Picher,[30] the second tenet is also based on the first: individuals are also innately actors because they are social beings who interact with others. Thanks to their social consciousness, they take on the roles of actors and spectators. In this process, they engage in dialogue with other individuals as well as with themselves. In other words, while acting, individuals simultaneously (re)create themselves and their world through action and reflection. Boal calls this essential theatre.[31] The third tenet presents an egalitarian ethos. According to this principle, society is required to promote individuals' intrinsic capacity for creativity and consciousness. Boal believes that this can be accomplished with direct participatory democracy.[32] The fourth tenet relates to the ethical deficiency of capitalism. The market economy dehumanizes individuals and prevents them from fulfilling their full potential. Political, social, and economic power and the hierarchical societal structure that produce the system of the market economy are fundamental threats to democracy.[33] The fifth tenet is related to the hegemony of bourgeoisie that is reflected in various dimensions of society. Boal claims that individuals ideologically internalize capitalism.[34] The final tenet emphasizes the transformative potential of recreating realities. Closely linked with this potential, Boal perceives Theatre of the Oppressed as a martial art.[35] Picher states:

> Confronted by the intellectual domination of art and education by the ruling elites, Theatre of the Oppressed takes a militant stand: it challenges bourgeois theory and cultural practices by engaging in a battle around culture. Boal conceives of and practices Theatre of the Oppressed as a *martial art*, whose primary function is to serve simultaneously as a weapon of resistance against oppression and a tool for creating a transformative culture.[36]

Theatre of the Oppressed provides people with a fruitful learning setting equipped with a variety of resources, including human ones. However, this setting offers more than learning: it presents opportunities for individuals not only to free themselves from oppression but also to inspire others to recreate and transform their own realities. In this regard, Theatre of the Oppressed presents a valuable pedagogy to construct and empower democracy through both individual and collective consciousness.

Theatre of the Oppressed involves a diverse array of techniques, which can be employed in support of the struggles of the oppressed in different areas such as social and political struggles, psychotherapy, and pedagogy. The diverse techniques are strictly connected with each other and, in Boal's words, "all have the same origin in the fertile ground of Ethics and Politics, of History and Philosophy, from which our tree draws its nutrient sap."[37]

Theatre of the Oppressed has three main categories: Image Theatre, Invisible Theatre, and Forum Theatre. Despite commonalities between all these categories, a particular form can simply be chosen, depending on the situation and the goals of the activity. It is not within the scope of this manuscript to examine all three categories. Image Theatre is discussed in detail in the following sections because it constitutes a promising medium for critical peace education practice within higher education in Turkey.

Image Theatre

Image Theatre entails an array of exercises and games created to uncover social issues.[38] In Image Theatre, spectators state their opinions on a particular theme related to the issues chosen by the participants. After the theme is specified, the spectator communicates their view of the theme by using other participants' bodies. In other words, they sculpt their bodies to impart a message.

However, it is essential that this sculpting be completed without speaking.[39] In this way, the spectator becomes the sculptor and the bodies of other participants become clay. The spectator determines all the details of each body including its position and the facial expressions. Boal explains the rest of this process as follows:

> He is not allowed to speak under any circumstances. The most that is permitted to him is to show with his own facial expressions what he wants the statue-spectator to do. After organizing this group of statues, he is allowed to enter into a discussion with the other participants in order to determine if all agree with his 'sculpted' opinion. Modifications can be rehearsed: the spectator has the right to modify the statues in their totality or in some detail. When finally an image is arrived at that is the most acceptable to all, then the spectator-sculptor is asked to show the way he would like the given theme to be; that is, in the first grouping the *actual image* is shown, in the second the *ideal image*. Finally he is asked to show a *transitional image*, to show how it would be possible to pass from one reality to the other. In other words, how to carry out the change, the transformation, the revolution, or whatever term one wishes to use. Thus, starting with a grouping of 'statues' accepted by all as representative of a real situation, each one is asked to propose ways of changing it.[40]

Referring to Image Theatre, Jackson states that the still, three-dimensional images created by the spectators uncover oppressions.[41] However, the image work never remains as it is. In contrast, it constitutes the prelude to the action revealed in the dynamization process. As they are required to become human sculptors and sculptees, individuals in Image Theatre are simultaneously the force making the decisions and the material to be moulded. They work in small groups to collectively identify issues or concerns affecting their lives. Afterwards, they use fellow participants' bodies as clay to sculpt a series of images representing these issues/concerns/oppressions. These literal or abstract images refer to a situation and provoke considerable debate.

Image Theatre aims to leave language behind as a primary communication tool and to rehearse the visual and kinaesthetic. Therefore, it provides teachers with a unique opportunity to "cultivate experiences that release them, if only temporarily, from depending on the fixed meanings of words, and to exercise the fluidity and multiplicity of the imagination".[42] In line with the famous Chinese proverb, *a picture is worth a thousand words*, Image Theatre emphasizes that "our over-reliance on words can confuse or obfuscate central issues, rather than clarifying them".[43] Cahmann-Taylor and Suto-Manning point to the power, complexity, and depth of images, and assert that beyond meaning thousand words, the development of a specific cognitive process is promoted while communicating through images.[44] Similarly, Jackson points to the potential of human body to stay out of the censorship of the brain constructed by society or personal experiences through the process of "thinking with our hands."[45] Thus, three-dimensional images rather than words can better reveal real feelings and beliefs. Furthermore, Image Theatre creates a polysemy of images, presenting an opportunity for individuals to uncover diverse but interconnected meanings presented by the same image. The image will reveal meanings for the participants that were even not intended by the sculptors.[46] Moreover, Image Theatre helps create more democratic and inclusive learning environments as it eliminates the language privilege, liberating those who are less articulate.

All these characteristics and potential, Image Theatre can be a productive and creative methodology to employ in various fields to reflect on different aspects of society. Besides constituting a methodology on its own, Image Theatre can also be an effective process in the preparation of Forum Theatre, one of the techniques under the umbrella of Theatre of the Oppressed.[47]

Theatre of the Oppressed: Affordances and Limitations for With Turkish Higher Education

This final section of the study aims to provide an inevitably small sample of Image Theatre activity to illustrate the valuable potential of Theatre of the Oppressed for the practice of critical peace education in settings with limited resources. To this end, I briefly discuss the challenges Turkish higher education has been recently experiencing, present the activity I recently employed in one of my undergraduate classes in a leading state university in Turkey, discuss the potential Theatre of the Oppressed offers for critical peace education in similar settings, and finally, share insights into the affordances and limitations of Theatre of the Oppressed for practitioners.

A Short Glimpse of Turkish Higher Education.

Turkey's growing population presents particular challenges for the country's higher education system, creating an imbalance between supply and demand.[48] In order to overcome this problem, Turkey increased the number of public universities.[49] However, this increase in quantity has resulted in further problems related to admissions criteria, a lack of faculty members, and deficient infrastructure.[50] Because of the country's focus on the quantity instead of the quality and standing of universities, Turkish higher education institutions face various systemic, organizational, and pedagogical challenges.

The literature highlights a range of these systemic and organizational challenges, such as the highly rigid, out-of-date, and centralized higher education system in Turkey,[51] the urgent need for improvement in institutional governance, the lack of institutional autonomy and flexibility and mechanisms for accountability and quality control,[52] the insufficient internationalization and diversity,[53] and the poor strategic planning.[54] The substantial shortage and regionally imbalanced distribution of quality faculty and the increasing demands for higher education are also among the challenges the country's higher education system must address urgently.

Another issue relates to the financial resources on which the higher education system relies. Despite the increasing demand by the growing young population, Turkey abolished tuition fees at public universities in 2013. This resulted in insufficient funding to support the increasing number of universities in the country. Therefore, it is not surprising that the literature emphasizes the vital need for a sustainable financial model.[55]

All these challenges have also influenced the quality of curricula and instruction in universities in Turkey. The lack of physical and social infrastructure and qualified academic staff is cited often.[56] One of the most frequent consequences is mass classes in which large groups of students take the same class in the same section. For example, in the university in which I teach, the numbers of students might range from fifty to five hundred or more depending on whether it is a program mass course (i. e., courses taken by the students in a particular program only) or a faculty mass course (i. e., courses that are taken by multiple programs in the same faculty). Under these circumstances, using learner-centred methodologies becomes extremely challenging, or in some instances impossible.

Another challenge that most Turkish universities face is the quality of English language education. In order to keep up with the developments of the global world, the medium of instruction in most leading universities in Turkey is English. However, despite the country's long history of English language education at university, empirical research highlights issues particularly in terms of language instructors' English proficiency and professional qualifications as well as in the learning environments and resources.[57] Thus, the English proficiency level of university students is often insufficient, negatively affecting the learning and instruction.

Image Theatre in a Turkish Higher Education Classroom.

In my social foundations of education class, we spent a few weeks studying the roles of schools in society and the relation between education and social stratification. The class participated in various activities during which they discussed the complexities of these topics and critically analysed the ways these complexities and challenges are reflected in their own experiences as students in the Turkish educational system. However, as was the case with any type of activity that required their active participation, the students found it challenging to actively participate in the discussions and share their personal thoughts and experiences during the class. As an instructor with years of experience teaching at Turkish universities, I had encountered similar difficulties with other groups of students while teaching different courses. Moreover, the theoretical focus of the course, the social foundations of education, made it even more complicated for the students to connect the topics to their personal experiences.

The students were supposed to read a chapter or two before the class each week so that they would have basic information about that week's topic. However, the texts in the course pack focused on Western perspectives on the different roles and statuses in Western educational settings and the role education plays in Western societies. The medium of instruction at the state university at which I was teaching was English. Due to the lack of resources in Turkish focusing on Turkish settings, I, like most faculty members in Turkish universities, had to compile articles and chapters written in English and focused on Western settings. Although officially proficient in English (they had to pass the English Proficiency Exam of the University or international tests e. g., TOEFL and IELTS before joining their departments), the students generally found it challenging to actively participate in discussions and other activities requiring English verbal skills.

Having observed the challenges the students had been experiencing in participating in class activities, I had planned to employ Image Theatre. After the brief summary of the topics we had covered previously (i. e., sociology of education, school as an organization, and functionalist perspectives on schooling) and warm-up activities, I presented Image Theatre as well as a few photographs of groups of people performing Image Theatre. Then, I asked the students to come together with their groups to perform an image as a response to my prompt *(in) equality of educational opportunity*. According to Boal's Theatre of the Oppressed principles, the question to be elaborated by the group should be always evocated by the group itself and not by the facilitator. As it was too difficult for the students to express the central issue to be elaborated, I decided to provide this prompt that was one of the themes that had stood out during our previous discussions in class. In order to help them, I asked them to follow these steps to complete their images: (1) discuss briefly what this phrase might mean to them, (2) design their image based on their discussion, and (3) perform their image in front of the class.

This was a class of 76 students and each group included 9–10 students. They had been working in groups for two weeks so I made sure that this was not their first activity as a group. As the room was filled with seats and did not allow them to move around easily, I encouraged them to get out of the classroom. Some of them worked in the hallway, in a room available at the time, or outside (our building was surrounded by a nice green space filled with trees and flowers).

When the class came together again twenty minutes later, most of the students were smiling and motivated. I could feel how interested and excited they were to perform their images. I saw a lack of enthusiasm in some of the faces, but that was to be expected because this would most probably be their first time performing Image Theatre. After all the students had settled down, each group performed their image. As the group on the stage was posing, I encouraged the class to first describe what the group was doing and then decode what the group was really trying to say. Later I asked the group to explain how close their classmates' descriptions were to their intended message. Afterwards, we continued to discuss the possible reasons for the image, direct and indirect reflections of the complexities they could observe in Turkish society as well as challenges to overcome in order to transform the image into a democratic and peaceful one. Finally, the group transformed the troubled image into an ideal image by receiving ideas from the rest of the class.

Each group's image powerfully illustrated the social problems (re)created by the educational system in the country and (re)produced by the students. In line with the saying *a picture is worth a thousand words*, each image performed by the groups displayed their observations on social and educational problems creating overlapping and interdependent systems of discrimination or disadvantage. Most astonishingly, students who had previously been passive and silent during classes despite a lot of encouragement and chances to participate actively in discussions were displaying images with powerful messages and observations in front of their classmates. Each of the images the groups performed displayed multidimensional and interconnected social categorizations such as race, class, and gender. These powerful images were so authentic that they evoked past experiences of the students, which resulted in critical discussions and analyses of social issues facilitated by my follow-up questions. The most challenging part of the whole activity for the students was often how to transform these social issues, so they needed additional guidance in this regard. The reformation of the original images to show solutions to the problems was the phase that most of the students found most enjoyable. The joyful moments of critical dialogue, praxis and transformation the students displayed while recreating the images to resolve conflict(s) and/or problems towards democracy and peace were the embodiment of Freirean dialogue,[58] blending *love, humility, faith,* trust, hope, and critical thinking.[59]

In the image performances of the students, the image that stood out most was the one that resulted in the most controversy. In that image, two female students were sitting in their seats with their heads close together and holding hands. They looked unhappy. All the other students in the group were mocking them: three students were taking photos and pointing at them, another three were whispering to each other excitedly, one student had written the letter L on the board and another student was looking at the two female students with a mocking expression and pointing at the letter. As the second phase of the activity, the class started to describe what they saw in the image. A student or two said that the female students at the centre were lesbians and all the others were mocking them. Then a male student who was a few years older than the rest of the students suggested, "They don't have to be lesbians! We tend to label people so easily! I see two female students who are close to each other maybe trying to engage in some sort of communication." At that point, a female student from the spect-actors took offence at what he said and shouted at him in Turkish "You are a man; how do you know what they are living! It is easy for men to talk! I have experienced such difficult situations so many times!" At that point, I reminded her of the multicultural commitments of the class that we had established at the beginning of the semester and invited her to consider and respect others' cultures and worldviews. Afterwards, with my additional guidance on diversity and the associated complexities in the country, we had a productive discussion on the types of discrimination and difficulties gender minority individuals face, especially in the Turkish educational system. We also talked about how we might tend to stereotype individuals based on what we observe. We ended our discussion with the final image that all the students sculpted collaboratively: the two female students were sitting in the centre circled and protected by all their classmates who were pleased to support them as individuals and classmates. This was one of the most spectacular images I had ever seen created in my classes.

From Theory to Practice: (Re)conceptualizing the Higher Education Classroom

In light of the discussion above, this inevitably partial sample of activity highlights valuable opportunities of Theatre of the Oppressed in practicing critical peace education in similar educational settings. The small sample of critical peace education in a crowded (76 students) university class emphasizes that critical peace education can and should be employed despite structural challenges such as class size and students' long experiences of traditional, teacher-centred instructional methodologies. As I discussed above, traditional, teacher-centred instruction has been dominant in Turkish higher education as in other areas of the educational system. I have also underlined that Turkish universities have been trying to transition from teacher-centred to learner-centred instructional methodologies in accordance with the Bologna Process. This has been challenging for Turkish higher education due to various issues such as the overcrowded classes, the lack of resources and the long-established habits of traditional methodologies. However, the example above showed that we do have tools such as Image Theatre to break that vicious circle.

This example suggests that peace educators who intend to address issues of structural inequality and practice critical pedagogy relevant to local understandings of transformative agency would do well to incorporate Theatre of the Oppressed into their instruction for several reasons: Firstly, Theatre of the Oppressed provides a powerful methodology for what critical peace education strives for. Critical peace education aims to address issues of structural inequality[60] and transform education to deal with various forms of violence.[61] As such an instructional goal necessitates engaging learners actively and inclusively, it is essential that critical peace education seek more than traditional instructional methodologies that are generally preferred in higher educational classes in Turkey. At this point, Boal's work offers a productive tool for critical peace education. Consequently, in the social foundations of education class discussed above, we were able to delve into the complexities of educational inequality through the students' perspectives and discuss possible ways to overcome these challenges in Turkish educational settings.

The example above also revealed that students do have thoughts to share with others regarding social inequalities and possible pathways to transform them. In fact, students need to talk about structural and social inequalities within the context of their personal histories, especially in order to overcome personal traumas and/or prejudiced experiences. The female student's reaction to the male student's comment shows the urgent need for Turkish youth to start expressing their thoughts and personal histories related to inequality and discrimination so that they can start to resolve their potentially traumatic experiences. The transformative power of Theatre of the Oppressed can provide the tools and opportunities to achieve this.

In my extensive experience of peace education practice in higher education programs where the medium of instruction is English (a second or a foreign language for the learners), Image Theatre has been particularly helpful because it eliminates the obstacle of a foreign language especially during critical dialogue about serious social problems. Although students are highly cognizant of the specific problem being discussed and motivated to offer their solutions, they often lack the linguistic skills or self-esteem to communicate their ideas effectively in a language other than their mother tongue. Speaking from personal experience as a peace educator, this often resulted in frustration and/or lack of motivation among my students. Image Theatre, on the other hand, eliminates such potential difficulties because it is visual and kinaesthetic. Likewise, the findings of Schaedler's study[62] indicate that the techniques of Theatre of the Oppressed improve participants' social awareness and transform people into the protagonists of their own lives. She asserts that although participants struggle to communicate, exchange ideas, and (dis) agree in a different language and culture, Theatre of the Oppressed can stimulate critical dialogue and is valuable for developing critical literacy in the classroom because it has reflective and transformative possibilities.

Theatre of the Oppressed provides a setting in which students are not limited to their language and cognitive skills only but can engage in an aesthetic mode of knowing. Regarding the potential of drama, Schonmann[63] points to the benefits of an aesthetic mode of knowing that is achieved by complete engagement in active inquiry that combines creative and critical thinking.[64] For this process, Schonmann uses the term cognitive drama, "the interaction between the consciousness of the teacher and the consciousness of the student, mediated by the process of an immediate experience in a well-defined time and place to construct a new connection between reality and fiction."[65]

Cahnmann-Taylor and Suto-Manning[66] refer to Eisner's extensive work on how visual arts education contributes to developing cognitively demanding *somatic knowledge*, knowledge where an individual learns to use sight to inform feeling. As Eisner states, "many of the most complex and subtle forms of thinking take place when students have an opportunity either to work meaningfully on the creation of images [...]

or to scrutinize them appreciatively."[67] Thus, Cahmann-Taylor and Suto-Manning stress somatic knowledge as an essential tool for educational processes that take into consideration the whole individual. They state that Image Theatre empowers instruction by leaving language behind as a primary communication tool and rehearsing the visual and kinaesthetic. It offers an effective way to identify issues and represent the multiple dimensions and complexities, such as emotions and positionalities. Thus, when employed in educational settings, Image Theatre opens up novel spaces for freedom, creativity, and imagination for students to see and experience their own world and extend known experiences to the unknown.[68] In this regard, Image Theatre lends itself to overcoming the challenges created by a foreign language as a medium of instruction.

Similarly, the practice of aesthetic education of Theatre of the Oppressed is framed by the methodology Paulo Freire proposed.[69] According to Boal,[70] the aesthetic and pedagogical functions of Theatre of the Oppressed dialectically connect, creating a learning process that fosters critical thinking. Freire's emancipatory, problem-posing education and Boal's liberatory approach complement each other by providing individuals with opportunities for critical consciousness and emancipation.[71]

Given that both are ingrained in Freirean philosophy, it is no surprise that – as discussed in detail above – both critical peace education and Theatre of the Oppressed focus on structural inequalities by questioning the status quo. More importantly, they both propose that radical change can be dialogical and effective. Freire points out that it is crucial that education promote the critical consciousness of students that can catalyse transformative agency.[72] To achieve this, education must be accompanied by opportunities for collective thinking and action. Thus, scholars and practitioners would do well to engage students in critical thinking to scrutinize the structural causes of power issues, domination, conflict and violence.[73] Likewise, as Picher states, Theatre of the Oppressed, both theoretically and in practice, "constitutes a *praxis* that is rooted in the struggle to change consciousness, and this struggle emerges as the art of organizing for direct democracy by using direct democracy."[74] To achieve this, the participants reflect on their personal experiences, create and analyse power relations and underlying causes of oppression through images, and lastly, transform the oppression into more just realities.[75] Hence, Theatre of the Oppressed "involves itself in the struggle to change consciousness; it engages the oppressed in a dialectical process of understanding the ideology of oppression and of creating new ideologies based on their desires".[76]

One of the most significant characteristics that both critical peace education and Theatre of the Oppressed share is the notion of creating alternative realities collaboratively, i.e., both propose that there are no absolute answers for problems. Theatre of the Oppressed aims to stimulate debate to ultimately change society by moving "from the individual to the general, rather than vice versa".[77] Cahnmann-Taylor and Suto-Manning, for example, employ Forum Theatre in the workshops they design for teachers' professional training in order to "cultivate a learning environment in which participants rehearse living in multiplicity, creating alternative realities, and expanding opportunities for action." In so doing, they move away from the "knowledge-as-truth" paradigm as they seek to develop culturally responsive and situated perspectives that honour and affirm diversity.[78]

Valuing first-hand knowledge and building on the situated representations of phenomena and their varying meaning to individual participants, Image Theatre allows participants to see the cultural nature of knowledge and to consider multiple perspectives.[79] In this respect, Boal warns against *evangelism* – considering words of the authority as the absolute answer to a problem.[80] Thus, Cahnmann-Taylor and Suto-Manning propose a critical stance which seeks more Socratic methods, "believing the answers to our problems are often multiple, contextual, and dialogic."[81] They go on to refer to Foucault[82] and Kincheloe,[83] who suggest that a critical stance acknowledges that authority is fluid and dialectically negotiated. The authors underline the necessity of such a stance especially toward pedagogy in order to "recognize the importance of situated knowledges and contextual framings"[84]

In a similar vein, critical peace education does not aim to transfer knowledge from the teacher to the students. Peace practitioners aim to empower students by teaching them to question the status quo and facilitate their liberation by providing them with effective tools. "It is an education about how to learn, not what to learn"[85]. That is because it is not a process of indoctrination, but a route to confront, understand, and resist violence.[86]

In conclusion, Boal's Theatre of the Oppressed and critical peace education have several aspects in common in terms of their essence, aspirations, and methods. This paper illustrates that critical peace educators would do well to employ the techniques of Theatre of the Oppressed in order to be able to create substantive spaces to pursue transformative pedagogy. Using Theatre of the Oppressed for critical peace education practice might also result in various issues and challenges depending on the context. For example, during activities such as the one described above, resentment and conflicts might build up among the students. Moreover, designing and employing critical peace education curriculum and activities

incorporating Theatre of the Oppressed might require extra time, energy, and especially motivation for practitioners. Experience, self-evaluation, and self-reflection as well as professional training can be invaluable in preventing and/or overcoming difficulties before, during, and after employing the related activities of consciousness transformation. In short, the struggle to transform consciousness is mutually beneficial to both students and practitioners.

Notes

1   The author would like to thank Dr. David J. Flinders for his helpful and constructive comments that greatly contributed to the manuscript. The author, however, bears full responsibility for the manuscript.

2   Monisha Bajaj, "'Critical' Peace Education", in: Monisha Bajaj (ed.), *Encyclopedia of Peace Education*, Charlotte, North Carolina 2008, pp.18,19,25; Ian M. Harris, "Peace Education Theory", in: *Journal of Peace Education* 1/1 (2004), pp. 5–20.

3   Pamela Baxter, *Peace Education Kit*, Nairobi/Geneva 2000, UNHCR; Susan Nicolai, *Education in Emergencies: A Tool Kit for Starting and Managing Education in Emergencies. Save the Children*, London 2003; Gulistan Gursel-Bilgin, "Peace Education Curriculum", in: *Routledge Encyclopedia of Education*, UK (in press); Gulistan Gursel-Bilgin, "Peace Education as a Controversial Issue: A Case Study of 'the Peace Case'", in: *Citizenship, Teaching & Learning*, 16/1 (2020), pp. 49–67, https://doi.org/10.1386/ctl_00046_1 [accessed 1.1.2022]; Gulistan Gursel-Bilgin and David Flinders, "Anatomy of a Peace Educator: Her Work and Workplace", in: *Australian Journal of Teacher Education* 45/10 (2020), http://dx.doi.org/10.14221/ajte.2020v45n10.3 [accessed 1.1.2022]; Gulistan Gursel-Bilgin, "Freirean Dialogue: An Effective Pedagogy for Critical Peace Education", in: *Journal of Theory and Practice in Education* 16/2 (2020), pp. 139–149, https://

doi.org/10.17244/eku.801805 [accessed 1.1.2022]; Gulistan Gursel-Bilgin, "Freirean Dialogue for Peace Education: A Promising Pedagogy for Grassroots Peace in the Middle East", in: *Mediterranean Journal of Educational Research* 14/34 (2020), pp. 84–105, https://doi.org/10.29329/mjer.2020.322.4 [accessed 12.1.2021]; Gulistan Gursel-Bilgin, "Dialogue in Peace Education Theory and Practice", in: *Educational Theory and Practice* 42/1 (2020), pp. 27–46, https://doi.org/10.7459/ept/42.1.03 [accessed 1.3.2020].

4   Lourdes Diaz-Soto, "How can we teach peace when we are so outraged? A call for critical peace education", in: *Taboo: The Journal of Culture and Education*, Fall-Winter (2005), pp. 91–96.

5   Bajaj "'Critical' Peace Education", pp.18,19, 25.

6   Paulo Freire, *Pedagogy of the Oppressed*, New York 1970.

7   Christoph Wulf, *Handbook of Peace Education*, Frankfurt 1974; Bajaj "'Critical' Peace Education", pp.18,19, 25.

8   Gavriel Salomon, "The Nature of Peace Education: Not All Programs Are Created Equal", in: Gavriel Salomon & Baruch Nevo (eds.), *Peace Education: The Concept, Principles, and Practices Around the World*, Mahwah 2002, pp. 3–13; Harris, "Peace Education Theory"; Bajaj, "'Critical' Peace Education"; Gavriel Salomon and Ed Cairns, *Handbook on Peace Education*. New York 2010; Gulistan Gursel-Bilgin, "Dialogue for Peace Education: The Case of an Alternative School (Unpublished PhD Dissertation), Indiana University School of Education 2016.; Gulistan Gursel-Bilgin and David Joseph Flinders, "Anatomy of a Peace Educator: Her Work and Workplace", in: *Australian Journal of Teacher Education*, 45/10 (2020), https://doi.org/10.14221/ajte.2020v45n10.3 [accessed 10.8.2010].

9   Ian Harris and Mary Lee Morrison, *Peace Education*, 2nd ed, Jefferson, NC 2003; Betty Reardon, *Comprehensive Peace Education: Educating for Global Responsibility*, New York 1988.

10   Graham Haydon, "Educational Aims and the Question of Priorities", in: Joseph P. Stoltman, John Lidstone, and Lisa M. DeChano (eds.), *International Perspectives on Natural Disasters: Occurrence, Mitigation, and Consequences*, Dordrecht 2007.

11   Nel Noddings, *Peace Education: How We Come to Love and Hate War*, Cambridge 2012.

12   Ibid.

13   Gülistan Gürsel-Bilgin, "Peace Education as a Controversial Issue: A Case Study of 'the Peace Case'", in: *Citizenship, Teaching & Learning*, 16/1 (2020), pp. 49–67, https://doi.org/10.1386/ctl_00037_1 [accessed 1.1.2022].

14   Ian M. Harris and Mary Lee Morrison, *Peace Education*, 2nd ed., Jefferson/NC 2003, p.114

15   Christoph Wulf, *Handbook of Peace Education*, Frankfurt 1974.

16   Freire, *Pedagogy of the Oppressed*.

17   Wulf, *Handbook of Peace Education*.

18   Freire, *Pedagogy of the Oppressed*.

19   Swee-Hin Toh, "Education for Sustainable Development & the Weaving of a Culture of Peace: Complementarities and Synergies", paper presented at the "UNESCO Expert Meeting on Education for Sustainable Development (ESD)", Kanchanaburi, Thailand 2006. http://www.unescobkk.org/fileadmin/user_upload/esd/documents/workshops/kanchanbu ri/toh_culture_of_peace.pdf [accessed 2.11.2007], p. 15.

20   Marie-Claire Picher, "Democratic Process and the Theatre of the Oppressed", in: *New Directions for Adult and Continuing Education* 2/116 (2007), pp.79–88.

21   Mady Shutzman and Jan Cohen-Cruz, *Playing Boal: Theater, Therapy and Activism*, London 1994.

22   Marie-Claire Picher, "Dramatizing Democracy: The Theatre of the Oppressed", in: *Fellowship*, 72/9–12 (2006), pp. 34–36.

23   Augusto Boal, *Theatre of the Oppressed*, London, 2008.

24   Ibid, p. xxi.

25   Ibd.

26   Boal, *Theatre of the Oppressed*.

27   Shutzman and Cohen-Cruz, *Playing Boal*, pp. 1–2.

28 Picher, "Democratic Process and the Theatre of the Oppressed", p. 80.

29 Augusto Boal, *The Aesthetics of the Oppressed*, trans. by A. Jackson, London 2006.

30 Picher, "Democratic Process and the Theatre of the Oppressed".

31 Augusto Boal, *Games for Actors and Non-Actors*, New York 1992; Augusto Boal, *Games for Actors and Non-Actors*, 2nd ed., trans. by A. Jackson, London 2002.

32 Boal, *The Aesthetics of the Oppressed*.

33 Augusto Boal, *Legislative Theatre: Using Performance to Make Politics*, London and New York 1998.

34 Boal, *The Aesthetics of the Oppressed*.

35 Ibid.

36 Picher, "Democratic Process and the Theatre of the Oppressed", p. 81.

37 Boal, *The Aesthetics of the Oppressed*, p. 4.

38 Adrian Jackson, "Translator's Introduction", in: Augusto Boal, *Games for Actors and Non-Actors*, 2nd ed., New York 2002, pp. xxii-xxvii.

39 Boal, *Theatre of the Oppressed*.

40 Ibid., S. 112–113.

41 Jackson, "Translator's Introduction", xxii-xxvii.

42 Melisa Cahnmann-Taylor and Mariana Souto-Manning, *Teachers act up! Creating multicultural learning communities through theatre*, New York 2010, p. 63.

43 Jackson, "Translator's Introduction", p. xx.

44 Cahnmann-Taylor and Souto-Manning, *Teachers act up!*

45 Jackson, "Translator's Introduction", p. xx.

46 Ibid.

47 Ibid.

48 TUIK, 2008. Turkish Statistics Institute, Website: http://www.tuik.gov.tr/VeriBilgi, 2008 [accessed 10.1.2021].

49 Turkish Higher Education Council (YOK), "Türk yüksek öğretiminin bugünkü durumu" [Current status of Turkish higher education], (2005), http://www.yok.gov.tr/documents/10279/30217/turk_yuksekogretimin_bugunku_durumu_kasim_2005.pdf/eec6a5a4-c0ee-4bca-ac3c735dda4199cf [accessed 10.12.2020].

50 Hasan Simsek, "Turkish Higher Education", in Philip G. Altbach and James J. Forest (eds.), *Handbook of International Higher Education*, Berlin 2007, pp. 1003–1018; Hanife Akar, "Globalization and its challenges for developing countries: the case of Turkish higher education", in: *Asia Pacific Education Review* 11, 447–457 (2010), https://doi.org/10.1007/s12564-010-9086-0 [accessed 5.6.2020].

51 Enes Gök, "The Turkish Higher Education System from the Kaleidoscope of Martin Trow. TED", in: *Eğitim ve Bilim* 41/2016, http://doi.org/10.15390/EB.2016.3193 [accessed 4.5.2019].

52 Ibid.; Zafer Çelik and Bekir S. Gür, "Yükseköğretim sistemlerinin yönetimi ve üniversite özerkliği: küresel eğilimler ve Türkiye örneği", in: *Yükseköğretim ve Bilim Dergisi* 4/1 (2012), pp. 18–27; Türker Kurt and Sedat Gümüş, "Dünyada yükseköğretimin finansmanina ilişkin eğilimler ve Türkiye için öneriler"; in: *Yükseköğretim ve Bilim Dergisi* 5/1 (2015), pp. 14–26.

53 Gökhan Çetinsaya, "Büyüme, kalite, uluslararasılaşma: Türkiye yükseköğretimi için bir yol haritası, Eskişehir: Yüksek Öğretim Kurulu", https://yolharitasi.yok.gov.tr/docs/Yol Haritasi.pdf [accessed 2.2.2020].

54 Armağan Erdoğan, "Türkiye'de yükseköğretimin gündemi için politika önerisi," in: *Yükseköğretim ve Bilim Dergisi* 4/1 (2014), pp. 1–17; Murat Özoğlu, Bekir S. Gür and Sedat Gümüs, "Rapid Expansion of Higher Education in Turkey: The Challenges of Recently Established Public Universities (2006–2013)", in: *Higher Education Policy* 29/1 (2016), pp. 21–39.

55 Simsek, "Turkish Higher Education"; Akar, "Globalization and its challenges for developing countries: the case of Turkish higher education"; Türker Kurt & Sedat Gümüş, Trends in financing higher education in the world and recommendations for Turkey. Higher Education and Science, 2015, 5(1), 15–26. Bekir S. Gür, "Democratization and Massification of Higher Edcation in Turkey and Challenges Ahead", in: *Research&Occasional Paper Series: CSHE* 3 (2016), pp.1–7, https://escholarship.org/uc/item/5j3140kb [accessed 2.2.2020]; Murat Özoğlu, Bekir Gür & Sedat Gümüs, "Rapid Expansion of

Higher Education in Turkey: The Challenges of Recently Established Public Universities (2006–2013)", in: *High Education Policy* 29, 21–39 (2016), https://doi.org/10.1057/hep.2015.7 [accessed 10.1.2021].

56 Akar, "Globalization and its challenges for developing countries: the case of Turkish higher education"; Didem Doğan, Yeni kurulan üniversitelerin sorunları ve çözüm önerileri", in: *Yükseköğretim ve Bilim Dergisi* 3/2 (2013), pp. 108–116; Erdoğan, "Türkiye'de yükseköğretimin gündemi için politika önerisi", pp. 1–17; Durmus Günay and Mahmut Özer, „Türkiye'de meslek yüksekokullarının 2000'li yıllardaki gelişimi ve mevcut zorluklar" in: *Yükseköğretim ve Bilim Dergisi* 6/1 (2016), pp. 1–12

57 British Council and TEPAV project team. (2015). The state of English in higher education in Turkey: A baseline study. Ankara: TEPAV & British Council. Retrieved from http://bit.ly/2wUNeZR [accessed 10.1.2020].

58 Gursel-Bilgin,"Freirean Dialogue: An Effective Pedagogy for Critical Peace Education.", pp.139–149; Gursel-Bilgin, "Freirean Dialogue for Peace Education: A Promising Pedagogy for Grassroots Peace in the Middle East" pp. 84–105; Gursel-Bilgin, "Dialogue in Peace Education Theory and Practice", pp. 27–46; Gursel-Bilgin, *Dialogue for Peace Education: The Case of an Alternative School.*

59 Freire, *Pedagogy of the Oppressed.*

60 Johan Galtung, "Violence, Peace, and Peace Research", in: *Journal of Peace Research* 6/3 (1969), pp. 167–91. http://www.jstor.org/stable/422690 [accessed 10.1.2021]; Bajaj "'Critical' Peace Education", pp.18,19, 25.

61 Harris, "Peace Education Theory", pp. 5–20; Betty Reardon, *Education for a Culture of Peace in a Gender Perspective*, Paris 2001.

62 Maria Tereza Schaedler, "Boal's Theatre of the Oppressed and How to Derail Real-Life Tragedies with Imagination", in: *New Directions for Adult and Continuing Education* 1/125 (2010), pp. 141–151.

63 Shifa Schonmann, "The quest for Peace: Some Reservations on Peace Education via Drama", in: *NJ: Drama Australia Journal* 26/1 (2002), pp.15–26.

64 Elliot W. Eisner, "Aesthetic Modes of Knowing", in: Elliot W. Eisner (ed.), *Learning and Teaching the Ways of Knowing*, Chicago 1985, pp. 23–36; Elliot W. Eisner, *The Kind of Schools We Need: Personal Essays*, Portsmouth 1998.

65 Schonmann, "The Quest for Peace", p. 20.

66 Melisa Cahnmann-Taylor and Mariana Souto-Manning, "No Child Left With Crayons: The Imperative of Arts-Based Education and Research With Language 'Minority' and Other Minoritized Communities", in: Melisa Cahnmann-Taylor and Mariana Souto-Manning (eds.), *Teachers Act Up! Creating Multicultural Learning Communities Through* Theatre, New York 2010, available from: https://www.researchgate.net/publication/279407324_No_Child_Left_With_Crayons_The_Imperative_of_Arts-Based_Education_and_Research_With_Language_Minority_and_Other_Minoritized_Communities [accessed 10.1.2020].

67 Ibid.

68 Elliot W. Eisner, *The Arts and the Creation of Mind*, New Haven 2002.

69 Picher, "Democratic Process and the Theatre of the Oppressed".

70 Boal, *The Aesthetics of the Oppressed.*

71 Boal, *Legislative Theatre: Using Performance to Make Politics*; Picher, "Democratic Process and the Theatre of the Oppressed".

72 Freire, *Pedagogy of the Oppressed.*

73 Bajaj "'Critical' Peace Education", p.18,19, 25.

74 Picher, "Democratic Process and the Theatre of the Oppressed", p. 80.

75 Alessandra Romano, Maria Rosaria Strollo and Maura Striano, "The Theatre of the Oppressed to Promote Transformative Learning in a Social-Situated Dialogue", in: Dimitra Andritsakou and Effie Kostara (eds.), *The Role, Nature and Difficulties of Dialogue in Transformative Learning. Proceedings of the 2nd Conference of ESREA's Network "Interrogating Transformative Processes in Learning and Education: An International Dialogue"*, Athens 2016, pp. 220–230.

76 Picher, "Democratic Process and the Theatre of the Oppressed" 2007, p. 80.

77 Jackson, "Translator's Introduction", p. xxiii.

78 Cahnmann-Taylor and Souto-Manning, *Teachers Act Up!*, p. 91.

79 Ibid.

80 Boal, *Games for Actors and Non-Actors.*

81 Cahnmann-Taylor and Souto-Manning, *Teachers Act Up!*, p. 90.

82 Michel Foucault, Robert Hurley, and Frédéric Gros, *The History of Sexuality*, New York 1978.

83 Joe L. Kincheloe, *Critical Pedagogy Primer*, New York 2005.

84 Mariana Souto-Manning, *Freire, Teaching, and Learning: Culture Circles Across Contexts*, New York 2010; cited in Cahnmann-Taylor and Souto-Manning, *Teachers Act Up!*, p. 90.

85 Kevin Kester "Education for Peace: Content, Form, and Structure: Mobilizing Youth for Civic. Engagement", in: *Peace & Conflict Review* 4/2 (2010), pp. 58–67, here: p. 3.

86 Federico Mayor, "Democracy, Nonviolence, and Peace, in: Peter Blaze Corcoran, Mirian Vilela, and Alide Roerink (eds.), *The Earth Charter in Action: Toward a Sustainable World*, Amsterdam 2005, pp. 117–119.

Performative Compassion: Blindness and Cynicism in Milo Rau's *Mitleid. Die Geschichte des Maschinengewehrs* (2016)

Lily Climenhaga (Alberta)

"Performative Compassion" undertakes a close reading of Swiss-German director, Milo Rau's 2016 co-production with Berlin's Schaubühne am Lehniner Platz, *Mitleid. Die Geschichte des Maschinengewehrs* [*Compassion: The History of the Machine Gun*]. *Mitleid*, Rau's first production with the Schaubühne and his first collaboration with Swiss actor, Ursina Lardi, serves as a direct response to then contemporaneous German refugee crisis. Following the Oedipal journey of Lardi, the production explores *compassion culture* and *cynical humanism*, particularly as they occur in the Western European theatrical tradition. This article looks at the production's mise-en-scène — Anton Lukas's stage design, the physical and textual use of the two actors, Consolate Sipérius and Lardi, and the text — as well as identifying how *Mitleid* fits within Rau's other projects with the Democratic Republic of the Congo.

In December 2015, in the wake of a massive influx of refugees across Western Europe caused by an escalation in the civil conflict in Syria, Milo Rau and the International Institute of Political Murder, in cooperation with Berlin's Schaubühne am Lehniner Platz premiered *Mitleid. Die Geschichte des Maschinengewehrs* [*Compassion: The History of the Machine Gun*]. *Mitleid*, while exploring similar themes to Rau's other Central African works, does not belong to any of his formal trilogies. The production features Schaubühne ensemble member and award-winning Swiss actor Ursina Lardi (b. 1970) alongside the Burundian-born, Belgium-based actor Consolate Sipérius (b. 1989). Sipérius, in addition to being a successful actor in Europe, is also a survivor of the 1993 Genocide in Burundi – an overspill from the conflict in neighbouring Rwanda. *Mitleid* takes pains to closely reflect the white, middle-class experience of the Schaubühne audience and their relationship to ongoing civil conflict in nations such as the Democratic Republic of the Congo and Rwanda. *Mitleid* explores similar themes to *Das Kongo Tribunal*. It looks at the Western treatment of the violence and poverty cycle through the lens of a specific brand of ignorance facilitated by white privilege.

Rau defines *Mitleid* as a theatrical essay exploring the question of good and evil within the context of Western Europe's economic policy.[1] The production operates on two levels: first, it introduces the Brechtian question of a good person (that in a world that is not good, people cannot be good either), and second, it confronts the audience with a question of compassion: what is compassion and what does it take for the spectator to feel compassion?[2] These two intertwined levels of the production provide a complex commentary on the proliferation of a discourse of differentiation – what postcolonial theorist Edward Said identifies in the *Orient*. A social construct conceived to define the West in relation to an external *other* representative of everything it was not, the Orient or (more commonly) the East remains located in the persistent remnants of Western European colonial thought. Rau uses *Mitleid* to explore the cynicism and

Forum Modernes Theater, 33/1-2, 70–88.
Gunter Narr Verlag Tübingen

DOI 10.24053/FMTh-2022-0006

inefficiency of NGO culture increasingly visible in the work by performance groups and documentary productions, while providing a scathing commentary on Western *compassion culture*.

'Who Sees Us When We Suffer?': Witnessing the white monologue

Rau's two actors present competing, but by no means evenly distributed, monologues, which offer an attack on "cynical humanism" – the philosophy that we are humanists, but only in our own backyards – as it appears throughout Western European society and contemporary theatre. While Sipérius performs a short prologue and epilogue, Lardi performs the long monologue that takes up the majority of the production. Lardi takes centre stage (literally), while Sipérius is cast off to the side (stage left to be precise), acting as a witness to Lardi's performance.

With clinical precision Sipérius remembers witnessing the murder of her parents in Burundi. She recalls how they were murdered with machine guns, how she was chosen by her adoptive parents out of a catalogue ("an IKEA catalogue of children"), and her arrival in Belgium.[3] She continues, describing the everyday racism of her white neighbours in Mouscron (a city on the linguistic border of Belgium and its border with France) towards her, who, as the only black person in the city, became an attraction. The unrecognized and normalized racism of her neighbours is revealed through comments such as "Bambola," "Big Mama," "ein dralles Negger Mädchen" ["a buxom Black girl"]. In her new Belgium home, she is reduced to her skin colour and physical attributes. "This," concludes Sipérius's prologue "is a world without compassion."[4]

The prologue is a particularly poignant critique of European (particularly German)

theatre. A theatre where Iraqi, Afghani, and African theatre-makers can find work in refugee or dance theatre, but not in traditional, German *Sprechtheater*.[5] Rau critiques this brand of theatre that exists across Germany, Europe, as well as in his own work, labelling it as extremely reductive, and while it is "gut gemeint," well meaning, it largely produces "beschissene Kunst," bad art.[6] The consequence of this highly reductive form of theatre is that the refugee's only trait is the status of survivor and victim.[7] In the opening of her monologue, Lardi wonders what will happen to Sipérius after the production closes ("Was macht sie denn, wenn das hier abgespielt ist?").[8] The implication of this statement is that Sipérius's singular use within theatre is as a refugee. The performer's talents and experience as an actor, performer, theatre-maker, or otherwise are disregarded for their status as a survivor. Rwandan theatre-maker Dorcy Rugamba describes this phenomenon as the career of the witness: the Hollywood and European fixation with Rwandan artists purely as survivors.[9]

The result in *Mitleid* is a clear distinction between the figures of Lardi and Sipérius. At the beginning of the production, the primary function of Sipérius appears to be to witness Lardi's (white, European) re-telling of the history that irreversibly changed her life. This history is largely taken away from Sipérius in *Mitleid* and is instead written – or in the case of the performance, spoken – by Lardi. The power debate connected to the question of who gets to write a history is best illustrated by the image of the machine gun. "Am Ende des Tages kommt es drauf an," Lardi asserts, "wer die Maschinengewehre hat" ["At the end of the day, it depends on who has the machine guns"].[10] Lardi, in large part through her whiteness, is seemingly immune to the machine gun.[11] She recalls how her father owned guns and how as a child she always considered guns beautiful devices. During the massacre she witnesses, the sound and result are strangely disconnected and surreal for Lardi. This relationship to firearms stands in stark contrast to Sipérius, for whom the sound of the machine gun is hyperreal. Sipérius is still afraid of thunderstorms and has a panic attack at the fireworks display on Belgium's National Day, because for her these are the sounds of a machine gun.[12] It is Lardi who is given the machine gun during the production and it is, therefore, Lardi who tells the story. However, as is later explored, the epilogue undertakes a reversal of this power-machine gun dynamic.

Lardi's monologue paints a fictional portrait of the eponymous character played by Ursina Lardi. After completing school in 1994, she travels to the Congo with the NGO "Teachers in Conflict" (a name she can barely remember) to teach the less fortunate. In comparison to the simple, straightforward monologue performed by Sipérius – who remains seated at a small, tidy desk at the side of the stage with only a laptop, microphone, and camera – Lardi's long (roughly ninety-minute), complicated, and at times scattered monologue is mirrored in the stage design, which is filled to the point of overflow with garbage: a broken plastic stool, dirty clothes, and a half-burnt sofa.[13] The monologue is carefully constructed from a series of interviews Rau and his production team conducted with NGO-workers and volunteers, in combination with Lardi's own experience during a year abroad teaching in Bolivia.[14]

Lardi's monologue speaks to a white Western European experience: Finish school, take time to travel between school and work by volunteering with an NGO or charity, all while quelling that nagging white, middle-class guilt by building houses and helping the less fortunate in a developing country. Importantly, this experience is not unique to the Lardi character, but shared by many audience members (and the actor Lardi herself) as it is part of a larger collective Western European experience.

Pierre Bourdieu's (1930–2002) notion of *habitus* is key to interpreting *Mitleid*. *Habitus* refers to an internal societal structuring process of practices and representations, "a system of dispositions," semi-unconscious and quasi-automatic practices, which serve to structure the world of the society and individual to which they belong.[15] The expert – the sociologist, the historian, or (in the case of Rau) the director – is also located within the *habitus*, inescapably influenced by their social, political, and economic surroundings and experiences, but so is the spectator.[16] *Habitus* serves as a determining factor in the "collective expectations" constituting normality, and the white, European, bourgeois Lardi shares the primarily white, European, and bourgeois audience's collective expectations.[17] Lardi's monologue explores the audience's (as well as the real Lardi's and even the director's) *habitus*, providing insight into the continued colonial and racist discourse of how Europe (and by extension all of the West) perceives what takes place outside its borders. Stuart Young also identifies the place of habitus in his analysis of *Mitleid*: "Lardi's story and her unguarded disclosures illustrate a key aspect of habitus, whereby individuals unconsciously acquire and then reproduce cultural and social practices and perspectives."[18] The monologue, alongside the numerous examples of everyday racism, presents the various micro-aggressions perpetrated and the assumptions perpetuated by the German theatrical institution, which are connected to the presumption articulated by Consolate Sipérius when describing the Western media's portrayal of conflict in Africa (and external conflict in general): "In Africa, this type of thing happens all the time."[19]

'A Clear Statement': Staging Europe's Other

The stage, designed by Rau's preferred designer, Anton Lukas, is packed to the point of overflow with trash: broken furniture, plastic bags, rotting cardboard, dying houseplants, pieces of metal, and various discarded household items. The trash extends to the edges of the stage without crossing into the seating area. The spectator is confronted with the physical boundary of the stage, the abrupt end of a mountain of trash. The audience is, in reality, not separate from the stage, they are part of the larger performance space as indicated by Lardi and Sipérius's direct address performance style. The spectator is a part of the system creating the disorder on stage, not inherently separate. A classic stage-audience divide is problematized by the monologue-lecture quality of the performance. Lardi speaks directly to the audience, acknowledging their presence while disregarding the fourth wall.[20] The audience is confronted with the performance's rhetoric and discourse, which becomes part of the chaos that litters the stage. The audience is thus brought into the cosmos of chaos from which they are apparently separate.[21]

This production, like many of Rau's productions, is performed with projection and live video. The use of video serves as an answer within our highly mediatized society to Lardi's question: "Wer sieht uns, wenn wir leiden und zugrunde gehen?" ["Who sees us when we suffer and perish?"][22] Everyone sees the suffering, but what do we do with it? Although it is now possible to watch suffering from across the globe, the limits of compassion often fail to extend beyond the borders of our own nations. Equally problematic is the narcissism and egocentrism connected to a culture of public click-share-donate, which allows people to satisfy any residual guilt with a five-dollar donation – feeding into a multi-million-dollar compassion industry – while able to remain largely apathetic to external suffering.[23]

The production explores the inherent *central European egocentrism* attached to the phenomenon of spring-break activism and like-and-share Facebook charity, as well the privilege associated with this egotism. In the opening of Lardi's monologue, she discusses the now-famous image of the small Syrian child Alan Kurdi who drowned crossing the Mediterranean. She reveals having never seen this image before the (unseen) director showed her, because she doesn't read newspapers or own a television. The director responds to Lardi's ignorance, stating: "Egal, man kennt das, ohne es gesehen zu haben!" ["It doesn't matter, you know this photo even without having seen it!"][24] Indeed, as the director's seemingly callous remark indicates, this picture has come to symbolize the cost of Western indifference. It also became the image of an online campaign to improve the transportation of refugees from Syria across the Mediterranean. The campaign produced no tangible results and thousands of refugees continue to drown crossing the same small stretch of water (four kilometres) between Turkey and Greece. While the image is emblematic of the Syrian refugee crisis that began in 2015, it is also symbolic of a compassion culture with the best intentions but without results. These images are circulated and, by extension, simplified by the media, abolishing the complexity of the real situations from which they emerged. Such images are emptied as a sign, becoming a myth in the sense of Roland Barthes in that it naturalizes a concept or worldview.[25] In short: In *Mitleid*, the image and its implicit critique of the inefficiency of Western rhetoric has itself become symbolic of the privilege of Western indifference.

This creeping indifference, paradoxically marked by the ability to volunteer for a summer teaching or building houses in Africa or South America (the *non-West*), donate a few dollars to a charity online, or share an article on Facebook to satiate whispers of guilt, is the target of Rau's pointed critique in *Mitleid*. He argues there is a systemic, unrealized racism contained within this white, bourgeois, distanced, cynical humanism and "feel-good ethics."[26] This form of humanism only extends to the border of Europe – more specifically the EU – and what happens outside of these borders is of little interest. However, when seated in the theatre it becomes impossible to externalize the clutter and images enveloping the stage. The chaos and disarray are no longer outside the visible boundaries of Europe, but at centre stage.

Mitleid plays heavily with the theme of perceived and internalized binaries such as black-white, Europe-Africa, refugee-European, and Tutsi-Hutu. These binaries are best explained by Said's *them* and *us*, a concept deeply rooted in the West's definition of itself as inherently *other* from external places and people.[27] The binary division between the West and the Rest is an essentially Western construction, but with real-world (non-imagined) consequences. *Habitus* is an inscriptive meaning-making process acquired through the complex interaction between history and socialization, where the "embodied schemas" are constructed throughout a society's history and then acquired by the individual through socialization (processes of education as well as individual history).[28] The concept of the West versus the Rest is accompanied by an internalized hegemony that places the West above the rest by assuming the West's cultural superiority and an absolute difference of the West from the Rest: geographically, morally, and culturally.[29] At its core, *Mitleid*, Larid's performance, and Rau's staging choices comment on a habitus that is directly related to the ways that Europeans (and

other members of the Global North) perceive, react to, and act with the Other.

Gregor McLennan identifies this deeply problematic relationship of the West with its colonial past in his sociological study of postcolonial critique. McLennan identifies the "dislocation" of "conventional Western thinking" between self and society. Both are heavily influenced by processes of socialization and the understanding of history and play an important role in self-identification and presentation.[30] The remnants of racist colonial perceptions of one's history and place in the world (informed through processes of socialization) greatly inform how individuals situate themselves in relation to others, both inside and outside their community.

Mitleid is, at its core, a bourgeois drama. It is a production constructed for the Schaubühne's notably white and middle-class audience of season ticket holders. However, it simultaneously engages with the German theatre's history of bourgeois theatre. The use of the term *Mitleid* as the title of this production signals an engagement with this theatre history, gesturing to Aristotle's *Poetics* (ca. 335 BCE), Gotthold Ephraim Lessing's *Hamburgische Dramaturgie* [*HD*] (1767–9), and Enlightenment thought on tragedy. *Mitleid* is translated in both English surtitles and the later Dutch adaptation of the play as *Compassion*. However, the term Mitleid, in its current usage, doesn't cleanly translate as compassion – which is better encompassed in the more positive word Mitgefühl – Mitleid, on the other hand, contains a notably negative connotation, and is (arguably) more closely related to pity. Mitleid has been translated respectively as pity, sympathy, and compassion, and it is not always clear which of the terms correspond most directly to Lessing's original meaning.[31] As the translators of a 2019 edition of *HD* (London: Routledge) explicitly state: "Parsing Lessing's use of *Mitleid* is not always an easy task."[32] Rau's use of Mitleid as the title and a philosophical concept plays with the textual complexity of the term in German theatre history. *Mitleid* questions the emotional efficacy of the production's monologues to (respectively) generate pity, compassion, or sympathy and how, on an implicit level, the generation of these emotions – particularly in the European, theatrical context – is racially coded, as is the language Lardi uses to stimulate these emotions. It must also be stated that, at least according to Theodor Adorno and Max Horkheimer, it is this same Eurocentric ordering hierarchy that situated Western culture as the successor to antiquity (the Greeks and Romans) and from which the concepts of *pathos* and *ethos* were taken and expended by European intellectuals like Lessing. It was this same motivation, to present himself as the inheritor of this ancient legacy, that inspired – at least in part – Lessing to write *HD* and *Laokoon oder über die Grenzen der Mahlerey und Poesie* (1766).[33] It is this legacy that imposed Western culture as a system of dominance, a system that was termed civility and carried outwards as a colonial and then neocolonial force.[34] As Marquis de Condorcet (1743–1794) wrote just thirteen years after Lessing's death, Europeans were meant to carry the concept of civilization (and civilized) marked by this connection with antiquity outwards: a justification that underwrote Europe's colonial presence in Africa, the Americas, and Asia.[35]

Briefly returning to Lessing's theory of Mitleid: In *HD*, Lessing develops a *Mitleidsästhetik* – an aesthetic of compassion – in which the performance creates a sympathetic vibration between the actor and spectator through the situation created onstage.[36] Lessing translates Aristotle's eleos as Mitleid, which, most often translated as pity in English, is central to his concept of catharsis (the purging or purification of pity and fear).

In this Mitleidsästhetik, fear, Aristotle's phobos (translated by Lessing as Furcht), serves to stimulate compassion (Mitleid). Fear, according to Lessing, is compassion directed back at the spectator that then trains the spectator's capacity for compassion outside the theatre.[37] Compassion is generated by fear, made possible by the audience's identification with the tragic figure; or, as Lessing explains in *HB*'s seventy-fifth essay:

[The spectator's] fear is absolutely not the fear that another's impending misfortune awakens in us for the other person, but rather it is the fear for ourselves that stems from our similarity with the suffering person. It is the fear that we ourselves could become the pitied object. In short: this fear is compassion directed at ourselves. [...] Out of this similarity would arise the fear that just as we ourselves feel that we resemble him, so our fate could quite easily resemble his; and it is this fear that gives rise to compassion.[38]

What Lessing describes in this passage is identification, which is key to both Lessing's catharsis and the emerging bourgeois theatre. In seeing oneself in tragedy – it should be noted that the bourgeois tragedy shifted away from stories of kings and nobility engaged in public life to private persons in domestic life – and finding compassion through an empathy with the characters, there emerges the possibility of moral betterment or improvement that will be carried outside the theatre.[39] Compassion thus acts as a moralizing and transformative force for the spectator, rendering the theatre a moral institution that seeks to provoke the audience to act, as Robert Walter-Jochum summarizes, "in a socially positive way when exiting the theater."[40]

However, Lessing's dialogue on catharsis and Mitleid did not emerge in isolation, but was part of a contemporary discussion of Aristotle, tragedy, and eleos. Lessing's interest in the intertwined concepts of sentiment and sociability fits with the wider Enlightenment interest in sentimentalism, which was itself connected to the growing prominence of the middle class and the emergence of a bourgeois theatre in England and France.[41] Lessing famously engaged in a dialogue about tragedy through a series of correspondences with his friends Moses Mendelssohn and Friedrich Nicolai, which was itself responding to other philosophical conceptions of sympathy from French philosopher Jean-Jacques Rousseau and Irish philosopher Edmund Burke among others. Lessing's continuous dialogue reacted against the French neoclassical tradition and to the Anglophone sentimentalist tradition marked by Anthony Ashley Cooper (the third Earl of Shaftesbury) and Francis Hutcheson. Lessing's earlier treatise, *Laokoon oder über die Grenzen der Mahlerey und Poesie* (1766), directly answers Scottish philosopher Adam Smith's – whom Lessing refers to as "an Englishman" in the text – development of the concept of sympathy.[42]

Lessing's dialogue on theatre and tragedy works with existing Enlightenment thought to create a distinctly German theatrical form, unique from the popular French tradition Lessing critiques with *HB*. The dialogue marks a starting point for German bourgeois theatre, while simultaneously serving as a marker of German Enlightenment thought. Much like Friedrich Schiller, who envisioned theatre as a moral institution, Lessing identifies how tragedy and the passions (*Mitleiden*) it produces foster the best human, i.e., the *most compassionate human*.[43] He conceptualizes catharsis as a vehicle of moral transformation: "this catharsis consists in nothing other than the transformation of passions into virtuous faculties."[44] Catharsis and tragedy are assigned a didactic or pedagogical role, which Paul Fleming summarizes in *Exemplarity & Mediocrity: The Art of the Average from*

Bourgeois Tragedy to Realism (2009): "Everything in Lessing's theory comes down to the proper pedagogy of the people [*Volk*]. Admiration is 'a less skilled teacher of the people than compassion,' because compassion's effects are immediate and, more importantly, do not require that one already be educated or that one emulates anything. Without further ado, compassion according to Lessing improves one and all, the genius and idiot alike."[45] Ingrained in these concepts of sympathy and Mitleid is a pedagogical quality that extends beyond the time and space of the performance; or as Fleming summarizes: "In Lessing's Enlightenment aesthetics, the purpose of art lies outside the artwork proper: essence and effect are one."[46] For Lessing, and many playwrights following him, the transformative effectiveness and the success of a tragedy were measured in compassionate tears shed.[47]

Walter-Jochum, in his analysis of *Mitleid*, "Affective Dynamics of Excitable Speech in Milo Rau's *Breiviks Erklärung* and *Mitleid*," identifies the production's engagement with Lessing's reflections on German theatre, noting Lardi's opening monologue:

> In the European theater, there are easy exercises and there are difficult ones. The easy ones include memorizing your lines, the performance, and what's called documentary theater. What's more complicated is educating the masses in the traditional sense. "Save the world! Do this! Don't do that!" And we even manage to do that quite well. Although, when it's done in the proper European way, it is moderately difficult. "We must oppose the Nazis. We must help the refugees." It's like this: In Europe everyone is either for or against the Nazis; or, for or against refugees.[48]

Walter-Jochum notes how, with this opening paragraph, Rau identifies how the didactic quality of Lessing's bourgeois theatre has been carried into the present. How inspiring compassion continues to be central to the

European political theatre project, but how now this compassion is linked to "democratic, liberal, and multicultural values."[49] However, while Lardi's monologue may initially appear to be a "Lessingian approach to social solidarity sparked through compassion," it reveals itself to be what Walter-Jochum terms the *injurious speech* identified by Sipérius's prologue.[50] Lardi shows herself to be part of the same systemic racism the production critiques. We hear Lardi's detached superiority over those she worked with in the refugee camp in the DRC and even those she later visited with the director throughout her monologue. This purposeful subversion of expectation and language forces the spectator to reflect on themselves and their own liberalism, particularly towards developmental politics, which remains rooted in the logic of white saviourism. However, the production cannot escape its own entanglement with the racist and neocolonial hierarchies it analyses. Walter-Jochum identifies how *Mitleid* reinstates and reiterates patterns of injurious speech and reproduces a performative constellation of the hegemonic white voice and marginalized black voice.[51]

Postcolonial reflection, the close examination of these colonial structures and binaries (colonial-imperial, West-Rest, modernity-tradition), produces anxiety as it points to the flaws and limitations of canonized institutional discourses that remain firmly based in Eurocentrism.[52] However, to break from this Eurocentric interpretation of current and historical events (such as the naturalization of conflict in nations such as Rwanda, the Congo, and Syria) clashes with the educational and socialized *habitus* created within this Eurocentric epistemology. McLennan identifies the tendency within discourse to *externalize*, thus creating an "abbreviated version of the world."[53] Events are simplified to fit within a "Eurocentred matrix of knowledge," perpe-

tuating, often unintentionally, colonial discourse – precisely as is visible through the cynical humanism of Europe, essentially based in a racist assumption of the West as having earned its privilege, while the poverty and social/political unrest outside the West is the result of poor governing or internal mistakes.[54]

The choice of using a white actor for the majority of the production with a black actor playing witness is key to *Mitleid's* dramaturgy. Black is a symbolically and politically loaded concept, problematic and yet necessary for the definition of white European within the simplistic binary of black and white. While white is located within an absence, black is everything white is not. "Schwarz," Lardi states in her monologue, "ist immerhin ein klares Statement" ["Black is at least a clear statement"].[55] Black symbolically normalizes violence, illustrating the externalizing process. The question becomes, for whom do we feel compassion and why?[56] The answer to this question again reveals an underlying racism like that Sipérius describes in the prologue, highlighted in Said's *othering*.[57]

The unexamined social structures of the West and remnants of racist colonial narratives within everyday social discourse serve to normalize the portrayal of violence in African (as well as Middle Eastern) nations. Unlike the state of exception that surrounds violence within Europe's borders described in the media, the portrayal of violence in the Global South is both sensational and commonplace; as Sipérius explains in the prologue, "In Africa, this type of thing happens all the time."[58] The essentially racist narratives presented to Western audiences normalize and minimize the true horror of stories such as Sipérius's own. Her story, while terrible, takes on a terrifying contextual normality because of her nationality and black skin, while the violence (fictionally) witnessed by Lardi becomes more worthy of compassion because it is perceived as drastically abnormal.[59] The audience is able to associate and empathize with Lardi's character, because she is representative of their own experience. Rau problematizes this compassion by placing truth against fiction. Sipérius's text is her autobiography, while Lardi's monologue is a collage of experiences both real and imagined. For Lardi, the nightmare is only temporary; even the fictional character is able to largely forget her experience when outside of the Congo. The trauma only exists during the performance, while Sipérius's story extends beyond the moment of performance.

Yet this division between reality and fiction is unclear for the audience, as the production never specifies what is fiction and what is reality in the performance text. It is therefore left to the spectator to decide what is truth versus fiction, which risks misinterpretation and misunderstanding. The only clue the spectator is given about the fictionality of Lardi's monologue is her declaration that she is a theatre-artist, a *real* actor (instead of a *refugee* actor, although it is revealed in the epilogue that Sipérius is also a professional actor), that makes up the first section of her monologue. Whereas Sipérius opens her monologue with an introduction – "My name is Consolate Sipérius. I'm from Burundi" – Lardi does not need to introduce herself to the audience at the Schaubühne, where she has worked since 2004, because they already know her. Instead, the Lardi projected above the stage begins her monologue talking about European documentary theatre and the real, onstage, Lardi begins by discussing her job as an actor.[60] The most important question is: Is this performative device enough to distinguish between the documentary and fictional elements of *Mitleid*? Or does it – either intentionally or unintentionally – inherently lead to confusion and misunderstanding on the part of the spectator?

'What is the Situation?': Fiction or Reality

Mitleid is a challenging production for its audience, playing with the fine line between reality and fiction – a line Rau purposefully blurs. Working with a celebrated film and theatre actor like Ursina Lardi means a portion of the German/European audience – particularly at Lardi's home theatre, Berlin's Schaubühne – will be familiar with her biography. Rau plays with this familiarity in his production and what the audience knows and does not know. Lardi indeed spent a year teaching abroad in a developing country but did so in Bolivia and not DRC. Rau's extremely subtle intersection of Lardi's real and fictional experience can be easily overlooked in viewings of *Mitleid*. Lardi's monologue takes details from her biography, adjusting them and making it difficult at times to separate these two levels of the production. A friend of mine who was particularly affected by the production stated that it is unclear in *Mitleid* where the fictional experience begins and the real ends.

The intermedial element of projection again serves to further blur this line between reality and fiction, extending the documentary nature – and its assumed truthfulness – of the production into a space of uncertainty: Is what we as an audience see and hear true or false? And if it is true, how much of it really happened to Lardi? When the spectator is shown a picture of an eighteen-year-old Lardi at a refugee camp in the Congo, the spectator must ask: can we trust either the image or the narrator? Projections showing the audience maps, short video clips, pictures, and other visual mediums serve to legitimize the account given by Lardi. Rau sets up this convention with Sipérius, who sparingly uses the projection of images in her prologue. A closer look at the use of projection and images is necessary in further analysis of the production to identify how Rau facilitates the illusion of truth within Lardi's fictional monologue and the potential indicators hidden in the performance of this fiction.

The production explores the deeply problematic ways in which the West relates to and interacts with *non-Western* nations. On a deeper level, the production looks at perhaps the most overlooked yet troubling aspect of these conflicts and crises, the inherent failure of Western compassion to produce tangible change or help. Rau points to the continued failure of the "Kultur des Mitleids," a compassion culture, to resolve conflicts, a disposition that in his view began with John F. Kennedy and Willy Brandt, two major Western political figures prominent at the end of the openly colonial era.[61]

Rau, a self-proclaimed "little rich kid" from Switzerland, employs an extremely self-reflexive critique of this compassion culture and its roots in white privilege.[62] The performance looks directly at the narcissism of NGO culture, which profits and sustains itself from the misery of others – as visible in the presence of the thousand different NGOs at the camp in Gomu in *Mitleid*.[63] This narcissism is exemplified in the figure of Lardi who travels to the Congo because it would look great on her resume and as a conversation-starter at parties.[64] Only retrospectively does she become aware of the role her whiteness plays in not just giving her credentials in the camp (although she is only a primary school teacher, she is invited to teach a workshop to soldiers and teach adults in the camp), but also in keeping her safe. It is only in her adieu nightmare – which is actually taken directly from Rau's earlier text, "Sie wissen ja, wie es in Träumen ist …", written in March 2008 – where she dreams before getting on the airplane that she returns to the camp to say goodbye to her African co-workers, that she recognizes the privilege and protection her whiteness provided.[65] Only through this recognition of privilege and personal profiteering does Lardi realize her complicity.

In the dream she returns to say goodbye to her friend and co-worker in the camp, Merci Bien, a woman who is believed to have died after Lardi and her fellow volunteers were evacuated. However, upon returning she discovers Merci Bien surrounded by the soldiers from the Tutsi-dominated Rwandan Patriotic Front (RPF), including the man, Christophe, Lardi saved. Lardi is forced to take part in the humiliation of Merci Bien – made to urinate on her – realizing this is just the first of many humiliations her friend will face. While Lardi is allowed to leave the tent, Merci Bien must stay. As Lardi exits the tent, leaving the men alone with Merci Bien, she is surrounded by Merci Bien's neighbours who demand, "Hast du jetzt verstanden? Hast du es jetzt begriffen?" ["Do you now understand? Do you finally understand?"][66]

The name Merci Bien, which means "thank you so much" in French, is reflective of the inherent narcissism of compassion culture and the figure of Lardi. NGO culture is deeply rooted in the equation of charity with solidarity. However, charity (one of the foundations of compassion culture) is rooted in an inherent conception of superiority and the image of oneself as the giver of charity, as a saviour figure.[67] Engrained in this charity and compassion framework is the expectation of thanks. The root of this narcissism is located in the belief that the worker is somehow sacrificing their more valuable time and efforts to help those people who are in some ways lesser. Rau points to the practice in Western European theatre, which places the refugee actor (and in some cases the black actor) in the peripheries as a self-evident condition of being.[68] When Lardi returns to the camp in her dream to say goodbye, she does not receive thanks or recognition and acclaim for her charitable work; instead, she realizes her own contribution to the horrors she witnesses and finally comprehends her own narcissism. In her participation in the humiliation of Merci Bien, Lardi recognizes that she has not helped the people in the camp but has actually contributed to the deteriorating situation.

Rau employs a revelatory dramaturgy – which serves an "Aha!" function – throughout his work, seeking to uncover unconscious assumptions.[69] *Mitleid* is, according to Rau, a critique of a society that has blinded itself to the devastating effects of its everyday luxuries and wealth outside its borders.[70] The revelatory function of the production is located in the movement of the figure of Lardi from an implicit to an inescapably explicit knowledge of the West's influence in the conflict and exploitation of African nations.[71] The production furthers the revelatory function through its structural basis in the Oedipus story.[72]

'Do you get it now?': Oedipus in the Refugee Camp

The figure of Oedipus, who Lardi (both the real actor and the character) played in her youth in an all-female Swiss production, moves from figurative to literal blindness as he searches for the cause of the plague afflicting his kingdom. The Lardi monologue echoes the structure of the Greek play, beginning with Lardi as a young woman, nineteen years old, finishing university and leaving to teach to abroad. Lardi is blind to the reality of the conflict and even upon arriving and witnessing the unrest – the streets of Rwanda's capital filled with the smoke from burning tires and tear gas, people screaming "murder" in the streets – fails to realize the severity of the situation. Instead, she sits in the hotel, a wet towel over her face to protect herself from the tear gas, drinking a stolen bottle of wine wondering,

"Lardi, was geht dann hier ab?" ["Lardi, what's happening here?"][73] This action is repeated in the description of her research trip with the unseen figure of the director (clearly a stand-in for Rau) to the Turkish city of Bodrum (the city where the photo of Alan Kurdi was taken) and a refugee camp in Greece, where she is amazed to find the refugees in this camp all look like hipsters (with perfect hair).[74]

She recalls how during her first few months in the Congo she could hear the screams of women and children from Rwanda travelling across the water to Goma, a city on the border between the Democratic Republic of the Congo and Rwanda on the shore of Lake Kivu, during the hundred days of the genocide in 1994. She blares Beethoven music to cover the screams. She then witnesses the mass exodus of Hutu refugees across the border after the RPF gained control of Rwanda – Lardi notes the irony of the hundreds of NGOs in the refugee camp taking care of the former perpetrators of the genocide. She recalls how they fed and took care of the mass murderers in the camp.[75] On her last day at the camp, before the evacuation of the NGO workers, Lardi witnesses the massacre of Hutu refugees (mostly women and children) by the RPF. She recalls the sound of the machine guns and children screaming, how the sounds didn't seem to synchronize with the image much like in an old black and white film. Only retrospectively, with the return of the Merci Bien nightmare, does Lardi come to recognize the role of her complacency, that she shares a responsibility for the roar of the machine gun and the screams.

The play, much like Rau's 2015 *Das Kongo Tribunal*, explores the place of the West in the continuation and production of violence in nations throughout Africa. It illustrates the vehement disavowal by the West of violence within African nations but its willingness and that of its NGOs and similar organizations to profit from misery, as well as the generalized refusal to examine how normal everyday luxuries such as cell phones and laptops are a part of this culture of misery. The mineral columbite-tantalite (commonly known as coltan) is necessary in these devices and is mined by Swiss and Canadian mining corporations in the Congo (a theme examined extensively in Rau's *Das Kongo Tribunal*), resulting in social disorder and violence as competing political and commercial interests fight over profits. Rau identifies an everyday European banality rooted in a deeply ingrained continuing colonial discourse that, while highly unacknowledged, contributes to the proliferation of violence outside of the Western-European world.

The spectator shares in this oedipal journey in an individual movement from blindness to clarity. However, part of the tragedy of Sophocles' *Oedipus* for the ancient Greek theatre is built on the spectator's foreknowledge of the myth, the knowledge even before the play begins that Oedipus has murdered his father and married his mother, and with this knowledge the spectator must watch Oedipus unravel the truth. In the same way, the spectator must watch Lardi recognize her complicity in the horrors she witnesses as she describes the broken system. This involvement becomes painstakingly clear, as does the inefficiency of the aid system. The audience must (like Lardi) recognize that they are also the cause of the plague: they must see and hear the cost of their daily lives and everyday luxuries.

Sophocles' tragedy concludes with the figure of Oedipus, having discovered the truth that he murdered his father Laius and married his mother Jocasta (fulfilling the prophecy he fought so hard against) and realizing his responsibility for the plague, choosing to blind himself and go into exile. Lardi and her co-workers are evacuated from the refugee camp in Goma, returning to

Europe and leaving the refugees behind. Lardi also chooses to return to blindness (not reading newspapers or watching television), turning away from her experience until the performance. She removes herself – effectively blinding herself – from what occurs outside of her own backyard and her role as mother and wife.

Mitleid provides a scathing commentary on what Rau defines as compassion culture, shining a light on the narcissism and racist discourse that continues to underscore the core philosophies of non-governmental organizations.[76] Rau's provocative commentary seeks to dissect Europe and the West's "compassion culture" by means of the arrangement of various NGO worker accounts in a dry parody of the attitudes of volunteers and helpers.

'To cry here [...] that would be the worst thing I could do': Compassion vs. Solidarity

One of the questions introduced at the beginning of this analysis is the Brechtian "good person" question as it appears in *Mitleid*. Bertolt Brecht's (1898–1956) thesis in *The Good Person of Szechwan* (1941) is that it is impossible for a good person to exist in a world that is itself essentially not good. In Lardi's monologue, Rau turns to Danish film director Lars von Trier's (b. 1956) 2003 film *Dogville*, which also examines Brecht's good person thesis.[77]

Lardi recalls the final dialogue in *Dogville* – a discussion of morality – between the heroine Grace (Nicole Kidman) and her father the gangster (James Caan). Grace, originally welcomed into the town of Dogville and protected by the townspeople, is raped, abused, and humiliated by her former friends and protectors – strikingly similar to Lardi's dream about Merci Bien. Grace and her father argue about morality: Grace's initial argument – the same argument as in Brecht's *Szechwan* – is that the townspeople are cruel because of circumstance and should be forgiven because their circumstance does not allow them to be good (first comes food, then morality). However, she reverses her position and concludes the townspeople cannot be forgiven. It is not their circumstance that makes them cruel, but their inherent and inescapable wickedness (visible in their need to humiliate and disgrace Grace, who they view as lesser, thus justifying their derision and malice towards her). When her father, the Big Man, gives her the opportunity to decide what will happen to the people of Dogville, Grace declares (and Lardi quotes): "Shoot them all."[78] Lardi recalls *Dogville* and Grace's final decision as she describes the RPF marching across the border into the camp at Goma, and the immediate switch between perpetrator and victim as the Tutsi-dominated army – the former victims of Hutu persecution and violence – now have the machine guns.

Lardi's cynical monologue reveals the inescapable hypocrisy of Western compassion culture. The clash of the cost of living and the desire for the newest technological gadget in the West with the need for positive self-representation: the belief that *I* am a good person who donates money to charity, who shares and likes online articles supporting refugees, who signs online petitions against the coltan mining industry in the Congo, who builds houses during spring break and volunteers to work with refugees, that *I* empathize with and *I* feel for refugees and other people in need. However, the good person thesis falls apart when confronted with the inherent profiting of Western Europeans, North Americans, and others from industries structured on exploitation, industries that provide the everyday luxuries we are accustomed to.

Returning to Brecht's thesis that it is impossible to be a good person when struggling to survive. Rau extends this thesis, asserting it is impossible to be a good person when our privilege and success is built on the backs of exploitation and destitution: "Man kann nicht gut und gleichzeitig reich sein" ["You cannot be good and also rich"].[79] The concept of compassion as employed by NGOs and other facets of this industry looks to explain issues of inequality on an individual basis, looking at (internal) systemic failures such as idle governments or economic failure; it does not look beyond the borders of these nations.[80] This form of compassion fails to reflect back on itself and its more troubling colonial and infantilizing assumptions about the people it aids. The underlying thesis of Rau's theatrical essay is thus: "Alle, wir alle sind Arschlöcher!" ["All of us, we are all assholes!"][81] However, Rau implies that it is better to be self-aware than blind. With recognition emerges the possibility of solidarity.[82]

Rau examines the question, "Was ist deine Situation?" ["What is your situation?"] and its moral implication.[83] He concludes it is impossible to be a good person in the West, because economic comfort is inescapably and inherently connected to the misery of those outside its borders. There is a bitter irony inherent in an industry built to fight misery while simultaneously dependent on its continuation for its own sustained existence.[84] There are two responses to the realization of this horror: to turn away (intentional blindness) or to recognize complicity. Lardi cynically notes at the end of the play: "Hier zu weinen, vor diesen Millionen von Toten und Vergewaltigten – das wäre wirklich das Allerletzte" ["To cry here, in front of these millions of dead and raped – that would really be the final straw"].[85] Yet she does cry, because there is nothing else to be done in the face of the monstrous horror of this realization.[86]

The trademark of Rau's work is hope, even in the face of seemingly unrelenting cynicism. It is this hopeful quality that sets him apart from many artivists and political theatre artists. *Mitleid* presents cynicism but is itself not cynical, although it runs a high risk of being misunderstood as cynical. *Mitleid* uses the figure of Lardi to personify the cynicism the production describes without directly identifying that this is the role of Lardi, and it, therefore, risks a literal interpretation which inevitably fails to grasp the production's underlying political commentary. Yet, it is the possibility of failure that accompanies the Lardi monologue that is rooted in the political aesthetic of Rau's dramaturgy. The revelatory dramaturgy seeks to educate and inform the spectator, drawing attention to hypocrisy. This, according to Lardi, is the purpose of theatre: to show the horror of the world ("berichtet der Horror der Welt").[87] The didactic quality of *Mitleid* works to make the spectator aware, illuminate the failing of compassion and show solidarity is possible.[88] Solidarity for Rau is representative of what compassion lacks. Solidarity does not possess the condescending and exclusionary quality into which compassion often slips, the belief that Europe (and by proxy the European individual or *I*) has done something intrinsically right and the *Others* have done something intrinsically wrong to cause their suffering.[89]

The question of solidarity – specifically "What does *real* solidarity for the suffering of others look like?" – is a central motif in *Mitleid*.[90] The production proposes that solidarity can only occur when human crises are approached at eye level, recognizing the West cannot overtake or stop poverty and violence outside its borders as this assumption is based on an antiquated reductionist teleology of the West (and its implied enlightenment) and the Rest (with its implied barbarism). Solidarity can only exist by approaching refugees and those people in places of conflict as complex individuals with agency rather than reducing them to passive subjects.

The employment of this discourse appears in Rau's earlier project *Das Kongo Tribunal*. Solidarity appears in this project by Rau's own acknowledgment of the complexity of the ongoing civil war in the Democratic Republic of the Congo and the creation of an international tribunal using witnesses, generals, government officials, and experts. The six-day performance (three days in Bukavu, DRC and three days in Berlin, Germany) approaches the issue of civil war – a war in which European and North American mining companies have played a significant role – in its full complexity, giving people from the highest ranks of the government to the witness of a massacre to experts from Germany the opportunity to present their perspective.

Mitleid and *Das Kongo Tribunal* are connected on a discursive level. *Das Kongo Tribunal* (both the live performance and subsequent documentary) takes this message of solidarity and looks at the civil war not as a self-explanatory (naturalized) "African" conflict, but as a complex situation with diverse internal and external contributing factors while working with experts from both inside and outside the DRC. While *Das Kongo Tribunal* offers a practical example of this discourse, the performance cannot be reproduced. Its central thesis exists only in the single moment of performance: during the six days of the tribunal in 2015. In contrast, *Mitleid*, with its reproducible structure (i. e., an existing written text and place in the Schaubühne's repertoire), lays out the critical discourse using the Lardi figure as a case study for white, European privilege. Her cynical, ignorant, and racist voice illustrates the failure of an industry based around compassion. *Mitleid* looks to start a conversation and provide a new vocabulary for the existing compassion culture and illustrate for the Schaubühne's middle-class German audience how the cycle of poverty and violence is inherently built into the NGO framework.

Solidarity is based on standing together and supporting each other as equals rather than investing in the systemic belief one group is inherently right. Solidarity, Rau suggests, is in a small way possible if the spectator is able to recognize the dangers (and extreme limitations) of mass-marketed compassion – the industry's current configuration – and become self-aware.[91] Through this self-awareness, Rau offers his audience a critical discourse that takes into account how poor nations are oppressed by rich nations.[92] This collective moment of recognition and self-awareness is key to Rau's understanding of theatre, particularly tragedy, as a loudspeaker and, by extension, central to how *Mitleid* illustrates this deep-rooted belief in the potential for transformation. Failure is central for both *Das Kongo Tribunal* and *Mitleid*, specifically the recognition of our collective failure. Only in recognizing this failure on a societal level is improvement and change possible. Rau states, somewhat reminiscent of Beckett, "Gemeinsam zu scheitern, immer besser zu scheitern, bis sich dieses Scheitern in die Institutionen einschreibt als gesellschaftlicher Wandel" ["To fail together, to fail better until this failure becomes part of the institution as a societal change"].[93] While *Das Kongo Tribunal* looks at failure on a societal, political, and economic level, *Mitleid*, looks at failure on a smaller, individual scale.

'More typical than rain': Conclusion

For the epilogue, the production returns to Sipérius. Early in the production, Lardi questions what will happen to Sipérius after the production. The implication is that the figure of Consolate Sipérius, the witness and survivor, is only present as a part of the

political statement – a stylistic flourish within an *en vogue* political theatre piece. Refugee theatre, within its current configuration in Europe, is an outsider theatre – a theatre of individuals who are not normally seen in theatre and who (largely) are only on stage because of their status as refugees, reduced to this single feature of their biography.[94] However, Sipérius is not portrayed as a victim. While the death of her parents in the genocide might be the beginning of her biography, it is neither the only nor the final chapter in it. Instead, Sipérius is given the opportunity to present herself as a complex individual, inside and outside her place as witness. She describes a life extending beyond Burundi, living in Belgium and working as an actor – she played the title role in a 2015 Brussels production of *Antigone*, reimagined in the middle of a civil war.[95]

Too often the compassion industry (and the mass media) paints an image of the people they help as being without past, present, or future. Sipérius, who had the first word, is also given the last word of the production, playing a short sound clip as the stage fades to black. English writer and artist Tom McCarthy wrote in his 2005 novel *Remainder*, "Guns aren't just history's props and agents: they're history itself, spinning alternate futures in their chamber, hurling the present from their barrel, casting aside the empty shells of the past."[96] This quote is very near to Rau's title *Mitleid. Die Geschichte des Maschinengewehrs* and Lardi's pessimistic and cynical assertion that at the end of the day – at the end of history – it all depends on who has the machine gun. According to McCarthy, bullets carve the future. However, in the final moment of *Mitleid*, Sipérius does not play the sound of a machine gun – a sound that is notably absent from the production. Rather, she plays a "typisch zentralafrikanisches Geräusch" ["a typical central African sound"], a sound, she tells the audience, that always disrupts the filming of sad interviews with survivors and documentaries about the genocide: the sound of children playing and laughing. A sound that echoes everywhere except the white district and must be edited out of NGO commercials.[97]

Sipérius breaks the cycle described throughout the production of perpetrator to victim and victim to perpetrator (a cycle deeply entrenched in Burundi's history). An image of Sipérius's face is projected on the large screen above the stage, where Lardi and her machine gun appeared moments earlier. The giant face of the survivor is eerily (and purposefully) reminiscent of the giant face of the character of Jewish Shosanna – the only survivor of the massacre of her family at the hands of the Nazis – in the final chapter ("Revenge of the Giant Face") of Quentin Tarantino's *Inglorious Basterds*, when she and her partner burn the theatre down with the Nazis inside.[98] However, rather than point the machine gun at the audience, continuing the chain of violence and hatred, Sipérius plays the children's laughter.[99] The future is no longer carved by the sound of bullets, but instead by the sound of children. This sound brings hope in an ending that Sipérius accurately describes as: kitschy yet beautiful.[100]

Notes

1   Milo Rau and Stefan Bläske, "Wer sieht uns, wenn wir leiden?" in: Yven Augustin (ed.), *Pressemappe: Mitleid. Die Geschichte des Maschinengewehrs*, pp. 8–14, here p. 8.

2   Milo Rau, "Über die Bilder", *KunstBewusst*. Museum Ludwig, Cologne, 14.2.2017, Lecture.

3   Milo Rau (dir.), *Mitleid. Die Geschichte des Machinengewehrs*, Dramaturg: Florian Borchmeyer, Mirjam Knapp, Stefan Bläske, Design: Anton Lukas, Perf.: Ursina Lardi, Consolate Sipérius, Schaubühne am Lehniner Platz, Berlin, Germany, 8.7.2016, Performance.

4   Ibid.

5   Florian Merkel, "In jedem von uns steckt ein Pegidist", in: *Welt.de*, 22.1.2016. https://www.welt.de/kultur/buehne-konzert/article151350224/In-jedem-von-uns-steckt-ein-Pegidist.html [accessed 29.3.2017].

6   Ibid.

7   Rau and Bläske, "Wer sieht uns," p.11.

8   Rau (dir.), *Mitleid*.

9   While refugee theatre has a long history within the European and German theatrical tradition, since 2015 there has been an explosion in "refugee theatre" in the German (and Austrian) theatrical landscape, with a number of actors able to create careers through this specific form of theatre. However, Rau argues against pigeonholing actors, because although refugee theatre offers an entrance into the German and wider European theatre community for these immigrant actors, it is extremely difficult to find work outside of the genre within *Sprechtheater* or other forms of traditional (or more accurately, non-refugee) theatre. Rolf Bossart and Milo Rau, "Wenn aus Wasser Eis wird", in: Milo Rau, *Hate Radio: Materilien, Dokumente, Theorie,* Berlin 2014, pp. 8–28, here p. 23.

10   Rau (dir.), *Mitleid*.

11   Eberhard Spreng, "'Mitleid' an der Schaubühne: Die unerbittliche Logik des Gewehrs", in: *Deutschlandfunk.de*, 17.2.2016. https://www.deutschlandfunk.de/mitleid-an-der-schaubuehne-die-unerbittliche-logik-des.691.de.html?dram:article_id=342721 [accessed 28.2.2017]; Rau (dir.), *Mitleid*.

12   Rau (dir.), *Mitleid*.

13   Ibid.

14   Michael Laages, "Großreinemachen unter Gutmenschen an der Schaubühne", in: *Deutschlandfunkkultur*, 16.1.2016. https://www.deutschlandfunkkultur.de/mitleid-theaterabend-von-milo-rau-grossreinemachen-unter.1013.de.html?dram:article_id=342815 [accessed 1.4.2017].

15   Pierre Bourdieu, *Outline of a Theory of Practice*, Cambridge 1977, p. 72; Pierre Bourdieu, *The Sociologist and the Historian*, Cambridge 2015, p. 52; Claire Laurier Decoteau, "The reflexive *habitus*: Critical realist

and Bourdieusian social action", in: *European Journal of Social Theory* 19/3 (2016), pp. 303–321, here p. 304.

16 Decoteau, "The reflexive *habitus*", p. 305.

17 Bourdieu, *Outline of a Theory of Practice*, p. 306.

18 Stuart Young, "Making the Representation Real: The Actor and the Spectator in Milo Rau's 'Theatrical Essays' *Mitleid* and *La Reprise*", in: *New Theatre Quarterly* 37/3 (August 2021), pp. 223–245, here p. 230.

19 Rau (dir.), *Mitleid*.

20 This is an illusion of disregarding the fourth wall, because the performance consists of two memorized, non-spontaneous monologues performed by the actors. Although both Lardi and Sipérius do speak to the audience, the performance itself remains a unidirectional dialogue where the actor addresses the spectator without the possibility of the spectator answering or physically responding to the actor during the performance.

21 Rau (dir.), *Mitleid*..

22 Rau and Bläske, "Wer sieht uns," p. 12.

23 Laages, "Großreinemachen unter Gutmenschen".

24 Rau (dir.), *Mitleid*.
Rau is actually quoting himself from an earlier interview with Rolf Bossart "Das ist der Grund, warum es die Kunst gibt," in the 2013 publication *Die Enthüllung des Realen*. In this interview Rau describes the image of Ceaușescu's trial in 1989 as an image everyone already knows without ever having seen it ("Jeder kennt diese Bilder, ohne sie überhaupt gesehen zu haben"); Rolf Bossart and Milo Rau, "Das ist der Grund, warum es die Kunst gibt", in: Rolf Bossart (ed.), *Die Enthüllung des Realen. Milo Rau und das International Institute of Political Murder*, Berlin 2013, pp. 14–35, here p. 26.

25 Roland Barthes, *Mythologies*, trans. Annette Lavers, New York 1972, p. 143.

26 Merkel, "In jedem von uns".

27 Edward W. Said, *Orientalism*, New York 1979, p. 5.

28 Decoteau, "The reflexive *habitus*," p. 305.

29 Said, *Orientalism*, p. 7.

30 Gregor McLennan, "Postcolonial Critique: The Necessity of Sociology", in: Julian Go (ed.), *Postcolonial Sociology*, Bingley 2013, pp. 119–144, here p. 120.

31 Thomas Martinec, "The Boundaries of *Mitleidsdramaturgie*: Some Clarifications Concerning Lessing's Concept of 'Mitleid'", in: *Modern Language Review* 101 (2006), pp. 743–758, here p. 744.

32 Natalya Baldyga, "'We have actors, but no art of acting': Performance Theory and Theatrical Emotion in the *Hamburg Dramaturgy*", in: Gotthold Ephraim Lessing, *The Hamburg Dramaturgy by G.E. Lessing: A New and Complete Annotated English Translation*, trans. Wendy Arons and Sara Figal, ed. Natalya Baldyga, London 2019, pp. 13–21, here p. 21.

33 Avi Lifschitz and Michael Squire, "Introduction: Rethinking Lessing's *Laocoon* from across the Humanities", in: Avi Lifschitz and Michael Squire (eds.), *Rethinking Lessing's Laocoon: Antiquity, Enlightenment, and the 'Limits' of Painting and Poetry*, Oxford 2017, pp. 1–57, here p. 23 and 27.

34 Howard Prosser, "Reading *Dialectic of Enlightenment*", in: *Dialectic of Enlightenment in the Anglosphere: Horkheimer and Adorno's Remnants of Freedom*, Singapore 2020, pp. 29–44, here p. 30.

35 Daniel Carey and Lynn Festa, "Some Answers to the Question: 'What is Postcolonial Enlightenment?'", in: Daniel Carey and Lynn Festa (eds.), *The Postcolonial Enlightenment: Eighteenth-Century Colonialism and Postcolonial Theory*, Oxford 2015, pp. 1–34, here p. 1–2.

36 Baldyaga, "'We have actors'", p. 19.

37 Paul Fleming, *Exemplarity & Mediocrity: The Art of the Average Bourgeois Tragedy to Realism*, Stanford 2009, p. 56.

38 Lessing, *The Hamburg Dramaturgy*, pp. 239–240.

39 Fleming, *Exemplarity & Mediocrity*, p. 54; Benjamin W. Redekop, "United and Yet Divided: Lessing's Constitution of an Enlighted German Public", in: Benjamin W. Redekop (ed.), *Enlightenment and Community: Lessing, Abbt, Herder, and the Quest*

for a German Public, Montreal 2000, pp. 58–122, here p. 105–106.

40 Ibd., p. 104–106; Robert Walter-Jochum, "Affective Dynamics of Excitable Speech in Milo Rau's *Breiviks Erklärung* and Mitleid", in *Theater* 51/2 (2021), pp. 97–107, here p. 102.

41 Redekop, "United and Yet Divided", pp. 84–85.

42 Katherine Harloe, "Sympathy, Tragedy, and the Morality of Sentiment in Lessing's *Laocoon*", in: Lifschitz and Squire, *Rethinking Lessing's Laocoon*, pp. 157–176, here p. 157; Redekop, "United and Yet Divided," p. 90.

43 Fleming, *Exemplarity & Mediocrity*, p. 48.

44 Lessing qtd. Fleming, *Exemplarity & Mediocrity*, p. 65.

45 Ibid., 60.

46 Fleming, *Exemplarity & Mediocrity*, p. 74.

47 Ibid., p. 48.

48 Milo Rau, "Compassion: The History of the Machine Gun. A Theater Essay", *Theater,* 51/2 (2021), pp.109–125, here: p. 110–111.

49 Walter-Jochum, "Affective Dynamics", p. 102.

50 Ibid., p. 103–104.

51 Ibid., p. 105.

52 McLennan, "Postcolonial Critique", p. 120–121.

53 Ibid., p. 126.

54 Ibid., p. 127.

55 Rau (dir.), *Mitleid.*

56 Rau, "Über die Bilder," 14.2.2017.

57 It is important to note that this process of externalizing is highly present within contemporary theatre culture, which – as Rau points out – remains embedded in this deeply colonial categorization of Africa as the ultimate Other. Andreas Tobler and Milo Rau, "Afrika (1)", in: Rolf Bossert and Milo Rau (eds.), *Wiederholung und Ekstase. Ästhetisch-politische Grundbegriffe des International Institute of Political Murder*, Zurich 2017, pp. 20–29, here p. 23.

58 Rau (dir.), *Mitleid.*

59 Spreng, "'Mitleid' an der Schaubühne"; Rau (dir.), *Mitleid.*

60 Rau (dir.), *Mitleid*; Young, "Making the Representation Real," pp. 229–230.

61 Laages, "Großreinemachen unter Gutmenschen".

62 Joost Raemer, "Theater should be a transformative experience: Milo Rau's cheerful and non-cynical brand of political drama", in: *Culturebot Maximum Performance*, 17.10. 2014. http://www.culturebot.org/2014/10/22 293/theater-should-be-a-transformative-experience-milo-raus-cheerful-and-non-cynical-brand-of-political-drama/ [accessed 19.2. 2017].

63 Merkel, "In jedem von uns"; Rau (dir.), *Mitleid.*

64 Rau (dir.), *Mitleid.*

65 Milo Rau, "Sie wissen ja, wie es in Träumen ist …", in: Milo Rau (ed.), *Althussers Hände: Essays und Kommentare*, Berlin 2015, pp. 241–244.

66 Rau (dir.), *Mitleid.*

67 Tania Singer, Milo Rau, and Florian Borchmeyer, "Globaler Realismus – globales Mitgefühl. Tania Singer im Gespräch mit Milo Rau und Florian Borchmeyer", in: *schaubuehne.de*, pp. 3–8, here p. 3. https://www. schaubuehne.de/en/uploads/Schaubuehne_ Tania-Singer_Interview.pdf.pdf [accessed 21.3.2017].

68 Ibid., p. 5.

69 Milo Rau, "Milo Rau (Köln) IIPM", in: *Art Talks*, Campus der Künste, Basel, Switzerland, 30.3.2017, Lecture.

70 Merkel, "In jedem von uns".

71 Rau and Bläske, "Wer sieht uns", p. 14.

72 Ibid., p. 14.

73 Rau (dir.), *Mitleid.*

74 Prior to the production of *Mitleid*, Rau and his production team went on a research trip to a refugee camp in Idomeni on the Greek-Macedonian border. Images from this research trip are employed within the production; Harald Wolff and Milo Rau, "Aufgeklärter Katastrophismus", in: Bossert und Rau, *Wiederholung und Ekstase*, pp. 43–48, here p. 43–44.

75 Rau (dir.), *Mitleid.*

76 Langes, "Großreinemachen unter Gutmenschen".

77 Spreng, "'Mitleid' an der Schaubühne".

78 Lars von Trier (dir.), *Dogville*, Lions Gate Entertainment, 2003, Film; Rau (dir.), *Mitleid*.

79 Kathrin Hönneger and Milo Rau, "Regisseur Milo Rau: 'Alle, wir alle sind Arschlöcher!'", in: *srf.ch*, 22.2.2016, Podcast. http://www.srf.ch/sendungen/focus/regisseur-milo-rau-alle-wir-alle-sind-arschloecher [accessed 3.4.2017].

80 Jakob Hayner, "Der Kongo ist die Konsequenz von Europa", in: *Jungle World* 3, 21.1.2016. https://jungle.world/artikel/2016/03/der-kongo-ist-die-konsequenz-von-europa [accessed 6.4.2017].

81 Hönneger and Rau, "Alle, wir sind alle".

82 Merkel, "In jedem von uns".

83 Spreng, "'Mitleid' an der Schaubühne".

84 Ibid.

85 Rau (dir.), *Mitleid*.

86 Rau and Bläske, "Wer sieht uns", p. 14.

87 Rau (dir.), *Mitleid*.

88 Merkel, "In jedem von uns".

89 Ibid.

90 Singer, Rau, Borchmeyer, "Globaler Realismus".

91 One issue that presents itself in *Mitleid* is the question of how to articulate these issues of privilege and hypocrisy to workers within NGOs and other facets of the compassion industry. For Rau, the first step in creating sustainable change is recognition, which is in part possible through theatre. The idea of recognizing our failure (and this includes Rau's own place within this system) and in this collective recognition working to "fail better" is key to how this conversation must take place.

92 Hayner, "Der Kongo ist die Konsequenz".

93 Singer, Rau, Borchmeyer, "Globaler Realismus".

94 Rolf Bossart and Milo Rau, "Ereignis", in: Bossert and Rau, *Wiederholung und Ekstase*, pp. 65–70, here p. 69–70.

95 Stefan Bock, "Mitleid. Die Geschichte des Maschinengewehrs", in: *Kultura-Extra*, 31.1.2016. https://www.kultura-extra.de/theater/spezial/urauffuehrung_milorau_mitleid.php [accessed 5.4.2017].

96 Tom McCarthy, *Remainder*, London 2007, p. 190.

97 Rau (dir.), *Mitleid*.

98 Spreng, "'Mitleid' an der Schaubühne".

99 Hayner, "Der Kongo ist die Konsequenz"; Rau and Bläske, "Wer sieht uns," p. 8.

100 Rau (dir.), *Mitleid*.

Between Uncertainty, Submission and Hope – Experiences and Reflections on Waiting by Theater Migrants[1]

Berenika Szymanski-Düll (München)

While flight and exile are primarily associated with movement, this article aims to examine their static side, focusing on the element of waiting in the refugee and exile processes of theatre migrants. Examining the memoirs of the playwright, theatre manager and journalist, Heinrich Börnstein (1805–1892), and the documentary stage production *What They Want to Hear* (2018, Kammerspiele München) by the Argentinian director Lola Arias, it seeks to identify the subjective experiences of waiting of individual theatre makers and asks how they are configured in different settings and over time, in specific geographic and political locations. These subjective experiences of theatre migrants viewed through the analytical lens of waiting provide – as will be shown – crucial insights into social organising principles and power hierarchies.

Are you currently waiting for something? Perhaps you are waiting for COVID-19 to disappear and for the world to get back to how it used to be. Maybe you are waiting for important news, the results of a medical test, or for the eagerly awaited email telling you whether the research proposal that you submitted months ago has been approved. Or maybe you are just waiting for a parcel with new shoes or a new jacket.

Humans are 'homines expectantes'. They are nearly always waiting. Waiting is a daily experience; an experience that we cannot escape. Nevertheless, our experiences of waiting differ, depending on our emotional state, our situation and, of course, what we are actually waiting for. Waiting for a parcel with new shoes or a new jacket is thus connoted and experienced differently to waiting for existential news, such as a cancer diagnosis, the end of a war or the abatement of a pandemic.

In this article, I want to examine experiences of waiting related to flight and exile. At first sight, this may seem paradoxical because flight and exile as forms of migration are, by definition, associated with movement and relocation and thus perceived as a dynamic mode. On closer inspection, however, flight and exile also have another intrinsic contrasting element: non-movement, stasis, inaction – or in other words: waiting. Thus, we frequently read – especially in recent weeks, months and years – newspaper headlines such as: "Sea rescuers wait for a harbour with more than 800 migrants"[2] or "Catastrophic situation at Poland's border: thousands waiting"[3]. This juxtaposition of movement and non-movement thus reveals a crucial aspect of flight and exile, namely the mutual intertwining of time and space. Migration processes are therefore not only to be understood spatially as mobility of people across borders and geographic regions; they also involve an inherent temporal component. This temporal component is multilayered and complex,[4] it is an inter-play between multiple tempos. It includes both fast elements – hurrying, hasting, rushing – and those elements that allow us to feel the slowness of time. Waiting is one of the latter and in this context can be even seen as a particular engagement with time. But what does all this have to do with theatre?

Forum Modernes Theater, 33/1-2, 89–98.
Gunter Narr Verlag Tübingen

DOI 10.24053/FMTh-2022-0007

In my research on theatre migrations in the 19th century,[5] I noticed that experiences of waiting are a recurring topic in historical ego-documents of various theatre migrants[6]. And I observed that waiting is also mentioned today with regard to the refugee crisis when theatre makers report on their experiences of flight and exile in interviews, biographies or documentary theatre productions. For this purpose, I am interested in looking more closely at how theatre migrants reflect on the experience of waiting. Which aspects are addressed? Which are discussed? Can we identify historical parallels between the different experiences of waiting in the 19th century and today?

Conceiving waiting both as a social phenomenon and as an analytical perspective on migration processes and practices,[7] this article aims to explore the experiences of waiting of theatre migrants and asks how they are configured in different settings and over time, in particular geographic and political locations. The experiences on which I focus here are based on the study of the memoirs of the playwright, theatre manager and journalist, Heinrich Börnstein (1805–1892), and on the examination of the plight of refugees in the documentary stage production *What They Want to Hear*[8] by the Argentinian director Lola Arias. This production was chosen because it involves refugees and their stories on stage and also incorporates the experiences of theatre practitioners who have fled and who are also involved in the performance. These subjective experiences of individual theatre migrants examined here and viewed through the analytical lens of waiting demonstrate – as will be elaborated in the following – multiple forms of waiting and how these individuals encounter them. They also provide crucial insights into social organising principles and power hierarchies.

Interruptions

"Both my organism and my society impose upon me, and upon my inner time, certain sequences of events that involve waiting", state the sociologists Peter L. Berger und Thomas Luckmann.[9] Waiting is thus defined as an interval, as a sort of pause between events. These intervals can, as the quotation indicates, have natural causes – for instance, in pregnancy – or can occur for social reasons. The intervals with social causes are of particular interest in the context of flight and exile. Sociological literature differentiates here between short and long periods as two basic modes of waiting. A short period of waiting is defined as waiting related to chronologically close everyday events that are generally of minor importance. This waiting takes place in a single, self-contained process. In contrast, a long period of waiting is waiting which is related to more significant, chronologically more distant objectives and which represents an existential mode of being. A long period of waiting thus extends over a long time in which the waiting is interrupted by (other) activities.[10] In the context of processes of flight and exile, there are long periods of waiting with numerous interruptions and thus with many intervals.

Heinrich Börnstein provides a good insight into such processes in his memoirs *Fünfundsiebzig Jahre in der Alten und Neuen Welt* (engl. *Seventy-five Years in the Old and New World*). Here he describes how he had to leave Europe with his family after the suppression of the February Revolution in 1848 and – like many intellectuals in his situation[11] – set out for exile in the USA:

> We had been ready for the journey for a week, and with all our furniture, beds and utensils long since sold, we camped miserably in the room of a little hôtel garni, every day expecting to be summoned to board our ship […].

In the last week of January a letter arrived there from a shipping company [...] which told us to come at once to Le Havre [...]. Of course we did not have to be summoned twice and, being impatient to get underway, we left with the night train for Le Havre on the twenty-eighth, arriving on the twenty-ninth at dawn. We went to our shipping company [...], wanting to go on board at once [...]. But [...] the ship was not ready to leave, for freight was still being loaded [...].[12]

The interval described here between setting off for exile in the USA and the actual departure is, as can be seen in the quotation, interrupted by several events, including, for instance, selling their belongings or setting out for Le Havre. At the same time, this waiting interval is marked by uncertainty because of the vague timing of their final departure. Börnstein and all the other passengers of the three-master, the 'Espindola' – some of whom were summoned to Le Havre two weeks before Börnstein – do not know when exactly the ship will leave, but every day they have to be ready to depart. They have to wait. Börnstein characterises this period as "idleness and boredom"[13]. The uncertainty of this waiting is, however, finite. After all, Börnstein and his fellow travellers know that the journey will start soon, that it must start.

On 4 February 1849, the 'Espindola' finally sets sail with 280 emigrants on board. The experience of waiting, which they had already gathered on land, continues during the journey at sea – the interval between their actual departure and their arrival in the USA. While Börnstein initially describes this phase as "dolce far niente"[14], the mood of the passengers clearly declines during the course of the crossing, with Börnstein later talking of "deadly boredom and inactivity".[15] Although they attempt to give the days structure with a routine consisting of "cooking, sleeping and eating"[16], as the provisions become more and more scarce and, in some cases, even run out, the lack of activity has a demoralising effect. But there is still hope. Not only hope that the waiting will soon be over, but also that it will be over in America, their destination, their new home.[17] Börnstein writes, "This was one of our favorite occupations in these idle, boring hours. As often as we sat together [...], we built castles in the air."[18]

The waiting, the interval during the crossing, thus acts – as becomes evident here – not only as a spatial transition between the place of departure and the country of destination, in which departure and arrival are combined. This interval is also a crucial experience of time, a state in which memories, current experiences and visions of the future are combined, but in which hopes are also confronted with fears. Thus, although Börnstein's voyage to the USA was certainly privileged compared to the sea voyages of refugees today, the sea still held dangers and it was by no means certain that they would arrive at their destination. When Börnstein finally disembarks on 8 April after 62 days at sea, he understandably feels a sense of release:

Only one who has experienced it himself knows how enervating and demoralizing a long sea voyage can be to people, how in the end there is only one ruling thought and desire, which is to reach the distant shore. Such a person can grasp the joyous feelings of release and reawakened hope and energy we felt on setting foot on American soil.[19]

In addition to the "joyous feelings of release", the word "energy" is striking here. The arrival and the end of waiting release energy, which, after the long period of inactivity at sea, wants to be converted into productivity. Refugees today share these experiences with Börnstein. If we look at the images of arrival in recent years, which were disseminated in the media, we see – despite visible traces of the exhausting journey they have undertaken – faces that show relief, joy and hope at the same time. But what happens after the arrival? Is the period of waiting over?

Subjection to External Time Structures

The Argentinian director Lola Arias tackled these questions by examining, in conversations with refugees, activists, social workers, lawyers and psychologists, what lies in store for the refugees after their arrival. The result of her research is a documentary theatre production with the title *What They Want to Hear*, which was premiered on 22 June 2018 at the Münchner Kammerspiele. This production is based on the true story of the Syrian archaeologist, Raaed Al Kour, who left his home town of Daraa in 2013 because of the war and arrived in Germany in January 2014, where he applied for asylum. Raaed Al Kour is also on stage in this production,[20] where he shares his story with the audience. His story is interwoven with stories of the Syrian actors from the Open Border Ensemble of the Kammerspiele[21], the actor Hassan Akkouch, who was born in Lebanon and fled with his parents and siblings as a child, and the Kammerspiele technician Sajad Hosayni, who fled from Afghanistan as a minor – they too are present on stage. Together these stories show the hope of a safe life and of a new beginning, which was already clearly addressed by Börnstein, coupled with energy, which, however – as the production clearly shows – are determined by various waiting intervals, particularly due to the mills of bureaucracy. Thus Walter Benjamin's statement that "the more life is regulated by administration, the more people will have to learn to wait"[22] seems to determine the processes on the stage. Arias also uses the stage design to clearly illustrate this aspect (Fig. 1).

On the stage, we see a room or, more precisely, an office, equipped with a desk, chairs, computers, houseplants and a map on the wall. All very neat and tidy. It is an imitation of an office of the Federal Office for Migration and Refugees (in German: Bundesamt für Migration und Flüchtlinge), where the hearings for all those who have applied for asylum in Germany take place.[23] The hearings are the only chance for the applicants to present their life stories and the reasons why they should be granted asylum in a convincing way. The applicant sits opposite the so-called decision-maker (in German: der Entscheider or die Entscheiderin) and must answer questions about his/her background, the course of his/her flight, the currency in his/her native country and the reasons for the application for asylum. The decision-maker is the person who determines the subsequent fate – the existence – of the refugee. Also present is an interpreter, on the accuracy of whose translation the fate of the applicant equally depends.[24]

The protagonist, Raaed Al Khour, is summoned to his hearing at 8 a.m. on 11 February 2014. It is day 25 of his stay in Germany, which is revealed to the viewer by a projection on to the screen mounted above the office. A sleepless night lies behind him. On the stage, there is now a waiting room (26:23). To his surprise, Al Khour is not alone; other applicants are also waiting. As it later transpires, they were all summoned to their hearing at 8 a.m., although it is technically impossible for all the hearings to take place at the same time with the same decision-maker. Those who are lucky do not have to wait for long. Those who are unlucky spend several hours on uncomfortable chairs in the waiting room. Anyone who enquires about when it will be his or her turn receives an unfriendly response. The scene is dominated by uncertainty and clearly shows that anyone who is forced to

Fig. 1: Lola Arias, *What They Want to Hear*, photo: Thomas Aurin.

wait by others experiences a feeling of inferiority. This is apparent in the above quotation by Berger and Luckmann, in which the verb "impose" articulates an external power in intervals with social causes, the "subjection [...] of the individual to external time structures", as Andreas Göttlich states, getting to the heart of the matter.[25]

The example of Börnstein also illustrates this kind of subjection to external time structures: If we remember, Börnstein reported that the ship was initially not able to set sail from Le Havre because freight was still being loaded. However, it turned out that they were, in fact, not waiting for any freight. Börnstein writes in his memoirs:

In truth no freight at all had been loaded, for the ship carried ballast, and the only freight

consisted of emigrants and their baggage. For it is a policy of such harbors to retain emigrants in their hands as long as possible, so that they leave a portion of their money behind in the harbor town.[26]

Here waiting is deliberate, a consciously designed process; this point becomes apparent from the above quotation and, repeatedly, in the production *What They Want to Hear?* in various degrees and variations. In the process, the existential radicalism of waiting is expressed, for instance, in the autobiographical monologue of the actor Hassan Akkouch, who – in tears – remembers his own deportation as a child:

When you get deported, they usually come in the morning. Around 4 a.m. Anyone can be deported. Children and adults. People who have been in Germany for a month, and people who have been here for over 15 years. I was born in Lebanon. When I was two years old, we came to Germany because of the civil war. I was 'tolerated' during my whole childhood, I didn't have a residency permit. And when I was 14, so after living in Germany for 12 years, we were deported. They come to your apartment and order you to pack your stuff. They follow you everywhere, even to the bathroom. The men accompany the boy, the women with the girls, so you don't hurt yourself. Downstairs the bus is waiting to bring you to a police station next to the airport. There you wait in a deportation cell. Then you continue by another federal bus, they take you directly to the airplane. In this federal border control bus, the official makes sure you don't hurt yourself, holding a machine gun. You don't enter the plane through the gates like normal passengers, instead they drive you straight to the plane and you are the first to board the plane. You sit in the last row, and every knows about it. The stewardess, the pilot, everyone knows. Usually the flight is not directly to your destination. In our case, we had to take a flight from Berlin 'Tegel' to 'Atatürk Airport' in Istanbul. We had to wait there for 12 hours, couldn't change any money and had nothing to eat. Five kids and one mother. After about 10 hours, out of pity an employee from the airport brought us McDonald's. Then it continues: the next plane. Again we had to sit in the very back. And then we arrived in Lebanon and the first thing they did was interrogate us.[27]

Akkouch's words, which radically portray the experiences of being dependent and at the mercy of others and which express the existential element of waiting, mirror Pierre Bourdieu's reflections on waiting, which he describes in his *Pascalian Meditations* on the connection between time and power and which he defines as a form of power. "The all-powerful is he who does not wait but who makes others wait."[28] Power thus emanates from those who dispose of other people's time and impose time structures on them.

Those who wait must submit to the imposed time structures, time structures, which are in no way predictable and which leave those waiting in suspense for months or even years. According to Bourdieu, power consists in "the power to make oneself unpredictable and deny other people any reasonable anticipation, to place them in total uncertainty by offering no scope to their capacity to predict".[29] Hassan Akkouch, his mother and his siblings did not know what would happen to them during their deportation. They were at the mercy of whatever happened. This also applies to the case of Raaed Al Kour, as we learn during the production:

In Between

The 25 days that we see projected on to the screen in the scene in the waiting room become 1620 days, although the process of waiting has not been concluded at this point in the production. It is Al Kour's bad luck that he was arrested in Bulgaria during his flight from Syria. Here the police used force to take his fingerprints, meaning that, according to the Dublin Regulation, he applied for asylum in Bulgaria. For this reason, the first decision of the Federal Office for Migration and Refugees dated 14 January 2015 (nearly a year after the hearing) informs him that he will be sent back to this country. The situation for refugees in Bulgaria is precarious; they are persecuted and beaten and some have to live on the street – Al Khour personally experienced all this and it caused him to carry on to Germany. For this reason, he does not want to go back to Bulgaria and has, with the help of a lawyer, appealed against the decision. Since then he has been waiting – without a residence status. He does not have the right of residence or a right to stay; he is merely 'tolerated'. It is not only the threat of deportation that hangs over him; he is also condemned to continue to wait. He may not move to another place, and, like all other refugees in his situation, he is not permitted to work. This kind of politico-legal exclusion is related to concepts such as liminality or limbo, especially because, as research shows, refugees consider themselves in a state of liminality or limbo while waiting. The anthropologists Christine M. Jacobsen and Marry-Anne Karlsen explain this as follows:

> In much migration research, these concepts are used to communicate a sense of temporal disjuncture, suspension and stagnation. The concept of liminality, as theorised initially by Arnold van Gennep (1909/1960) and Victor Turner (1967), refers to the position of being effectively betwixt and between categories of classification and has, as such, easily lent itself to analysis of migrants that do not fit into the categorical order of the nation-state system (Malkki, 1995; Menjivar, 2006; Brun & Fábos, 2015). […] The term limbo is Latin for 'in or on the edge or border' and was initially introduced by Christian theologians to describe a state or place in the afterlife for souls who deserved neither salvation nor damnation. Sometimes it was thought of as the waiting room to Purgatory (Capps & Carlin, 2010). In more recent times, limbo is used to refer more generally to an intermediate and indeterminate state of confinement, abandonment and oblivion.[30]

This state is an in-between space, not this side, not that side, not inside, not outside. Being stuck in this 'non-space' has a strong effect on the subject's own status, as Al Kour's case demonstrates. The energy that he felt on arrival is suppressed by the clauses and articles of bureaucracy. Inaction and idleness tear at his existence and make him feel that he is useless. According to Bourdieu, the brevity and thus the importance that is accorded to a person's time determines the social value of that person.[31] Lola Arias' production, which reflects the subjective experience of waiting using the scope of documentary theatre, thus constantly confronts us with the question of this value, and builds a bridge to reality, which impressively shows that Al Kour's fate is not an exceptional case. Almost all refugees today suffer the same fate, as proven by research on the situation of recent refugees. This is what we read, for instance, in an article published in *Social Science & Medicine* in 2018,[32] which is based on qualitative interviews with refugees in the regions of Attica, Epirus and Samos between November 2016 and February 2017:

> Being stranded in Greece and having no clear idea about whether, when and where one would be able to move, affected the refugees' daily lives. Some spoke of their life as only consisting of sleeping and eating. Instead of being an integrated part of their lives, the experience in Greece was one of waiting for life to resume, pending a resolution on their asylum case […].[33]

The narratives of the interviews clearly show that the waiting described here correlates with the experiences of Akkouch and Al Kour. The externally imposed waiting for a decision on their future, and the resulting imposed inactivity in isolation from the rest of society, create feelings not only of insecurity and powerlessness, but also of worthlessness and social marginalisation.[34] As the authors of the study sum up, this leads to the experience of "deep psychosocial distress and social suffering".[35] Furthermore, this situation limits people's ability to make long-term plans and to envision their future.[36]

Jacobsen and Karlsen point out that when the concepts of liminality and limbo are used, there is a danger of giving the impression of a closed and consequently static situation in which people passively wait for a better life.[37] After all, the waiting here cannot be brought to an end by one's own action. The subject is subject to power structures that lie outside of him or herself. Thus waiting is often experienced as a timeless or endless present.[38] Nevertheless, as the example of Arias' protagonist also shows, this long period of waiting can at least be interrupted by one's own agency in terms of an enforced orientation towards the present. Rael Al Khour does not give up. He starts to fight against waiting, to break it down again and again with activity, to turn the unproductivity into productivity, to pass through bureaucracy's loopholes: He starts volunteering for refugee organisations, acts as an interpreter for other refugees, helps to make their arrival easier, he writes – poems and texts – and he participates as an actor in the theatre production *What They Want to Hear*.

At this point it would be important to know whether Heinrich Börnstein was also in such a state of limbo after his arrival in the USA. Looking at his memoirs, such a state is not apparent. Quite the contrary: After a short stay in New Orleans, Börnstein set off for St. Louis and was able to establish a new existence in quite a short time. The political conditions of his entry into the USA in 1849 were in fact completely different from those of Al Kour in 2014 in Germany. Hence he writes concerning the situation of the political refugees in the United States:

> The first to come over were received as heroes, freedom-fighters, and martyrs of the people's cause by the German Americans who had long been resident in the country. They were offered every possible assistance, and everyone tried to find them support, a position or craft.[39]

Thus, it also becomes evident in his memoirs how organised Börnstein's arrival was: The entry of the 'Espindola' at the port was already signalled by telegraph, the arrivals were able to secure accommodation with meals included in a boarding house for immigrants without any problems, and letters from home were waiting for them at the consulate.[40]

Summary

Migration, which is, by definition, perceived as movement, as a dynamic mode, also involves the reverse: stasis, non-movement, waiting. Consequently, the juxtaposition of these elements reveals a crucial aspect: the mutual intertwining of time and space. Flight and exile are thus not only to be understood spatially and geographically, but must also be considered in terms of time, which is multi-layered and complex, an interplay between several tempos.

The examples presented in this article, which come from different centuries and thus different political and social contexts, give us some insight into this waiting from the perspective of the experiences of theatre migrants. In both cases, these subjective experiences expose social mechanisms and provide insights not only into multiple forms of waiting but also into social organising principles and power hierarchies. The examples given here can be regarded as having parallels: In both cases, waiting appears as an interruption of time, an interruption that, on the one hand, goes hand in hand with hope for a new life and on the other hand – precisely through this hope – is able to release energies for this new beginning. But waiting also reveals negative sides of this interruption, as is evident in both the case of Heinrich Börnstein and in the biographical experiences in Lola Aria's documentary production: Thus, waiting not only shows itself as a process consciously designed by others that forces those waiting to submit to external time structures, but it simultaneously reveals itself to be a state of insecurity and dependency to which those waiting are subjected in processes of flight and exile and which they experience as power. Nevertheless, it must be noted that there are also differences between the examples explored here, which correlate in particular with the different experience of time in the process of waiting. While waiting in the case of Heinrich Bernstein is described as foreseeable and thus finite due to a completely different situation for refugees arriving in the USA in the mid-nineteenth century, Rael Al Khour is in an entirely different situation in Germany in the twenty-first century: He is caught in limbo, betwixt and between, a state that lasts so long for him that it seems infinite and timeless, and which has severe consequences for his self-esteem. It cannot be predicted when this state will end.

However, does the waiting stop as soon as a refugee receives the right to stay? Not necessarily, as Bertolt Brecht, who was still waiting when he was in exile, waiting to be able to return to Germany, reveals:

> Restlessly we wait thus, as near as we can to the frontier
> awaiting the day of return, every smallest alteration
> observing beyond the boundary, zealously asking
> every arrival, forgetting nothing and giving up nothing,
> and also not forgiving anything which happened, forgiving nothing.[41]

Notes

1 I received an important impulse for writing this article from the event "Migration, Movement, Waiting: On Dynamics between Stagnation and Progression", which took place at the Center for Advanced Studies, LMU Munich in September 2019 as part of the research focus "Globals Dis/Connections". Furthermore, I would like to thank my colleagues in the IFTR-Working Group "Historiography" for important advices, as I submitted the article for discussion.

This article is part of the ERC project T-MIGRANTS that has received funding from the European Research Council under the grant agreement No. 850742.

2 "Seenotretter warten mit mehr als 800 Migranten auf Hafen", in: *Frankfurter Allgemeine Zeitung*, 6.11.2021.

3 "Katastrophale Lage an Polens Grenze: Tausende Warten", in: *Süddeutsche Zeitung*, 11.11.2021.

4 Christine M. Jacobsen and Marry-Anne Karlsen, "Unpacking the Temporalities of Irregular Migration", in: Christine M. Jacobsen, Marry-Anne Karlsen and Shahram Khosravi (eds.), *Waiting and the Temporalities of Irregular Migration*, London and New York 2021, pp. 1–19, here p. 1.

5 For more information, see: www.t-migrants.com.

6 I use the term "theatre migrants" to describe all persons who have migrated one or more times and who worked in or for the theatre before their emigration and / or afterwards. This includes actors, directors, dancers, singers, but also prompters and technicians.

7 Cf. Jacobsen and Karlsen, "Unpacking the Temporalities of Irregular Migration", p. 2

8 For a short description of the production, see: https://lolaarias.com/what-they-want-to-hear/ [accessed 13.8.2021].

9 Peter L. Berger and Thomas Luckmann, *The Social Construction of Reality: A Treatise in the Sociology of Knowledge*, London 1966, p. 29.

10 Cf. Andreas Göttlich, "Gemeinsam Warten. Zur Sozialisierbarkeit eines Grundmodus menschlicher Zeiterfahrung", in: *Sociologia Internationalis* 1–2 (2016), pp. 1–25; Nadine Benz, *(Erzählte) Zeit des Wartens. Semantiken und Narrative eines temporalen Phänomens*, Göttingen 2013, p. 50.

11 In his memoirs, he writes: "Thousands upon thousands of refugees who had compromised themselves in Germany and Austria in the movement of stormy 1848, now pursued and threatened by the iron fist of victorious reaction, had been fortunate enough to escape to America. Most of them had not only given up positions, professions or income, but also lost all they possessed,

saving nothing but their naked lives; [...]."
Heinrich Börnstein, *Fünfundsiebzig Jahre in der Alten und Neuen Welt. Memoiren eines Unbedeutenden*, vol. 2, Leipzig 1881, p.100.

12 Ibid., pp. 1–2.

13 Ibid.

14 Ibid. p. 10.

15 Ibid. p. 13.

16 Ibid. P. 7.

17 Ibid. p. 17.

18 Ibid.

19 Ibid. p. 23.

20 Although Raaed Al Kour is not trained in a theatre profession, he is understood in this essay to be a theatre migrant because he participates as an actor in the professional theatre production focused on here. See also endnote 6.

21 The Open Border Ensemble of the Kammerspiele was a project under the artistic direction of Matthias Lilienthal, in the context of which six artists of immigrant descent were engaged at the Kammerspiele after an open call and participated in various projects. For more information, see: https://www.kultur stiftung-des-bundes.de/de/projekte/bild_un d_raum/detail/open_border_ensemble.html [accessed 13.8.2021].

22 Walter Benjamin, *Das Passagen-Werk*, Frankfurt a. M. 1983, p. 178.

23 The stage design was created by Dominic Huber.

24 Michaela Steiger plays the role of the decision-maker and Hassan Akkouch plays the role of the interpreter in this scene.

25 Göttlich, "Warten – Gesellschaftliche Dimension und kulturelle Formen", p. 3.

26 Börnstein, *Fünfundsiebzig Jahre in der Alten und Neuen Welt*, p. 2.

27 Transcript of the video recording: 1:03:36.

28 Pierre Bourdieu, *Pascalian Meditations*, Stanford 2000, p. 228. (Time and power).

29 Ibid. p. 228.

30 Jacobsen and Karlsen, "Unpacking the Temporalities of Irregular Migration", p. 5.

31 Bourdieu, *Pascalian Meditations*.

32 See Pia Juul Bjertruo et al., "A life in waiting: Refugees' mental health and narratives of social suffering after European Union border closures in March 2016", in: *Social Science & Medicine* 215 (2018), pp. 53–60, http://doi.org/10.1016/j.socscimed.2018.08 .040, [accessed 13.8.2021].

33 Ibid. p. 57.

34 Ibid. p. 56–58.

35 Ibid., p. 59.

36 Cf. Jacobsen and Karlsen, "Unpacking the Temporalities of Irregular Migration", p. 8.

37 Cf. ibid.

38 Ibid.

39 Börnstein, *Fünfundsiebzig Jahre in der Alten und Neuen Welt*, p. 100.

40 Ibid., pp. 23–29.

41 Bertolt Brecht, *Über die Bezeichnung Emigranten*; translated by Stephen Spender.

Themenheft: Spielräume professionellen Schauspielens

Editorial

Wolf-Dieter Ernst (Bayreuth), Anja Klöck (Leipzig)

Verfolgt man die aktuellen Debatten um den Strukturwandel der Stadttheater, so ist eine Neubestimmung des Berufsbildes der Schauspieler*innen unübersehbar: Mehr Autonomie, gerechte Bezahlung und Auswege aus der Selbstausbeutung sind Programm. Die Debatten sind hitzig, Rücktritte beschäftigen die Kulturpolitik und Prozesse die Gerichte.[1] Die Konflikte, in deren Zentrum Schauspieler*innen stehen, betreffen alle Bereiche von Theaterarbeit: die prekär gewordenen Arbeitsbedingungen, die Wahrung von Persönlichkeits- und Grundrechten im wenig regulierten kreativen Prozess, den Schutz vor Machtmissbrauch und Selbstausbeutung, aber auch die Forderung nach mehr Autonomie, Selbstermächtigung und Flexibilität, die – auch in ästhetischer Hinsicht – innerhalb feststehender öffentlicher Theaterbetriebe vielleicht nicht gegeben sind.

Der vorliegende Band nimmt diese Konflikt-Dynamiken zum Anlass, um grundlegender nach den Machtkonstellationen zu fragen, in denen Schauspieler*innen agieren. Wir schlagen dafür den Begriff ‚Spielraum' vor, den wir von gängigen Bezugsgrößen wie ‚Institution' und ‚Dispositiv' abgrenzen. Mit dem Begriff ‚Spielraum' ist dabei zweierlei gemeint: eine historisch spezifische Situation des strukturell Sag- und Machbaren und ein möglicher Zuwachs an subjektiver Ermächtigung und Handlungsmacht der Schauspieler*innen. Spielraum ist somit mehr als eine Gesetzeskraft, als welche eine Institution wirkt, mehr als eine Struktur, die als Organisation erscheint, und mehr als eine Assemblage heterogener Elemente, für die das Dispositiv steht. Spielraum steht metaphorisch für die Dynamik innerhalb einer Machtkonstellation und meint zugleich konkrete Vorgänge in konkreten Räumen (wie die Bühne, der Trainingsraum, der Messengerdienst, der Kongressraum): Wer räumt hier wem Raum ein? Wer verteidigt seinen Raum, nimmt ihn sich, exponiert sich vor wiederum anderen, die lieber auf der sozialen oder politischen Hinterbühne verbleiben?

Die Beiträge antworten damit auf zwei deutliche Lücken im Theaterdiskurs: Zum einen machen die aktuellen Debatten kaum historische Bezüge auf; diese werden vielmehr zugunsten konkreter affektiver Mobilisierung ausgeblendet.[2] Damit aber gerät die historische Entwicklung der aktuellen Konflikte aus dem Blick, also die Einsicht in die Abfolge der Kämpfe, die allererst zu den heute in Frage stehenden Hierarchien der Theater führten ebenso wie zu den Selbstbeschreibungen der Schauspieler*innen als Arbeitnehmer*innen oder Künstler*innen. In der Zusammenschau lassen sich die hier versammelten Quellenstudien als eine Genealogie dieser Kämpfe lesen. Zum anderen tragen sie der Erkenntnis Rechnung, dass auch die aktuellen Verteilungskämpfe weitestgehend von konkreten Akteur*innen in der Praxis ausgetragen werden: von Schauspieler*innen und anderen Theatermacher*innen, von Intendant*innen, Pädagog*innen, Journalist*innen und Aktivist*innen. In der Forschung zu den Krisen der öffentlich geförderten Theater finden die Stimmen dieser Akteur*innen selten Berücksichtigung. Mit dem vorliegenden Band möchten wir, wenn wir schon den Theorie-Praxis-Gap nicht überwinden können, zumindest mit Einzelfallstudien solche Akteur*innen und ihre je spezifischen Aushandlungskämpfe ins Zentrum der Diskussion stellen. Damit ermöglichen die Beiträge, ge-

Forum Modernes Theater, 33/1-2, 101–104.
Gunter Narr Verlag Tübingen

DOI 10.24053/FMTh-2022-0008

nauer hinzuschauen und die Widersprüche und Ambivalenzen aufzuzeigen, die vergangene und gegenwärtige Spielräume professionellen Schauspielens bestimmen. Mit Blick auf das teilweise kurzatmige Empörungspotential publizistischer Beiträge zur aktuellen Debatte und die tief verwurzelten Glaubenssätze, wie am Theater zu arbeiten sei, was der Kunst zu opfern wäre und wie für diese Berufe ausgebildet werden müsse, bieten die hier versammelten Fallstudien hoffentlich Stoff zur Reflexion und Neubewertung der Widersprüche und Konflikte.

Der Band ist die dritte Publikation der AG Schauspieltheorie der GTW[3], deren Zusammensetzung insofern zeitgemäß ist, als hier Forscher*innen unterschiedlicher Karrierestufen von Universitäten und Kunst-Universitäten oder Hochschulen sowie freiberuflich Arbeitende miteinander ins Gespräch kommen. Die Beiträge sind in drei Arbeitsschritten mit jeweils unterschiedlichen Forschungsschwerpunkten entstanden, die im Folgenden kurz skizziert werden.

2017 vollzog die AG mit der Tagung „Dispositive professionellen Schauspielens: Praktiken, Diskurse, Machtgefüge"[4], die durch das Gießener DFG-Forschungsprojekt "Theater als Dispositiv"[5] inspirierte Abkehr von der Aufführungsanalyse und von dem Fokus auf das Ereignis. Schauspielen als historisch kontingente Praxis wurde in Wechselwirkung mit Institutionen (öffentliche Theater, Theaterwissenschaft als universitäre Disziplin, staatliche Schauspielschulen), staatlichen Steuerungsinstrumenten (Subventionen, Preise, Vermittlungsregularien) und schauspieltheoretischen Diskursen beleuchtet. Die an der Tagung beteiligten Schauspielstudierenden brachten darüber hinaus die existentielle Frage nach dem wirtschaftlichen Haushalten von Künstler*innen ein, also den Aspekt der *oikonomia*. Es wurde das für den vorliegenden Band grundlegende Desiderat formuliert, anhand historischer

Beispiele und gegenwärtiger Möglichkeiten eine kritische Schauspielpraxis zu erforschen.

Die zweite Etappe stellte die Düsseldorfer Jahrestagung *Theater und Technik* 2018 dar. Im Anschluss an die Technikreflexion André Leroi-Gourhans[6] wurden Körpertechniken der Wiederholung und Verfestigung diskutiert. Dabei war die Beobachtung leitend, dass in Bezug auf das Schauspielen Technik zumeist ein Synonym für Verkörperung ist und von anderen Technikbegriffen abgekoppelt bleibt. Man versteht darunter am Körper ablesbare Körper-, Sprech- und Bewegungstechniken, die in Schulen vermittelt werden und denen sich Schauspielkörper unterwerfen. Nach Leroi-Gourhan materialisiert sich die Beziehung von Mensch und Werkzeug aber nicht durch die Einverleibung oder Verkörperung von Technik, sondern in der technischen Geste des Zur-Hand-habens. Damit wurde dem reflexartigen Rückgriff auf das Konzept der Verinnerlichung als Schauspiel-Technik begegnet und wiederum das Phänomen Schauspiel sowohl als Effekt wie auch als Akteur innerhalb von Machtgefügen reflektiert.[7]

Schließlich widmete sich die Arbeitstagung „‚Spielräume' professionellen Schauspielens: Dispositiv, Institution or what else?" in Mainz[8] dem Schauspielen aus der Perspektive der Institutionentheorie. Sie reagierte damit auf die eingangs zitierte kulturpolitische Krise der Theaterlandschaft, die Gegenstand der vom Münchner Institut für Theaterwissenschaft geleiteten DFG-Forschungsgruppe „Krisengefüge der Künste" ist. Wichtige Impulse gingen vor allem von der Einsicht aus, dass Institutionen in hohem Maße bestimmen, welche Organisationsformen und welche Akteure das jeweilige Theater und damit auch die Spielräume der Schauspieler*innen prägen. Der soziologische Zugriff ermöglicht, Prozesse und Kräfte sichtbar zu machen, die der Fokus auf Schauspiel als ästhetisches Phänomen eher ausblendet: Schauspieler*innen sind in diesem Sinne Akteur*innen, die Spielregeln folgen, welche von Institutionen gesetzt werden. Dabei gibt es ökonomische, juristische, organisatorische und auch unausgesprochene und intrinsische Spielregeln, die mithin über mythische Erzählungen tradiert werden. Der postulierte institutionelle und organisatorische Wandel der Theater ist immer auch eine neue Aushandlung dessen, was ins Recht gesetzt werden soll oder aus diesem Raum entlassen wird.[9] Einige Beiträge in diesem Band lassen sich demnach auch als Berichte über die allmähliche Institutionalisierung durch Erzählung lesen und fokussieren dabei auf die Schauspieler*innen als sichtbare Protagonist*innen, mithin auch als Gründer*innen von (neuen) Institutionen.

Während der Dispositiv-Begriff theoretisch vielfältig aufgeladen und daher tendenziell als überdeterminiert erscheint, zeichnet sich der Institutionen-Begriff gerade durch seine Unbestimmtheit und Zugänglichkeit über den alltagsweltlichen Sprachgebrauch aus; im wissenschaftlichen Sinne treffender ist zumeist jener der Organisation.[10] Auch vor diesem Hintergrund fiel die Wahl für den hier vorgelegten Band auf den eher in der Theaterpraxis gebräuchlichen Begriff ,Spielraum'.[11] Im Unterschied zu diskurstheoretischer Terminologie bietet er die Möglichkeit, auch außerhalb von wissenschaftlichen Expertenkreisen verstanden zu werden. Zugleich fokussiert er auf die Akteur*innen, die Spielemacher*innen in Relation zu historisch gesetzten Möglichkeiten des Sag- und Machbaren im ökonomischen, juristischen, organisatorischen und ästhetischen Sinn.

Spiel mag dabei zunächst als ein überstrapazierter Begriff erscheinen, auf den alles Mögliche projiziert wird. Seine disziplinäre Ausdifferenzierung und gegenwärtige Virulenz ist jedoch symptomatisch für die Verhandlung von Grenzproblemen.[12] In Bezug auf das Schauspielen vermittelt er an den Bruchlinien zwischen Wissenschaft und Praxis, kreativer Praxis und Struktur. Dabei ist das Spielen eigenartig aufgespannt zwischen transitiver und intransitiver Verwendung. Wir spielen und das Spiel spielt uns im Modus der Hingabe oder Unterwerfung unter eine Spielregel oder in Missachtung oder Widerständigkeit gegenüber derselben. Gerade diese Unschärfe darüber, wer wen spielt, zielt auf jene Dynamik zwischen Aufführung und den Ordnungen des Theaters, in der Schauspieler*innen sich bewegen. ,Spielraum' ist daher bewusst gewählt, um anschlussfähig an die Sprechweisen in den Theatern zu bleiben und zugleich akademisch vorgehen zu können. Als Arbeitsdefinition schlagen wir vor, von Spielraum als jener Konfiguration zu sprechen, die Schauspieler*innen sich erspielen, die ihnen zugewiesen wird und in der sich eine spezifische Subjektivität herstellt. Der Spielraum ist das Verhältnis zwischen dem sich ereignenden Spiel und seiner Umgebung, ohne dass man es in Ereignis- und Strukturkategorien auflösen könnte.

Anmerkungen

1 Zahlreiche Initiativen wie das 2015 gegründete Ensemblenetzwerk, die 2015 aufkommende #MeToo-Bewegung und die jüngst in die Presse geratene Anlaufstelle für Missbrauch in Theaterberufen Themis legen Zeugnis davon ab. Vgl. Viktoria Morasch, „Eine Bühne für Sexisten – Me Too an der Berliner Volksbühne", *Die Tageszeitung*, 13.3.2021, https://taz.de/Metoo-an-der-Berliner-Volksbuehne/!5754690/ [Zugriff am 28.05.2021]; „14.03.21 Klarstellung der Themis Vertrauensstelle", https://themis-vertrauensstelle.de/news/ [Zugriff am 25.05.2021]. Lisa Jopt, „Wer wenn nicht wir: Über den Zauberkasten Theater und seine Schattenseiten, schädlichen Zynismus und die Ziele des neugegründeten Ensemble-Netzwerks –

die Schauspieler Lisa Jopt, Shenja Lacher und Johannes Lange im Gespräch", in: *Theater der Zeit* 10 (2016), S. 10–15; vgl. auch http://www.ensemble-netzwerk.de [Zugriff am 30.03.2022].

2 „Der Affekt immunisiert gegen Fakten. Es kommt nicht so sehr darauf an, ob etwas stimmt, als darauf, dass es affektiv anschlussfähig ist." Ulrich Böckling, „Man will Angst haben", in: *Mittelweg 36/6* (2016), S. 4.

3 Andere Veröffentlichungen sind: Wolf-Dieter Ernst, Anja Klöck und Meike Wagner (Hg.), *Psyche-Technik-Darstellung: Beiträge zur Schauspieltheorie als Wissensgeschichte*, München 2016; Petra Bolte-Picker et al., „Kunst – Nicht-Kunst – Andere Kunst: Verhandlungen des Theaters zwischen professionellem und dilettantischem Dispositiv", in: Milena Cairo et al. (Hg.), *Episteme des Theaters. Aktuelle Kontexte von Wissenschaft, Kunst und Öffentlichkeit*, Bielefeld 2016, S. 551–574.

4 „Dispositive professionellen Schauspielens: Praktiken, Diskurse, Machtgefüge", Arbeitstagung der AG Schauspieltheorie der Gesellschaft für Theaterwissenschaft, Schauspielinstitut „Hans Otto", Hochschule für Musik und Theater „Felix Mendelssohn Bartholdy", Leipzig, 17. und 18. März 2017.

5 Vgl. programmatisch Lorenz Aggermann, „Die Ordnung der darstellenden Kunst und ihre Materialisation. Eine methodische Skizze zum Forschungsprojekt Theater als Dispositiv", in: Lorenz Aggermann, Georg Döcker und Gerald Siegmund (Hg.), *Theater als Dispositiv. Dysfunktion, Fiktion und Wissen in der Ordnung der Aufführung*, Frankfurt am Main 2017, S. 7–32.

6 Vgl, André Leroi-Gourhans Schriften über die Geste und Sprache, die in drei Teilen 1964–65 im französischen Original und 1980 auf Deutsch unter dem Titel *Hand und Wort* erschienen sind. André Leroi-Gourhan, *Hand und Wort*, Frankfurt am Main 1980.

7 Vgl. Wolf-Dieter Ernst, „Sprechtechnik als Zeitobjekt. Elsie Fogerty's The Speaking of the English Verse (1923)", in: Maren Butte, Kathrin Dreckmann und Elfi Vomberg (Hg.), *Technologien des Performativen: Das Theater und seine Techniken*, Bielefeld 2020, S. 223–234; Anja Klöck, „Technik von der Hand in den Mund? Geste, Gestus und gestisches Sprechen aus der Perspektive der Technikreflexion", in: Dreckmann, Butte und Vomberg, S. 215–222.

8 „‚Spielräume' professionellen Schauspielens: Dispositiv, Institution or what else?", Tagung der AG Schauspieltheorie, Johannes Gutenberg-Universität Mainz, 22. und 23. November 2019. Die Tagung erfolgte in Kooperation mit dem Mainzer Institut für Film-, Theater-, Medien- und Kulturwissenschaft (FTMK) und dem an der Schnittstelle von Sozial-, Kultur- und Geisteswissenschaften forschenden DFG-Teilprojekt „Theater zwischen Reproduktion und Transgression körperbasierter Humandifferenzierungen" (2016–2021).

9 Christopher Balme, „Legitimationsmythen des deutschen Theaters: eine institutionsgeschichtliche Perspektive", in: Birgit Mandel und Annette Zimmer (Hg.), *Cultural Governance. Legitimation und Steuerung in den darstellenden Künsten*, Wiesbaden 2021, S. 19–42.

10 Vgl. zum alltagsweltlichen Verständnis von Institutionen bspw. Raimund Hasse und Georg Krücken, *Neo-Institutionalismus*, Bielefeld 2005, S. 13 f.

11 Zur Verwendung des Begriffs in der Theaterhistoriografie vgl. Petra Stuber, *Spielräume und Grenzen. Studien zum DDR-Theater*, Berlin 1998.

12 Vgl. aus medienphilosophischer Perspektive Astrid Deuber-Mankovsky und Reinhold Görling, *Denkweisen des Spiels*, Wien 2016; aus theaterpädagogischer Sicht Mira Sack, *Spielend denken. Theaterpädagogische Zugänge zur Dramaturgie des Probens*, Bielefeld 2011; aus theaterwissenschaftlicher Perspektive Helmar Schramm, „Spiel", in: Erika-Fischer-Lichte, Doris Kolesch und Matthias Warstat (Hg.), *Metzler Lexikon Theatertheorie*, Stuttgart 2005, S. 307–314 und Friedemann Kreuder und Stefanie Husel (Hg.), *Spiele Spielen. Praktiken, Metaphern, Modelle*, Paderborn 2018.

Künstlerische Autonomie im solidarischen Kollektiv? Paradoxe Selbstverständnisse und gefundene Spielräume von Ensemble-schauspieler*innen in Stadttheaterbetrieben des 21. Jahrhunderts

Anna Volkland (Berlin)

Schauspieler*innen als – heute in aller Regel befristet – an einem öffentlichen Repertoire-theater angestellte Ensemblemitglieder oder Gastierende befinden sich in der widersprüch-lichen Position, sich einerseits als Künstler*innen zu definieren und im öffentlichen Diskurs auch als solche markiert zu sein, tatsächlich aber als Angestellte der Weisungsbefugnis einer Theaterleitung zu unterstehen und immer innerhalb einer Gruppe zu agieren. Dieser Beitrag fragt, wie (Theater-)Schauspieler*innen selbst ihre eigenen Handlungsspielräume innerhalb dieses von diversen Abhängigkeitsverhältnissen durchzogenen Berufsfelds beschreiben und definieren, das Individualität und Originalität ebenso einfordert wie die Fähigkeit und Bereitschaft zur Einordnung in künstlerische Gesamtkonzeptionen. Auf welche Weise wird etwa die Indienstnahme der eigenen Kreativität und des eigenen Körpers im Kontext einer Regiearbeit als bewusst hingebungsvoller Akt schauspielerischer Selbstbestimmung behauptet? Vorgestellt werden drei mögliche Haltungen eines öffentlich geäußerten schau-spielerischen Selbstverständnisses, die als Strategien der zumindest diskursiven Selbst-ermächtigung gelesen werden: Einer ‚affirmativen‘ und einer ‚kritischen‘ Positionierung im Dispositiv der immer noch dominanten Regietheateridee wird eine neuere ‚aktivistisch-institutionskritische‘ Haltung sich solidarisch emanzipierender Schauspieler*innen gegen-übergestellt. Die Thesen verstehen sich als Anregung für weitere Forschungen und Dis-kussionen zu Machtverhältnissen in theatralen Inszenierungsprozessen.

Im April 1968 veröffentlichen zwei junge Ensembleschauspieler*innen, Barbara Sich-termann und Jens Johler, einen im Folgen-den viel kommentierten Aufsatz in der west-deutschen Fachzeitschrift *Theater heute*: „Über den autoritären Geist des deutschen Theaters".[1] Sie konstatieren darin eine Krise des deutschen Theaters, fragen, ob es sich um eine „Führungskrise" handele und „bes-sere Intendanten" gebraucht würden, oder ob die Krise „am Ende ein Ergebnis des Systems" sei? Sie wollen bei ihrem „Versuch, diese Fragen zu beantworten, [...] vom Schauspieler aus[gehen]", denn dessen „zen-trale[r] Standort [...] innerhalb der Theater-produktion" biete „eine gute Voraussetzung, grundsätzliche Mängel der Arbeitsmetho-den am Theater und deren Ursachen auf-

zuzeigen".[2] – Was an diesem frühen Doku-ment der Mitbestimmungsforderungen an westdeutschen Theatern bemerkenswert ist, ist auch die Tatsache, dass sich hier erstmals diejenigen öffentlich kritisch und mit Blick auf das ‚Gesamtsystem Theater‘ äußern, die bisher immer Objekt der Kritik und Analyse gewesen waren. Die eigene Position inner-halb des Produktionsgefüges der öffentlich finanzierten Theater der BRD wird zudem von den Schauspieler*innen provokant als eine der freiwilligen Unterordnung charak-terisiert:

> Das Theater wird undemokratisch regiert, es hat sich ein feudalistisches Wesen bewahrt, das den meisten Schauspielern bewußt ist und genüßlich von ihnen akzeptiert wird. Sie wollen es gar nicht ändern, sie nehmen in

Forum Modernes Theater, 33/1-2, 105–119.
Gunter Narr Verlag Tübingen

DOI 10.24053/FMTh-2022-0009

masochistischer Weise die Notwendigkeit zu buckeln, zu kriechen und zu heucheln in ihr vermeintliches Bohème-Los auf.[3]

Schauspieler*innen werden hier also keineswegs nur als Opfer einer hierarchischen Struktur beschrieben, sondern ihnen wird eine Mitverantwortung an den als problematisch bewerteten Zuständen – Autoritätshörigkeit, fehlende Diskussionsbereitschaft und mangelndes Interesse an einer Auseinandersetzung mit zeitgenössischer Wirklichkeit – innerhalb des westdeutschen Theaters zugesprochen. Dies wirkt auch heute noch provozierend, insofern Schauspieler*innen durch vertragliche Abhängigkeiten, eine Praxis der oftmals nur noch kurzen Engagements an einem Theater und im Bewusstsein der vergleichsweise leichten eigenen Ersetzbarkeit durch Kolleg*innen ökonomisch durchaus gute Gründe haben, sich als nicht allzu eigenwillig und widerständig in der künstlerischen Zusammenarbeit zu zeigen. Eine Betrachtung der institutionellen Machtverhältnisse muss also mindestens zwei Aspekte enthalten: den lange Zeit im öffentlichen wie theaterwissenschaftlichen Diskurs vernachlässigten Aspekt der Arbeits- und Produktionsbedingungen der einzelnen Berufsgruppen im Theater sowie die soziologische Frage nach dem jeweils eigenen Rollenverständnis, das immer auch Ideen zum eigenen Status, zum eigenen Handlungsspielraum innerhalb des Gefüges des arbeitsteilig organisierten professionellen Theaterschaffens enthält. Eben diese Akzeptanz der eigenen, in der Regel nicht reflektierten Lage innerhalb der Ordnung sozialer Hierarchien hat Pierre Bourdieu als „symbolische Herrschaft" bezeichnet.[4] Diese bewirke, wie der Soziologe Stephan Moebius heute erklärt,

> dass die Beherrschten an ihrer Beherrschung mitwirken […]. Wir wachsen so selbstver- ständlich mit bestimmten Sinnzusammenhängen sowie Denk- und Wahrnehmungsweisen auf, dass wir mit den uns darin zugewiesenen Rollen und Identitäten oft leidenschaftlich verhaftet sind. Und gar nicht mehr merken, welche sozialen Hierarchien da mitschwingen. Die Begabungsideologie ist eine solche Naturalisierung, oder auch das vorherrschende Geschlechterverhältnis.[5]

Diesen Aspekt der ‚leidenschaftlichen Identifizierung' mit der zugewiesenen *agency*, dem eigenen schauspielerischen Handlungsspielraum, der außerdem abhängt vom jeweils zuerkannten Maß an Begabung und von äußeren Merkmalen wie Geschlecht, Herkunft, Alter etc. (vgl. dazu den Beitrag von Hanna Voss), werde ich anhand eines ersten Beispiels analysieren und dann im Folgenden neuere Suchbewegungen nach alternativen Ideen der schauspielerischen *agency* vorstellen.

Ich gehe davon aus, dass zeitgenössische Vorstellungen des Schauspieler*innenberufes und entsprechend auch Selbstverständnisse vielfältig und – besonders mit Blick auf (Stadt-)Theater und die hier lange Zeit als unhinterfragbar geltenden sozialen und künstlerischen Hierarchien – aktuell in Veränderung begriffen sind. Es können dennoch Tendenzen beschrieben werden in der Frage, auf welche Weisen Schauspieler*innen heute mit dem eigenen, in Hinblick auf den gesamten Entstehungsprozess einer Inszenierung in unterschiedlichem Ausmaß eingeschränkten Gestaltungsspielraum umgehen, vor allem, wie sie diesen Spielraum öffentlich begründen. Es geht dabei nicht um die im Folgenden zitierten Aussagenden selbst, die genügend öffentliche Anerkennung besitzen, um sich ausführlicher über den eigenen Berufsstand äußern zu dürfen, sondern um eine Analyse ausgewählter Aussageereignisse innerhalb eines kleinen Teils des öffentlichen Diskurses über professionelles Schauspieltheater, das wiederum im Dispositiv des öffentlich finanzierten (Stadt-)Theaters verortet ist.[6] Das heißt, es geht um die bisher in der theaterwissenschaftlichen Forschung noch kaum betrachteten, im Sinne einer Hinwendung zu produktionsästhetischen und machtkritischen Fragestellungen aber als (diskursiver) Gegenstand durchaus relevanten Selbstdefinitionen und Spielräume des (Nicht-)Einverstandenseins von Schauspieler*innen im Theater.[7]

Divergierende Loyalitäten: Textdienerin, Situationskünstler, Ensembletier,…?

Ich war an einigen Maßstäbe setzenden Inszenierungen, also nicht an Arbeiten, sondern an wirklichen Werken, beteiligt gewesen und bin es noch. […] Ich will mich für etwas zur Verfügung stellen, das größer ist, als ich es selbst bin. Etwas, das mich übersteigt.[8]

Diese Sätze äußert eine be- und anerkannte Schauspielerin 2015 im Interview mit einer großen internationalen Kulturzeitschrift. Sie markiert damit zwar eine scheinbar individuelle Position, bezieht sich aber zugleich auf ein Feld von Aussagen, die mit einem bestimmten (historischen) Verständnis von Theater als Kunst(werk) zu tun haben und entsprechend mit einem spezifischen Verständnis dessen, was die Aufgabe der Schauspielerin oder des Schauspielers wäre. Das ‚Werk‘, das dem Publikum vorzuführende ‚Endprodukt‘ bezeichnet die Schauspielerin als das Maßgebliche ihrer Arbeit, den Produktionsprozess als weniger bedeutsam; es sei „nicht interessant", betont sie mehrmals, über „Theater als Beruf" oder „das Schauspielen" zu sprechen.[9] Produktionsbedingungen sollen unsichtbar bleiben bzw. werden dann im Laufe des noch ausführlicher zu betrachtenden Interviews von der Schauspielerin selbst in Szene gesetzt, in ein eigenes Narrativ eingebunden.

Es gibt daneben deutlich anders akzentuierte öffentlich geäußerte Selbstverständnisse von Schauspieler*innen. Etwa solche, die die eigene künstlerische (Co-)Autor*innenschaft im Inszenierungs- und Probenprozess betonen. Tief in der Historie des von (materiellen) Abhängigkeitsverhältnissen und (moralisch wie ästhetisch begründeten) Disziplinierungsanforderungen geprägten Berufs Schauspieler*in verankert und – wie im obigen Zitat – heute in aller Regel als Freiwilligkeit und eigener Wunsch markiert, ist dagegen die Idee des Sich-selbst-zur-Verfügung-Stellens.[10] Bezeichnet wird damit die ‚dienende‘ Rolle des eigenen sichtbaren und energetisch agierenden Körpers, der eigenen Phantasie, Emotionalität, Intellektualität, sogar des eigenen Wollens innerhalb eines von Vielen gestalteten und meist von Einzelnen verantworteten Inszenierungsprozesses, also gegenüber einer Regie- und einer Textposition, einem Kolleg*innenensemble und einer Theaterleitung.

Schauspieler*innen bewegen sich innerhalb verschiedener, im besten Fall beweglicher und transparenter Machtverhältnisse, wobei sie – wie bereits angedeutet – innerhalb der künstlerischen Prozesse sowie durch die Form ihrer befristeten Arbeitsverträge an Stadttheatern in der Regel nur geringe Möglichkeiten des Bestimmens und Lenkens besitzen. Sie müssen mitmachen wollen.

Öffentlich geäußerte Selbstverständnisse der eigenen Position als (Theater)Schauspieler*innen sind also durchaus auch als Versuche zu lesen, sich eigene Handlungsmacht zuzuschreiben. Welche Rechtfertigungen oder welches Nichteinverständnis äußern sie angesichts (mal kritisierter, mal verschleierter) asymmetrischer Beziehungen im arbeitsteilig organisierten Repertoiretheater?[11] Im Folgenden werden zuerst am Beispiel der Aussagen zweier prominenter Schauspieler*innen einerseits ein affirmatives, andererseits ein kritisches Verständnis gegenüber der Idee, als Schauspieler*in ‚Material' einer durch eine Regieposition geformten Inszenierung zu sein, vorgestellt und befragt werden. Relevant ist dabei die jeweilige Sicht auf ‚Theater' als Kunst(werk), als (Lohn-)Arbeit oder als sozialer, immer gemeinschaftlicher Prozess. Abschließend wird – im Rahmen dieses Textes nur knapp – die Bedeutung der Idee des Im-Ensemble-Seins für die Konstitution eines neuen aktivistischen, macht- wie institutionskritischen Schauspieler*innenselbstverständnisses reflektiert.

Obwohl sich Schauspieler*innen heute durchaus selbstbewusst – und immer noch in Differenz zu gängigen Vorstellungen eines einsamen Schöpfergenies – als Künstler*innen begreifen, ist ihr juristischer Status als Ensemblemitglieder oder als Gast an einem Stadttheater der von weisungsgebundenen Arbeitnehmer*innen. Die Frage nach ihrer eigenen ‚schöpferischen Freiheit' oder ‚künstlerischen Mitverantwortung' stand sehr lange Zeit gar nicht zur Debatte, vielmehr konzentrierten sich Schauspiel-Diskurse (allein im deutschsprachigen Raum zwischen dem 17. und frühen 20. Jahrhundert) auf Fragen der Erziehung (insbesondere im Übergang vom Wandertruppendasein zur Sesshaftigkeit) und Ausbildung, der Selbstbeherrschung und der ‚Steuerung' bzw. Inszenierung durch die Spielleitung (auch wenn einzelne Schauspieler*innen ab dem späten 19. Jahrhundert als Unternehmer*innen durchaus neue Handlungsmacht erlangten).[12] Die eigene strukturelle und künstlerische Unfreiheit innerhalb eines arbeitsteilig organisierten professionellen Theaterschaffens wurde erst in den späten 1960er und 1970er Jahren in der BRD ganz offensiv problematisiert, Formen der damals u. a. als ‚Mitbestimmung' bezeichneten ‚kollektiven Kreativität' (nach Versuchen in den späten 1920er Jahren etwa in Erwin Piscators Studio) erneut sowohl in der BRD als auch DDR erprobt.[13] Und das Ringen um die

demokratische Praxis des Theaterschaffens innerhalb der intendanzgeleiteten Stadttheater in Deutschland dauert bis heute an.

Grundsätzlich haben sich die (westlichen) Ideen dessen, was Theater (mit Schauspieler*innen) sein und folglich auch, wie Theater entstehen kann, im Laufe der letzten 120 Jahre deutlich aufgefächert und es existieren nun zu Beginn des 21. Jahrhunderts nebeneinander verschiedene, einander sogar widersprechende, bewusste und unbewusste Ideen dessen, was die Rolle von (Schau-)Spieler*innen im Machtgefüge (Dispositiv) ‚arbeitsteilig organisiertes Ensemble- und Repertoiretheater' ausmacht.[14] Je nachdem, mit welchem politischen, sozialen, künstlerischen Verständnis Theater produziert wird, findet das eine oder das andere Rollen(selbst)verständnis einen geeigneteren Ort. Bereits 1970 beschrieben die beiden Theaterwissenschaftlerinnen Toby Cole und Helen Krich Chinoy dieses Phänomen:

> Immer wieder taucht die Frage auf: Ist der Schauspieler ein originärer Schöpfer oder verkörpert er lediglich den Text des Autors und flößt den Vorstellungen des Regisseurs Leben ein? […] Schauspieler waren immer geteilt in ihrer Loyalität; einige befürworteten die Unterordnung des Schauspielers unter den Autor; einige verorten sich auf der Seite des Schauspielertheaters, in dem die Vorstellungskraft der Spieler regiert; andere haben sich, vor allem in den letzten Jahren, damit abgefunden, Elemente innerhalb eines von einem Regisseur geformten Ensembles zu sein. Wieder andere haben sich mit ihren Neuerungen suchenden Regisseuren zusammengefunden, um den kollektiven Ritus des Theaters wiederzuentdecken.[15]

Diese Aufzählung suggeriert eine gewisse Freiwilligkeit in der Wahl der Rolle bzw. des Arbeitszusammenhangs. Letzterer gibt letztlich die Antwort auf die Frage, ob etwa ‚die Vorstellungskraft der Spieler re giert' oder ‚Dienst' an Text und/oder Regie-konzept zu leisten sind. Welche Wahlmöglichkeiten haben Schauspieler*innen heute und hierzulande, zumal mit Hoffnung auf wenigstens ein wenig soziale Sicherheit, die am ehesten der Status ‚Ensemblemitglied eines öffentlichen Theaters' zu bieten scheint?

‚Kunst' und Machtstrukturen im Theater

Je höher der Erfolgsdruck oder -willen, je enger die (Erwartungs-)Spielräume für Form und Wirkung des ‚Endprodukts Inszenierung', desto stärker setzen sich hierarchisch-bürokratisch organisierte Produktionsprozesse durch, die eine stärkere Kontrolle und Regulierung von Abläufen und Entscheidungen, also auch zeitliche Effizienz befördern. Sehr viel Zeit und Engagement aller fordern dagegen egalitär-kollektive Strukturen, die Theatermachen als gemeinsamen, ergebnisoffenen Prozess mit verschiedenen gleichberechtigt Beteiligten begreifen.[16]

Im Feld des öffentlich finanzierten Theaterschaffens werden die bürokratischen, d. h. durch Regeln und Routinen geleiteten, auf fester Rollen- und Kompetenzzuteilung (Trennung der Positionen Text, Regie, Darstellung etc.), d. h. auf professioneller Differenzierung basierenden Arbeitsweisen und Organisationsstrukturen im ‚System Stadttheater' zwar immer wieder als ‚hierarchisch', ‚patriarchal', ‚undemokratisch' kritisiert, gleichzeitig betont ein traditioneller Diskurs vorrangig den Kunstcharakter dieser Form der Theaterarbeit. Entgegen der tatsächlich hochgradigen Organisiertheit heißt es dann, Kunst sei nicht vollständig zu regulieren, nicht zu demokratisieren und ‚bürokratisieren'. Und so werden Leitungsfiguren im Theater, etwa Regisseur*innen, genauer: Regisseure nicht etwa als Vor-

gesetzte bezeichnet, sondern eher als *Künstler* mit Team. Sie sind dabei diejenigen, so die Annahme, die sich als besonders begabt und visionär, künstlerisch kraftvoll und klug, charismatisch-mitreißend oder sogar geniehaft bewiesen haben. Institutionalisierte Hierarchien werden hier diskursiv naturalisiert, sie scheinen zum ‚Wesen' des Theaters und seiner Künstler*innen zu gehören.

Dieser hier nur skizzierte traditionelle Diskurs verzichtet auf die Problematisierung der Machtverhältnisse innerhalb der arbeitsteilig organisierten Stadttheater und assoziiert ‚Theater' mit ‚Kunst', diese wiederum mit der Notwendigkeit der ‚Freiheit des Werks'. Auch Schauspieler*innen sollten diese Freiheit nicht beschränken, sondern vielmehr für alle Ideen ‚offen' sein, auch ‚eigene Grenzen überschreiten'. Sie befinden sich in der eigentümlichen Position, in einem hohen Maße verantwortlich für die Wirkung einer Inszenierung zu sein, aber nicht primär für deren Aussagen und Form. Sie gelten einer Öffentlichkeit als darstellende Künstler*innen – innerhalb des Produktionsprozesses einer Inszenierung dagegen als ‚Besetzung', d. h. weniger als ‚Erobernde' denn als ‚Söldner*innen'.

Kriegsmetaphorik wird sich nun auch in den beiden Beispielen zeitgenössischer Schauspieler*innenselbstverständnisse wiederfinden, die auf Grundlage zweier publizierter Texte (z. T. vergleichend) betrachtet werden. Es handelt sich dabei sicher nicht um die einzig möglichen Positionen, vielmehr soll gezeigt werden, wie die eigene Rolle im Spannungsfeld von ‚Kunst' und ‚Arbeit', von Selbstbestimmtheit und ‚Dienst' artikuliert wird. Letzterer wird dabei – vermutlich unbewusst – in Übereinstimmung mit traditionellen geschlechtsspezifischen Konzeptionen (‚weibliche Hingabe') als positiv bzw. abzulehnend bewertet.

Die Service-Position: ‚Benutz mich!'

Der Wunsch, kompetent geführt zu werden und sich gemeinsam mit anderen durchaus ein Stück weit ‚selbstaufopferungsbereit' einer Arbeit zu widmen, an deren Wert alle Beteiligten glauben, erscheint als verbreitete Form des systemischen Funktionierenwollens von Stadttheaterschauspieler*innen – und ist gleichzeitig die Position, die eine (mehr oder weniger stark) asymmetrische Verteilung von Kompetenz, Verantwortung und Entscheidungsgewalt akzeptiert. Die Seite der ‚kompetenten Führung' steht dabei unter einem sehr hohen Druck auf mehreren Ebenen – mit Folgen. Erinnert sei an dieser Stelle an den ‚großen Zauberer' Max Reinhardt[17], der 1915 aus Perspektive des – so die Selbstdarstellung – überaus sensiblen, phantasiebegabten, mit der brutalen Realität der materiellen und sozialen Bedingungen der ersten Probe konfrontierten Regisseurs beschreibt, wie er die Schauspieler*innen wahrnimmt:

> Die Schauspieler kommen. [...] Feinde. Alles Feinde. Da rotten sich schon einige Unzufriedene hinter einer durchlöcherten Wand zusammen. Sie tuscheln und blättern verächtlich in ihren Rollen. [...] Alle sind klüger, alle würden es besser machen als der da vorne, am Pult. Die Tragik des Schauspielerloses steigt aus der Versenkung auf. Er darf sich nicht wie andere Künstler seine Aufgaben selbst wählen, nicht spielen, wozu er Lust hat, nicht schaffen, wenn er in Stimmung ist. Alles wird ihm kommandiert von dem da vorne.[18]

Das Unbehagen der Schauspieler*innen angesichts der eigenen strukturellen künstlerischen Ohnmacht wird als zusätzliche Herausforderung für den allein gegen eine Gruppe stehenden Regisseur beschrieben, nicht etwa als ein durch mehr Mitbestimmungsmöglichkeiten zu behebendes Problem der Schauspieler*innen. Vielmehr

muss der kluge Regisseur, um überhaupt künstlerisch arbeiten, das heißt für Reinhardt: sein zuvor erdachtes, ‚visionäres Regiekonzept' umsetzen zu können, diverse Manipulationsstrategien anwenden, um die (vermeintlich oder tatsächlich) renitenten Schauspieler*innen für sich zu gewinnen; wenn Schmeicheleien nicht weiterhülfen, sei auch jedes andere Mittel legitim:

> Dazwischen muß auch geschnauzt werden, Krach gemacht werden, ein richtiges Theaterdonnerwetter. [...] Der Träge erhitzt sich noch nicht für die Rolle, aber über die schlechte Behandlung, tut nichts. – Hauptsache ist, daß er endlich in Hitze ist; so kann er gebogen, gemodelt werden. Denn nur in der Glut ist er zu formen, gleichviel auf welchem Wege sie erzeugt wird.[19]

Wenn auch Dank des seit einigen Jahren eingesetzten grundlegenden Bewusstseinswandels, den Initiativen wie das *ensemblenetzwerk* seit 2015 vorantreiben, bereits seltener, ist die Ansicht, dass heftige Emotionen zur Probe gehörten, dass Theater ohne ‚Krise' nicht auskomme, auch unter Schauspieler*innen verbreitet. Zuweilen geben sie sogar an, von der Regie unbedingt sehr hart behandelt werden zu wollen, um – erinnert das nur zufällig an Reinhardts Worte? – ,auf Temperatur zu kommen'. Solche Äußerungen bleiben in der Regel im Bereich des Anekdotischen, es sind Interna aus dem Theaterfeld, die nur im Rahmen einer sensiblen ethnographischen Feldforschung als Analysematerial gewertet werden könnten. Dennoch ließe sich fragen, ob die Behauptungen von Schauspieler*innen – wobei mir tatsächlich keine derartigen Aussagen von Männern bekannt sind –, die eigene, auch gewaltsame Disziplinierung im Inszenierungsprozess nicht nur ertragen zu können, sondern sogar selbst zu wollen oder gar zu ‚brauchen', nicht einen (bewussten oder unbewussten) Versuch darstellt, die eigene abhängige und ungeschützte Position als immerhin ‚selbstbestimmt' zu definieren?

Auch das folgende Beispiel legt immer wieder nahe, dass der Probenprozess wie auch die Bühne als Momente und Ort der Grenzüberschreitung definiert werden, dass sogar brutale Härte eingefordert wird, um – vielleicht – als Schauspielerin selbst eine Art von Unverletzlichkeit zu suggerieren:

> Manchmal wünsche ich mir, das Theater wäre so hart wie der Kunstmarkt, wo es um viel Geld geht, da mußt du auf Biegen und Brechen liefern, da fliegen die Fetzen. Da bist du alleine für dein Überleben verantwortlich. Ich bin dafür, daß es im Theater mehr zur Sache geht und man auch mehr auf die Fresse kriegt, wie in den 20er Jahren, als in Berlin die erste Kokain-Tote Coco am Potsdamer Platz vom Tisch gesunken ist. Mit zwanzig Herzinfarkt, warum denn nicht?[20]

Dies sind Worte aus dem eingangs zitierten Interview mit Bibiana Beglau, damals u. a. Ensemblemitglied des Münchner Residenztheaters. Ihre Äußerungen legen große Übereinstimmungen mit einer dem ‚Regietheater (Regisseur als Schöpfer)' gegenüber stark affirmativen Position nahe und sie zeigt deutliches Verständnis für die Notwendigkeit eines nicht nur freundlichen Umgangs mit den Schauspieler*innen durch die Regie:

> Man kann in der Arbeit total Arschloch sein. Dagegen habe ich nichts. Es ist mir fast lieber, wenn jemand sagt: ‚Diese Arbeit ist kein Spaß', [...]. Ich habe nichts gegen Hierarchien. Es muß sie geben, denn einen Sack individualistischer Knallchargen zu bespaßen, bei der Stange zu halten und zu disziplinieren, ist nicht einfach.[21]

Das stark defizitäre Bild, das Beglau während des gesamten mehrseitigen Interviews in *Lettre International* immer wieder von Vertreter*innen ihrer eigenen Berufsgruppe zeichnet, über die (gemeinsam mit dem redaktionell Verantwortlichen Frank M. Raddatz) als „rückratlos" gewitzelt wird, die als „infantil", „divenhaft" oder „Volltrottel" bezeichnet werden, dieses (zumindest behauptete) Selbstbild korreliert mit der (ebenfalls behaupteten) Vorstellung, jegliche eigene Phantasie oder Emotionalität von Schauspieler*innen seien als überflüssig anzusehen, man sei vor allem als physische Verfügungsmasse im Inszenierungs- und Aufführungsprozess gefragt:

> Dieses Fleisch, das wir sind, gehört auf die Bühne. Da muß ich nicht spielen und mir Schauspielerunsinn ausdenken, sondern das, was der Dichter gesagt hat und besser sagt, als ich es könnte, bringe ich mit meinem Fleisch zur Sichtbarkeit.[22]

Theater wird von Beglau nicht als etwas (auch konzeptionell) gemeinsam Hergestelltes beschrieben, sondern Schauspieler*innen sind einem Regisseur (sie nennt keine Regisseurinnen), dem – trotz der gleichzeitigen Huldigung von Textautoren – die alleinige Schöpferposition zugeschrieben wird, klar nachgeordnet. Ein Regisseur nimmt in ihren Augen eine besondere Stellung ein:

> Castorf steht außerhalb. Er hat das mit einem Satz beschrieben, den ich irre finde: „Ich habe keinen Meister. Es gibt nur mich." Das heißt nicht, daß er arrogant ist, sondern das meint, er schafft ganz aus sich selbst heraus. Das macht für mich den Künstler aus, daß er keinen Meister hat, keine Tradition, der er nacheifert.[23]

Die Idee eines Genies, das ‚ganz aus sich selbst heraus' schafft, das vermeintlich niemals ein inspirierendes Buch gelesen, ein anregendes Gespräch geführt oder eine denkwürdige Theateraufführung erlebt hat, das im Probenprozess von niemandem beeinflusst werden kann, gilt dem Theaterwissenschaftler Hajo Kurzenberger bereits seit Friedrich Nietzsche und Walter Benjamin als überwunden und so stellt er schon 2009 fest:

> Jeder Künstler, so ist es heute common sense, interagiert bei seinem schöpferischen Tun mit ästhetischen und kulturellen Standards, ist eingebunden in gesellschaftliche Umfelder, arbeitet in und gegen Institutionen, die seine Kunst prägen.[24]

Die Schauspielerin Bibiana Beglau behauptet das anders. Indem sie von einer tatsächlichen Außergewöhnlichkeit allein des Regisseurs ausgeht, wird die eigene Leistung vor allem als physische Extremleistung definiert und diese spezifische Rollenauffassung – tatsächlich eine Reduktion – auch legitimiert:

> [...] auf der Bühne müssen wir in die Extreme gehen. Ansonsten weiß ich – außer mit Hilfe genialer Texte eine extreme Form von Leben zu propagieren – nicht, was ich auf der Bühne anderes machen könnte oder sollte.[25]

Beglau beschreibt eine für sie typische Probensituation, in der sie selbst einen selbstzerstörerisch anmutenden szenischen Vorschlag macht, der ohne Text eher beiläufig stattfindet, aber so anstrengend ist, dass sie davon Nasenbluten bekommt.[26] Muss diese Schauspielerin vor sich selbst geschützt werden? Sie selbst setzt auf ‚Eigenverantwortlichkeit‘ – ein Begriff, den sie immer wieder benutzt:

> Aber eine hierarchische Struktur [im Theater, A. V.] impliziert nicht, daß jemand ein menschlicher Ausfall werden muß. Da ist Eigenverantwortlichkeit gefragt, und wenn sonst etwas schiefläuft, sind die Schauspieler gefragt, denn sie haben eine Macht, auch eine psychologische. Die Ensembles meckern in den Kantinen ständig rum, sind aber oft nicht fähig, ein offenes Wort an die Leitung zu richten. Was soll einem denn passieren? Der Intendant oder die Intendantin ist doch auf diese 35 Spielernasen angewiesen, noch mehr, wenn es nur zwanzig oder zwölf sind. Aber offen zu sprechen, das scheint in diesem aufgeklärten Beruf nicht zu funktionieren.[27]

Hier zeigt sich eine verblüffende Blindheit gegenüber den realen Abhängigkeitsverhältnissen der eigenen Berufsgruppe. Als gut nachgefragte Film- und Theaterschauspielerin scheint Beglau das Problem einer Vertragsnichtverlängerung oder des ausbleibenden Folgeengagements als Gastierende sowie das der Nicht- oder nur Nebenrollenbesetzung („künstlerischer Liebesentzug"[28], wie das ensemble-netzwerk dies nennt) nicht zu kennen und auch bei Kolleg*innen noch nie wahrgenommen zu haben. Dabei können sich gerade jene Schauspieler*innen, die sich lediglich dadurch auszeichnen, ihr ‚Fleisch‘ auf der Bühne ‚zur Sichtbarkeit zu bringen‘, überhaupt nicht sicher sein, nicht etwa durch neues williges ‚Frischfleisch‘ (um im sprachlichen Bild Beglaus zu bleiben) ausgetauscht zu werden. Die kritisierte Rückratlosigkeit der Schauspielkolleg*innen wird hier nicht innerhalb eines realen Machtverhältnisses zwischen rechtlich schlecht geschützten Arbeitnehmer*innen und ihren Arbeitgeber*innen verortet, nicht innerhalb eines Marktes, der eine übergroße Zahl verfügbarer Schauspieler*innen bereithält und auf dieser Angebotsseite entsprechende Anpassungsmechanismen produziert, die schon in den Schauspielschulen vorbereitet werden.

Bekannte und gefragte Schauspieler*innen haben dagegen eine andere Position auf dem ‚Theatermarkt‘ – ihre Aufgabe ist es nicht, sich anzupassen, sondern im Gegenteil ihre ‚Einzigartigkeit‘ unter Beweis zu stellen. Beglaus Alleinstellungsmerkmal wäre etwa ihre Bereitschaft zur totalen Hingabe und Selbstverausgabung, die sich – auch wenn sie zeitgenössisch sportlich und daher zunächst scheinbar ‚selbstbewusst unfeminin‘ daherkommt – in eine Tradition der ‚großen Schauspielerin‘ als der bescheiden und demütig Leidensfähigen, eher Seienden als Spielenden und Erfindenden („dieses Fleisch, das wir sind...", „da muß ich nicht spielen") einreihen. Eleonora Duse kann, so erstaunlich das auf den ersten Blick angesichts des bei Beglau sehr athletischen, bei der Duse äußerst reduzierten Bewegungsspiels und Körpereinsatzes erscheinen mag, in vielen ihrer Aussagen als eine Art Vorbildfigur für Beglaus Selbstverständnis gelesen werden. Schon 1883 lehnte die Duse es ab, „bloß zu spielen", formulierte um 1900, dass Kunst den Rauschzustand brauche, gab sich vollkommen uneitel.[29] Claudia Balk erklärt:

> Eleonore Duse erfüllte mit ihrer persönlichen Kunstauffassung weibliche Muster (ihrer Zeit): *1. das Gebot der Hingabe* [...] Mit zunehmendem Alter wurde dieser weiblich bestimmte Drang, sich dem Publikum hingeben zu wollen, durch eine Art Kunst-Religion veredelt: der heiligen Kunst wollte sie sich ganz geben.
> *2. Akzeptanz und Identifikation mit der weiblichen Leidensstruktur* [...][30]

Den Nachwirkungen des Selbstkonzepts der Schauspielerin als derjenigen, die sich ganz der Kunst weiht – anders als etwa das Konzept der ‚exzentrischen Diva' à la Sarah Bernhardt es vorsieht, das Beglau im Gespräch strikt ablehnt –, kann hier nicht weiter nachgegangen werden. Die Behauptung der selbstgewählten Rolle als einer Art Medium der Theaterkunst, das sich selbst nicht schont, suggeriert aber sicherlich eine Art Unangreifbarkeit als Mensch bzw. Frau, da das eigene Leiden (bei Beglau auch körperliche Versehrungen und Verschleiß) einen höheren Zweck habe: den des „wirklichen Werks".

Die souveräne Position: Theaterarbeit als Begegnung unterschiedlicher Künstler*innen

Ein ganz anderes Alleinstellungsmerkmal als besonderer, ‚künstlerischer' Schauspieler – und ein zu Beglau konträres Selbstverständnis – stellt der ebenso gefragte und preisgekrönte, im Gegensatz zu Beglau aber seit Jahren nicht mehr in einem Ensemble, sondern im Theater vor allem als Solist auftretende Fabian Hinrichs vor. Eine demütige, ‚dienende' Haltung als Schauspieler*in innerhalb eines oft bildgewaltigen Regietheatersettings kritisiert er und fordert 2018 in einer viel beachteten Rede, Spieler*innen sollten mehr sein als inszenatorische Verfügungsmasse:

> Auf meiner Suche nach dem souveränen Schauspieler mit einer Leitung nach oben begegnete mir preußischer Gehorsam, wohl als erschütterndes, durch die Generationen hindurch gewandertes Erbe des preußischen Militarismus, wackeres Soldatentum, man sah Menschen bei anstrengender Arbeit zu. [...] Und so sollte man als künstlerischer Schauspieler nicht mit sich umgehen lassen, als wäre man ein Soldat, der in der Kaserne einsatzbereit auf Befehle zu warten hat [...]. Inmitten all des entfremdeten, austauschbaren und nicht zuende [sic!] sozialisierten, notgedrungen oder sogar freudig mitlaufenden Servicepersonals auf den Bühnen dieses Theatertreffens gab es jemanden mit Präsenz.[31]

In dieser Rede, eigentlich eine Laudatio auf den Schauspieler Benny Claessens, assoziiert Hinrichs Künstler*innen-Sein mit ‚Souveränität' und einer bestimmten Form von Unverfügbarkeit. Statt Hingabe oder Söldnertum fordert er die Möglichkeit von Selbstbestimmung, die sich der flexiblen Einsetzbarkeit innerhalb jedes szenischen Gefüges – der aufwendig geplanten Regiekonzeption – widersetzt und die eigene

Phantasie, die eigenen Talente, die eigenen Gefühle – „[u]nd, schnallen Sie sich an: Denken, eigenes Denken" (Hinrichs) – auf der Bühne sichtbar werden lassen will. Auch hierin zeigt sich ein deutlicher Gegensatz zur obigen ‚bescheidenen' Idee, es ginge Schauspieler*innen allein um die Sichtbarkeit der Worte des Dichters oder die Phantasien der Regie mittels der eigenen Körperlichkeit.

Unverfügbarkeit ist aber nicht nur in dieser emanzipatorischen Lesart impliziert, sondern sie hängt mit einem grundsätzlich ‚nichtinstrumentellen' Verständnis von Kunst zusammen. Es solle, so Hinrichs, nicht versucht werden, Schauspieler*innen als in ihrer Wirkung kalkulierbare und im Sinne eines Gesamtkonzepts verstehbare Elemente zu benutzen („das Regie-Gefängnis", nennt er es).

> Alles […] wird durch die Konzentration auf Sinnzuschreibungen, auf Interpretierbares ausgeschlossen, alle ästhetischen Erfahrungen, die nicht im Lesen bestehen. Der ästhetischen Erfahrung der Stimme, des Körpers, der eigenen Schönheit von Schauspielern kommen wir mit Sinnzuschreibungen nicht nahe. […] Denn es ist eben [an Claessen, A. V.] etwas spürbar, dass zutiefst künstlerisch ist – künstlerisch in dem Sinne, dass es das Zweckmäßige ohne Zweck ist, etwas, das sich unserer Definition entziehen möchte und auch entzieht.[32]

Es geht Hinrichs einerseits um einen möglichst selbstbestimmten eigenen Beitrag innerhalb einer Inszenierung, denn die Aufgabe der ‚künstlerischen' Schauspieler*innen könne nicht darin bestehen, eine etwa von der Regieposition kommende Aufgabe möglichst gut zu erfüllen – „Service", wie Hinrichs das nennt. Gleichzeitig geht es ihm um eine Art von Theater als Kunst, die nicht vollständig semiotisch entschlüsselbar ist. Wie Beglau, von deren Selbstverständnis er sich ansonsten distanziert, favorisiert auch er einen Kunstbegriff, der sich einem

ordnenden Verstehen entzieht und immer wieder die Verbindung zu etwas Höherem andeutet – so spricht er etwa romantisierend (den tatsächlich sehr prekären Status der ‚freien' Wandertruppenspieler*innen stark verklärend) vom (früheren) „Schauspieler als Künstler, […] dessen Lebensräume […] der Himmel und das Darüberhinaus, das nach oben Gespannte waren".[33]

Wichtig aber ist, dass Hinrichs ‚Kunst' nicht allein in der Regie, nicht im Text verortet, sondern in einer ‚Poesie', die auch und gerade dem Schauspielen eigen sei. Besonders die spontane Qualität dieser Poesie sei entscheidend (und ‚politisch'):

> Sie befreit uns zur Spontaneität, Benny Claessens ist spontan! Und er hat sich den Raum dafür genommen, so wie es eben ging, ob gegen Widerstände, das weiß ich nicht, denn Schauspieler sind strukturell betrachtet nicht die Entscheider.[34]

Hinrichs nimmt die Position der Schauspielenden als derjenigen, die nicht die Entscheidungshoheit besitzen, hier erst einmal an – plädiert innerhalb dieses Rahmens aber für den Versuch, ‚sich den Raum zu nehmen, so wie es eben geht'. Anders als Beglau macht Hinrichs nicht etwa die ‚Rückratlosigkeit' der Schauspieler*innen für ihre Situation verantwortlich:

> […] was Anderes bleibt dem heutigen deutschen Schauspieler zunächst (!) übrig, als sich zu fügen und sich die Uniform anzuziehen, die man ihm in den Spind gehängt hat, wenn er weiter in Lohn und Brot stehen muß. […] [E]s ist ja klar: wer nicht mitmacht, wird entlassen. Und dann wohl lieber ein künstlerisches Auftrittsverbot als gar nicht mehr aufzutreten, denn neben dem Ödipuskomplex gibt es ja auch noch den existentielleren Komplex – den Geldkomplex.[35]

Die künstlerische Freiheit der Schauspieler*innen ist also dort am größten, wo sie auch in ökonomischer Hinsicht die Kapazitäten haben, sich einer bestimmten Form der Mitwirkung zu entziehen. Welche Freiheit des Mitmachens aber könnte es geben? In einem 2018 geführten Interview wird Hinrichs, der seit Jahren als ‚freier‘ Schauspieler seine Arbeitszusammenhänge selbst wählt, gefragt, wo er „die größeren Zumutungen erlebt" habe: „beim Film oder im Theater?":

> Hinrichs: Im regisseurzentrierten Stadttheater ist das Zumutungspotenzial größer. In dieser eigentlich sehr jungen Spielart des Theaters hängt die Entwicklung der Produktion von der Bildung, vom Talent, vom Sadismus, vom Drogenkonsum, von der Intelligenz des Regisseurs ab. Man ist dem, besonders als junger Schauspieler, schutzlos ausgeliefert. Wenn man Theaterarbeit aber anders versteht, nämlich als Begegnung unterschiedlicher Künstler, sind die Möglichkeiten im Theater größer.[36]

Die ‚Begegnung unterschiedlicher Künstler‘ erscheint hier als Möglichkeit des Zusammenarbeitens auf Augenhöhe, ohne Forderung nach gleichem Können, gleichem Denken, gleichen Aufgaben. Wie gelangt man zu einer solchen Konstellation? Wer lädt wen ein? Wer entscheidet über die Regeln des gemeinsamen Arbeitens? Hinrichs selbst fiel im Theater in den letzten Jahren vor allem durch Inszenierungen des eng mit den Schauspieler*innen am Text arbeitenden Autor-Regisseurs René Pollesch auf, in denen er als Solo-Protagonist vor dem Hintergrund eines fast gänzlich stummen Bewegungschores agierte.[37] Dies erscheint als *eine* Möglichkeit, umzugehen mit dem Spannungsverhältnis zwischen dem Wunsch nach Souveränität und Spontanität und der Notwendigkeit, im Theater mit Anderen zusammenzuarbeiten und -zuspielen.

Offen bleibt dabei sowohl die Frage nach den Handlungsmöglichkeiten von Schauspieler*innen, die über weniger kulturelles (und ökonomisches) Kapital verfügen und die eigenen Arbeitsbedingungen für sich selbst nicht mitbestimmen können (und sei es, indem sie nur bestimmte Arbeitskontexte akzeptieren, andere ablehnen), als auch die nach theatralen Spielformen, die mehrere eigensinnige, souveräne Schauspieler*innen auf der Bühne zusammenbringen.

Ausblick: Ensembles als Kollektive?

Einem gleichberechtigten Zusammenspiel von Darsteller*innen, die sich zudem durch Regie, Text, Dramaturgie, Bühnen- und Kostümbildner*innen etc. begleitet sehen, steht die (oben bereits angedeutete) Annahme verschiedener Grade künstlerischen Talents entgegen – auch bereits innerhalb des Schauspieler*innen-Ensembles. Trotz der Behauptung, Schauspieler*innen seien ‚Ensembletiere‘ (Beglau), trotz der auch schauspieltheoretisch – etwa prominent durch Stanislawski – begründeten Ablehnung eines ‚Starsystems‘, trotz der Sozialisation als Gruppenmitglied (Ausbildung im Klassenverband) und der Betonung des kollegialen Aufeinander-Angewiesenseins auf der Bühne (etwa: ‚den Ton voneinander abnehmen‘ als ‚Technik des Zusammenspielens‘), sind Schauspieler*innen als i. a. R. nur befristet beschäftigte Arbeitnehmer*innen zugleich in Konkurrenz zueinander stehende Einzelkämpfer*innen. Sie sind unterschiedlich, insofern alle Menschen verschieden sind, aber auch, weil nach wie vor die Zuschreibung unterschiedlicher Begabungsgrade existiert.

In seiner viel zitierten Schrift *Das Theater im Lichte der Soziologie* (1931) erklärt der Dramaturg und Autor Julius Bab die scheinbar naturgegebenen Unterschiede der Bedeutung von Schauspieler*innen; sie seien dem Versuch des Aufbaus eines „gleichberechtigt mittelmäßige[n]" Ensembles stets vorzuziehen:

Schauspieler sind Künstler, [...] die Kraft und Wert mit besonderer Deutlichkeit aus einer Lebenssphäre jenseits der sozialen Ordnung beziehen. [...] Diese Kraft aber tritt ganz rein, ganz stark, unbedingt überzeugend für alle in jeder Generation nur bei einer kleinen Anzahl von Auserwählten auf. [...] Mit etwas Übertreibung könnte man sagen, daß der Wert der anderen Schauspieler daher rührt, daß die Großen ja nicht allein auftreten können. [...]

Es bleibt gewiß ein Ideal, ein ausgeglichenes Ensemble zu pflegen, in dem kein einzelner von seinen Kollegen absticht. Und doch wird jeder wirklich theaterempfindliche Mensch lieber ein echtes Genie unter Schmieranten, als eine ausgeglichen mittelmäßige Vorstellung sehen.[38]

Dass gemeinsame Arbeit, etwa auch im Sinne einer Kollektivregie, zur künstlerischen Mittelmäßigkeit führt, ist eine eng mit dem Genieglauben verbundene Annahme, die bis heute legitimiert, dass Einzelnen – heute nur noch selten ‚großen Schauspieler*innen', sondern ‚großen Regisseuren' (sehr selten Regisseurinnen) – eine absolute Autorität im Inszenierungsprozess zugesprochen wird, der sich alle Anderen, v. a. die Schauspieler*innen nur fügen können, bestenfalls ‚gern' (wie Beglau), oder gegen die sie zu rebellieren versuchen (wie Hinrichs). Die Idee, es gäbe in der Kunst ‚wenige Auserwählte' (heute: besonders Begabte) ist allerdings eine nur leicht umzudeutende Annahme, die keineswegs mit der Idee eines egalitären Ensembles in Konflikt geraten muss: Es ist von verschiedenen, in ihrer Einzigartigkeit und Eigenwilligkeit zu fördernden Spieler*innen auszugehen, die sich – angezogen von bestimmten Ideen und guten Arbeitsbedingungen – in einem Theater versammeln können. „Das Ensemble – ein Kollektiv ausgeprägter Persönlichkeiten" titelte etwa Anfang 1989 ein theaterpolitischer Beitrag im DDR-Magazin *Theater der Zeit* – doch bald schon galt

der ‚Kollektiv'-Begriff als Inbegriff des (politischen) Zwangs.[39] Dreißig Jahre später erklärt der sich als neuer Intendant eines ehemaligen ‚Ost-Theaters' bewerbende René Pollesch: „Die Volksbühne ist prädestiniert für SpielerInnen, die Verantwortung übernehmen, das ist der einzig gültige Sexappeal."[40]

Indem Stadttheater-Schauspieler*innen sich heute zunehmend nicht mehr als „Fleisch, das den Worten des Dichters zur Sichtbarkeit verhilft" (Beglau) definieren oder sich wünschen, durch einen ‚genialischen' Regiezugriff ‚Teil eines Werkes' zu werden, scheint sich auch institutionell ein neues Aufgabenprofil herauszubilden. Noch ist dennoch nicht zu erkennen, dass sich die etablierte Arbeitsteilung zwischen einem konzeptionell verantwortlichen Regie-Team und den ihm zugeteilten Spieler*innen tatsächlich auflösen würde.

Allerdings gibt es mit dem bereits erwähnten *ensemble-netzwerk e. V.* und verbündeten Organisationen seit etwa 2015 eine Bewegung, die neben Ideen zur Verbesserung der Arbeitsbedingungen aller Berufsgruppen am Stadttheater auch ein neues aktivistisches Selbstbewusstsein von Schauspieler*innen artikuliert. Die hier Engagierten verstehen sich als die Institution (Stadt-)Theater mitprägende Ensemble-Spieler*innen, die nicht nur Aufführungen und Inszenierungen, sondern auch die Bedingungen von Proben- und Inszenierungprozessen, die Regeln und Arten der Regelbestimmung, -modifikation und -befolgung mitgestalten wollen.

Diese Art der Verantwortung anzunehmen, bedeutet ein Selbstverständnis, dass die eigene Aufgabe nicht allein als ‚künstlerisch' definiert, sondern auch an den strukturellen sowie ideellen Voraussetzungen des von Hinrichs geforderten Arbeitens auf Augenhöhe arbeitet. Auch Solidarität wird hier als ‚Sexappeal' verstanden.

Die Schauspielerin und damals erste Vorstandsvorsitzende des *ensemble-netzwerks* Lisa Jopt beschreibt 2018 im Gespräch, dass besonders das gemeinsame, im Austausch stattfindende Lernen und Erkennen grundlegend für den Glauben an die Möglichkeiten der Veränderung eines Theatersystems sind, das schließlich auch in Hinblick auf seine künstlerischen ‚Endprodukte‘ offener gedacht werden wird:

> Meiner Meinung nach entwickelt sich ein neues Selbstbewusstsein, und das wird in den nächsten Jahren noch viel mehr in den Spielplänen stattfinden. D. h., durch unsere Selbstermächtigung werden wir beginnen, Kunst anders zu tun und zu denken. […]
> Wir fangen an, die Gesellschaft oder eben auch unsere eigenen Theater in ihrer Komplexität, aber auch in ihrer Gestaltbarkeit zu begreifen.[41]

Bertolt Brecht und seine Mitstreiter*innen hätte das fraglos gefreut: Als Theaterschaffende ‚die Welt als veränderbar‘ zeigen zu wollen, heißt natürlich auch, den ‚Produktionsapparat Theater‘ selbst nicht unangetastet zu lassen und immer auch die Wechselwirkungen zwischen Kunst und Gesellschaft zu (unter)suchen.

In dem Maße, in dem Ideen von Demokratie und Gleichwertigkeit aller Menschen gesamtgesellschaftlich zunehmend als wertvoll diskutiert wurden und auch immer wieder aufs Neue diskutiert werden müssen, waren und sind auch innerhalb theatraler Produktionsprozesse und (hierzulande) innerhalb der sie beherbergenden ‚Institution Stadttheater‘ wieder und wieder Fragen nach der eigenen demokratischen Verfasstheit – und was das konkret bedeuten würde: als Wert und als Praxis? – (kritisch) zu verhandeln.

Anmerkungen

1 Barbara Sichtermann und Jens Johler, „Über den autoritären Geist des deutschen Theaters", in: *Theater heute*, April 1968, S. 2–4, hier zit. nach Henning Rischbieter, *Theater im Umbruch. Eine Dokumentation aus ‚Theater heute‘*. Hg. von Henning Rischbieter, München und Velber bei Hannover, Januar 1970, S. 130–138.

2 Ebd., S. 130.

3 Ebd., S. 132.

4 Vgl. zum Konzept der ‚symbolischen Herrschaft‘ bei Bourdieu etwa Hilmar Schäfer, „Symbolische Herrschaft und soziale Iterabilität. Die sprachliche Reproduktion sozialer Differenzen bei Pierre Bourdieu und Judith Butler", in: *LiTheS. Zeitschrift für Literatur- und Theatersoziologie*, 12/8 (2015), S. 96–108.

5 Stephan Moebius, zit. nach Velten Schäfer, „‚Der freie Wille ist eine Ideologie‘. Interview: Der Soziologe Stephan Moebius erklärt, warum sich eine ungerechte Welt für viele ‚in Ordnung‘ anfühlt", in: *freitag*, No. 14, 08.04.2021, S. 15. Vgl. auch Robert Schmidt und Volker Woltersdorff (Hg.), *Symbolische Gewalt. Herrschaftsanalyse nach Pierre Bourdieu*, Theorie und Methode, Bd. 48, Köln 2008.

6 Zu den hier verwendeten Begriffen und zur meine Analyse inspirierenden Methode der wissenschaftssoziologischen Diskursanalyse siehe Reiner Keller, *Diskursforschung. Eine Einführung für SozialwissenschaftlerInnen*, 4. Aufl., Wiesbaden 2010.

7 Mit Blick auf das Wissen und Selbstverständnisse von Schauspieler*innen stehen bisher v. a. Schauspieltechniken bzw. Spielweisen im Vordergrund, vgl. etwa Ole Hruschka, *Magie und Handwerk. Reden von Theaterpraktikern über die Schauspielkunst*, Bd. 3 der Reihe *Medien und Theater*, Hildesheim 2005.

8 Frank M. Raddatz im Gespräch mit Bibiana Beglau, „Leben! Benutz mich! Das Extreme als Mittel, unserer Wabbelklötzchenkultur zu entkommen", in: *Lettre International*

110 (Herbst 2015), S. 114–120; zitierte Aussagen: S. 114, S. 120.

9 Ebd., S. 114.

10 Notiz zur Geschichte des schauspielerischen Dienstes: Schon für die Spieler*innen der scheinbar freien europäischen Wandertruppen schien es (besonders im Winter) erstrebenswert, sich vertraglich ein warmes Quartier, Schutz, Spielmöglichkeiten und eine kleine Entlohnung am Hof eines reichen Förderers zu sichern, allerdings um den Preis einer vollständigen Verfügbarkeit als Anweisungen erhaltende Dienstleistende, wie sie etwa ein Anstellungsdokument am Hof zu Dresden um 1670 dokumentiert: „Insonderheit aber soll er [der Schauspieler, A. V.] schuldig sein, bei Unsrer Residenz sich wesentlich aufzuhalten, aufm Theatro beim Agieren sich gebrauchen zu lassen und, was ihm zu lernen überreicht wird, dasselbe willigst anzunehmen und hierinnen sich nicht widerspenstig zu erweisen, sondern jederzeit seinem Vermögen nach williges Gehorsams zu verrichten […]." Auszüge zit. nach Gerhart Ebert, *Der Schauspieler. Geschichte eines Berufs. Ein Abriß*, Berlin 1991, S. 157. (Ebert wiederum zitiert Eduard Devrient, *Geschichte der deutschen Schauspielkunst*, Bd. 1, zuerst erschienen in Leipzig 1848, hier Berlin 1967, S. 153.)

11 Vgl. zu den Folgen asymmetrischer Macht in Stadttheaterbetrieben: Thomas Schmidt, *Macht und Struktur im Theater. Asymmetrien der Macht*, Heidelberg 2019.

12 Vgl. etwa Gisela Schwanbeck, *Sozialprobleme der Schauspielerin im Ablauf dreier Jahrhunderte*, Reihe *Theater und Drama*, Bd. 18, W.-Berlin 1957. Zu Schauspielerinnen als Unternehmerinnen vgl. etwa Claudia Balk, *Theatergöttinnen. Inszenierte Weiblichkeit. Clara Ziegler – Sarah Bernhardt – Eleonora Duse*, Katalog zu drei Ausstellungen im Deutschen Theatermuseum München, Frankfurt a. M. 1994.

13 Vgl. Hajo Kurzenberger, „Kollektive Kreativität: Herausforderung des Theaters und der Praktischen Theaterwissenschaft", in: Ders., *Theater als kollektive Praxis. Chorkörper – Probengemeinschaften – theatrale Kreativität*, Bielefeld 2009, S. 181–201. Sowie: Anna Volkland, „‚Brauchen Sie Kunst? Wenn ja: wozu?' Institutionskritik im Stadttheater der BRD nach 1968", in: *Forum Modernes Theater*, 31 (2020), S. 101–112.

14 Vgl. zum Begriff des Dispositivs: Lorenz Aggermann, Georg Döcker und Gerald Siegmund (Hg.), *Theater als Dispositiv. Dysfunktion, Fiktion und Wissen in Ordnung der Aufführung*, Frankfurt a. M. 2017.

15 Toby Cole und Helen Krich Chinoy (Hg.), *Actors on Acting: The Theories, Techniques, and Practices of the Great Actors of All Times as Told in Their Own Words*, neue überarb. Auflage, 1. Auflage 1949 (New York), New York 1970, S. xvi. Übersetzung aus dem Englischen von mir.

16 Vgl. (ohne Theaterbezug) Joyce Rothschild-Whitt, „Collectivist Organization: An Alternative to Rational Bureaucratic Models", in: American Sociological Association (Hg.), *American Sociological Review*, 44/4 (8/1979), S. 509–527.

17 „Der große Zauberer Max Reinhardt", Dokumentation, Buch und Regie: Gottfried Reinhardt, hergestellt im Auftrag von ORF und ZDF, 1973.

18 Max Reinhardt, „Von der modernen Schauspielkunst und der Arbeit des Regisseurs mit dem Schauspieler", in: Manfred Brauneck (Hg.), *Klassiker der Schauspielregie. Positionen und Kommentare zum Theater im 20. Jahrhundert*, Hamburg 1988, S. 139–145, hier S. 142.

19 Ebd., hier S. 143 f.

20 Raddatz, Beglau, „Leben! Benutz mich!", S. 118.

21 Ebd., S. 118 und 119.

22 Ebd., S. 116.

23 Ebd., S. 117.

24 Kurzenberger, Kollektive Kreativität., S. 181 f.

25 Raddatz, Beglau, „Leben! Benutz mich!"., S. 116.

26 Ebd., S. 117.

27 Ebd., S. 119.

28 Die Gründerin des *ensemble-netzwerks* Lisa Jopt prägte den Begriff ‚künstlerischer Liebesentzug' früh und benutzte ihn in zahlreichen Interview und Reden; seitdem gehört der Ausdruck zum kämpferischen Be-

griffsvokabular von künstlerischen Theatermitarbeiter*innen, um auf die nicht nur ökonomische Abhängigkeit von Intendant*innen und Regisseur*innen hinzuweisen. Vgl. etwa: Lisa Jopt und Anselm Weber im Interview: „Der Faktor Mensch. Die Aktivistin und der Intendant über Mitbestimmung und Machtverteilung im Theater", in: Heinrich-Böll-Stiftung und nachtkritik.de (Hg.), *Theater und Macht. Beobachtungen am Übergang*, Schriften zu Bildung und Kultur, Band 15, Berlin 2021, S. 19.

29 Eleonore Duse in einem Brief 1883 sowie in einem Brief um 1900, zitiert nach Balk, *Theatergöttinnen*, S. 180 und 181.

30 Balk, *Theatergöttinnen*, S. 183 f.

31 Fabian Hinrichs: „Die Kunst sitzt im Kerker. Wie das Theater zum Drill wurde – und wie man sich dem widersetzt. Die Laudatio auf Benny Claessens, den Gewinner des Alfred-Kerr-Darstellerpreises", in: *Der Tagesspiegel*, 23.05.2018, online: https://www.tagesspiegel.de/kultur/laudatio-auf-benny-claessens-die-kunst-sitzt-im-kerker/22586896.html [Zugriff am 02.10.2019]. Die Rede wurde später mehrfach auch an anderen Stellen veröffentlicht.

32 Ebd.

33 Ebd.

34 Ebd.

35 Ebd.

36 Peter Laudenbach im Gespräch mit Fabian Hinrichs, „'Ich will mir die Freiheit erhalten, meiner Karriere auch schaden zu können.' Der Schauspieler Fabian Hinrichs über Künstler, Regisseure und andere Servicekräfte", in: *brand eins* 7 (2018), online: https://www.brandeins.de/magazine/brand-eins-wirtschaftsmagazin/2018/service/fabian-hinrichs-interview-ich-will-mir-die-freiheit-er halten-meiner-karriere-auch-schaden-zu-ko ennen [Zugriff am 31.07.2020].

37 „Ich schau dir in die Augen, gesellschaftlicher Verblendungszusammenhang!" (UA Januar 2010, Volksbühne Berlin), „Kill your Darlings! Streets of Berladelphia" (UA Januar 2012, Volksbühne Berlin), „Glauben an die Möglichkeit der völligen Erneuerung der Welt" (UA Oktober 2019, Friedrichstadt Palast Berlin).

38 Julius Bab, *Das Theater im Lichte der Soziologie*. Unveränderter Nachdruck der Ausgabe von 1931, Stuttgart 1974, S. 107 und 108.

39 Karl Schneider, „Das Ensemble – ein Kollektiv ausgeprägter Persönlichkeiten", in: *Theater der Zeit* 2 (1989), S. 10–12. Sowie: Bojana Cvejic, „KOLLEKTIVITÄT? Sie meinen Kooperation!", Übs. v. Therese Kaufmann, in: *Journal transversal* 1 (2005), online: https://transversal.at/transversal/1204/cvejic/de [Zugriff am 05.11.2020].

40 René Pollesch zitiert nach Rüdiger Schaper, „René Pollesch übernimmt Intendanz. Der Volksbühnengeruch kehrt zurück", in: *Berliner Tagesspiegel*, 12.06.2019, online: www.tagesspiegel.de/kultur/rene-pollesch-ueber nimmt-intendanz-der-volksbuehnengeruch-kehrt-zurueck/24449620.html [Zugriff am 13.06.2019]. Der zitierte Satz stammt aus dem mit „Tous Ensemble" überschriebenen Konzeptpapier (Intendanzbewerbung) für Pressevertreter*innen, Berlin Juni 2019.

41 Lisa Jopt im Gespräch mit Kevin Rittberger, „Die meisten von uns wussten noch nicht mal, dass man seine Abgeordneten treffen kann.", in: Matthias Naumann und Kevin Rittberger (Hg.), *Organisation/Organisierung*, Mülheimer Fatzerbücher, Bd. 6, Berlin 2018, S. 145–155, hier S. 149 f. und S. 155.

Leistungskörper/Körperleistung? – Die Aufnahmeprüfung an Schauspiel(hoch)schulen aus ethnographischer Perspektive

Hanna Voss (Mainz)

Ausgehend von einer Untersuchung der formalen Zugangsvoraussetzungen und Prüfungs-modalitäten der staatlichen Schauspiel(hoch)schulen des deutschsprachigen Raumes sucht der Beitrag anhand eines Vergleichs zweier Aufnahmeverfahren (Hannover, München/Otto Falckenberg) jene Faktoren zu ergründen, die kategoriale, unmittelbar am Körper ansetzende Zuschreibungen in Bezug auf angehende Schauspielende im Rahmen der Aufnahmeprüfung wahrscheinlich machen oder gar als ‚normal' bzw. legitim erscheinen lassen. Denn sollte – im Sinne einer *methodischen* Befremdung des eigenen Gegenstandes – auch in diesem organisa-tionalen Feld der Produktion und Rezeption von Kunst und Künstler/innen nicht allein die Leistung zählen? Vor dem Hintergrund manifester diskursiver Veränderungen im letzten Jahrzehnt, die sich auch in dieser ‚Momentaufnahme' aus dem Jahr 2013 bzw. Winter 2016/2017 widerspiegeln, liegt der Fokus der Analyse auf Humandifferenzierungen nach Ethnizität bzw. (stärker naturalisierend) ‚Rasse'. Der ethno- bzw. videographische Ansatz lässt ‚sichtig' werden, dass die von den Schulen verwandten Verfahren zur Selektion der sich Bewerbenden potenziell in unterschiedlichem Maße zur Aufrechterhaltung bzw. Veränderung sozialer und ästhetischer Ordnung(en) beitragen.

„Sie müssen nicht Angst haben, dass Sie irgendetwas können müssen oder nicht können müssen, sonst müssten Sie ja nicht noch zu uns kommen, wenn Sie schon was können könnten."[1] – Mit diesen mir nach-haltig in Erinnerung gebliebenen, da irri-tierenden Worten begrüßte der Schulleiter der Otto Falckenberg Schule die sich Bewer-benden in dem von mir im Winter 2016/2017 teilnehmend beobachteten Aufnahme-verfahren. Denn ‚was' wird hier dann ei-gentlich genau ‚geprüft'? Was bedeutet das für die Objektivierbarkeit der seitens der Dozierenden, die hier als *Gatekeeper* fun-gieren, vorzunehmenden Beurteilung? Und inwiefern kann eine Beurteilung unter die-sen Umständen „ohne Ansehen der Person" erfolgen?[2]

Die insgesamt 21 staatlichen Schauspiel-(hoch)schulen des deutschsprachigen Rau-mes sind dabei als Teil eines größeren Ganzen zu sehen, zu dem auch die (staat-lichen) Künstlervermittlungen, die (öffent-lichen) Theaterhäuser, professionelle wie nicht-professionelle Zuschauende sowie die entsprechenden Berufs- und Fachver-bände (Deutscher Bühnenverein, DBV; Genossenschaft Deutscher Bühnen-Ange-höriger, GDBA; Ständige Konferenz Schau-spielausbildung, SKS) gehören. Aus der Perspektive des soziologischen Neo-Institu-tionalismus betrachtet, lässt sich dieser durch Multilokalität und ein professionelles ‚Nomadentum' gekennzeichnete Praxis-komplex des deutschen Sprechtheaters als ein organisationales Feld (*organizational field*) beschreiben, das sich seit den 1920er und 1930er Jahren zunehmend, wenn auch nicht kontinuierlich strukturiert hat und infolgedessen durch eine gemeinsame insti-tutionelle Umwelt (*institutional environ-ment*) geprägt ist.[3] Die Aufnahmeprüfung an den staatlichen Schauspiel(hoch)schulen stellt in diesem Feld nun bekanntlich die

Forum Modernes Theater, 33/1-2, 120–134.
Gunter Narr Verlag Tübingen

DOI 10.24053/FMTh-2022-0010

mithin wichtigste, da fundamentale organi-sationale Schwelle dar, das sprichwörtliche ‚Nadelöhr' für die Produktion und Rezepti-on von Kunst und Künstler/innen bzw. genauer: von professionellen Schauspielen-den. Denn als solche bedingt sie in nicht unerheblichem Maße, welche Körper, Sub-jekte und ‚Spielertypen' auf den deutsch-sprachigen Bühnen überhaupt in Erschei-nung treten.[4] Dabei interessiert mich insbesondere, welcher Stellenwert Human-differenzierungen nach Ethnizität bzw. (stärker naturalisierend) ‚Rasse', aber auch anderen körperbasierten Humandifferen-zierungen wie Geschlecht, Alter oder (kör-perlicher) ‚Behinderung' in diesen Verfah-ren zukommt – Themen also, die in den letzten Jahren auch von den Teilnehmenden des Feldes selbst vermehrt kritisch diskutiert werden (stereotype Erwartungen, struktu-relle Ausschlüsse etc.).[5] Konkret stellen sich vor diesem Hintergrund u. a. die folgenden Fragen: Inwiefern beeinflussen diskursive, strukturelle und schauspieltheoretische Vor-gaben bzw. Erwartungen die Vorsprech- und Bewertungssituation? Welche Inszenie-rungsstrategien und Darstellungstechniken kommen dabei von Seiten der Vorsprechen-den zum Einsatz, welche – um es semiotisch zu formulieren – „Körpertexte" (Rolle – Physis – Norm) werden hier also in Szene gesetzt?[6] Und mithilfe welcher Kulturtech-niken, medialen Hilfsmittel und anhand welcher Kriterien treffen die Prüfenden ihre Entscheidungen? Auf Basis einer knap-pen Analyse der weitgehend isomorphen Prüfungsmodalitäten und formalen Zu-gangsvoraussetzungen möchte ich diesen wie angrenzenden Fragen anhand eines Ver-gleichs zweier Aufnahmeverfahren ein Stück weit nachgehen und zwar aus ethnographi-scher Perspektive: einerseits filmisch ver-mittelt (Dokumentarfilm *Die Prüfung*, Hannover; Regie: Till Harms, 2016) und andererseits vor Ort teilnehmend beobach-tet (Otto Falckenberg Schule, München),

wobei der Schwerpunkt auf letzterem liegt. Dem übergeordnet ist die eingangs anhand der Begrüßungsworte des Schulleiters auf-geworfene Frage nach dem Verhältnis von Leistung und Körper bzw. Körper und Leis-tung.

‚Ethnographie': Versuch einer *metho-dischen* Befremdung des eigenen Gegenstandes

Leitend für meine Forschung ist ein Ver-ständnis von Ethnographie im Sinne eines Erkenntnisstils des *„Entdeckens"*, wie es Klaus Amann und Stefan Hirschauer in ihrem programmatischen Text „Die Befrem-dung der eigenen Kultur" von einer sozio-logischen Warte aus formuliert haben. So gehe es in der Soziologie als ‚indigener' Ethnographie, wie sie u. a. in Abgrenzung von den Anfängen dieses Erkenntnisstils in der ethnologischen Erfahrung „kultureller Fremdheit" betonen, nicht darum, sich „vor-nehmlich an neuartigen Phänomenen zu orientieren", sondern entgegen „einer fal-schen Vertraulichkeit mit der eigenen Kul-tur" auch „gewöhnliche Ereignisse und Fel-der zu soziologischen Phänomenen zu machen" und einen neuen, fragenden Blick auf sie zu entwickeln: „Das weitgehend Vertraute wird dann betrachtet *als sei es fremd*, es wird nicht nachvollziehend ver-standen, sondern methodisch ‚befremdet': es wird auf Distanz zum Beobachter ge-bracht".[7] Als künstlerisches Mittel ist ein solches Prinzip der Be- bzw. Verfremdung in der Theaterwissenschaft natürlich bestens bekannt, nämlich in Form des V-Effekts der Brecht'schen Konzeption eines Epischen Theaters. Doch wie – so fragt man sich – lässt sich diese aus der „Adaption der eth-nologischen Leitdifferenz von Fremdheit und Vertrautheit" resultierende „Heuristik der Entdeckung des Unbekannten" for-schungspraktisch bewerkstelligen?[8]

Konkret erläutern Amann und Hirschauer als mögliche Verfremdungsmittel, die das „Erfahrung-Machen *methodisieren*" sollen, eine fachliche „Spezialisierung auf Beobachtungskompetenzen", die „Etablierung einer für das Feld akzeptablen Beobachterrolle" und die „rhythmische Unterbrechung der Präsenz im Forschungsfeld durch Phasen des Rückzugs zum universitären Arbeitsplatz und Kollegenkreis".[9] Ein besonderes Augenmerk sei an dieser Stelle auf letzteres gerichtet – auf das das *going native* erst komplementierende *coming home* –, da es hierbei nicht nur um einen Kollektivierungs- und somit Übersetzungs- und Vermittlungsprozess der individuellen Erfahrung geht, sondern auch um die Herstellung einer befremdenden „Optik" mit den begrifflichen Mitteln des (jeweiligen) disziplinären Diskurses.[10] Als „fallübergreifende Möglichkeiten spezifisch ethnographischer Begriffsbildung" führen Amann und Hirschauer die Praktik „systematischer Kontrastierungen" sowie „Registerwechsel, mit denen ein Feld sich in Termini eines anderen beschreiben läßt", an.[11]

Im Sinne eines solchen „Registerwechsels" soll im vorliegenden Fall nun die derzeit auch im Feld populäre Rahmenverschiebung von der ‚Kunst' zur ‚Erwerbsarbeit' – in seinem Reformpapier von Mai 2016 z. B. fordert das „ensemble-netzwerk" für den Schauspielberuf ausübende Personen „ganz normale Arbeitsbedingungen, wie sie für alle Menschen gelten sollten" – dabei helfen, den eigenen wie disziplinären Blick *methodisch* zu befremden und so zu ‚schärfen': Was ‚passiert' also, wenn man Schauspielende als ‚Arbeitnehmende' betrachtet und dementsprechend einen strikt *meritokratischen*, d. h. allein auf Leistung abzielenden Bewertungsmaßstab anlegt?[12] Anstatt also von vornherein davon auszugehen, dass der Körper bzw. das Äußere von Schauspielenden im Theater ‚natürlich' eine Rolle spielt bzw. ‚natürlich' eine Bedeutung hat, suche

ich mithilfe dieser Heuristik jene Faktoren besser in den Blick zu bekommen, die in dem von mir untersuchten organisationalen Feld zur Aufrechterhaltung der sozialen und ästhetischen Ordnung(en) bzw. semiotischen Norm beitragen oder diese unterlaufen, stören und gegebenenfalls zu verändern mögen – sprich: die ‚Spielräume' für Kunst und Künstler/innen begrenzen, verschieben und/oder erweitern. Einem ähnlichen forschungsstrategischen Kalkül folgt auch meine Wahl des den differenzierungstheoretischen Ansatz (Humandifferenzierungen) ergänzenden theoretischen ‚Instrumentariums': Im Gegensatz zu vermeintlich naheliegenden, da u. a. auf macht- oder identitätspolitische Fragestellungen abhebenden Ansätzen, wie z. B. Michel Foucaults Diskurs- und Dispositivtheorie oder Pierre Bourdieus Theorie sozialer Felder, gehen Paul DiMaggio und Walter Powell im Anschluss an Max Weber aus kultur- wie organisationssoziologischer Perspektive davon aus, dass die Entstehung einer gemeinsamen institutionellen Umwelt langfristig zu einer Angleichung bzw. Homogenisierung (*isomorphism*) der beteiligten Organisationen (Strukturen, Praktiken etc.) gemäß geltender Legitimitätsprinzipien führt. Doch nicht nur Organisationen, sondern auch die Angehörigen der für ein Feld maßgeblichen Professionen bzw. Berufe – hier: die als *Gatekeeper* im Bereich Ausbildung, Dramaturgie, Regie und Intendanz arbeitenden Personen – unterlägen selbst isomorphen Angleichungs- bzw. Homogenisierungsprozessen: „a pool of almost interchangeable individuals who occupy similar positions across a range of organizations and possess a similarity of orientation and disposition".[13]

Institutionelle Isomorphie: Prüfungsmodalitäten und Zugangsvoraussetzungen

Blickt man vor diesem Hintergrund auf die Prüfungsmodalitäten und Zugangsvoraussetzungen der 21 staatlichen Schauspiel(hoch)schulen Deutschlands, Österreichs und der Schweiz, so lassen sich grundsätzlich zahlreiche isomorphe Strukturen ausmachen.[14] So erfolgt die Studienplatzvergabe prinzipiell über eine dreistufige Aufnahme- bzw. Eignungsprüfung mit sehr ähnlichen Anforderungen: i. d. R. sind drei Monologe bzw. Rollenausschnitte vorzubereiten, teilweise spezifiziert in klassische, moderne und zeitgenössische Theatertexte, sowie meist noch ein Lied, ein Gedicht und/oder eine selbst entwickelte Szene. An diesen „Rollen" bzw. Szenen wird in der Prüfung dann auch gemeinsam „gearbeitet", wie es in den Beschreibungen wiederholt heißt, und ab der dritten ‚Runde' – so der im Feld hierfür durchweg verwandte Begriff – sind meist ergänzende (Gruppen-)Aufgaben zu Improvisation, Ensemblespiel, Körper, Bewegung, Stimme und Gesang zu absolvieren. Unterstützt werden die sich Bewerbenden dabei einerseits durch eine ganze ‚Batterie' an Vorsprechbüchern und Ratgebern. Andererseits sprechen die Schauspiel(hoch)schulen teilweise auch selbst Empfehlungen aus, etwa bezüglich der Rollenauswahl und der adäquaten Bekleidung bzw. Kostümierung, wobei sie vereinzelt auch explizit auf körperbasierte Humandifferenzierungen abheben. Etwa heißt es hier: „Grundsätzlich solltest Du darauf achten, dass die Rollen vom Alter, vom Geschlecht und von der Körperlichkeit zu Dir passen" (Alanus Hochschule) bzw. noch eindeutiger: „Wenn vom Stück nicht anders verlangt, sollten Frauen Frauenrollen und Männer Männerrollen spielen" (Potsdam) und: „Den vorsprechenden Frauen wird empfohlen, eine

Figur in dezidiert ‚weiblicher Kleidung' zu spielen (Rock, wenn das kein Hindernis für das Spiel bedeutet auch hohe Schuhe)" (Frankfurt). Ins Auge fällt dabei insbesondere die in den voranstehenden Auszügen bereits anklingende Idee einer ‚Typenpassung':

> Grundsätzlich ist es ratsam, über ein weites Spektrum an Figuren eine möglichst große Bandbreite der eigenen Möglichkeiten zu präsentieren. Der einfachste Weg zu diesem Ziel besteht darin, mit einer Figur zu beginnen, die dem eigenen ‚Typ' entspricht, d. h. eine Figur, für die man nach Äußerlichkeit besetzt werden könnte. Dann sollte man sich auch an eine Figur wagen, für die man (vielleicht) nie im Leben besetzt würde. (Frankfurt)

Weniger äußerlich denn vielmehr erlebnis- bzw. erfahrungsbedingt wird die Ähnlichkeit zwischen Rolle(n) und Person hingegen bei anderen Schulen gedacht, wie die Empfehlung der Otto Falckenberg exemplarisch zeigt: „[...] machen Sie sich Gedanken über die Figur und die Situation, die Sie spielen. Überlegen Sie sich, was diese Figur mit Ihrer eigenen Lebenswirklichkeit zu tun hat."

Hinsichtlich der ebenfalls isomorphen Zugangsvoraussetzungen ist zuallererst das Alter bei Studienbeginn zu nennen, das überwiegend zwischen 17 und 25 Jahren liegen soll (in Hannover 26, an der Falckenberg 17 bis 24), wobei die obere Grenze in zwei Fällen noch einmal geschlechtlich differenziert ist und zwar mit 23 Jahren für Frauen und 24 oder 25 Jahren für Männer; in zwei Drittel der Fälle gibt es – anders als noch Mitte der 1980er Jahre – jedoch keinerlei Altersbeschränkungen.[15] Bezüglich der (formalen) Bildungsvoraussetzungen wird von knapp der Hälfte der Schulen auf die allgemeine Hochschulreife (Abitur) verwiesen, jedoch stets in Kombination mit dem feldintern einst als ‚Genie-Paragraph' bezeichneten Vermerk: „Ausnahmen möglich bei besonderer künstlerischer Begabung" o. ä. Die anderen Schulen fordern hingegen von vornherein keinen oder einen niedrigeren Bildungsabschluss. Die erforderlichen Kenntnisse der deutschen Sprache werden für Personen, die über keine muttersprachlichen Kenntnisse verfügen, entweder durch Sprachzertifikate (etwa von B1 bis C2 des Goethe-Instituts reichend) oder Formulierungen wie „ausreichende Beherrschung der deutschen Sprache" geregelt – nur in einer Schule heißt es diesbezüglich unmissverständlich: „Muttersprache deutsch" (Rostock). Zudem müssen die sich Bewerbenden bei rund der Hälfte der Schulen (so auch in Hannover und an der Falckenberg) ein Allgemein-Ärztliches Attest, das einen „unbedenklichen Gesundheitszustand" nachweist, und/oder ein HNO-Attest bzw. ein phoniatrisches Gutachten vorlegen. Bemerkenswert ist, dass im Erhebungsjahr 2016 allein eine Schule in diesem medizinischen Kontext implizit daraufhin hingewiesen hat, dass eine Bewerbung auch bei einer (nicht näher spezifizierten) ‚Behinderung' möglich sei, wobei diese Information erst während meiner Recherche auf der Homepage ergänzt wurde: „Bei anerkannter Schwerbehinderung bitte eine ausgewiesene ärztliche Attestierung beilegen. Zusätzlich bitte vor der Anmeldung einen Termin zu einem Informationsgespräch ausmachen." (August Everding)

Fasst man die voranstehenden Befunde zu den teils über Jahrzehnte tradierten formalen Zugangsvoraussetzungen und daraus seitens von am Schauspielberuf Interessierten potenziell abgeleiteten Erwartungen zusammen, ist es daher nicht gänzlich überraschend, dass das letztliche Bewerberfeld bezüglich des Alters, (mutter)sprachlicher Kenntnisse und medizinisch gerahmter Aspekte – so auch meine Beobachtung in München – bereits eine relativ homogene ‚Kohorte' darstellt bzw. zumindest als solche erscheint. Die eigentliche Leistungsbeurteilung, die im Rahmen der Aufnahmeprüfung

erfolgt, wird in diesem organisationalen Feld somit bereits im Vorhinein durch eine aus *meritokratischer* Sicht in Teilen fragwürdige Relevanz von anderen, körperbasierten Humandifferenzierungen konturiert. Warum aber die Studierendenjahrgänge auch bezüglich des Geschlechterverhältnisses und geringen Anteils von Studierenden mit einem – wie es in der Sprache des Feldes heißt – ‚*sichtbaren* Migrationshintergrund' in sich wie über die Jahre hinweg derart homogen sind bzw. waren, wie es sich anhand der von mir im Rahmen der „Zentralen Vorsprechen" teilnehmend beobachteten Absolventenjahrgänge 2016/2017, 2017/2018 und 2018/2019 exemplarisch zeigen ließe, kann man auf diese Weise nur bedingt bzw. nicht erklären.[16] Offenbar, so lässt sich hieraus schlussfolgern, müssen im Rahmen der Aufnahmeprüfung andere und/oder weitere, weniger offensichtliche Faktoren und Mechanismen mit am ‚Werk' sein, die kategoriale, unmittelbar am Körper ansetzende Zuschreibungen wahrscheinlich machen oder gar als ‚normal' bzw. legitim erscheinen lassen. Die angeführten Prüfungsmodalitäten und Empfehlungen geben diesbezüglich bereits erste Hinweise. Vorausgeschickt sei, dass fast ausnahmslos alle *Gatekeeper*, denen ich im Rahmen meiner Feldforschung begegnet bin, auch körperlich in zumindest einer Hinsicht homogen, da als *weiß* kategorisierbar waren, was auch für die prüfenden Personen der beiden Fallbeispiele gilt.

Fallbeispiel 1: Dokumentarfilm *Die Prüfung* (Hannover) von Till Harms

Der Film *Die Prüfung*, den ich im Folgenden nicht als ästhetisiertes Medienprodukt betrachten, sondern als ethnographische Ressource nutzen und dementsprechend videointeraktionsanalytisch untersuchen möchte, dokumentiert die im Februar 2013 über einen Zeitraum von zehn Tagen erfolgte

Aufnahmeprüfung im Studienbereich „Schauspiel" an der Hochschule für Musik, Theater und Medien Hannover.[17] Den knapp 700 sich Bewerbenden, die um die jährlich angebotenen zehn Studienplätze konkurrierten, standen dabei zehn bzw. zwölf Prüfende gegenüber, die überwiegend dem festen Kollegium angehörten. Bereits im Zuge der Begrüßung zur ersten ‚Runde' betont einer von ihnen ein Aufnahmekriterium („arbeiten"), das in den nachfolgend dokumentierten Diskussionen immer wieder prominent auftaucht:

> **Stefan W.**: Dann (.) begrüß' ich Sie ganz herzlich zum Aufnahmetest (.) im schönen Hannover. Wir prüfen hier (.) mit großer Sorgfalt, das heißt, keiner von uns guckt irgendwie zynisch oder blöd auf euch. Wir prüfen rein und nicht raus. Also wir suchen auch wie die Trüffelschweine (.) nach den Menschen unter euch, mit denen wir glauben, arbeiten zu wollen und zu können.[18]

Auf dem „Protokollblatt zum Feststellungsverfahren im Studiengang Schauspiel", das den sich Bewerbenden zum Zeitpunkt der Filmaufnahmen (noch) ausgehändigt wurde, findet sich zudem ein konkreter (2017 jedoch einer Überprüfung unterzogener) Kriterienkatalog. Hierüber sollen im Falle einer Ablehnung die fehlenden Voraussetzungen dokumentiert werden, zutreffende Mängel sind dabei anzukreuzen: „Körperliche Voraussetzungen", „Spontanität/Impulse", „Phantasie/Erfindungsgabe", „Stimmlich-/sprachliche Voraussetzungen", „situatives Vorstellungsvermögen", „Durchlässigkeit/Prozesse", „Berührbarkeit/Empfindungsstärke/Emotionalität", „Klare Haltungen/Entschiedenheit", „Interesse für Figur", „Textbehandlung und -verständnis", „Sinn für Widersprüche", „Partnerspiel" und „Eingehen auf Arbeitsangebote".[19] Und diese Kriterien, die sich so oder so ähnlich auf der Internetpräsenz anderer Schulen wiederfinden, werden von den Prüfenden in der Diskussion einzelner

Kandidat/innen in Teilen auch verwendet sowie für die Kamera explizit erklärt, wobei prinzipiell zwischen *in situ* und nachträglich geführten Interviews zu unterscheiden ist. Dabei fällt auf, dass die Prüfenden teilweise sehr unterschiedliche Vorstellungen von ein und demselben Kriterium haben, z. B. was „Durchlässigkeit" bedeutet. Dieser ein Stück weit wohl unvermeidlichen Subjektivität der individuellen Urteilskraft wird in Hannover jedoch mit dem Versuch begegnet, eine Objektivierung der Beurteilung mittels aufwändiger Verfahren herzustellen. So erläutert einer der Prüfenden die angewandten (Ethno-)Methoden gegenüber der Kamera u. a. wie folgt: „Wir versuchen so zu prüfen, dass die Prüflinge immer zu anderen Kollegen kommen in der nächsten Runde, damit wir immer ein möglichst brei:tes Meinungsbild haben und […] dadurch (-) ein größtmöglicher Konsens entsteht […]."

Ein zentrales und den Beurteilungsprozess dynamisierendes Mittel ist dabei der Vergleich – mit anderen bzw. genauer: mit den anderen gleichgeschlechtlichen Bewerber/innen. So sind die Studienplätze in Hannover immer paritätisch mit Männern und Frauen zu besetzen, was u. a. dazu führt, dass die männlichen und die weiblichen Vorsprechenden in der Abschlussdiskussion, in der sowohl über die zehn Studienplätze als auch über die vier sog. „Nachrücker"-Plätze entschieden wird, strikt getrennt voneinander diskutiert und somit quasi ‚außer Konkurrenz' gesetzt werden („Fränner und Mauen getrennt – ((lachend)) geht ja gut los", „Jeder hat fünf Männer, fünf Frauen?"). Und diese Ordnung wird durch die binäre Einfärbung der an die Wand projizierten Punkte- und Rangfolge-Tabelle in ein helles Rot (für weiblich) und Blau (für männlich) auch materiell-symbolisch bekräftigt bzw. gesichert.

Während die Geschlechterdifferenz in der Abschlussdiskussion also eine basale Unterscheidung darstellt, lässt sich eine solche Relevanz für Humandifferenzierungen nach Ethnizität bzw. ‚Rasse' hier sowie auch an anderer Stelle nicht konstatieren. Dabei wurde über einzelne Vorsprechende teilweise äußerst kontrovers diskutiert. Auffällig und von Interesse sind hieran vor allem die Dynamiken, welche aufgrund des Prinzips einer Studienplatzvergabe gemäß (geschlechtlich segregierter) Rangfolge von den Beteiligten mehr oder weniger bewusst in Gang gesetzt wurden. Denn im Rahmen dieser Aushandlungsprozesse, die nicht unwesentlich durch die unterschiedlichen Autoritäten der beteiligten, einander in Hufeisenform gegenübersitzenden Sprechersubjekte geprägt sind, ereignete sich der einzige (filmisch dokumentierte) Fall einer interaktionalen bzw. sprachlichen Relevantsetzung von Ethnizität. Auch im Sinne eines mikroanalytischen Einblicks in derlei Expertenkommissionen sei diese Szene im Folgenden daher ungekürzt wiedergegeben. Hintergrund ist, dass zu diesem Zeitpunkt nur noch drei Studienplätze für Frauen zu vergeben waren (ja/nein/Enthaltung = 100/ 0/50 Punkte):

Titus: A:lso, wir ha:ben jetzt (.) folgende Reihenfolge: Wir haben Anna-Lena Hitzfeld mit 750 Punkten.
Stephan H.: Super.
Titus: Und danach haben wir (-)
Stephan H.: Rebecca Seidel.
Titus: Rebecca Sei:del – wo ist denn die? ((in der auf die Wand projizierten Tabelle suchend)) – (-) mit 650 Punkten und dana::ch Jing Xiang mit 600 Punkten und Darja Mahotkin.
Esther: Mit 550 beide, oder?
Titus: Nee, Jing hat 600.
Esther: Echt?
Titus: Und jetzt können wir– wir können tatsächlich einfach einmal die Diskussion führen, ist diese Reihenfolge für uns so okay oder müsste sich unserer Meinung nach danach noch was verschie:ben (-), und wenn ja, was. Was gibt es da für Argumente?
Nora: Ja, ich find' also, bei der ersten Abstimmung war Isabel mit 700 Stimmen, jetzt ist sie plötzlich so: runter, also da– da frag' ich mich, was ist da passiert?=
Stephan H.: =Der Vergleich … [der Vergleich mit anderen.
Nora: [Ähm, weil alle Angst haben vor di:r, äh, so …
Stephan H.: ((leicht lachend)) Das find' ich jetzt unfair, das find' ich unfair …
Nora: Sag ich jetzt=
Stephan H.: =((leise)) Nora, das find' ich [unfair.
Nora: [Also für mich ist es nicht nachvollziehbar, weil ich war– da seh' ich jemand, der schauspielerisch Prozesse spielt, wenn ich– bei Xi–, ich bin einfach erstaunt, also ich bin wirklich geradezu ein bisschen sprachlos.
Stefan W.: Ja, ich kann da was zu sagen, also für mich hat sich vieles gedreht in dem Gespräch, weil viele von mir, die ich gelistet hatte, rausgeflogen sind, (.) und ich kann zu Isabel ganz klar sagen, dass ich (.) ein bisschen umgeschwenkt bin dazu, was ist so– wer ist da, wo ich das Gefühl habe, damit, mit dem möchte ich wirklich arbeiten, weil ich tatsächlich eher sehe, dass mit einer Jing Xiang ich einfach arbeiten kann, da bin ich sicher.
Stephan H.: Natürlich stellt sich die Frage, mit we:m kann man arbeiten. Und mit einer Jing Xing finde ich, (.) hat für mich eine Ausstrahlung und eine– das ist eine Persönlichkeit, mit der ich das Gefühl habe, mit der kann ich arbeiten. So. Und also, ich finde es unfair, also wir reden ja nicht dreieinhalb Stunden, um dann zu sagen, wir machen das nur, weil man Angst hat, das ist doch Unsinn. Das ist doch, äh, jeder muss doch seine Lieblinge– ((sichtlich erregt, parallel beginnt ein leises Durcheinandergerede)) jeder muss doch seine Lieblinge=
Titus: =Das war doch nicht so ernst gemeint!

Stephan H.: Naja, aber trotzdem find' ich's unfair=
Helga: =Hier ist gar nichts unfair.
Nora: Ich muss trotzdem noch mal fragen, also=
Stephan H.: =Man gibt doch erstmal eine Stimme ab und dann ändert sich eine Meinung. ((Durcheinandergerede endet))
Nora: Aber jetzt wirklich <u>auf</u> der Bühne zu sehen (.) war (-) ein emotionaler Pro<u>zess</u>, hab' ich (.) bei der Isabel sehen können und auch bei der Darja, auch wenn der mir bei der Darja nicht so gefällt, aber ich konnte einen <u>sehen</u>, aber bei Xing Xiang Wang sehe ich eine– eine zwar hübsche Chinesin, die gefällt mir <u>auch</u>, aber ich sehe <u>nichts</u>, weder eine schauspielerische Phanta<u>sie</u> noch <u>irgend</u>einen Impuls auf der Bühne, wo ich sage, die Frau muss auf die <u>Bühne</u>. Es tut mir <u>leid</u>. Äh, Asia-Bonus hin oder her. ((im Hintergrund hört man ein nicht zuordenbares O:ch)) Aber ich will nur– nein, ich sag' das jetzt mal– klar ist man bei jemanden, der anders aussieht, [erstmal, ist doch interessant.
Stephan H.:   [Das ist doch Unsinn.
Esther: Aber wir haben ja auch andere Argumente bei ihr [jetzt gebracht, also darauf jetzt so …
Nora: [Wo ist da irgendetwas, wo=
Helga: =Aber so viele tolle nicht.
Onno: Aber sie darf (.), aber Nora darf das doch jetzt mal äußern, warum kommt jetzt so viel Widerwillen, (.) sie war die ganze Zeit relativ [still, jetzt darf sie das doch mal sagen.
Nora: [Sie spielt eine Frau John, Sachen (-) die spielt eine Salome, <u>nix</u> was mit ihr zu tun hat, wo ich dann schon die Frage stellen möchte, wa:rum sucht sie sich so was aus, was <u>ni::chts</u> mit ihr zu tun hat. Gar nichts.
Onno: Also was mich, das allererste, was mich positiv irritiert hat, war, dass da eine Chinesin oder chinesischer Abstammung, asiatischer Abstammung (-), dass die deutsche Rollen spielt und (-) und man einfach denkt, was passiert denn <u>da</u> mit der Theaterwirkung? Das hat mich gar nicht (.) mehr losgelassen.
Titus: Ich glaub', wir müssen uns jetzt an der Stelle echt alle <u>wahn</u>sinnig disziplinieren, sonst wird es unglaublich schwer.

Während Nora ihren Kolleg/innen also vorwirft – obgleich diese primär auf das Kriterium des ‚Arbeitens' rekurrieren –, im Falle Jing Xiangs nicht gemäß der gemeinsamen, auf den ersten Blick rein sach- bzw. leistungsbezogenen Kriterien zu urteilen („weder eine schauspielerische Phanta<u>sie</u>, noch <u>irgend</u>einen Impuls auf der Bühne") und Xiang stattdessen aufgrund ihres ‚anderen' Äußeren einen „Bonus" zu gewähren, versucht Onno Noras spürbar für Unruhe sorgenden Einwand mit Verweis auf zum damaligen Zeitpunkt offenbar bereits in Frage stehende künstlerische Prinzipien („positiv irritiert", „Theaterwirkung") zu legitimieren. Wichtig ist jedoch, dass Noras Aussage, die ausgewählten Rollen hätten „<u>ni::chts</u> mit ihr zu tun", mindestens doppeldeutig, nämlich im Sinne einer inneren (Erleben/Erfahrung) oder äußerlichen Ähnlichkeit interpretierbar ist, und letztere Deutung nur durch den interaktionalen Anschluss die ‚Oberhand' gewinnt. Weitergehend zu diskutieren wäre an dieser Stelle, inwiefern die sprachliche Relevantsetzung von Ethnizität hier durch einen der von der Bewerberin präsentierten „Körpertexte" in besonderer Weise mobilisiert worden ist; nämlich die Darstellung der Frau John aus Gerhart Hauptmanns naturalistischer, im Berliner Großstadtmilieu des späten 19. Jahrhunderts angesiedelten Tragikomödie *Die Ratten* (1911) mittels Berliner Dialekt.

Zusammenfassend lässt sich daher festhalten, dass die Leistungsbeurteilung an dieser Schule strukturell (was die Anzahl der Studienplätze betrifft), aber vor allem systematisch durch kategoriale, nämlich geschlechtliche Zugehörigkeiten bzw. Zuschreibungen beeinflusst wird, denn diese sind auch in die Verfahren selbst eingeschrieben. Zudem scheinen letztere durch die hierfür zentrale Kulturtechnik des Vergleichs aber auch die Relevantsetzung von anderen, aus *meritokratischer* Sicht eigentlich (ebenfalls) professionell zu übersehenden körperbasierten Humandifferenzierungen zu begünstigen.

Fallbeispiel 2: Teilnehmende Beobachtung einer Aufnahmeprüfung (Otto Falckenberg)

Die empirische Grundlage für die nachfolgenden Beschreibungen ist meine teilnehmende Beobachtung der Aufnahmeprüfung an der Otto Falckenberg Schule auf Seiten der Prüfungskommission im Winter 2016/2017 und zwar an insgesamt vierzehn Tagen über einen Zeitraum von acht Wochen hinweg. In der ersten ‚Runde' wurden die sich Bewerbenden dabei nicht nur von den Studierenden des ersten Jahrgangs, sondern auch von dem Leiter der Schule begrüßt. In einer kleinen Ansprache erklärte er ihnen die Aufteilung auf fünf Kommissionen à drei Prüfende, den Ablauf der eigentlichen Prüfung und beantwortete ihre Fragen. Am Nachmittag des fünften Tages dieser ersten ‚Runde' fügte er folgenden, eingangs bereits auszughaft angeführten Nachsatz hinzu (und ähnlich auch an anderen Tagen):

> Bitte erzählen Sie was von sich, mittels dieser Rollen, die sie vorbereitet haben, erzählen Sie was von sich. Sie müssen nicht Angst haben, dass Sie irgendetwas können müssen oder nicht können müssen, sonst müssten Sie ja nicht noch zu uns kommen, wenn Sie schon was können könnten. (…) Das heißt zwar Vorprüfung (…), aber Sie können's nicht beeinflussen, haben Sie vor allem Spaß an diesem Nachmittag hier bei uns.[20]

Im Anschluss an Stefan Hirschauer erscheint es in diesem Zusammenhang daher als produktiv, zwischen einer naturalisierenden und einer kulturalisierenden Verwendung des Leistungsbegriffs zu unterscheiden. So kann Leistung nämlich entweder als „angelegte *Begabung*" oder als „Effekt von *Lernanstrengung*" – feldspezifisch reformuliert als ‚Genie'/‚Talent' bzw. ‚Handwerk' – gedeutet werden, wobei der Begriff des ‚Könnens' hier im letzteren Sinne verwendet wird, man muss also das Handwerk noch nicht beherrschen.[21] Vergleicht man diese Begrüßung („erzählen Sie was von sich, mittels dieser Rollen") mit jener der Hannoveraner Schule („Menschen […], mit denen wir glauben, arbeiten zu wollen und zu <u>können</u>"), so zeichnet sich zudem bereits an dieser Stelle ein unterschiedlicher Fokus der beiden Schulen ab.

In der zweiten ‚Runde' sprachen alle 71 sich Bewerbenden, die zuvor aus rund 400 ausgewählt worden waren, dann vor derselben fünfköpfigen Prüfungskommission vor, die jedes Jahr aus dem festen Kollegium neu gewählt wird. Vorzubereiten und vorab auf dem sog. „Rollenzettel" einzutragen waren erneut drei „Rollen", eine „Selbsterfundene Szene/Monolog" und ein „Lied/Gedicht". Neben diesem „Rollenzettel" und den Bewerbungsunterlagen, die an nahezu allen Schulen u. a. Auskunft über Alter, Geburtsort und Staatsangehörigkeit(en) geben, lag den fünf Prüfenden für jeden Vor- und Nachmittag hier nun auch eine Kurzübersicht der Vorsprechenden vor. Diese war für mich insofern höchst aufschlussreich als sie die zwei zentralen ‚Achsen der Vermessung' des Schauspielnachwuchses deutlich werden lässt: das Alter bei Schulantritt (so auch auf dem „Protokollblatt" von Hannover vermerkt), aber vor allem das Geschlecht. Denn Geschlecht war hier gleich in dreifacher Weise markiert: erstens, über den Vornamen, zweitens, über die binäre Einfärbung der Zeilen in Rot und Blau und drittens –

gleich der Praxis der Theaterverlage –, über die ebenfalls binäre, zugleich altmodisch-klassifizierende Kumulation in Damen und Herren, z. B. „6 D" und „3 H". Und diese binär-geschlechtliche Einfärbung ließ sich – analog zu Hannover – auch in der dritten ‚Runde' beobachten, nämlich auf den öffentlich aushängenden und so für jedermann/frau sichtbaren Ablaufplänen. Dies ist deshalb besonders bemerkenswert, weil es an dieser Schule – im Gegensatz zu Hannover – weder eine feste Anzahl an Studienplätzen noch ein festes Geschlechterverhältnis gibt. Mögliche ethnische Askriptionen lassen sich in dieser Kurzübersicht hingegen allein an die Namensgebung knüpfen, die in dieser Hinsicht jedoch bekanntlich weitaus weniger ‚zuverlässig' ist. Die Relevanz oder Irrelevanz der mich insbesondere interessierenden Humandifferenzierungen wurde somit auch hier weitestgehend der Interaktion überlassen – jener sowohl zwischen Vorsprechenden und Prüfenden als auch innerhalb dieser Expertenkommission.

Blickt man nun auf die Vorsprechenden der zweiten ‚Runde', so hatten rund zehn Prozent von ihnen einen ‚*sichtbaren* Migrationshintergrund' – und ähnliches galt prinzipiell auch für jene der ersten ‚Runde'. Während ein solcher, wenn nicht gar höherer Prozentsatz angesichts der gesellschaftlichen Entwicklungen der letzten Jahrzehnte zu erwarten war, überraschte mich die Rollenauswahl dieser Vorsprechenden, die jedoch mit den zuvor angeführten Empfehlungen der Schauspiel(hoch)schulen und der hier vereinzelt beobachtbaren Idee einer ‚Typenpassung' in Einklang steht. So spielten sie neben ‚ethnisch-neutralen' bzw. traditionell so wahrgenommenen Rollen vermehrt klassische ‚ethnische' Rollen wie Shakespeares Protagonisten Othello und Shylock oder moderne ‚ethnische' Rollen wie Andri aus Max Frischs *Andorra* und Nawal aus Wajdi Mouawads *Verbrennungen*, wohingegen diese und ähnliche Rollen von

anderen Vorsprechenden nicht gewählt wurden. In ihren selbsterfundenen, scheinbar autobiographischen Szenen bzw. Monologen thematisierten sie aber auch Bürgerkriegserfahrungen und Alltagsrassismen („Woher ich komme? Ich komme aus Berlin. Wie, woher ich wirklich komme? Ich komm' wirklich aus Berlin. Ich habe keine Wurzeln, ich bin doch kein Baum").

Angemerkt sei an dieser Stelle zudem, dass alle Vorsprechenden sich durchweg für geschlechtskonforme bzw. in wenigen Fällen für geschlechtsneutrale Rollen (z. B. Botenfiguren) entschieden haben, sodass die Ankündigung einer Bewerberin, Franz Moor vorspielen zu wollen, fast schon ein kleines ‚Highlight' darstellte. Hinsichtlich der Trias Rolle – Physis – Norm ist des Weiteren festzuhalten, dass bei den Vorsprechenden grundsätzlich ein am dramatischen Theatermodell orientiertes, realistisch-psychologisches Verständnis von Theater vorzuherrschen schien, zumindest ließen dies die von ihnen angewandten Darstellungstechniken vermuten. Weitergehend zu reflektieren wäre in diesem Zusammenhang daher die Frage, inwiefern dies und die damit eng verknüpfte (stereotype) Rollenauswahl zum Zwecke der Selbstinszenierung durch die formalen Vorgaben und (tendenziell doppeldeutigen) Empfehlungen der Schauspiel(hoch)schulen noch befördert wird. Zumal für den Schauspieler bzw. die Schauspielerin und seine/ihre individuelle Körperlichkeit im dramatischen, psychologisch-realistischen Theater auf Ebene der Norm, wie Erika Fischer-Lichte es in ihrer *Semiotik des Theaters* fälschlicherweise allgemeingültig formuliert, bekanntlich Folgendes gilt:

> […] seine wahrnehmbare Physis ist in jedem ihrer Elemente als signifikant zu begreifen. Sowohl die Stimme als auch der Körper sind auf dem Theater vollkommen ungeeignet, als reines Medium der Übermittlung zu dienen, ohne nicht selbst durch ihre spezifische

Beschaffenheit den Prozeß der Bedeutungskonstitution wesentlich zu beeinflussen.[22]

Auch wenn diese und andere in diesem kanonischen Text enthaltenen Formulierungen („schwarze Hautfarbe als Zeichen für Zugehörigkeit zur schwarzen Rasse") hinreichend Anlass für eine kritische Selbstreflexion nach wie vor gebräuchlicher aufführungsanalytischer Ansätze böte, sei an dieser Stelle auf eine andere Annahme Fischer-Lichtes hingewiesen, mit der sie sich partiell selbst widerspricht: nämlich, dass jeder einzelnen Aufführung – und damit auch den von den Vorsprechenden präsentierten „Körpertexten" – ein Veränderungspotential im Sinne einer Irritierbarkeit bzw. Veränderbarkeit des schauspielerischen Codes innewohnt.[23] So nahm die Kommission sowohl die zu beobachtenden szenischen Aktualisierungen möglicher ethnischer Askriptionen als auch der zuvor skizzierten Norm mehr oder minder offensiv entgegenstehende „Körpertexte" (wie im Falle der Berlinerin Jing Xiang als Frau John) prinzipiell kommentarlos auf. Allein wenn der Rückgriff auf die teilweise nicht deutsche Muttersprache – wie man hören und/oder den Unterlagen implizit entnehmen konnte – einen anderen spielerischen Eindruck versprach, fragten die Prüfenden nach und ließen die Vorsprechenden etwas in ihrer Muttersprache improvisieren. Im Gegensatz zu Hannover lag dem Verfahren dabei zu keinem Zeitpunkt ein schriftlich fixierter Kriterienkatalog zugrunde, auch ist die Anzahl der Studienplätze – wie zuvor bereits thematisiert – hier vorab nicht genau festgelegt (i. d. R. 10–12). Dem stets nur mit Blick auf einzelne Vorsprechende getroffenen ‚Urteil' voraus ging dabei sowohl in der ersten als auch in der zweiten ‚Runde' ein insgesamt hoch komplexer, sich verbal und nonverbal vollziehender Aushandlungsprozess. So wurden sich Bewerbende manchmal in wenigen Sekunden mit Formulierungen wie „darüber

müssen wir gar nicht reden" ‚abgefertigt' oder es gab eine über zehnminütige Diskussion, basierend auf einer dichten und differenzierten Beschreibung des individuell Erlebten, gepaart mit an ‚Spielzüge' erinnernden Phrasen wie „Da geh' ich mit.", „Ich zieh' zurück." oder „Ich bin da raus." Zur schnelleren Verständigung und Vergegenwärtigung der einzelnen Kandidat/innen griffen die Prüfenden dabei teilweise auch auf Attribuierungen und Typisierungen zurück wie „die Kleine", „die 17-Jährige", „der Faule", „die Diva" oder „die Burgschauspielerin". Auffällig war für mich jedoch, dass ethnische bzw. ‚rassische' Askriptionen nicht gebraucht, wenn nicht gar vermieden wurden. Letzteres legt zumindest der folgende Dialog zwischen zwei Mitgliedern der Prüfungskommission nahe: „Jetzt stelle ich mir den vor mit der von gestern, der Dunkelhäutigen. Welche Dunkelhäutige? … Ah … Die Schwarze." Dem folgte nämlich einerseits ein kurzer Wortwechsel bezüglich der politisch korrekten Bezeichnungspraxis, wobei probeweise auch „mit afrikanischem Migrationshintergrund" vorgeschlagen wurde. Andererseits war dies der einzige Moment, in dem mein *Gatekeeper*, welcher mir trotz meines offen kommunizierten Forschungsinteresses Zugang gewährt hatte, sich in der Prüfungssituation zu mir umdrehte und mich direkt ansprach: „Darf man ‚Schwarze' sagen?". Doch nahm ich dies weniger als eine nach Antwort suchende Frage denn als eine situative Sichtbarmachung meiner Beobachterrolle bzw. -position wahr. Hinsichtlich der Frage nach der Beeinflussung des Verfahrens durch die Anwesenheit meines zentralen ‚Forschungsinstruments' und dessen Eigenschaften (weiblich, 27 Jahre alt, ohne *sichtbaren* Migrationshintergrund') wie Schreibtätigkeit bedürfte es daher ebenfalls einer weitergehenden Reflexion.[24]

Angesichts der skizzierten Attribuierungs- und Typisierungspraxis überrascht es nun nicht, dass in den Diskussionen der Vorsprechen von sich Bewerbenden mit ‚sichtbarem Migrationshintergrund‘ – wenn überhaupt – latent kulturalisierende und somit als ethnisch gerahmte Askriptionen zu beobachten waren, im Sinne einer „imaginierte[n] Zugehörigkeit zu einer Gemeinschaft, die auf einem Glauben an geteilte Kultur und gemeinsame Abstammung beruht“, bzw. daraus resultierender Alltagserfahrungen.[25] So hörte man hier vermehrt die Argumente: „der hat was zu erzählen“, „die hat etwas zu sagen“ oder „er hat ein Anliegen“. Aber auch von einer „Fremdheit“ in Bezug auf das hiesige „Theaterverständnis“ und einem „großen Respekt“ vor „unserer Kultur“ war im Falle tatsächlicher Migrationserfahrungen vereinzelt die Rede. Diese auch im Diskursfeld „Theater & Migration“ anzutreffenden kulturalisierenden Askriptionen hatten jedoch eher einen inkludierenden denn exkludierenden Effekt, wie folgendes Beispiel einer als *schwarz* kategorisierbaren Bewerberin zeigt:

Prüfer/-in 1: Was mich beeindruckt ist die Person; und nicht das Spiel.

Prüfer/-in 2: Also ich bin ja eigentlich nicht dafür gewesen. (…) Mich verblüfft ehrlich gesagt dann doch die Persönlichkeit – gerade weil sie so jung ist. (…) Mich fasziniert zunächst mal die Ernsthaftigkeit und das Erwachsene, wie sie sich jetzt hier irgendwie den Raum nimmt. (…) Das hat auch nix mit einer schauspielerischen Entäußerung, sondern mit einer sehr persönlichen Entäußerung zu tun. (…) Die junge Frau hat ja offensichtlich eine andere… Biografie… als 17-Jährige als wahrscheinlich viele andere, die in normalen Situationen groß werden – spekulativ!

Die zentrale und dies zugleich legitimierende Bedingung der Relevantsetzung von Ethnizität ist in diesem Aufnahmeverfahren somit die scheinbare Abkehr von Leistungsprinzipien („nicht das Spiel“) zugunsten der

„Person“, was eine objektive Beurteilung nahezu unmöglich macht bzw. *ad absurdum* führt. Dabei spiegelt sich dieser Fokus auf die Person – neben der Anforderung, eine selbsterfundene Szene mitzubringen, und der angeführten Empfehlung zur Figurengestaltung – auch darin wider, dass es an dieser Schule anders als in Hannover keine „Nachrücker“-Plätze gibt, sondern die Entscheidung „für oder gegen eine Person“ getroffen wird, wie es eine/r der Prüfenden mir gegenüber in der 3. ‚Runde‘ formuliert hat, und diese Entscheidung somit nicht relativ ist, d. h. auf einem Vergleich beruht, sondern absolut ist.[26] Dementgegen vermittelt das Aufnahmeverfahren der Hannoveraner Schule mit seinem differenzierten Kriterienkatalog und seiner Punkte- und Rangfolgetabelle den Eindruck einer genauen, rein sachbezogenen Bewertbarkeit der Leistung der sich Bewerbenden; das hier zentrale Kriterium des ‚Arbeitens‘ verweist zudem auf einen anderen, stärker auf die Lernanstrengung bzw. auf die Transformation von Begabung in Handwerk ausgerichteten Leistungsbegriff. Der filmisch dokumentierte Verweis auf den „Asia-Bonus“ der in naturalisierender, da primär auf das Äußere abzielender Manier als „hübsche Chinesin“ bezeichneten Bewerberin und deren spezifische „Theaterwirkung“ bei der Darstellung „deutsche[r] Rollen“ erscheint hier – wie auch die Reaktionen einzelner Prüfender nahelegen – daher als besonders ‚fehlplatziert‘.

Zwar sind dies letztlich graduelle Unterschiede und wird das Verhältnis von Leistung und Körper bzw. Körper und Leistung in dem von mir untersuchten organisationalen Feld nach wie vor durch tradierte, sich momentan jedoch partiell im Wandel befindliche ästhetische Normen, die von einer ‚Omnirelevanz‘ im Sinne einer Bedeutsamkeit jeglicher Aspekte der wahrnehmbaren Physis von Schauspielenden ausgehen, wie damit eng verknüpfter schauspieltheoretischer bzw. -didaktischer Annahmen, die auf eine umfassende ‚Bearbeitung' des Körpers abzielen (Stichwort „Körpertraining"), geprägt. Doch zeigt der Vergleich der beiden Fallbeispiele, dass die von den Schauspiel-(hoch)schulen verwandten Verfahren zur Selektion der sich Bewerbenden, in denen sich in Teilen schulspezifische Diskurse widerspiegeln, potenziell in unterschiedlichem Maße zur Aufrechterhaltung bzw. Veränderung ästhetischer und somit auch sozialer Ordnung(en) beitragen. Paradoxerweise scheint dabei gerade der Hannoveraner Versuch eines partiellen ‚Absehens' den *re-entry* rassifizierender Askriptionen zu begünstigen. Im Sinne einer „Historiographie der Gegenwart" liefert der ethnographische Ansatz jedoch nur eine kurze, notwendig subjektiv geprägte ‚Momentaufnahme', die als solche aber Einblick in institutionelle Veränderungsprozesse der jüngeren Vergangenheit wie Gegenwart zu geben vermag, die wiederum die jeweils geltenden ‚Spielregeln' in besonderer Weise sichtbar werden lassen.[27]

Anmerkungen

1 Dieses wie auch alle anderen bezüglich meiner teilnehmenden Beobachtung an der Otto Falckenberg Schule (Fallbeispiel 2) angeführten Zitate aus dem Feld stammen im Falle sprachlicher Äußerungen aus Protokollen, die ich *in situ* handschriftlich angefertigt und gemäß meiner notwendigerweise subjektiv gefärbten Wahrnehmung und Erinnerung direkt ergänzt habe. Zudem greife ich für dieses Fallbeispiel auf mir ausgehändigte Dokumente, Photoaufnahmen und die umfangreichen Notizen in meinem ethnographischen Feldtagebuch zurück.

2 Vgl. Bettina Heintz, „Ohne Ansehen der Person? De-Institutionalisierungsprozesse und geschlechtliche Differenzierung", in: Sylvia Marlene Wilz (Hg.), *Geschlechterdifferenzen – Geschlechterdifferenzierungen. Ein Überblick über gesellschaftliche Entwicklungen und theoretische Positionen*, Wiesbaden 2008, S. 231–252.

3 Vgl. zum Konzept des organisationalen Feldes Paul J. DiMaggio und Walter W. Powell, „The Iron Cage Revisited: Institutional Isomorphism and Collective Rationality in Organizational Fields", in: *American Sociological Review* 48/2 (1983), S. 147–160, insb. S. 147–148 und zur Übertragung auf das Feld des deutschen Sprechtheaters und dessen Strukturation Hanna Voss, „Autonome Kunst? Legitimität und institutioneller Wandel im deutschen Sprechtheater", in: *Forum Modernes Theater* 28/2 (2013[2018]), S. 143–159, insb. S. 147–152.

4 Laut der für mich maßgeblichen Systematik der zur Bundesagentur für Arbeit gehörenden ZAV-Künstlervermittlung zählen zu diesem Kreis an Schulen 21 Bildungseinrichtungen, nur 19 davon sind jedoch Mitglieder der Ständigen Konferenz Schauspielausbildung (SKS), vgl. https://www.schauspielschultreffen.de/hochschulen/ [Zugriff am 30.01.2021]. Nicht zur SKS gehören nach wie vor die Alanus Hochschule für Kunst und Gesellschaft in Alfter bei Bonn und die Anton Bruckner Privatuniversität Linz.

5 So lässt sich analog zur Geschlechterdifferenz auch in Bezug auf körperliche Phänotypen zwischen einer stärker naturalisierenden (*race*) und einer stärker kulturalisierenden (*ethnicity*) Rahmung unterscheiden, vgl. Stefan Hirschauer, „Un/doing Differences. Die Kontingenz sozialer Zugehörigkeiten", in: *Zeitschrift für Soziologie* 43/3 (2014), S. 170–190, hier S. 171 u. S. 186. Zum Begriff „Humandifferenzierungen" und zur programmatischen Ausrichtung dieses Ansatzes, vgl. weiterhin Stefan Hirschauer, „Humandifferenzierung. Modi und Grade sozialer Zugehörigkeit", in: Ders. (Hg.), *Un/doing Differences. Praktiken der Humandifferenzierung*, Weilerswist 2017, S. 29–54.

6 Zum Begriff des „Körpertextes" und den zugrundliegenden Annahmen, vgl. Erika Fischer-Lichte, *Semiotik des Theaters. Die Aufführung als Text*, Bd. 3, Tübingen 2009 [1983], S. 26–32.

7 Vgl. Klaus Amann und Stefan Hirschauer, „Die Befremdung der eigenen Kultur. Ein Programm", in: Dies. (Hg.), *Die Befremdung der eigenen Kultur. Zur ethnographischen Herausforderung soziologischer Empirie*, Frankfurt a. M. 1997, S. 7-52, hier S. 8–12.

8 Vgl. ebd., S. 11.

9 Vgl. ebd., S. 27–28.

10 Vgl. ebd., S. 28.

11 Vgl. ebd., S. 39.

12 Ausdrücklich nicht gemeint ist damit ein neoliberales ‚Arbeitskraftunternehmertum', wie es auch vom „ensemble-netzwerk" kritisch adressiert wird, vgl. exempl. Axel Haunschild und Doris Ruth Eikhof, „Die Arbeitskraftunternehmer. Ein Forschungsbericht über die Arbeitswelt Theater", in: *Theater heute* 3 (2004), S. 4–17.

13 Vgl. DiMaggio und Powell, „The Iron Cage Revisited", insb. S. 150–154, hier S. 152.

14 Sämtliche nachfolgenden Informationen und ‚Daten' sind entweder der Internetpräsenz der Schauspiel(hoch)schulen entnommen oder waren Teil der Bewerbungsunterlagen, die man mir nach Anmeldung zur (nicht angetretenen) Aufnahmeprüfung zugeschickt bzw. zum Download zur Verfügung gestellt hat (Stand: jeweils Herbst 2016).

15 Vgl. Konrad Kuhnt und Gert Meißner, „Die staatlichen, öffentlichen und halböffentlichen Schauspielschulen in der Bundesrepublik Deutschland, in Österreich und in der Schweiz", in: Dies. (Hg.), *Alles Theater. Schauspieler werden – aber wie?*, Reinbek bei Hamburg 1987, S. 210–243.

16 Zum „Zentralen NRW-Vorsprechen" 2016, vgl. Hanna Voss, „Theater zwischen Reproduktion und Transgression körperbasierter Humandifferenzierungen", in: *Dramaturgie. Zeitschrift der Dramaturgischen Gesellschaft* 2 (2017), S. 47–52.

17 Vgl. René Tuma, Bernt Schnettler und Hubert Knoblauch, *Videographie. Einführung in die interpretative Videoanalyse sozialer Situationen*, Wiesbaden 2013, insb. S. 43–48. Zur Einschätzung von Möglichkeiten und Grenzen einer solchen Nutzung hat Till Harms mir im Januar 2017 in einem Gespräch dankenswerter Weise Einblick in den (Post)Produktionsprozess gewährt.

18 Bei diesem wie auch bei alle anderen bezüglich des Aufnahmeverfahrens in Hannover (Fallbeispiel 1) angeführten Zitaten handelt es sich – sofern nicht anders angegeben – um Transkripte von in *Die Prüfung* filmisch dokumentierten sprachlichen Äußerungen. Die von mir verwandten Sonderzeichen sind wie folgt zu lesen: [linke eckige Klammern übereinander, überlappende Rede; = nahtloser Übergang in die folgende Rede; (.) Mikropause; (-) längere Pause; – Selbstunterbrechung; Unterstrich Betonung; : das Ziehen einer Silbe; :: längeres Ziehen; (( )) Anmerkungen.

19 Dieses Dokument sowie die diesbezüglichen Informationen wurden mir im Nachgang zu einem Interview zugesandt, das ich im Februar 2017 mit Titus Georgi als Sprecher des Studienbereichs „Schauspiel" der Hannoveraner Hochschule geführt habe.

20 Die Auslassungen in runden Klammern innerhalb dieses wie des folgenden längeren Auszugs aus einem ethnographischen Beobachtungsprotokoll verweisen auf nicht-notierte, da situativ für mich nicht relevante bzw. nicht mehr rekonstruierbare (Teil-)Aussagen.

21 Vgl. Hirschauer, „Un/doing Differences", S. 186.

22 Vgl. Fischer-Lichte, *Semiotik des Theaters*, Bd. 3, S. 28–29 u. S. 35.

23 Vgl. ebd., S. 76; Erika Fischer-Lichte, *Semiotik des Theaters. Das System der theatralischen Zeichen*, Bd. 1, Tübingen 2007 [1983], S. 100 u. S. 112.

24 Zu Ethnographie-Betreibenden als „[m]enschliche Forschungsinstrumente", vgl. Amann und Hirschauer, „Die Befremdung der eigenen Kultur", S. 23 f.; Georg Breidenstein et al., *Ethnografie. Die Praxis der Feldforschung*, Konstanz/München 2013, S. 60–66.

25 Vgl. Hirschauer, „Un/doing Differences", S. 171 u. S. 186.

26 Einschränkend sei darauf hingewiesen, dass ich zwar alle drei Prüfungsteile der dritten ‚Runde' (Körperarbeit, Improvisationen, Monologe) und die diesbezüglichen Vor-

besprechungen und Vorbereitungen teilnehmend beobachten durfte, zur Abschlussdiskussion jedoch keinen Zugang erhalten bzw.
diesen, einem Gespür folgend, auch nicht
explizit angefragt habe. An dieser Stelle sei
der Otto Falckenberg Schule und allen Beteiligten herzlich für das entgegengebrachte
Vertrauen gedankt!

27 Den Begriff einer „Historiographie der Gegenwart" verwende ich in Anlehnung an
Stefan Hulfelds Überlegungen zu einer
„Theatergeschichte der Gegenwart" bzw.
„Gegenwartstheatergeschichte", vgl. Stefan
Hulfeld, *Theatergeschichtschreibung als kulturelle Praxis. Wie Wissen über Theater entsteht*, Zürich 2007, S. 334–357. Der vorliegende Beitrag ist im Rahmen des DFG-Pro-
jekts „Theater zwischen Reproduktion und
Transgression körperbasierter Humandifferenzierungen" (2016–2021, Leitung: Friedemann Kreuder) an der Johannes Gutenberg-
Universität Mainz entstanden, Teilprojekt
der DFG-FOR 1939 „Un/doing Differences.
Praktiken der Humandifferenzierungen"
(2013–2019).

Stanislawski vs. Datensternchen: Fluide Spielräume junger Schauspielender im digitalen Zeitalter der Volksrepublik China

Raimund Rosarius (München)

> ACTOR Stop. Stop a moment. Now let's extend the game a little, make it even more complex. [...] Now I can establish all kinds of relationship to you, tight, loose, distant, close, and your reactions will influence me differently. For we are each of us pulled into this complicated, ever-changing human world. (Pause) As if we had fallen into a spider's web. (Pause) Or as if we were the spider itself.[1]

Schauspielende nehmen in den Social Media der Volksrepublik China eine Sonderstellung ein. Ihre große Popularität, die sich auf anderen Produktionsräumen (Theater, Film, Fernsehen etc.) gründet, und durch die digitalen Plattformen weiter ausgebaut wird, beschert ihnen einen Einfluss, der Öffentlichkeit konfigurieren kann. Sie sind bevorzugte Zielscheibe für Kritik an (digitalen) Phänomenen, welche die Machthabenden als gesellschaftliche Fehlentwicklungen ausgemacht haben. Diese Gemengelage begründet eine Flut von kritischen Äußerungen der Sprechorgane des Machtapparats, die als zeitgenössische Schauspielpamphlete gewertet werden können. Am Beispiel eines besonders prominenten und ausführlichen Pamphlets fragt der folgenden Text nach den Spielräumen, die sich für Schauspielende ergeben, wenn sie Verhandlungsmasse einer Kalibrierung von Erscheinungsformen des digitalen Kapitalismus sind. Statt vorgezeichnete zeigen sich hier fluide Spielräume mit im ständigen Wandel begriffenen Regeln und Begrenzungen zwischen den technologisch-merkantilen Möglichkeiten des digitalen Kapitalismus und den politisch-moralischen Interventionen durch die rote Kultur der kommunistischen Partei.

Die Volksrepublik China erlebt in den letzten Jahren eine Flut von Schauspieltraktaten, die in ihrer Reichweite und ihrem präfigurativen Einfluss auf gesamtgesellschaftliche Verhaltenskodizes eine maßgebliche politische Intervention darstellen. Im digitalen Zeitalter allgemein und in einem Land von *Early Adopters* im Speziellen ist es wenig verwunderlich, dass solche Diskurse in den Social Media geführt werden. Aus globaler Perspektive ist vielmehr beachtlich, dass zentrale Verhandlungen über die Digitalisierung von Öffentlichkeit, und die daraus resultierenden impliziten Handlungsanweisungen, zuerst an Schauspielenden vorexemplifiziert werden. Dienen die Diskurse zum Schauspielen in Anbetracht ihrer eingeschränkten Medienspezifität als Stellvertreterschauplätze? Gewiss handelt es sich nicht um willkürlich gewählte: Schauspielende bieten sich als Initialschauplätze gesellschaftlicher Umwälzungen geradezu an. Joseph Roach hat auf die moralische Sonderstellung von Schauspielenden hingewiesen, die sie gleichsam zu einer Gefahr macht und gefährdet.

> First, the actor possessed the power to act on his own body. Second, he possessed the power to act on the physical space around him. Finally, he was able to act on the bodies of the

Forum Modernes Theater, 33/1–2, 135–152.
Gunter Narr Verlag Tübingen

DOI 10.24053/FMTh-2022-0011

spectators who shared that space with him. In short, he possessed the power to act. [...] His passions, irradiating the bodies of spectators through their eyes and ears, could literally transfer the contents of his heart to theirs, altering their moral natures.[2]

Über eine ähnliche Wirkmacht verfügen die Schauspielenden im digitalen Raum, den sie mit den Zuschauer*innen teilen — ein Raum, der nicht weniger materiell ist als die Server, die ihn ermöglichen, und in seiner Rekursivität eine Ko-Präsenz[3] ermöglicht. Die Schauspielenden können diesen Raum bespielen und dadurch besetzen. Sie sind außerdem durch ihre Arbeiten in Film, Fernsehen und Bühnen fiktional aufgeladen und strahlen Leidenschaften aus, wodurch sie die Wirkmacht anderer Player in den Social Media[4] übersteigen.

Während in den USA Donald Trump die Social Media zu dominieren schien bis ihn *BigTech*-Unternehmen von ihren Plattformen sperrten und ihre politische Macht noch deutlicher offenbarten, scheinen Nachrichten, welche die Schauspielende betreffen, die chinesischen Social Media zu dominieren. Dabei geht die Besetzung der Räume durch Schauspielende inzwischen über Inhalte hinaus. Die Schauspielenden verfügen über einen solchen – durch die Social Media noch weiter gesteigerten – Bekanntheitsgrad, dass sie Öffentlichkeit konfigurieren können. Sie sind eine Gefahr für die Machthabenden und ihre moralischen Herrschaftsinstrumente und damit auch besonders gefährdet, wodurch sie sich in eine lange Tradition von Theaterfeindlichkeit[5] einreihen. Sie sind Profiteur*innen und Leidtragende ihrer Popularität in den Social Media, denn sie haben die Reichweite, um die Diskurse zu tragen, welche die chinesische Regierung etablieren will. Märchenhafte Verdienstmöglichkeiten stehen Berufsverboten wegen moralischer Verfehlungen gegenüber.[6] Eine Unterscheidung zwischen Schauspielenden und ihren

Rollen wird, anderen Theaterfeindlichkeitsphänomenen ähnlich, nicht gemacht. Schauspielende haften für ihre Rollen, wie gleichsam Rollen und mit ihnen das ganze schauspielerische Produkt für die Schauspielenden haften.

Schauspiel steht, wie schon im 20. Jahrhundert, ganz oben auf der gesellschaftspolitischen Agenda der chinesischen Regierung, denn moralische Anweisungen werden als erprobte Mittel anhand der Schelte von Schauspielenden vorexemplifiziert. Statt Topoi eines „illiberalen China"[7] zu reproduzieren und Herrschaft in die Metapher der Einbahnstraße zu überführen, fragt dieser Text allerdings nach den Spielräumen[8] der in den Fokus geratenen Schauspielenden.

Wie bei Journalismus und Schauspiel im Vormärz handelt es sich bei der Verknüpfung von digitalem Kapitalismus und Schauspiel um eine „historische Situation von Medienverkreuzungen".[9] Aus dieser Situation des Dazwischen ergeben sich für die Schauspielenden fluide Spielräume, in denen sie medial, ästhetisch als auch moralisch flexibel, die eine oder andere Seite bedienen oder zu bedienen vorgeben. Sie spielen ein Spiel zwischen Als-Ob, Formen sozialer Theatralität und realer Produzierenden-Rolle, deren Regeln sich unentwegt ändern und so variabel sind wie die Farbdarstellung digitaler Endgeräte.

Stanislawski oder Schauspiel in rot

Medial changieren die fluiden Spielräume zwischen Schauspiel und digitalen Medien, ideologisch bestimmen ,rote' Kultur und digitaler Kapitalismus die Fluiddynamik. Diese beiden Randbedingungen, rote Kultur und digitaler Kapitalismus, die für ein Verständnis der chinesischen Spezifizität unabdingbar sind, möchte ich im Folgenden in ihrem Verhältnis zum chinesischen Schauspiel skizzieren.

Das Sprechtheater, *Huaju*, war Anfang des 20. Jahrhunderts über rückkehrende chinesische Austauschstudierende aus Japan nach China gebracht worden. Vom japanischen *Shinpa* inspiriert, hatten sie 1907 in Japan begonnen etwa US-amerikanische Stücke zur Aufführung zu bringen.[10] Von Beginn an verfügten diese Inszenierungen über starke politische Implikationen, hatten eine anti-imperialistisch und dekoloniale Ausrichtung.[11] Dadurch entwickelte sich ein an unterschiedlichen Kulturtransfers reicher, eigentümlicher Zugang zum Sprechtheater, der sich auch durch die Opposition zum – der feudalen Kultur entstammenden – klassischen chinesischen Theater (etwa Peking Oper/Kun Oper etc.) auszeichnete.

Erst mit der ‚roten Kultur‘, einem Begriff, mit welchem die Kommunistische Partei (KP) dem von ihr errichteten System den Glanz einer originären Hochkultur verleiht,[12] wird der Zugang zum Sprechtheater von einem stalinistisch geprägten Stanislawski-System überschrieben. Dieses wird von sowjetischen Expert*innen in Peking und Shanghai gelehrt und setzt den Referenzrahmen der staatlichen Schauspielschulen bis heute. Hierbei sind jüngere Forschungen aufschlussreich, die zeigen, dass es sich nicht um ein einheitliches Schauspielsystem oder Lehrmethoden handelte.[13] Die russischen Expert*innen unterrichteten stattdessen ihren je eigenen Zugang zu Stanislawski. So blieb die importierte Expertise eine Ergänzung zum vorkommunistischen chinesischen Sprechtheater statt einer Substitution desselben. Außerdem wanderten zahlreiche Elemente aus dem klassischen chinesischen Theater – beispielsweise Standbilder – ins Stanislawski-System chinesischer Prägung ein. Diese Elemente stehen im Kontrast zum naturalistischen Schauspielstil. Die Stanislawski-Anverwandlung zeigt also schon in ihrer Frühform spezifisch chinesische Merkmale, ist Ausdruck einer roten Kultur, die unterschiedlichen Stilrichtungen und die ihnen innewohnenden Ideologien eklektizistisch zusammenfügt, solange die KP ihr Zentrum bleibt.

Im Zuge der Reformpolitik seit den 1980er Jahren wandert die Marktwirtschaft ins zuvor durch sozialistische Propaganda bestimmte Theater ein. „Zwei Welten und zwei Wertsysteme prallen aufeinander."[14] In diesem Aufeinanderprallen offenbart die rote Kultur abermals eine ausgeprägte ideologische Flexibilität.[15] Schauplatz der ideologischen Neuorientierung ist wieder das Schauspiel.[16] Aus Michael Gissenwehrers Studien zum Propagandatheater[17] möchte ich den Gedanken der Kosmologie aufgreifen, der besagt, dass die chinesischen Machthabenden ihre Macht festigen, indem sie sich ins Zentrum neuer Erscheinungsformen stellen. Diese Methode ist dabei keine Erfindung der KP, sondern ähnelt der Herrschaftsform im kaiserlichen China. In der Konfrontation der Wertsysteme vermischen sich beide; das daraus entstehende Hybrid wird nach der Kosmologie neu ausgerichtet. In Bezug auf die KP lässt sich dieses Vorgehen wie folgt beschreiben: Aus Wertsystem A und B entsteht Wertsystem C, das häufig als Wertsystem B mit chinesischer Prägung von den Machthabenden bezeichnet wird und die Einverleibung des neuen Elements in die KP-Kosmologie signalisiert; die Synonymwerdung je aktueller KP-Ideologie und dem adjektivischen China ist zentrales Anliegen der Machthabenden. Aus Sozialismus und Marktwirtschaft entsteht (sozialistische) Marktwirtschaft mit chinesischer Prägung. Im Reformtheater werden Elemente der Marktwirtschaft unter das Leitbild der roten Kultur gestellt, dieser Vorgang wird im Schauspiel explizit gemacht. Das Schauspiel lässt die (sozialistische) Marktwirtschaft chinesischer Prägung so als folgerichtiges Resultat einer theatralen Auseinandersetzung erscheinen.

Vor dem Hintergrund der aktuellen Konfrontation mit dem digitalen Kapitalismus möchte ich für diesen Aushandlungsprozess den Begriff der Kalibrierung vorschlagen. Der Begriff ist metaphorisch aus dem Farbmanagement abgeleitet: Jedes Endgerät weist eine andere Farbdarstellung auf. Derselbe Datensatz sieht auf unterschiedlichen Bildschirmen anders aus. Durch die (Farbraum-)Kalibrierung wird manuell, mit *Augenmaß*, eine komplexe Farbanpassung des jeweiligen Bildschirms vorgenommen. Der Bildschirm wird für die Augen trainiert. Einige Bildschirme verfügen außerdem über eine (Entzerrungs-)Kalibrierung; wird diese veranlasst, scheint der Bildschirm für einige Sekunden zu erzittern und gibt einen [dz]-Reibelaut von sich: Sinnbild für Intervention. Danach erscheint der Bildschirm in neuen Farbnuancen, vielleicht mit Rotstich.

Gegenstand der Kalibrierung, die in der prozessualen Neuausrichtung der Marktwirtschaft im Reformtheater einen historischen Vorläufer findet, ist der digitale Kapitalismus. Da die Kalibrierung ein Prozess ist, dessen konkrete ideologische Ausgestaltung noch nicht fixiert ist, dessen Erscheinungsformen sich evolutiv zeigen, befinden sich Schauspielende gleichsam in einer Medien- wie einer Ideologieverkreuzung. Sie bewegen sich in noch nicht ausverhandelten, fluiden Spielräumen.

Freiheit der Netze? Unfreiheit der Firewall?

> We have all heard the prognostications: the Internet will vault us into global brotherhood, revitalize our children's education, usher in an era of robust direct democracy [...] — and, ultimately, create the conditions for the development of what the chief executive officer of Microsoft hails as a 'friction-free' capitalism.[18]

Der Begriff digitaler Kapitalismus, den der amerikanische Historiker Dan Schiller noch vor der Jahrtausendwende prägte, ist eine radikale Abkehr von Lesarten des Internets als humanitärer Möglichkeitsraum einer zweiten Aufklärung globalen Ausmaßes. Nicht ohne Augenzwinkern fragt Schiller wie eine aus militärischen Ursprüngen hervorgegangene Technologie abrupt zu einem vollständigen Sinneswandel fähig sein soll. Stattdessen hat sie nach dem Fall des Eisernen Vorhangs eine genealogische Affinität zu einem expandierenden Kapitalismus: „Far from delivering us into a high-tech Eden, in fact cyberspace itself is being rapidly colonized by the familiar workings of the market system."[19]

War die Lesart des Internets als digitaler Kapitalismus um die Jahrtausendwende eine Außenseiterposition, sind heutige öffentliche Diskurse der Social Media als Demokratie-Ermöglicher längst solchen von Social Media als Blasen und als Radikalisierungsorte gewichen. Jüngste Ereignisse lassen Dan Schillers Auffassung des Internets als autoritär disponiert noch zaghaft erscheinen. In den Künsten und ihren Wissenschaften scheint die Euphorie, die sich in Texten um die Jahrtausendwende zeigt,[20] nachzuhallen. Innerhalb der Theaterwissenschaft sind mir explizit digitalkapitalistische Perspektivierungen von Schauspielphänomenen zwischen Digitalisierung und Digitalität bisher nicht bekannt.

Der deutsche Soziologe Philipp Staab sieht gerade das unter dem Einfluss von *BigTech*[21] durchkommerzialisierte Internet als Anlass, dem Begriff des digitalen Kapitalismus eine zentrale Rolle innerhalb der Wissensproduktion zukommen zu lassen. In Staabs Studie ist China kontrastierender Faktor zur Dominanz der US-amerikanischen Unternehmen. Die chinesische Variante des digitalen Kapitalismus, die in ihren Erscheinungsformen eine starke kulturelle Eigenständigkeit aufweist, entwickelte sich unter dem Einfluss einer protektionistischen Politik, der *Great Firewall of China*.

Heute stehen China und die USA trotz der ähnlichen Entwicklungslogik der jeweiligen Leitunternehmen für verschiedene Modelle des digitalen Kapitalismus. Die Unterschiede liegen weniger in der Ökonomie als in unterschiedlichen Paradigmen der Distribution von Lebenschancen [...] Der Distribution von Lebenschancen in Form kapitalistischer Services steht in diesem Fall ein Modell der sozialen Privilegien gegenüber.[22]

Nach diesem Modell[23] werden Personen, die sich nach den moralischen Vorgaben der Regierung richten, privilegiert. Devianten werden soziale Privilegien, z. B. Fliegen, entzogen. Zusätzlich wird mit der öffentlichen Beschämung derselben experimentiert.[24] Die öffentliche Beschämung von Schauspielenden ist ein theatergeschichtlich erprobter Modus[25] von erstaunlicher Parallelität. An Schauspielenden lässt sich vorexemplifizieren, welche Art von Verhalten unerwünscht ist, ohne explizit repressiv aufzutreten, da der moralische Status von Schauspielenden ohnehin fragwürdig erscheint oder aktiv in der Schwebe gehalten wird.

Staabs Lesart des chinesischen Gesellschaftsmodells überakzentuiert den Aspekt sozialer Privilegierung und verkennt die bewusste Ambivalenz und moralische Flexibilität der roten Kultur, in der Machterhalt über der Etablierung eines Gesellschaftsmodells steht. Eine monodirektionale ideologische Steuerung hin zu einem festkörperhaft starren Gesellschaftssystem auf Basis des Social Credit Systems ist nicht in der Klarheit erkennbar, die Staab suggeriert. Festzuhalten ist, dass sich der digitale Kapitalismus wie einst die Marktwirtschaft wirtschaftlich durchgesetzt zu haben scheint, sodass die Machthabenden wiederum einen digitalen Kapitalismus chinesischer Prägung etablieren wollen. Hier halte ich das Modell der Kalibrierung, bei der sich die KP ins Zentrum einer bereits bestehenden Erscheinungsform setzt, für angemessener, um die chinesische Spezifizität zu beschreiben.

Für die analytische Erschließung der Spielräume professionellen Schauspielens in China ermöglicht der Begriff des digitalen Kapitalismus eine Bidirektionalität. In seiner Akzentuierung erlaubt der Begriff eine Abkehr vom Dualismus eines romantisierten, freien und internationalen *World Wide Webs* auf der einen, sowie eines abgeschotteten, repressiven chinesischen Webs auf der anderen. Stattdessen stehen sich zwei tendenziell autoritäre Formen digitalisierter Herrschaft gegenüber, zwischen denen die Schauspielenden nach ihren Spielräumen suchen, ohne dass sie zwischen Gut und Böse wählen müssten, ohne dass ihr Dienst für das eine oder andere Gesellschaftssystem als verwerflich zu markieren wäre.

Fallstudie: „Wer gibt der Datenfälschung eine Brutstätte?"

Die Kalibrierung des digitalen Kapitalismus in die rote Kultur und die sich daraus ergebenden fluiden Spielräume für Schauspielende sollen anhand eines digitalen Schauspielpamphlets dargestellt werden: Unter dem Titel „Wer gibt der Datenfälschung eine Brutstätte?"[26] wird das Pamphlet am 05. Januar 2019 durch den Account der *Renmin Ribao* (wörtl. Volks-Tageszeitung) auf der Social Media Plattform *Weibo* freigeschaltet. Die in Peking ansässige *Renmin Ribao* ist die oberste chinesische Staatszeitung und das direkte Sprachrohr der Regierung. Diverse Meldungen der *Renmin Ribao* auf Weibo lösen in den letzten Jahren Erdbeben aus, welche die Spielräume professionellen Schauspielens in der Volksrepublik China tektonisch zu verschieben suchen. Das Pamphlet ist Teil einer andauernden Auseinandersetzung der chinesischen Machthabenden mit Verfehlungen junger Schauspielender im Internetzeitalter und dem Versuch ihrer Korrektur durch politische und erzieherische Mittel. Die *Renmin Ribao* als Herrschaftsinstrument blickt in ihrer medialen Verkreuzung mit dem Schauspiel auf eine lange Tradition innerhalb der roten Kultur zurück. Im bereits 1978 uraufgeführten Reformstück *Forsythie*,[27] das die Reformpolitik präfiguriert, wird die *Renmin Ribao* „das Symbol der richtungsweisenden politischen Macht, als Waffe im Vernichtungskampf [...] gegen dieselben alten Übel"[28] gar zum Requisit.[29] Den Begriff des Pamphlets habe ich bewusst gewählt, um der Vieldeutigkeit und Multidirektionalität von „Wer gibt der Datenfälschung eine Brutstätte?" beizukommen. Seit dem 16. Jahrhundert in der Bedeutung „zu Fragen von allgemeinem Interesse Stellung beziehende aktuelle kleine Schrift"[30] geläufig, berührt er heute die Bedeutungskomponenten „Schmäh-, Flugschrift, politische Streitschrift"[31]. In der hier analysierten Quelle sind alle vier Bedeutungskomponenten angelegt. Die moralischen Fragen, welche für eine Kalibrierung des digitalen Kapitalismus verhandelt werden, sind von gesamtgesellschaftlichem Interesse, die Kritik an den Schauspielenden wiederum erfolgt durch den Modus einer Beschämung, die in einem anvisierten „Reputationsstaat"[32] eine immanent politische Intervention darstellt. Die Flugschrift soll außerdem eine medienfluide Zirkulation betonen. Parallel erscheint die Kritik in gedruckter Form in der *Guangmin Ribao* und wird über den Account der *Renmin Ribao* in der privatwirtschaftlichen mobilen Applikation *Weibo* zirkuliert. Die gedruckten Zeitungen haben eine starke Affiliation zum politischen Machtapparat und finden außerhalb desselben kaum Rezipierende.[33] Durch die Zirkulation im Social Medium Weibo entwickelt sich die Kritik hingegen zum meistgelesenen Post. Das Pamphlet ist „von allgemeinem Interesse", da Schauspielkritik in der *Renmin Ribao* alle zukünftigen Schauspielprodukte in der Volksrepublik beeinflusst, und somit einen substantiellen Teil des alltäglichen Lebens, rechnet man die unzähligen gestreamten Serien ein, mit denen Zuschauende nicht nur ihre Feierabende, sondern auch ihre langen Pendelzeiten zur Arbeitsstelle und ihre Pausen verbringen.

Einer am permanenten Medienkonsum geschulten visuellen Kultur Rechnung tragend, ergänzt der Internetpost den Zeitungstext um ein vorangestelltes Foto[34]. Das digitale Pamphlet soll daher zuerst auf ikonographischer Ebene analysiert werden: Junge Hände umfassen eine abgegriffene chinesische Ausgabe von Konstantin Stanislawskis „Die Arbeit des Schauspielers an sich selbst". Auf den ersten Blick hat die vorangestellte Fotografie nichts mit dem Inhalt des Pamphlets unter dem kryptischen Titel „Wer gibt der Datenfälschung eine Brutstätte?" zu tun. Weder der Name Stanislawski noch seine Lehren werden außerhalb der Fotografie explizit angesprochen. Angesichts der Kritik, die schlagfertig und kenntnisreich mit Phänomenen der Digital- und Netizenkultur[35] umgeht, wirkt das abgegriffene Hardcover mit Schutzumschlag medientechnisch deplatziert.

Stanislawskis Lehre in ebenso selektivem Kanon wie Übersetzungen ist, wie oben geschildert, das Zentrum der staatlichen chinesischen Schauspielausbildung und meint weniger den russischen Schauspiellehrer und die Bibeltreue zu seinen Schriften, sondern die durch die rote Kultur kalibrierte Schauspieltradition, die dem ideologischen Wildwuchs des digitalen Kapitalismus im gegenwärtigen Schauspiel mit Trimmschnitt begegnen will. So erklären sich auch einige scheinbare Unstimmigkeiten in der figurativen Gestaltung des Fotos. Anders als die Knochenarbeit des Schauspielers vermuten ließe, sind die Finger, welche die chinesische Stanislawski-Ausgabe umfassen, wohl manikürt, beide Hände halten das Buch, halten es somit auch geschlossen – ein *Close-Reading* ist wohl nicht angedacht. Das Halten eines Gegenstandes mit beiden Händen vor der Körpermitte, die Daumen nach oben, steht für die spirituelle Aufladung eines Gegenstandes. Alltäglich ist diese Geste heute noch bei Übergaben von Geschenken oder dem Opfern von Räucherstäbchen. „Die Arbeit des Schauspielers an sich selbst" ist dabei Opfergabe und Demutsgeste gegenüber den Herrschenden zugleich – die positive Konnotierung von Anhimmeln wird im Pamphlet-Text noch deutlicher.

> [...] im Zeitalter des Internets werde die traditionelle Star-Kultur durch eine neue Fan-Kultur ersetzt. Dies erschüttere die traditionelle Idolisierung von Stars, in der Fans einseitig zu ihren Idolen aufschauen und sie bewundern, in ihren Grundfesten. Eine neue Generation von Fans habe eine größere Konsumbereitschaft und ein größeres Mitspracherecht. Sie betonen, dass Stars und Fans sich als Individuen entwickeln. Sie betonen den Partizipationscharakter und die gegenseitige Abhängigkeit. Sie propagierten Slogans wie ‚wer kein Geld ausgibt ist kein echter Fan' und organisierten zahllose Unterstützer-Websites im Internet. Es sei schwer eine Vielzahl von unpassenden und sogar illegalen Tätigkeiten zu verhindern, z. B. Datenwischen, Gossip produzieren, Popularität hypen.[36]

„Partizipationscharakter" und „größeres Mitspracherecht" werden zu „Abhängigkeit" stilisiert und mit Taktiken der (scheinbaren) „Fans" gleichgesetzt, die an Erpressung erinnern: „Künstlich zertrennen sie Stück für Stück die kulturelle Verbindung zwischen Stars und Fans und drängen sie einfältig und rüpelhaft in eine monetäre Verbindung."[37]
Das Anhimmeln von Stars wird hingegen naturalisiert. Ein goldenes Zeitalter der „traditionellen Star-Kultur" wird gezeichnet, das durch die Phänomene des digitalen Kapitalismus erschüttert werde. Die unerreich-

baren Idole verkörpern die rote Kultur. In diesem KP-imaginierten Naturzustand ist die Bewunderung von Schauspielenden gleichbedeutend mit dem Anhimmeln der Machthabenden. Die moralische Makellosigkeit der Stars wäre systemisch. Können die Erschütterungen der roten Kultur durch den digitalen Kapitalismus aufgehoben, kann die rote Starkultur restituiert werden?
Als Kontrastfigur zu den an sich selbst arbeitenden Schauspielenden aus dem rot kalibrierten Stanislawski-Universum, die dadurch zu makellosen Sternen der roten Kultur werden, baut das Pamphlet ‚Datensternchen' auf:

> Datensternchen sind ein virales Konzept der letzten Jahre. Im Wesentlichen bedeutet es, dass Schauspiel-Sternchen, die eine hohe Popularität beim Publikum, insbesondere beim jungen Publikum genießen und viele Fans haben, Internetdaten-Ströme für sich gewinnen können. Sie besetzen damit die erste Reihe der Geschäftsressourcen.[38]

Schauspielende, die sich nach diesen Gesetzen des digitalen Kapitalismus ausrichten, könnten zunächst nur unter ästhetischen Gesichtspunkten kritisiert werden, wie sie vielfach ins Pamphlet eingewoben sind:

> Datensternchen wird Bewunderung zuteil, ihre Gagen steigen mit der Datenfälschung, wie die Flut, die alle Boote hebt. Ein Großteil der Investitionen in Film und Fernsehen fließen in die astronomischen Gagen, das Produktionsbudget schrumpft, die Drehbücher werden zusammengestrichen, die Postproduktion und weitere Glieder der Produktionskette müssen mit dem Nötigsten auskommen. [...] Werke mit Mängeln wie Handlungslöchern, Ideenlosigkeit und unbeholfener Schauspielerei häufen sich. Ästhetische Erschöpfung verbraucht das Vertrauen des Publikums in die Schauspielbranche.[39]

Das Pamphlet verfolgt eine andere Schlagrichtung als marktorientierte Praxen zu

kritisieren. Bevor der Begriff der ‚Datensternchen' überhaupt erklärt wird, wird
seine Verbindung zur ‚Datenfälschung'
deutlich gemacht. Datensternchen werden
durch ihre Involvierung in Praxen der Datenfälschung gekennzeichnet. So sind auch
im obigen Zitat hohe Gagen direktes Resultat von Datenfälschung, nicht etwa von
Beliebtheit oder Marktkenntnis der Schauspielenden. Das Pamphlet zeichnet implizit
ein Szenario, nachdem Schauspielende, die
im Internet populär sind, dies durch Datenfälschung wurden. So wäre Datenfälschung
kein Auswuchs, sondern notwendiger Bestandteil einer Schauspielendenkarriere im
digitalen Kapitalismus. Die einzige Alternative zeichnet das Pamphlet selbst: „Schauspieler mit echtem Talent und Gewissenhaf-
tigkeit bekommen vom Markt die kalte
Schulter gezeigt."[40] Aus Praxen, die der
Geschäftslogik des digitalen Kapitalismus
entstammen, werden automatisch kriminelle Praxen, häufig nur durch ein Komma
getrennt, das statt analytischer Trennschärfe
Austauschbarkeit von Datensternchen und
Datenfälschung signalisiert. Datensternchen
werden kriminalisiert, damit wird aus einer
ästhetischen Frage eine moralische.

Worum handelt es sich bei den Praxen
der Datenfälschung? Als Beispiele für diese
als moralisch verwerflich geschilderten Praxen des digitalen Kapitalismus werden
„systematische Veranstaltungsreservierun-
gen",[41] „Zahlensprechen",[42] „Gesichtspas-
tings"[43] und verschiedene Manipulation
von Schauspielpreisen und Web-Rankings
zu Gunsten der Datensternchen beschrieben.
Bei Letzteren setzen sich die Datensternchen
nicht durch Qualität oder Beliebtheit ihrer
Darbietungen an die Spitze, sondern durch
gezielte Manipulation von Daten. In diesem
Text sollen nur die im Pamphlet genannten
Praxen behandelt werden, denn „Methoden
der Datenfälschung sind zahllos und ver-
blüffend, außer systematischen Veranstal-
tungsreservierungen und Klickgenerierung

sind Fans, Suchthemen, Reposts, Likes und
Kommentare käuflich."[44]

Einleitend führt das Pamphlet zwei Datensternchen als Beispiele an, die im Folgenden betrachtet werden sollen, um den
Detailreichtum der jeweiligen Fälle nicht
durch Verallgemeinerungen zu verlieren.
Zwar nennt das Pamphlet deren Namen
nicht explizit, doch sind sie für die schau-
spiel- wie internetaffinen Lesenden leicht zu
dechiffrieren.

Die ‚Wasserkönigin' und der *Global Player*? Fallbeispiele des Pamphlets

> Eine beliebte Schauspielerin, die kürzlich
> einen Fernsehkunst-Preis erhielt, hat einen
> Internet-Kampf zwischen zwei Gruppen von
> Fans verursacht. Als sie die Trophäe in Hän-
> den hielt, gaben ihr die Netizens den Titel
> ‚Wasserkönigin'.[45]

Als die beliebte Schauspielerin Dilireba 2018
beim *12. Golden Eagle Goddess Award* den
Vorzug vor der Schauspielerin Yangzi erhielt, konnten sich die Fans von Yangzi dies
nur mit Datenfälschung erklären, woraufhin
sie Dilireba als ‚Wasserkönigin' verfemten.[46]
Der Neologismus Wasserkönigin spielt auf
den Begriff der Wasserarmee an,[47] eine
undurchsichtige Mischung aus Klickarbeitern, Bots, gefälschten, zombifizierten und
realen Social Media Accounts. Diese wenig
greifbare und in ihren Zuneigungen fluide
Söldnerarmee richtet ihr Abstimmungsver-
halten in den digitalen Medien nach den
Höchstbietenden. Dilirebas Erfolg beruhte,
so die Anschuldigungen der gegnerischen
Fanstimmen, allein auf der Wasserarmee.

Dilireba[48] entstammt durch ihre Ausbildung an der Shanghai Theatre Academy
der roten Kultur; der Verweis auf Stanislawski kann als Aufruf zur Rückbesinnung
auf ihre Wurzeln verstanden werden. Wie
ihre beachtliche Filmographie mit einigen

Arthouse-Filmen zu Beginn ihrer Karriere zeigt, schickt sie sich an, eine ernsthafte Schauspielerin, ein ,alter Theaterknochen'[49], zu werden, scheint aber in den Strudel des digitalen Kapitalismus geraten zu sein. Das Pamphlet lässt im Dunkeln, ob die Tat oder der Vorwurf Veranlassung für die Nennung von Dilireba in der Kritik ist. Hat sie sich der Datenfälschung schuldig gemacht oder genügen allein die Anschuldigung der Social Media Öffentlichkeit, um an der Schauspielerin ein Exempel zu statuieren? Jedenfalls reden die Machthabenden den gegnerischen Fans das Wort, als wären sie bemüht, Sprachrohr für Stimmungen im Social Media Volk zu sein. Durch Anlehnung an etablierte Sprachmuster beginnt die Kalibrierung der digitalen Schauspielphänomene, wie auch das zweite Fallbeispiel des Pamphlets zeigt:

> Ein chinesischer Sänger stand an erster Stelle der I-Tunes Charts, obwohl ein Großteil der US-Amerikaner ihn nicht kennt. Deswegen wurden der Name des Sängers und die ,chinesische Wasserarmee' eine Trending Topic auf Twitter …

Es handelt sich um den in den USA ausgebildeten und durch eine südkoreanisch-chinesische K-Pop Casting-Show bekannt gewordenen Sänger und Schauspieler Cai Xukun, dessen Schauspiel im Musikvideo *Wait Wait Wait*[50] tatsächlich als Paradebeispiel für Non-Acting herhalten könnte und damit im deutlichen Kontrast zum Stil von an den staatlichen Konservatorien ausgebildeten Schauspielenden steht. Cai Xukun spielt wiederholt mit den Sujets Wasser sowie gesichtslosen Menschen, die sich auf seinen phlegmatischen Fingerzeig hin in Wellen neu ausrichten, fast als wäre es eine bewusste Allusion an die Wasserarmee und nicht nur Produkt frugaler Spezialeffekte. Cai verkörpert sich selbst und die Rolle, welche dieses Selbst im Spiel des digitalen

Kapitalismus spielt. Seine unaffizierte Coolness erinnert eher an ein Pokerface als an einen Mimen. Er tritt weniger als schauspielender Sänger denn als Player auf.

Ist daher das Argument, Cai Xukun arbeite nicht an sich selbst, zutreffend? Schließlich arbeitet Cai doch sehr wohl an seinem Pokerface, eine Metapher, die sich konzeptuell zu einem Pokerbody ausweiten ließe. Schauspieltechnisch hat er diesen Stil der ungerührten Mühelosigkeit, die einer mühelosen Kontrolle gleichkommt, perfektioniert. Die Virtuosität des Marionettenspielers mit dem Publikum/den Fans an den Fäden, die an seiner statt Partei ergreifen und affiziert handeln, stünde Machthabenden gut zu Gesicht. Hier ist weniger relevant wie affektgeleitet Cais Fans einerseits und eine umfassendere Social Media Öffentlichkeit andererseits tatsächlich sind. Wie viel Berechnung hinter Affekten als Erscheinungsform in den Social Media steckt – die Frage ob Trolle aufgebracht sind – tangiert die Argumentation des Pamphlets nicht. Der Anschein des Gerührtseins, die Suggestion einer durch Cai Xukun in Wogen versetzten Social Media Öffentlichkeit genügt, um die Drohkulisse einer Verfremdung der Wirklichkeit durch die Datensternchen aufzubauen.

Der im Pamphlet gezeichnete Einfluss dieses schauspielerischen Tuns reicht weit über ein Produkt hinaus, das sich nur durch Datenmanipulation im aufmerksamkeitsökonomischen Markt durchsetzen kann. In der Kritik implizit ist, dass die spezifische ,chinesische Wasserarmee' erst durch das Fehlverhalten Cai Xukuns im Ausland zum Begriff wird: Er beschädigt also das Ansehen der Volksrepublik in der Welt.[51] China und damit die KP würden mit Datenmanipulation assoziiert. Das digital distribuierte Schauspiel wird für die *Soft-Diplomacy* relevant, indem es die von der KP anvisierten „selektiven Identitäten"[52] gefährdet. In jedem Tun von chinesischen Schauspielenden im digitalen Kapitalismus wohnt ein potenzieller Gesichtsverlust der KP inne und birgt die Risiken eines diplomatischen Skandals. Dass die KP, in ihrer eigenen Gleichung, mit der Wasserarmee in Verbindung gebracht wird, schreibt sie dem Verantwortungsbereich Cai Xukuns zu.

Die Wahl der beiden notdürftig anonymisierten Einzelakteure Dilireba und Cai Xukun ist aus heuristischen Gesichtspunkten aufschlussreich, da beide einem völlig anderen Umfeld entstammen und ihre Nennung unterschiedliche Implikationen aufweist. Die Schauspielbranche wird in ihrer Vielschichtigkeit erfasst; die Notwendigkeit einer Kalibrierung aller Spielformen betont. Während Cai Xukun und seine Fans direkt mit dem Datensternchen-Unterhaltungskosmos in Verbindung gebracht werden, Diskussion um ihn häufig um Phänomene des zeitgenössischen digitalen Kapitalismus kreisen und die Anwendung solcher Praktiken von Datenfälschung durch Cai Xukun und seine Anhängerschaft nicht überrascht, wird Dilireba außer durch den Schandtitel ,Wasserkönigin' nicht gleich als ,Datensternchen' identifiziert. Anders als Cai Xukun, entstammt Dilireba der eingangs beschriebenen kosmologisch roten Schauspielkultur.

Die Kalibrierung ist in beiden Fällen anders, während der fotografische Verweis auf Stanislawski in Bezug auf den genreflexiblen Entertainer Cai Xukun geradezu absurd erscheint, ist es bei der ausgebildeten Schauspielerin Dilireba als ein Aufruf zur Rückbesinnung zu den eigenen Wurzeln zu verstehen, eine Rückkalibrierung in die Kosmologie, in die sie sich mit Aufnahme ihrer Ausbildung eingegliedert hat; deren Formen sie per Training beherrscht. Dilireba wird sich im Anschluss an die Vorfälle als ein Opfer von Cybermobbing stilisieren. Über ein Schreiben ihrer Rechtsvertretung, das sie auf Weibo postet, wird sie juristische Schritte gegen die Fans ihrer Kontrahentin Yangzi androhen; Yangzi unternimmt dieselben Handlungen spiegelgleich.[53] Im Gegensatz zu Dilireba lässt Cai Xukun alle Vorwürfe unkommentiert an sich abprallen. Seine kühle Ungerührtheit suggeriert eine unanfechtbare Machtposition, die den Machthabenden besser zu Gesicht stehen würde als die Unsicherheit, die über zensorische Bemühungen manifest wird, selbst wenn sie wie im Falle des Pamphlets, in Gestalt einer Wiedergabe von Protesten aus der Social Media Öffentlichkeit erscheint. Bei Cai Xukun ist der Verweis auf Stanislawski in einem globalen Rahmen Aufruf zur Rückbesinnung auf die eigenen chinesischen Wurzeln, die im Wertsystem der Machthabenden mit der roten Kosmologie identisch sind. Zum Zwecke von deren *Gesichtswahrung* hat er im globalen digitalen Kapitalismus zu agieren. Cais Handlungsspielräume sind davon abhängig wie wichtig ihm der festlandchinesische Binnenmarkt und die regimetreuen Anteile des auslandschinesischen Publikums sind. Da sich ihre Schauspielkarriere (bisher) auf den chinesischen Binnenmarkt beschränkt, verfügt Dilireba nicht über die globalen Spielräume von Cai Xukun, zumal das Musikvideo als Gattung die Sprach- und Kulturräume wesentlich müheloser überschreitet als Film und Fernsehen. Ein Berufsverbot in Festland-China bedeutet für die (letztlich immer noch zu genrespezifische) Dilireba das Karriereende, für Cai Xukun eine – wenn auch substanzielle – Verkleinerung seines Publikums.

Es zeigen sich also je nach Fall sehr unterschiedliche Spielräume, was deren Unberechenbarkeit verschärft. Sie sind wohl in ihrer Unterschiedlichkeit absichtlich gewählt, um das gesamte Spektrum chinesischen Schauspielens zu erfassen. So ergeht eine unspezifische Warnung an eine gesamte Branche, es mit technischen Möglichkeiten des digitalen Kapitalismus nicht zu weit zu treiben. Die Spielräume der technischen Möglichkeiten sind mit den Spielräumen von Schauspielenden nicht gleichzusetzen.

Während die Schauspielenden selbst ihre Spielräume entrepreneurisch ausgeweitet haben, mehren sich die unternehmerischen Risiken gegen die Schlagrichtung einer sich ebenso ausdehnenden roten Kosmologie anzuecken. Nicht jedes Experiment mit den technologischen Möglichkeiten des digitalen Kapitalismus, nicht jede Verfehlung in den Augen der Machthabenden, gestattet durch Kalibrierung nachträglich in rote Kosmologie eingefasst zu werden. Mit beiden Polen im ständigen Wandel müssen sie ihr Tun fluide ausrichten.

Doch was zeichnet eine spielregelkonforme Schauspielkultur laut Pamphlet aus? Welche Spezifika haben die Wurzeln, auf die sich Dilireba und letztlich auch Cai Xukun rückbesinnen sollen? Diese Fragen werden im Pamphlet vornehmlich ex negativo und in keiner Weise abschließend beantwortet.

Pathetisch wird das Pamphlet durch den Aufruf eines Experten beendet, sich „von den Ketten des Kapitals zu befreien", stattdessen sollen sich „die Schauspiel-Produzenten besinnen und selbst bodenständig in die Kunstproduktion vertiefen".[54] Wiederholt ist von ‚Qualität' die Rede: „Die Datensternchen, deren künstlerisches Niveau verbessert werden muss, und die künstlerische Qualität ihrer schauspielerischen Werke sind ein Streitthema."[55] Das ist so wenig konkret wie die einleitende Stanislawski-Fotografie. Zu klare Handlungsanweisungen würden angesichts nicht absehbarer zukünftiger Entwicklungen angreifbar machen. Dabei ist es die Vagheit dieser Handlungsanweisungen, die den Schauspielenden letztlich erst die fluiden Spielräume zwischen roter Kultur und digitalem Kapitalismus ermöglicht, in denen ihnen Ressourcen mühelos zutreiben, während sie andererseits unberechenbaren Strömen ausgesetzt sind.

Vom Nutzen fluider Spielräume

Interessanter als das KP-imaginierte Schauspielideal ist daher die Frage, wieso den Schauspielenden Spielräume zugestanden werden. Schließlich wird die Verantwortlichkeit diesen zugeschrieben, wenn von „Datenfälschung durch die Datensternchen"[56] die Rede ist oder Dilireba vorgeworfen wird, dass sie „einen Internet-Kampf […] verursacht"[57] habe. Wieso werden sie ob ihrer kriminellen Handlungen im digitalen Kapitalismus nicht vom Markt genommen – wie es bei Ehebruch oder Steuerhinterziehung der Fall wäre? Durch die Reichweite der Kritik wird ihr Bekanntheitsgrad noch gesteigert. Ist das Pamphlet vielleicht nur eine letzte Warnung?

Statt einer Löschung, die angesichts der „Automatisierung von Rekursivität"[58] eine naheliegende Sanktion wäre, werden die Phänomene durch die *Renmin Ribao* aktiv in der Diskussion gehalten. Tatsächlich haben sie sich am Markt längst überholt, das Pamphlet tritt nach:

Einige Datensternchen, die aufgrund von Datenfälschung berühmt wurden, haben stark an Berühmtheit eingebüßt. Im Jahre 2018 erlebten ein Großteil der Schauspiel-Werke, in denen Datensternchen mitspielten, ihr ‚Waterloo'. An der Abendkasse waren sie nicht erfolgreich und sanken in der öffentlichen Beachtung. Die opportunistischen Akteur*innen in der Branche zahlten einen hohen Preis dafür während von hoher Qualität und Abwechslungsreichtum ausgezeichnete Werke Mainstream des Marktes wurden.[59]

Das Spiel ist noch komplexer. Die Kalibrierung geht über eine (ästhetische) Anpassung der Erscheinungsformen hinaus. Die KP wartet gemäß einer Methodologie, in der es – dem wirtschaftspolitischen Pragmatismus Deng Xiaopings folgend – auf die Farbe der Katze zunächst nicht ankommt,[60] wie sich der Markt entwickelt. Im Nachhinein entfalten die gescheiterten Experimente des digitalen Kapitalismus in China einen ideologischen Verhandlungswert, wie im Folgenden anhand der im Pamphlet mantra-artig fallenden Wasserarmee und der ihr zum Vorbild gereichenden ‚50 Cent Party‘ exemplifiziert werden soll. Die Schauspielenden sind als Träger dieser Themen von systemischer Relevanz.

Der Wasserarmee als auf die Schauspielbranche spezialisierter Neologismus geht auf die *5 Mao Dang* zurück, die als ‚50 Cent Party‘ übersetzt seit Längerem in den China-Studien verhandelt wird.[61] Der Kaufkraft entsprechend wäre Partei halber Pfennige als Übersetzung angebrachter. Diese auf ihre schlechte Besoldung anspielenden Sonderformen von Klickarbeitern waren und sind für die Meinungsbildung in der digitalen Volksrepublik zuständig. In ihrer großen Zahl haben sie die Möglichkeit, die Debatten in den Social Media zu steuern, von der KP begrüßte Inhalte zu hypen und unwillkommene mit Shitstorms zu überziehen. Zwar wirkt dies auf den ersten Blick gesteuerter als das undurchsichtige digitale Fluidum der Wasserarmee, was aber nicht ausschließt, dass ‚halbe Pfennige‘ um noch kostensparendere Bots ersetzt würden, naheliegend ist auch, dass sich besonders regierungstreue Netizens durch ehrenamtliche Klickarbeit in den Chor der halben Pfennige einreihen. Während die *5 Mao Dang* aus Gründen der Zensur in den Social Media kein Thema mehr ist,[62] nur noch durch ausländische wissenschaftliche Diskurse und den nicht digital entäußerten Sprachgebrauch von chinesischen Millennials spukt, ist die im Pamphlet manifeste Diskussion um die Wasserarmee ein von der KP selbst zum Gegenstand erhobenes Phänomen, das konkret mit der Schauspielbranche statt unmittelbar mit politischer Meinungsbildung assoziiert wird. Es ist dies ein Beispiel, dass Schauspiel der KP nicht nur für „Vorpostengefechte“[63] dient, sondern auch als Träger von Ablenkungsmanövern. Möglich ist, dass sich ein digitaler Kapitalismus chinesischer Prägung strukturell auf der „Wasserarmee“ nicht

unähnlichen Phänomenen gründen wird, die dessen Geist als Steuerungsinstrumente je nach Anliegen fesseln und entfesseln können. Wo Staab den Staat (über alle Gesellschaftsformen hinweg) als globalen Verlierer des digitalen Kapitalismus ausmacht,[64] sind hier Formen von Gegenwehr festzustellen, die sich nicht in Opposition, sondern Kalibrierung artikulieren.

Unter Nutzbarmachung der Schauspielenden wird ein womöglich systemrelevantes „Datenfälschungs“-Phänomen aus einem KP-eigenen Kontext dem Verantwortungsbereich von Schauspielenden überschrieben. Die Popularität der Schauspielenden ist dabei eine wichtige Ressource, „Datensternchen“ werden in ihrer Rolle als Sündenböcke systemisch relevant, was ihre Spielräume überhaupt erst ermöglicht. Hier zeigt sich eine weitere Dimension der Kalibrierung. Eigene Experimente der Machthabenden mit der Medien- und Ideologieverkreuzung werden verschleiert und auf die im öffentlichen Fokus stehenden Schauspielenden umgeleitet. Datenfälschung erscheint nicht systemisch, sondern als eine Untugend in den Spielräumen einer exklusiven Gruppe,[65] den Schauspielenden, jenen ohnehin moralisch fragwürdigen Außenseitern, deren Arbeit nicht als ehrenhaft, wenn überhaupt als Arbeit gilt. Die Nähe der Schauspielenden zu Diskursen von Täuschung, Ansteckungsgefahr und Käuflichkeit prädestiniert sie als Schauplätze solcher Verhandlungen, der Raum des Als-Ob, den sie genealogisch besetzen, macht sie als Gegenstand gleichzeitig unverfänglich.

Fluide Schauspielende als Ressource

Auf dem Weg zu einem digitalen Kapitalismus chinesischer Prägung auf Basis der Kalibrierung bestehender digitalkapitalistischer Spielarten dienen Schauspielende als Exerzierfeld. Im Unterschied zum Reformtheater der späten 1970er und 1980er Jahre, das eine Marktwirtschaft chinesischer Prägung etablieren sollte, beschränkt sich die Verhandlung nicht mehr nur auf die Bühnenwirklichkeit. Schauspielende als Privatperson und Personen des öffentlichen Lebens sind Teil der Verhandlungsmasse. An den einleitenden bei Joseph Roach entlehnten Gedanken anschließend sind sie eine systemische Gefahr, vor allem aber auch Gefährdete. Nicht nur ihr Bekanntheitsgrad und ihre Fähigkeit zu affizieren ist Grund für die ihnen zugewiesene Hauptrolle innerhalb einer gesamtgesellschaftlichen Kalibrierung, sondern auch die moralische Fragwürdigkeit ihres Berufsstandes. So werden auch eigene Experimente der Machthabenden mit dem digitalen Kapitalismus diskursiv auf die Schauspielenden umgelenkt. Die Machthabenden möchten einerseits die Kontrolle aufrecht erhalten, andererseits volkswirtschaftliche Potentiale nicht verschenken. Schauspielende suggerieren dabei eine ausreichende Distanz zum Machtapparat.[66] Es scheint um Boulevard, weniger um Politik zu gehen. Die „Datensternchen" werden als Abweicher*innen von etablierten und moralisch geschätzten Konventionen dargestellt – etwa als vom Stanislawski-System chinesischer Prägung abweichend. Gleichsam scheinen sie in ihrer pionierhaften Funktion im digitalen Kapitalismus geschätzt zu werden. Schauspielende suchen Spielräume zwischen zwei tendenziell autoritären Herrschaftssystemen und testen diese auf eigene Gefahr aus. Sie dienen einem Ausfechten der moralischen Spielräume des digitalen Kapitalismus in der Volksrepublik China, die dessen technologische Möglichkeitsräume begrenzen soll. Diese vielfältigen Anwendungsmöglichkeiten von Schauspielenden innerhalb der Kalibrierung, deren Zweck es ist, die KP ins kosmologische Zentrum des digitalen Kapitalismus zu rücken, einen digitalen Kapitalismus chinesischer Prägung zu schaffen, erklärt die Flut von Schauspielpamphleten.

Für Schauspielende bedeutete das die Notwendigkeit zur Fluidität ihres Handelns, das sich den fluiden Spielräumen anpasst. Technologischen Möglichkeiten können sie sich nicht verschließen. Auf Anweisungen hin, die sich nicht die Mühe klarer Formulierung machen, müssen sie jederzeit umsteuern können. Die Fluidität der Spielräume ist für die Schauspielenden eine existentielle Herausforderung. Fluide Spielräume machen fluide Schauspielende. Der Grat zwischen geachtet, toleriert und geächtet werden ist schmal. Daher kommt es im chinesischen Schauspiel der Gegenwart zu einer permanenten Fluktuation, nicht nur der Erscheinungsformen wie Schauspielstilen und -techniken, sondern auch zu einem häufigen Austausch der Akteur*innen selbst. Schauspielende in der Volksrepublik China dürfen keinen Phänomenen aufsitzen, die sich in Markt oder Macht bereits überholt haben, beim Experimentieren mit neuen Methoden müssen sie mit der Gunst des Publikums ebenso spekulieren, wie sie dem System der Postzensur immer einen Schritt voraus sein müssen, um im Spiel zu bleiben.[67]

Anmerkungen

1 Gao Xingjian, *The Other Side: A Contemporary Drama Without Acts*, übers. Jo Riley, in: Martha P. Y. Cheung und Jane C. C. Lai (Hg.), *An Oxford Anthology of Contemporary Chinese Drama*, Hong Kong et al. 1997, S. 149–261, hier S. 155.

2 Joseph R. Roach, *The Player's Passion: Studies in the Science of Acting*, Ann Arbor 1993, S. 27.
Die Darstellung der Mächte, die Schauspielende entfesseln und ihnen gleichzeitig zum Opfer fallen können (ebd., S. 28), entstammt einer Analyse der Rhetorik der Leidenschaften aus dem siebzehnten Jahrhundert. Im Sinne einer „history of the theatricalization of the human body" (ebd., S. 12), die Roach

anstrebt, können solche Denkfiguren, die Schauspielende als Abstraktum spezifizieren, als sich transhistorisch fortschreibend gedeutet werden. Das hier analysierte Beispiel suggeriert überdies eine transkulturelle Anwendbarkeit. Die Sprechtheater-Tradition in China rekurriert, wenn auch ungleich verschütteter, auf dieselben Fragmente historischen Denkens.

3   Spielarten von Ko-Präsenz im Digitalen wurden vor allem in der digitalen Ethnographie durchdekliniert. Vgl. vor allem Sarah Pink et al., *Digital Ethnography: Principles and Practice*, Los Angeles et al., 2016.

4   In China wird im alltäglichen Sprachgebrauch eine – durchaus überraschend klare – Unterscheidung zwischen Influencer*innen (Wanghong) und Stars/Sternchen (Mingxing) gemacht. Während die Influencer*innen ihr soziales Kapital ursprünglich aus den Social Media beziehen, d. h. über die Social Media bekannt geworden sind, beziehen Sternchen ihr soziales Kapital aus Branchen mit längerer Geschichte (Theater, Film, Fernsehen etc.). Das Prestige professioneller Schauspielender in den Social Media ist ungleich höher als das der medienspezifischen Influencer*innen. Die Übergänge zwischen den verschiedenen Branchen sind in China allerdings besonders durchlässig. Es ist nicht ungewöhnlich, dass Influencer*innen in klassischen Filmproduktionen spielen, andererseits werden sie dabei stets als Wanghong – im Netz Populäre – wahrgenommen. Datensternchen (Liuliang Mingxing) sind daher als eine durch ihre Social Media Praxen veranlasste Abwertung prestigereicher Akteur*innen zu verstehen.

5   Historiographisch fundierte Studien zu Theaterfeindlichkeitsphänomenen sind zahlreich. Mein Verständnis beruht im Wesentlichen auf Jonas A. Barish, *The Antitheatrical Prejudice*, Berkeley et al. 1981.
Chistopher Wild betont den Unterschied zwischen Antitheatralität und Theaterfeindlichkeit im Deutschen, wobei erstere eine Medialität, letztere das Theater im Ganzen attackiert. Vgl. Christopher J. Wild, „Theorizing Theater Antitheatrically: Karl Philipp Moritz's Theatromania", in: *MLN* 120 (2005),

S. 507–538, hier S. 509–510, Fußnote 9.
Beide Bedeutungsebenen umfassend hat Lisa Freeman argumentiert: „antitheatrical sentiments are directed not simply toward representational forms but also towards those bodies that act in public as vehicles for those forms." Lisa A. Freeman, *Antitheatricality and the Body Public*, Philadelphia 2017, S. 3. Diesem Verständnis von Theaterfeindlichkeit schließe ich mich an.
Im deutschsprachigen Raum ist 2012 ein einschlägiger Sammelband zum Thema erschienen: vgl. Stefanie Diekmann, Christopher Wild und Gabriele Brandstetter, „Theaterfeindlichkeit: Anmerkungen zu einem unterschätzten Phänomen", in: Dies. (Hg.), *Theaterfeindlichkeit*, München 2012, S. 7–15.

6   Beispielhaft soll hier der Fall um die Steuerhinterziehung der Schauspielerin Fan Bingbing stehen, deren Verurteilung gleichsam zu einem Aufführungsverbot führte; oder jener der Schauspielerin Li Xiaolu, deren neueste Produktionen nach einer außerehelichen Affäre nicht übertragen wurden, obschon es keine für die Zensur bedenklichen Inhalte gab.

7   Vgl. Daniel F. Vukovich, *Illiberal China: The Ideological Challenge of the People's Republic of China*, Singapur 2019.

8   Spielräume ist ein für die hier beschriebenen Phänomene adäquater Begriff, da er gleichermaßen Beinfreit und Beschränkungen akzentuiert.

9   Meike Wagner, „Mediale Konstellationen im Vormärz", in: Norbert Otto Eke (Hg.), *Vormärz-Handbuch*, Bielefeld 2020, S. 301–308, hier S. 301.

10 Vgl. Liu Siyuan, „The Impact of Shinpa on Early Chinese Huaju", in: *Asian Theatre Journal* 23 (2006), S. 342–355.

11 Vgl. etwa Michael Gissenwehrer, „Das 20. Theaterjahrhundert in China", in: Cao Kefei, Sabine Heymann und Christoph Lepschy (Hg.), *Zeitgenössisches Theater in China: Zhongguo Dangdai Xiju*, Berlin 2017, S. 78–99, hier S. 81.

12 Im Rot vermischen sich drei Bedeutungskomponenten: Die Farbe steht in der traditionellen chinesischen Kultur für Festlichkeit aber auch moralische Komponenten wie

Tugend. Diese Grundierung spielt in die Wertung der ‚roten Fahne‘ sozialistischer Herrschaft mit ein. Außerdem steht Rot für Popularität. Vgl. etwa Andreas Steen, „‚Voices of the Mainstream‘: Red Songs and Revolutionary Identities in the People's Republic of China", in: Christian Utz und Frederick Lau (Hg.): *Vocal Music and Cultural Identity in Contemporary Music*, New York/London 2013, S. 225–247, hier S. 225. Wenn jemand Berühmtheit erlangt, sagt man in China wörtlich, sie oder er sei *rot geworden*. Der oben angesprochene *Wanghong* (Influencer*in in China) setzt sich aus den Komponenten Netz (Wang) und rot (hong) zusammen. Die Farbe Rot umspannt also feudale, sozialistische und digitale Kultur. Dennoch wird die ‚rote Kultur‘ in China zumeist mit Propaganda assoziiert, ‚rote Stücke‘, ‚rote Filme‘ oder ‚rote Lieder‘ verfügen nicht nur über einen propagandistischen Inhalt, sondern eine eigene ästhetische Formensprache; sie sind als Genre erkennbar.

13 Vgl. Jonathan Pitches und Li Ruru, „Stanislavsky with Chinese Characteristics: How the System was Introduced into China", in: Jonathan Pitches und Stefan Aquilina (Hg.), *Stanislavsky in the World: The System and Its Transformations Across Continents*, London et al. 2017, S. 166–195, hier S. 167–168.

14 Michael Gissenwehrer, *Chinas Propagandatheater 1942–1989*, München 2008, S. 176.

15 So kann auch die Marktwirtschaft letztlich der Machtsicherung der KP dienen, was Deng Xiaopings mit seinem berühmten Ausspruch ausdrückt: „White cat, black cat, if it catches mice it is a good cat", zitiert nach: Robert Weil, *Red Cat, White Cat: China and the Contradictions of ‚Market Socialism‘*, New York 1996, S. 10.

16 In den Umwälzungen der Reformpolitik sehe ich die stärksten historischen Parallelen zur heutigen Auseinandersetzung mit dem digitalen Kapitalismus, nicht etwa in der Kulturrevolution, auch wenn zur chinesischen Zentralität des Schauspiels nicht unerwähnt bleiben sollte, dass Mao Zedong, der sich von der KP zunehmend ins Abseits gedrängt sah, mit einer Theaterkritik die Kulturrevolution einleitete. Vgl. Alessandro Russo, *Cultural Revolution and Revolutionary Culture*, Durham/London 2020, S. 11–25.

17 Vgl. Gissenwehrer, *Chinas Propagandatheater*, S. 26–27.

18 Dan Schiller, *Digital Capitalism: Networking the Global Market System*, London/Cambridge 1999, S. XIII.

19 Ebd., S. XIV.

20 Vgl. z. B. Elisabeth Schweeger, „Wissensgesellschaft und Kunst: Das Netz als Chance für kulturelle Vielfalt und Toleranz", in: Christa Maar, Ernst Pöppel und Hans Ulrich Obrist (Hg.), *Weltwissen – Wissenswelt: Das globale Netz von Text und Bild*, Köln 2000, S. 74–80.

21 Gemeint sind hier die GAFA-Unternehmen Google, Apple, Facebook und Amazon, sowie die chinesischen BAT-Unternehmen, Baidu, Alibaba und Tencent.

22 Philipp Staab, *Digitaler Kapitalismus*, Berlin 2019, Kap. „Lebenschancen als Services".

23 Staab nennt hier auch das SCS (Social Credit System) als dessen offensichtlichste Materialisierung.

24 Vgl. hierzu die ebenfalls von Staab zitierte Studie zur SCS-Beschämung: Mareike Ohlberg, Shazeda Ahmed und Bertram Lang, „Central Planning, Local Experiments: The Complex Implementation of China's Social Credit System", in: *Merics* (2017), S. 10.

25 Vgl. hierzu Freeman, *Antitheatricality and the Body Public*.

26 Renmin Ribao, „Wer gibt der Datenfälschung eine Brutstätte?" (*Shei Zai Gei Liuliang Shuju Zaojia Dazao Wenchuang?*), https://www.weibo.com/ttarticle/p/show?id=2309404325082620114148#rnd1594289531933 [letzter Zugriff 09.07.2020]. Die vollständige Übersetzung, die auf Anfrage zur Verfügung gestellt werden kann, ist durch den Autor erfolgt; nicht anderweitig gekennzeichnete Zitate stammen aus dieser. Die Originalfassung des Pamphlets ist über den oben angeführten Weibo-Link abrufbar.

27 Vgl. Gissenwehrer, *Chinas Propagandatheater*, S. 128.

28 Ebd., S. 131.

29 Vgl. ebd., S. 130–131.

30 „Pamphlet", in: Wolfgang Pfeifer et al. (Hg.), *Etymologisches Wörterbuch des Deutschen.* digitalisierte und überarbeitete Version, https://www.dwds.de/wb/etymwb/Pamphlet [letzter Zugriff 13.01.2021].

31 Ebd.

32 Vgl. Dai Xin, „Toward a Reputation State; A Comprehensive View of China's Social Credit System Project", in: Oliver Everling (Hg.), *Social Credit Rating: Reputation und Vertrauen beurteilen,* Wiesbaden 2020, S. 139–163. In dieser Studie ist außerdem ein aufschlussreiches Detail zu finden, das wiederum auf die Nähe zwischen Schauspiel und Beschämung hindeutet. Fotos von deskreditierten Personen wurden bisweilen als Vorspann vor Kinofilmen gezeigt: vgl. ebd., S. 149.

33 Vgl. hierzu Kevin Latham, „People's Daily", in: Edward L. Davis (Hg.), *Encyclopedia of Contemporary Chinese Culture*, London/New York 2005, S. 637, sowie Kevin Latham, „Guanming Ribao", in: Edward L. Davis (Hg.), *Encyclopedia of Contemporary Chinese Culture*, London/New York 2005, S. 322.

34 Unter der Fotografie steht der Titel „Wer gibt der Datenfälschung eine Brutstätte" und eine kurze Einleitung in einem Absatz, in der die Fallstudien von zwei exemplarischen Schauspielenden als Kontext der weiteren Ausführungen dargestellt werden. Es folgt die erste Unterüberschrift „Mit dem Aufkommen der Daten-Gedanken stürzt die Branche ins Chaos" und zwei Absätzen, in denen die Konzepte ‚Datensternchen' und ‚Datenfälschung' detailliert vorgestellt werden. Die zweite Unterüberschrift „Heimgesucht von einem flatterhaften Geisteszustand wird die künstlerische Qualität besorgniserregend" leitet vier Absätze ein, in der zahlreiche Expert*innen die Qualitätsverluste in Schauspielprodukten bedauern und nach Erklärungsansätzen suchen. Die dritte Unterüberschrift „Die Fankultur an der Macht herrscht ein Mangel an der Steuerung von Wertvorstellungen" macht die Fans, und vor allem die Fan-Anführer*innen, als Schuldige für die Phänomene von Datenfälschung aus. Drei Absätze werden darauf verwendet, die so wahnhafte wie kriminelle Parallelwelt der Fankultur zu beschreiben. Im letzten Absatz werden schließlich die Maßnahmen geschildert, welche die Regierung als Reaktion auf die Datenfälschung unternommen hat und ein utopisches Bild einer zukünftigen chinesischen Schauspielbranche gezeichnet. Die durch Absätze und Überschriften gestaltete Form, in der auf einen Absatz zwei und schließlich zweimal vier Absätze folgen, wirkt strukturiert und suggeriert eine logische Beweisführung. Demgegenüber steht ein Inhalt mit vielen Rückverweisen, der sich nur durch mehrmaliges Lesen entschlüsseln lässt. Eine Auffälligkeit im gesamten Pamphlet ist der fluide Gebrauch von direkten und indirekten Zitaten der Expert*innen, die sich vor allem aus der Professor*innenschaft rekrutierten. Diese sind mit den eigenen Argumenten des Pamphlets in einer Dichte verwoben, dass Trennschärfe gar nicht erst behauptet wird. Dieses Vorgehen könnte man getrost als „Datenfälschung" bezeichnen.

35 Netizens (Citizens of the Net) ist eine Bezeichnung für (aktive) Akteur*innen im Internet. Auf die wörtliche Übersetzung der chinesischen Entsprechung ‚Internetfreunde' (Wangyoumen) verzichte ich bewusst. Netizens konnotieren auch heute noch unkontrollierte Dissemination von Inhalten und Meinungen (vgl. auch Paul Clark, *Youth Culture in China: From Red Guards to Netizens*, New York et al. 2012), selbst wenn der öffentliche Raum, in denen die Internetfreunde sich anschicken, umtriebig zu werden, in der Materialität des chinesischen Webs längst ein gänzlich anderer, ein in weiten Teilen kontrollierter, ist.

36 Renmin Ribao. „Wer gibt der Datenfälschung eine Brutstätte?"

37 Ebd.

38 Ebd.

39 Ebd.

40 Ebd.

41 Ebd., *Suochang Baopaipian* bedeutet wörtlich ‚Aufführungen abschließen/blocken'. Da Filme in China rund um die Uhr gezeigt werden, ergeben sich nicht selten Vorführungen ohne Publikum. In diesem Fall kann das Kino den angebotenen Film durch einen

anderen ersetzen. Wenn es hingegen nur wenige Reservierungen gibt, werden die Filme abgespielt. *Suochang* ist eine Methode der Fans „um die Filme, in denen ihre Idole mitspielen, in einem hochkompetitiven Markt vor schlechten Verkaufszahlen an der Abendkasse, und so vor der Absage ihrer Filme durch die Kinos zu bewahren" (*Renmin Ribao*).

42 Ebd., beim *Nian Shuzi* sprechen die Datensternchen Zahlen statt eines Rollentextes, der nachsynchronisiert wird. Das erspart ein Textlernen.

43 Ebd., Mittels *Koutu* können die Datensternchen beim Dreh durch Doubles ersetzt werden. In der Postproduktion werden die Gesichter der Datensternchen eingefügt, was diesen ermöglicht, in einer großen Zahl von Schauspielprodukten zu spielen.

44 Ebd.

45 Ebd.

46 Vgl. Jinri Toutiao, „Nach zweijährigem Lästern haben Yangzi und Dilireba nun endlich angefangen ohne Visier zu kämpfen, wie tief muss ihr Hass sein?", https://www.toutiao.com/a6819870761038119439/ [letzter Zugriff 14.01.2021].

47 Wasser ist zudem in der chinesischen Kultur – als moralisch nicht standhaft – häufig ein stark pejoratives Begriffselement.

48 Dilireba ist, wie an ihrem Namen zu erkennen, uighurischer Abstammung. In Anbetracht des Ausmaßes der gegnerischen Fan-Reaktion können Vorurteile von Han-Chinesen, wie etwa das Stereotyp, Minderheiten hätten es besonders leicht, durchaus eine Rolle spielen. Im chinesischen Diskurs um Dilireba scheint ihre Abstammung keine Rolle zu spielen. Dilireba verkörpert die vollassimilierte Uigurin, spielt zumeist Han-Chinesische Rollen, und wird letztlich nur über das Elemente *exotischer Schönheit* mit ihrer Abstammung in Verbindung gebracht.

49 In China wird eine Grenze zwischen ‚kleines Frischfleisch' (Xiao Xianrou) und ‚alten Theaterknochen' (Lao Xigu) gezogen. ‚Alte Theaterknochen' sind gestandene Schauspieler mit jahrelanger Bühnen- und/oder Filmerfahrung; ‚kleines Frischfleisch' stammt aus den unterschiedlichsten Kontexten (Konservatorien bis hin zu Casting Shows) und wird allein über Jugend, Neuheit am Markt und Kriterien von äußerer Schönheit definiert. ‚Theaterknochen' definieren sich durch eine virtuose Schauspieltechnik, ‚kleines Frischfleisch' zumeist durch einen Mangel an derselben. Der Sprung vom ‚kleinen Frischfleisch' zum ‚Theaterknochen' ist schwierig. Er verspricht ein gesichertes Auskommen in der chinesischen Schauspielbranche über viele Jahre.

Unter dem Titel „Theaterknochen, Frischfleisch und die Unprofessionellen: Selbstverständigungsmetaphern und Propaganda technischer Qualität und Professionalisierung im chinesischen Schauspiel der Gegenwart" habe ich am 22.11.2019 im Rahmen der Arbeitstagung der AG Schauspieltheorie (Gesellschaft für Theaterwissenschaft) an der Johannes-Gutenberg-Universität Mainz einen Vortrag über dieses Phänomen gehalten.

50 Vgl. Cai Xukun Guanfang Zhuanshu Pindao Kun's Official Channel, *Wait Wait Wait*, https://www.youtube.com/watch?v=anKcvcmzhrs [letzter Zugriff 01.05.2021].

51 Dabei scheint sich Cai Xukun alle Mühe zu geben, die chinesische Kultur in die US-amerikanische Pop-Kultur zu exportieren; sein Video strömt über von visuellen Verweisen auf dieselbe.

52 Vgl. Dominik Mierzejewski und Bartosz Kowalski, *China's Selective Identities: State, Ideology and Culture*, Singapur 2019.

53 Vgl. Jinri Toutiao, „Nach zweijährigem Lästern".

54 Renmin Ribao, „Wer gibt der Datenfälschung eine Brutstätte?"

55 Ebd.

56 Ebd.

57 Ebd.

58 Philipp Staab, *Digitaler Kapitalismus*, Kap. „Die Lücke schließen".

59 Renmin Ribao. „Wer gibt der Datenfälschung eine Brutstätte?"

60 Hier spiele ich auf die in Fußnote 15 dargestellte Maxime der KP im Zuge der Reformpolitik an, die pragmatische Erwägungen der Subsistenz vor ideologische Zugehörigkeitserwägungen stellt.

61 Vgl. Rongbin Han, „Manufacturing Consent in Cyberspace: China's ‚Fifty-Cent Army'", in: *Journal of Current Chinese Affairs* 44 (2015), S. 105–134; Gary King, Jennifer Pan und Margaret E. Roberts, „How the Chinese Government Fabricates Social Media Posts for Strategic Distraction, Not Engaged Argument", in: *American Political Science Review* 111 (2017), S. 484–501.

62 Vgl. Jason Q. Ng, *Blocked on Weibo. What Gets Suppressed on China's Version of Twitter (And Why)*, New York/London 2013, Kap. „#dissent# #censorship# #justice#".

63 Gissenwehrer, *Chinas Propagandatheater*, S. 240.

64 Philipp Staab, *Digitaler Kapitalismus*, Kap. „Keine Einheit von Staat und Kapital".

65 Mit einem allgemeineren Verständnis von Spiel, beschreibt der Soziologe Udo Thiedeke „Spiel-Räume [...] als *Exklusionsbereiche* gesellschaftlicher Normalität". Vgl. Udo Thiedeke, „Spiel-Räume: Zur Soziologie entgrenzter Exklusionsbereiche", in: Herbert Willems (Hg.), *Weltweite Welten: Internet-Figurationen aus wissenssoziologischer Perspektive*, Wiesbaden 2008, S. 295–317, hier S. 298.

66 Tatsächlich hat der Machtapparat insbesondere im maoistischen China immer die Nähe zum Schauspielstand gesucht, vielleicht *weil* beide wie zwei kaum zu verwebende Entitäten wirken.

67 Das mag ein Grund sein, warum sich die ästhetischen Erscheinungsformen, die in diesem Text noch nicht untersucht werden, im digitalen Zeitalter der Volksrepublik China innerhalb weniger Monate grundlegend ändern können.

Spielraum, Intervention, Strukturwandel. Bertolt Brechts „kleine, wendige Truppen" von 1956

Anja Klöck (Leipzig)

Die aktuellen Forderungen eines Strukturwandels an den deutschsprachigen Stadt- und Staatstheatern sind von einer Engführung von Ästhetik auf Intervention geprägt: An welchem Knotenpunkt zwischen Ästhetik, Politik, Theaterorganisation, Schauspielpraxis und Schauspielausbildung könnte man einen wirksamen Hebel für Veränderung ansetzen? Wo und wie soll man intervenieren, um die als veraltet oder zementiert empfundenen Strukturen zu verändern? Vor dem Hintergrund dieser gegenwärtigen Fragen untersucht der Beitrag eine Rede von Bertolt Brecht aus dem Jahr 1956. Darin forderte er, an den feststehenden Theatern „kleine, wendige Kampfformen" nach dem Vorbild der Agitprop-Truppen der Weimarer Republik zu bilden. Der Beitrag setzt das performativ entgrenzende Potential der Rede ins Verhältnis zur Theaterarbeit am Berliner Ensemble. Brecht greift ganz gezielt in den sich verengenden Spielraum der Theater der jungen DDR ein und entwickelt dabei ein Praxismodell, das die vormals oppositionelle Position der Agitprop-Akteur*innen dialektisch wendet.

In seinen „Ausführungen vor der Sektion Dramatik" fordert Bertolt Brecht im Januar 1956 auf dem Vierten Deutschen Schriftstellerkongress in Berlin (Ost) „kleine, wendige Kampfformen […] wie wir sie einmal in der Agitprop-Bewegung gehabt haben".[1] Diese „kleinen, wendigen Truppen und Trüpplein" sollten an allen Theatern der Deutschen Demokratischen Republik gegründet werden, um „Bildung in der Form von Umbildung" zu betreiben, auch „gegen die Intendanz".[2] Diese Forderung Brechts wurde in den vergangen Jahren mit erhöhter Aufmerksamkeit bedacht, erscheint sie doch im Kontext des aktuell geforderten Strukturwandels der öffentlich geförderten Theater wie auch in Anknüpfung an den Begriff der künstlerischen Intervention hoch aktuell. Davon zeugen Veranstaltungen des Literaturforum im Brecht-Haus Berlin wie „Brecht und das Theater der Intervention" (Brecht-Tage 2020) oder „Truppen, Kampfformen und Interventionen – Brechts Theatervision ‚kleiner, wendiger Truppen' im Jahr 2018".[3]

Dieser Beitrag greift die Engführung von Brechts Ästhetik auf die Intervention zum Zwecke eines Strukturwandels auf. Eine augenfällige Gemeinsamkeit von Brechts Konzept der „kleinen, wendigen Truppen" und dem aktuellen Begriff der künstlerischen Intervention ist das gemeinsame kämpferische Bezugsfeld. Die Rede von 1956 verwendet Begriffe wie „Kampfformen", „Kampfgeist", „Truppen", „Revolution", „Waffen", „Kämpferin". Auch die künstlerische Intervention weist nach Friedrich von Borries diesen Bezug auf:

> Interventionen sind das Wundermittel unserer Zeit. Schnell rein, eingreifen, schnell raus. Große Wirkung mit wenig Aufwand. Im Krieg, in der Kunst, in der Stadtentwicklung.[4]

Der Begriff ist verhaftet in den *Urban Interventions*, konkreten und zum Teil die Grenzen des Legalen überschreitenden Eingriffen in den Stadtraum durch eine Interaktion von Architektur, Kunst, Performance,

Forum Modernes Theater, 33/1-2, 153–165.
Gunter Narr Verlag Tübingen

DOI 10.24053/FMTh-2022-0012

Installation, sozialen Praktiken und Aktivismus, die unterschiedliche Strukturen und Praktiken der Stadt verhandeln, verändern, kommentieren oder (zurück) erobern.[5]

Kunstwert ergibt sich hier zwangsläufig auch aus einem Kampfwert unabhängig davon, ob er nachhaltig oder zweckfrei gedacht ist. Ob und wie Brecht mit seiner Rede im Jahr 1956 kämpferisch eingreift, soll hier genauer untersucht werden. Auf welche Theaterpraxis und -organisation der jungen DDR reagierte Brecht 1956 mit seinen Forderungen? Inwiefern sind sowohl das Ereignis der Rede als auch die inhaltlichen Forderungen als in sie intervenierend zu verstehen, und wie sollte Intervention erfolgen?

In der Engführung von Brechts Ästhetik auf den Begriff der künstlerischen Intervention schwingen darüber hinaus aktuelle Forderungen eines Strukturwandels an den öffentlichen Theatern mit: die Auflösung der hierarchischen Organisation zugunsten einer team- und prozessorientierten Strukturreform[6]; das Neudenken des kulturpolitischen Bildungsauftrags und unidirektionaler Vermittlungsmodelle durch politische Träger sowie die Pflicht der Künstler*innen, diesen Prozess mitzugestalten[7]; Kritik am künstlerisch-ästhetischen Repräsentationsmodell an den Stadt- und Staatstheatern und Forderung neuer Formen und Formate bis hin zu mobilen „Szenischen Einsatzkommandos", die „als dramatische Interventionsgruppen die Landesbühnen in ihrem gesellschaftlichen Auftrag ablösen".[8] Brechts Mängelrüge von 1956 schlägt einen ähnlichen Ton an: Es gebe „sehr schlechte Intendanten", sie seien „zu alt geworden" oder „Operettenbuffos", einige Theater würden ihm „als unterprovinzmäßig verwaltet geschildert", die Intendant*innen seien abhängig von „örtlichen Instanzen [...], deren Kunstsinn natürlich nicht immer garantiert werden kann".[9] Deshalb fordert er in seiner Rede eine „Neuordnung" und deren Unter-

stützung durch den Schriftstellerverband. Den aufgezeigten Missständen stellt Brecht Agitprop als historisches Beispiel und Modell einer anderen Praxis und Organisation entgegen. Vor dem Hintergrund der aktuellen Debatte um die aktive Generierung von strukturellem Wandel durch eingreifende künstlerisch-ästhetische Praktiken, erscheint eine historisierende Auseinandersetzung mit Brechts Redebeitrag von 1956 mehr als lohnend.

Spielraum zwischen Verschaltung und Möglichkeitsraum

Brecht reagierte sowohl mit der Rede (performativ) als auch mit den inhaltlichen Forderungen (programmatisch) auf schwindende Spielräume im Wirkungsbereich des Theaters in der DDR. Spielraum ist dabei nicht metaphorisch gemeint, sondern bezogen auf die Disziplinarmacht, die sich als eine konkrete Verschaltung von Ästhetik, Parteipolitik, Dramaturgie, Theaterorganisation und Schauspielpraxis zeigt und die Theaterpraxis in ihren Möglichkeiten einhegen sollte und in konkreten Vorgängen auch einhegte. Es gilt also, sowohl die Rede als auch das darin geforderte Praxismodell der „kleinen, wendigen Truppen" in dieser Verschaltung zu historisieren. Zugleich soll ihr entgrenzendes Potential herausgearbeitet werden, ihre spielerische Entgrenzung und Erweiterung des vermeintlich Sag- und Machbaren. Wenn das Spezifische des Spiels darin besteht, „dass es in zeitlichen und räumlichen Zwischenräumen und Schwellen ebenso entsteht wie es diese schafft"[10], wird das Spielen zu einer entscheidenden Praxis der Hervorbringung von Möglichkeiten und deren Aushandlung mit Sag- und Machbarem. Setzt man das performativ entgrenzende Potential der Rede von 1956 ins Verhältnis zu den Einschränkungen, die am Berliner Ensemble (BE) in den 1950er Jahren erfahren wurden, so stellt es ein ernstes Spiel dar, das konkrete Möglichkeitsräume eröffnet. Diese werden im letzten Abschnitt des Beitrags anhand von Beispielen aus der Theaterpraxis des BE konturiert. Dabei liegt der Fokus auf der Schauspielpraxis als einem möglichen Knotenpunkt und Hebel für Veränderung.

Agitprop als historisches Beispiel und Praxismodell

Die kommunistischen Agitprop-Truppen der späten 1920er und frühen 1930er Jahre waren immer auch eine Kampfansage an feststehende Theater. Maxim Vallentin, der Leiter der Agitprop-Truppe *Das Rote Sprachrohr*, mit dem Brecht ab Ende der 1920er Jahre Arbeitskontakte hatte, grenzte 1930 die Arbeit seiner Truppe vehement von der traditionellen Organisation künstlerischer Prozesse ab:

> [...] da die Agitproptruppen gebrochen haben mit der bürgerlichen Spezialisierung (Darsteller, Regisseur, Bühnenmeister usw.) – sie haben den Widerspruch zwischen einer solchen Spezialisierung und der Kollektivarbeit, dem Truppenorganismus, dem Klasseninhalt erkannt. Text, Dramaturgie, Regie usw. sind nichts als Elemente der Gesamtarbeit. Das Kollektiv ist ihr Träger. Personen als Träger dieser Elemente kennzeichnen, heißt den Truppencharakter durch gründliches Mißverstehen paralysieren.[11]

Das Rote Sprachrohr, im November 1927 als Agitprop-Truppe des Kommunistischen Jugendverbandes Deutschlands (KJVD) gegründet, trat auf parteilichen Fest- und Kampfveranstaltungen auf, vor Belegschaftsversammlungen in Betrieben, in sogenannten Blitzaktionen vor Fabriktoren, auf öffentlichen Plätzen oder in den Hinterhöfen Berlins.[12] Bespielt wurden große Podeste im Freien, kleinere Bühnen in Ver-

einsheimen, Gasthäusern und Versammlungsräumen, wie auch plane Flächen im urbanen Raum, nie aber die sogenannten „toten Theater", wie die Vertreter des linken Politflügels der Weimarer Republik feststehende Theaterhäuser und ihre Aufführungen nannten.[13] Brecht aber stellt für die anwesenden Intendant*innen während seiner Rede 1956 gleich klar:

> Ich meine nicht: heraus aus den Theatern und hinein in die Agitprop-Truppen, aber ich meine, dass man für die Dramatik auch der Theater sehr viel gewinnen würde aus dem Kampfgeist, der für kleine direkt agitierende Gruppen nötig ist und der bei ihnen auch entstehen kann. Wir haben viel größere Möglichkeiten dafür, als diese Gruppen früher hatten. Wir haben Lastwagen zur Verfügung, wir haben junge Berufsschauspieler an unseren Theatern, die hier wahrscheinlich mitmachen würden.[14]

Er fordert also die institutionelle Anbindung revolutionärer Agitprop-Praktiken, die sich in den 1920er Jahren einer solchen entzogen hatten. Damit greift er nicht einfach auf eine historische Form und Spielpraxis zurück, sondern ändert sie für seinen historischen Moment. Diese Umdeutung gilt es genauer zu untersuchen, und sie macht eine eins-zu-eins Übertragung von Brechts Forderungen in die aktuellen Debatten problematisch.

Von Einhegung und Entgrenzung

Die Forderung von Agitprop in einer öffentlichen Rede war 1956 an sich schon politisch brisant und eine Erweiterung des vermeintlich Sagbaren. Bis Mitte der 1950er Jahre waren die kulturpolitischen Debatten in der DDR von einer Kampagne gegen den Formalismus geprägt. Spätestens der Beschluss auf der 5. Tagung des Zentralkomitees (ZK) der SED im März 1951, sich von der Proletkult-Bewegung zu distanzieren, führte zum Bruch mit den revolutionären künstlerischen Bewegungen vor 1933, auch mit Agitprop.[15] Brechts Stück *Die Mutter,* 1932 unter Mitwirkung von Agitprop-Akteur*innen uraufgeführt, hatte zwei Monate vor der ZK-Tagung in der Inszenierung mit dem BE am Deutschen Theater seine DDR-Premiere. Während der Tagung bezeichnet Fred Oelßner, Sekretär für Propaganda des ZK, in einer Diskussion im Anschluss an das Referat „Der Kampf gegen den Formalismus in der Kunst" das Stück als formalistisch:

> Aber ich frage, ist das wirklich Realismus? Sind hier typische Gestalten in typischer Umgebung dargestellt? Ich will schon gar nicht reden von den Formen. Warum nicht? Entschuldigt, ich bin der Auffassung, das ist kein Theater; das ist irgendwie eine Kreuzung oder Synthese von Meyerhold und Proletkult.[16]

Grundlegend für das Verständnis von Brechts schwieriger Position in der DDR während der Formalismus-Debatte der frühen 1950er Jahre ist folgende Notiz zur „Arbeit mit Brecht" im Protokoll Nr. 46 des Politbüros der SED vom 2. Mai 1951: „Beschlossen: Genosse W. Girnus erhält den Auftrag, mit Bert Brecht eine ständige politische Arbeit durchzuführen und ihm Hilfe zu leisten."[17] Das Protokoll ist vom damaligen Präsidenten und vom Ministerpräsidenten der DDR unterzeichnet, von Wilhelm Pieck und von Otto Grotewohl. Brechts theaterpraktisches Wirken sollte also auf Wunsch der höchsten politischen Instanz innerhalb der vorgegebenen politischen und ästhetischen Parameter eingehegt werden. Eine solche Einhegung fand unmittelbar statt, wenn Produktionen des BE abgesetzt, die Anzahl genehmigter Aufführungen gesenkt, Projekte nicht genehmigt oder Premieren in der Presse verrissen wurden. Diesen beengten Spielraum spricht Brecht in seiner Rede 1956 direkt an, wenn er sagt, er wisse, „daß ein ganz großes Vorurteil

gegen Agitprop besteht".[18] Allein die Forderung von Agitprop kann hier als ein sprachlicher Versuch der Spielraumerweiterung verstanden werden. Agitprop sollte Bewegung bringen sowohl in das Denken der Anwesenden als auch in die Spielpraxis der Theater durch die „kleinen, wendigen Truppen". Sowohl der politisch besetzte Begriff als auch das Praxismodell setzten einen Hebel an einer konkreten Verschaltung von Politik und Ästhetik an. Hauptstränge dieser Verschaltung waren 1) die Verfestigung eines Konzepts von Theater als Repräsentation politisch konformer Inhalte und Narrative unter der Verwendung Realität abbildender Verfahren; 2) die stalinistische Aneignung der Schauspielprogrammatik Stanislawskis als Grundlage für die Schauspielausbildung der DDR; 3) die Einrichtung von Organen der zentralistischen Kulturpolitik, die von oben nach unten Theaterarbeit in der DDR regulierten.

In Bezug auf den ersten Strang, den politisch vorgegebenen dramaturgisch-ästhetischen Spielraum, führt Brecht in seiner Rede 1956 aus:

> Es genügt nicht, einen Karl Moor, aber mit sozialistischem Bewußtsein zu schaffen, oder einen Wilhelm Tell, aber als kommunistischen Funktionär [...]. Die alten Ideale reichen bei weitem nicht aus, d. h. wir müssen mit dem Kleinbürger in uns Schluß machen. [...] Wenn wir uns die neue Welt künstlerisch praktisch aneignen wollen, müssen wir neue Kunstmittel schaffen und die alten umbauen. [...] Experimente ablehnen heißt, sich mit dem Erreichten begnügen, d. h. zurückbleiben.[19]

Mit „Kleinbürger in uns" meint Brecht hier eine Tendenz von Künstler*innen, sich innerhalb des politisch vorgegebenen ästhetischen Spielraums einzurichten. Zu beobachten war sie beispielsweise an ehemaligen Agitprop-Akteur*innen, die nach 1945 aus dem Ost-Exil (mit der Erfahrung der

Stalinschen Säuberungen) zurück nach Deutschland gekommen waren und dann aus seiner Sicht kleinbürgerliche, will heißen politisch eingehegte Theater- und Kunstformen installierten. Namentlich erwähnt wird in der Rede Louis Fürnberg, Autor der Lobeshymne der SED „Lied der Partei", der 1932 in Tschechien die Agitprop-Gruppe *Echo von links* gegründet hatte.[20] Brecht beklagt auf dem Kongress, dass man dessen Agitprop-Texte nicht kenne. Dadurch übt er spielerisch Kritik an dem Ausschluss von Agitprop aus dem ästhetischen Spielraum der Gegenwart wie auch aus dem diachronen historischen, hier biografischen Raum künstlerischer Akteur*innen der jungen DDR. Zugleich öffnet Brecht durch diesen Sprechakt auf dem Kongress eine neue Handlungsmöglichkeit: Zwei Tage nach dem Kongressende bittet er Fürnberg per Telegramm um die Zusendung seiner Agitprop-Texte: „als Anfang und Vorbild" für eine „kleine künstlerische Agitationstruppe", die am BE gegründet werden soll.[21] Ein weiterer ehemaliger Agitprop-Akteur, der aus Brechts Sicht die Einhegung des künstlerischen Spielraums in der DDR betrieb, war der bereits oben zitierte ehemalige Leiter der Truppe *Das Rote Sprachrohr* Maxim Vallentin.

Vallentin wurde 1945 aus dem Moskauer Exil nach Weimar abkommandiert, um dort eine Schauspielschule auf den Grundlagen der stalinistischen Aneignung von Konstantin Stanislawskis Schauspielprogrammatik zu eröffnen – das spätere Deutsche Theaterinstitut zur Erneuerung des deutschen Theaters (DTI).[22] Dadurch war er maßgeblich an der Verschaltung politischer Vorgaben mit dem zweiten Strang, der Schauspielpraxis der DDR, beteiligt.[23] Brecht kannte die Programmatik der Weimarer Schule durch eine Veröffentlichung ihrer Professoren [sic]: *Das Deutsche Stanislawski Buch* von 1946.[24] Noch im Exil in den USA nimmt er darauf Bezug:

Lese ‚Das deutsche Stanislawski-Buch' (Ottofritz Gaillard, Vallentin). Sie praktizieren das jetzt in einer Weimarer Schauspielschule. [...] Bemerkenswert ist, wie die Deutschen das System der progressiven russischen Bourgeoisie der Zarenzeit so ganz und gar unberührt konservieren konnten. Unter den Exerzitien (vorgestellten Situationen) habe ich bisher noch kein einziges Beispiel aus den Klassenkämpfen gefunden. [...] Der Realismus ist merkwürdig. Es wird ein elaborierter Kult mit „Realität" getrieben. [...] Keine Dialektik.[25]

Vor seiner Ankunft in Berlin (Ost) im Oktober 1948 hatte Brecht also bereits eine Abneigung gegenüber der Weimarer Programmatik. Für das Buch findet er deutliche Worte: Es ekele ihn nachgerade an; die Verfasser seien „Kurpfuscher" ohne „Handwerksmoral"; sie verpflichteten die Schauspielenden auf das dichterische Wort; er vermisst das Phantastische und den Spaß.[26] Brecht hatte Vallentins Hinwendung zu Stanislawski und einer naturalistischen Ästhetik schon in den 1930er Jahren während und nach der Stalinschen Säuberungen bemerkt.[27] Dennoch zeigte er sich überrascht, als diese Rahmung für die Schauspielpraxis in der DDR verbindlich gesetzt wurde. Durch die staatliche Lehrplanreform im Sommer 1951 wurde die Weimarer Programmatik zur verbindlichen Grundlage der Schauspielausbildung in der DDR.[28] Brechts Vorschläge wurden dabei nicht berücksichtigt. Etwas resigniert notiert er: „Unterricht in der Pantomime – nicht im Rahmenplan für Schauspielausbildung enthalten, 1951 Reform, Weimarer Programm wird Grundlage".[29] Pantomime galt aufgrund der Stalin-Doktrin des sozialistischen Realismus und des oben erwähnten Beschlusses auf der 5. Tagung des ZK der SED im März 1951 als formalistisch.[30] Die Konsequenzen dieser Verschaltung von Parteipolitik, Ästhetik und Schauspielausbildung wurden für Brecht ein Jahr später anschaulich, als für Vallentin und seine Absolvent*innen in Berlin das Maxim Gorki Theater gegründet wurde, während das BE in unmittelbarer Nachbarschaft immer noch auf den Einzug in sein eigenes Theater am Schiffbauerdamm warten musste. Das Gorki Theater etablierte sich als Musterbühne für sowjetische Stücke, die als ausstattungsreiches Illusionstheater gespielt wurden.[31] Seine Organisation, Dramaturgie und Schauspielpraxis standen in diametralem Gegensatz zu Vallentins Agitprop-Arbeit mit *Das Rote Sprachrohr* um 1930:

> Das Rote Sprachrohr bringt eine durchlaufende Szenenfolge, eine ganz neue Art der Szenenmontage, die mit keiner bürgerlichen Theaterform mehr etwas zu tun hat, weder mit Kabarett, noch mit Zirkus, noch mit üblichem Theater. Hier ist aus den propagandistischen Notwendigkeiten des Klassenkampfes in Deutschland eine ganz neue spezifisch proletarisch-revolutionäre Bühnenform entstanden.[32]

Mit der öffentlichen Erinnerung an diese Arbeit greift Brecht 1956 radikal in den politisch-ästhetischen Spielraum des DDR-Theaters ein. Der Verschaltung von Parteipolitik, Ästhetik und Schauspielausbildung setzt er die „kleinen, wendigen Truppen" entgegen. Sie könnten „sich hier von den sehr wichtigen Verpflichtungen der großen Theater ganz frei machen", und für den Fall, dass keine Berufsschauspieler zur Verfügung stünden, müsse man „eben doch versuchen […] auf Laien zurückzugreifen".[33] Damit eröffnet er sprachspielerisch die Möglichkeit einer Schauspielpraxis, die nicht a priori von staatlichen Ausbildungsprogrammen eingehegt war. In der schauspielerischen Praxis am BE war diese Möglichkeit, wie noch zu zeigen sein wird, zu diesem Zeitpunkt bereits erprobt.

In Bezug auf den dritten Strang der Verschaltung, die zentralistische Kulturpolitik, ist die Rahmung der SED-Vorgaben im

Bereich Kunst und Kultur in den Anfangsjahren der DDR durch die so genannte *Schdanowschtschina* zu ergänzen. Dies war eine (weitere) Säuberungswelle in der Sowjetunion ab 1946, die nach Andrei Alexandrowitsch Schdanow, einem engen Mitarbeiter Stalins, benannt wurde. Seine repressive, anti-westliche Kulturpolitik betraf Schriftsteller*innen, Regisseur*innen und Komponist*innen in der Sowjetunion und in den ihr angegliederten Ländern und hatte Einfluss auf die Kulturpolitik der DDR.[34] Für die administrative Umsetzung der SED-Vorgaben im Bereich Kunst und Kultur wurde im Juli 1951 die Staatliche Kommission für Kunstangelegenheiten (Stakuko) gegründet.[35] Ihr waren bis zu ihrer Auflösung im Jahr 1954 alle Schauspielschulen der DDR unterstellt, und die oben bereits erwähnte Lehrplanreform wurde von ihr ausgeführt. Darüber hinaus waren der Stakuko die Theater der DDR unterstellt, woraus sich nachhaltig Konflikte für die Theaterarbeit am BE ergaben. Diese bewegte sich nämlich durchaus nicht widerspruchslos innerhalb des parteilich vorgedachten Spielraums. Die Spannungen zwischen der Theaterpraxis am BE und den Zielen der Stakuko kulminierten in der Stanislawski Konferenz, die auf Betreiben der Stakuko im April 1953 stattfand. Eine aktuelle Studie des archivalischen Bestands dieser Kommission kommt zu dem Schluss, dass die Konferenz das politische Ziel hatte, „Brecht auszuschalten oder aber ihn auf den ‚sozialistischen Realismus' zu verpflichten" und „darüber hinaus die sowjetische Interpretation der Stanislawski-Methode in Zukunft als die einzig verbindliche für die Bühnen der DDR" zu erklären.[36] Gemessen an diesen Zielen war das Ergebnis der Konferenz widersprüchlich. Zum einen ging die Programmatik des Weimarer DTI, trotz aller Lobhudeleien, als ‚praxisfern' diskreditiert aus der Veranstaltung hervor. Zum anderen zeigte sich während der Tagung, dass unter dem Deckmantel einer rhetorischen Stanislawski-Apotheose durchaus konträre Theaterauffassungen formuliert werden konnten. So auch die Arbeitsweise des Berliner Ensembles, die von Intendantin Helene Weigel auf der Grundlage einer Stellungnahme Brechts referiert wurde.[37] Trotz dieser Widersprüche und der leichten Entspannung, die nach Stalins Tod und dem verkündeten neuen Kurs des ZK der SED ab Juni 1953 einsetzte – die Stakuko wurde schließlich aufgelöst und durch das Ministerium für Kultur der DDR ersetzt –, hatte die enge kulturpolitische Führung der Anfangsjahre eine Langzeitwirkung: eine weisungsgebundene Abhängigkeit der Theaterkünstler*innen und ihrer Praxis von zentralen politischen Organen und Vorgaben. Auch an diesem Punkt setzt Brecht mit seiner Rede von 1956 einen Hebel an. Für die Gründung der „kleinen, wendigen Truppen" rät er:

> Etwas könnten wir ruhig von früher beibehalten: daß man es selber macht. Das wäre ein ganz großer, echter Fortschritt. Sie können sich Ihre Revolutionen nicht von Ihren Ministerien allein machen lassen.[38]

Diese Umkehrbewegung politischen Handelns von top-down zu bottom-up hängt für Brecht unmittelbar mit der künstlerischen Praxis zusammen. Statt von der Bühne in Richtung Zuschauerraum ‚Bildung' zu verabreichen, fordert er „Bildung in der Form von Umbildung". Die kleinen Truppen könnten „eingehen auf die echte Situation ihrer Zuhörer, auf ihre echten, eventuell sehr kleinen und niedrigen Probleme".[39] Gleichzeitig sollten sie sich auf lokaler Ebene politisch einmischen:

> Hier könnte wirklich das Wissen der Bezirkssekretäre um die Probleme und Schwierigkeiten – nicht nur, aber weitgehend – ausgenutzt werden, und für diese kleinen Truppen würde sich dieses Wissen viel leichter verarbeiten lassen als zum Beispiel in

Stücken für die großen Theater. Denn es ist eine viel direktere, wendigere Angelegenheit. Sie kann direkt politisch sein.[40]

Nicht zuletzt bringt diese Umkehrbewegung politischen Handelns auch Dynamik in den künstlerisch-ästhetischen Spielraum und ermöglicht eine andere Teilhabe der Schauspieler*innen am Produktionsprozess:

> Die Stückschreiber können sich nach meiner Meinung doch mit den Schauspielern zusammensetzen. Am Theater sind doch auch Schauspieler, nicht nur Intendanten. Das ist ein ganz großer Vorteil (Heiterkeit), und der kann in mannigfacher Weise ausgenutzt werden. Man kann sich zusammensetzen, man kann dort zum Beispiel eine Truppe bilden gegen die Intendanz, die eventuell zu alt ist oder zu sehr an der Operette hängt, oder an der Erfüllung ihres Solls zu sehr interessiert ist, und die unbedingt „Don Carlos" aufführen muß.[41]

Mit seinem Rückgriff auf Agitprop setzt Brecht somit an unterschiedlichen Knotenpunkten der Verschaltung von Ästhetik, Politik, Dramaturgie, Theaterorganisation und Schauspielpraxis an, die den Spielraum des Sag- und Machbaren zu diesem Zeitpunkt einschränkte. Agitprop bot sich dafür insofern an, als die historischen Truppen sowohl politisch agitierten als auch die Zuschauenden aktivierten, aktuelle Themen in ihr Spiel integrierten als auch die Programme kollektiv erarbeiteten und dafür unterschiedliche theatrale Mittel und Spielformate verwendeten. Damit standen sie in allen Punkten im Widerspruch zu der politisch eingehegten Theaterpraxis in der DDR in den frühen 1950er Jahren. Die Intervention richtete sich konkret gegen jene Macht- und Entscheidungsträger, die sich zu diesem Zeitpunkt in ihren Positionen innerhalb der Verschaltungen eingerichtet hatten; gegen das Einfühlungs- und Illusionstheater unter dem Etikett Stanislawski; gegen die enge politische Führung der darstellenden Künstler*innen bis hin zur Erstarrung in konsensfähigen Formen; gegen das „Immerige", das selbst bewegte Vorgänge durch Wiederholung und Gewöhnung als das ‚Normale' erscheinen lässt.[42] Brecht versucht, dialektische Bewegung in einen aus seiner Sicht erstarrenden weil widerspruchsfreien Spielraum zu bringen. Um nun aber dieses performativ entgrenzende Potential der Rede von 1956 nicht auf ihr Ereignis auf dem Kongress und eine sprachliche Schnell-rein-schnell-raus-Intervention zu reduzieren, muss es ins Verhältnis zur Theaterarbeit am BE in den 1950er Jahren und zu den dort erarbeiteten Möglichkeiten für Spiel und Widerspruch gesetzt werden.

Rückkoppelungsmodelle für Kritik und Veränderung

Brechts Redebeitrag auf dem Kongress zielte auf nachhaltige strukturelle und ästhetische Veränderung. Sein Engagement in diesem Sinne zeigt sich in den Versuchen, bis zu seinem Tod im August 1956 trotz Krankheit „von unserem Theater aus [...] kleine künstlerische Agitationsgruppen aufzubauen".[43] Darüber hinaus gab es am BE in den 1950er Jahren praktische Versuche mit kleinen Truppen, mit internen Rückkoppelungsmodellen für Kritik und Veränderung und mit Laienarbeit.

Noch bevor Helene Weigel den offiziellen Auftrag zur Gründung eines Theaterensembles erhalten hatte, band sie durch Vorverträge eine kleine Truppe an das Ensemble, die seit 1948 in Berlin mit dem Programm „Eine Stunde mit Bert Brecht" aufgetreten war.[44] Sie engagierte in Folge alle Akteur*innen der Truppe ans BE: Isot Kilian, Egon Monk und Bruno Lorenz. Die Schauspielerin Isot Kilian hatte zuvor am Kabarett *Frischer Wind* gearbeitet, das im Sowjetsektor von Berlin angesiedelt war und in verschiedenen Spielstätten im Nachkriegsberlin auftrat. Brecht beauftragte diese Truppe, ab Beginn der Spielzeit 1949/50 „mit dem Brecht-Programm in Betrieben aufzutreten, [...] den direkten Kontakt mit Arbeitern herzustellen und mit ihnen zu reden, um sie für das Theater und für seine Arbeit zu interessieren".[45] In den ersten beiden Spielzeiten führte das BE insgesamt 93 Betriebsveranstaltungen durch, an denen sich auch die Hauptdarsteller*innen des Ensembles beteiligten.[46] Dabei handelte es sich um 40- bis 60-minütige Programme, in denen unterschiedliche schauspielerische und theatrale Mittel verwendet wurden (Vortrag, szenisches Spiel, Clownsspiel, Lieder, Musik, „Lebendige Zeitung" mit politischen Karikaturen, etc.). Das Programm „Eine Stunde Bertolt Brecht" wurde mit 62 Veranstaltungen mit Abstand am häufigsten gespielt.[47] Ziel dieser Betriebsarbeit war zum einen Werbung für das BE und seine Aufführungen am Deutschen Theater, zum anderen aber auch die Schaffung eines Möglichkeitsraums für den direkten, kritischen Austausch mit Arbeiter*innen. Die Gespräche nach den Aufführungen ermöglichten eine Rückkoppelung an die Theaterarbeit (so lernten die Akteur*innen zum Beispiel, „daß Literarisches leichter aufgenommen wird, wenn es mit Musikalischem wechselt"[48]) wie auch eine aktive, kritische Auseinandersetzung der Zuschauer*innen mit aktuellen politischen Fragen und der konkreten Situation in ihren Betrieben:

> In Chemnitz sangen die Besucher nach unserer Aufführung die Internationale und diskutierten über die politische Situation. Mitunter vergaßen sie in ihrer Diskussion, daß unser Stück der Anlaß dazu war. In anderen Betrieben diskutierten wenige Tage nach den Aufführungen die Arbeiter und Angestellten mit Beauftragten der Gewerkschaften und der Volksbühne über das Stück, erweiterten die Diskussion und sprachen über Schwierigkeiten in der politischen Arbeit und in der Produktion.[49]

Selbstredend eröffneten diese Programme auch einen experimentellen und wendigen Spielraum, der über die oben beschriebene politische Einhegung des dramatischen Theaters an den feststehenden Häusern hinausweist. Im Vergleich mit Agitprop waren diese Programme wenig radikal, übernahmen daraus aber künstlerisch-ästhetische Verfahren und den Anspruch der direkten Interaktion mit den Zuschauenden. Gleichzeitig waren die Berichte über die Betriebsarbeit auch ein strategisches Instrument, um als formalistisch angezählte Produktionen wie *Die Mutter* aufzuwerten. Die Zitate aus den Briefen von Arbeiter*innen nach der „Aufführung ‚Die Mutter' in der Betriebstheaterwoche im Frühjahr 1951", die Helene Weigel 1952 in *Theaterarbeit* abdrucken ließ, sind sicher nicht zufällig ausgewählt:

,Ich wünsche, daß recht viele Menschen dieses Stück sehen können, damit ihnen der Kampf der Arbeiterklasse klar wird.' Zeidler, Motorenwärter, VEB Blechwalzwerk Olbernhau. [...]
,Diese Art wirft alles Gewohnte an Theatervorstellungen über den Haufen. Die Bühne mit den einfachsten Mitteln gestaltet, überzeugt vollkommen. Die Schauspieler spielten ohne Pathos. Ich sah noch nie etwas Derartiges.' VEB Blechwalzwerk Olbernhau. [...]
,Dieses Stück zeigt, wie man die Massen anleiten muß im Kampf gegen den Imperialismus. Nur eine starke Arbeiterpartei wird diesen Kampf erfolgreich beenden.' Apel, MEWA, Ernst-Thälmann-Werk Suhl.[50]

Auf diese Weise organisierte sich das BE eine strategisch günstige Bottom-up-Rückmeldung aus jener Bevölkerungsgruppe, für deren Wohl die regierende Partei angetreten war.

Aber auch innerhalb des BE gab es Rückkoppelungsinstrumente. So berichtet Brechts Meisterschülerin Wera Küchenmeister beispielsweise über die Abendberichte:

Abends war man dann wieder in der Vorstellung dabei und schrieb den Abendbericht. In den Berichten notierten wir unsere Beobachtungen zu Wirkungen. Was manchmal wiederum zu Änderungen führte.[51]

Die Meisterschüler*innen und Assistent*innen waren für Abendberichte zuständig und konnten über dieses Instrument direkten Einfluss auf die Aufführungen nehmen. Das vierjährige Meisterschülerprogramm am BE, das Anfang der 1950er Jahre von der Akademie der Künste unterstützt und mehrfach politisch in Frage gestellt wurde, arbeitete gegen die auch vom Agitprop einst attackierte ‚bürgerliche Spezialisierung'.[52] Es umfasste Textbearbeitungen, Dramaturgie, Regieassistenz, Schauspiel, die Gestaltung von Rundfunksendungen und Leitung von Laienspielgruppen. Das Laienspiel war ein weiterer Bereich, in dem das BE den Spielraum innerhalb der kulturpolitischen Verschaltungen beständig umformte und experimentell auslotete. Eine Laienspielbrigade wurde gegründet, die Laienspielgruppen beriet und für sie Texte und Modellbücher erarbeitete. Es wurden Mitglieder von Laienspielgruppen ohne offizielle Schauspielausbildung als Schauspieler*innen ans BE verpflichtet.[53] Auch in Bezug auf die Schulung des schauspielerischen Nachwuchses behauptet das BE eine Gegenposition zu den staatlichen Schauspielschulen wie dem von Vallentin gegründeten DTI in Weimar:

Das Berliner Ensemble hält nichts von der klösterlichen Abschließung des schauspielerischen Nachwuchses vom Leben und vom öffentlich arbeitenden Theater. [...] Es darf nicht nach ‚Schauspielertypen' gesucht werden, [...] ausgestattet mit den bekannten schauspielerischen Mitteln, offensichtlichen „Gretchen", geborenen „Mephistos", gegebenen „Marthe Schwerdtleins". Man muß den Schönheits- und Charakterbegriff aufgeben, den unsere einstigen Hoftheater zur Auslese der Schauspieler verwendeten und Hollywood (plus Ufa) fabrikativ entwickelten.[54]

Brechts oben erwähnte Forderung von 1956, die „kleinen, wendigen Truppen" könnten sich „von den sehr wichtigen Verpflichtungen der großen Theater ganz frei machen" und sollten, für den Fall, dass keine Berufsschauspieler*innen zur Verfügung stünden, „eben doch versuchen [...] auf Laien zurückzugreifen"[55], liest sich vor diesem Hintergrund nicht nur als programmatisch auf Zukünftiges gerichteter Sprechakt. Vielmehr erscheint sie als die radikale sprachliche Zuspitzung einer Arbeitspraxis. Auf der Grundlage marxistischer Dialektik war diese permanent darum bemüht, den sich verengenden Spielraum für Theaterarbeit in der DDR durch das Behaupten von Gegenpositionen, das Aufzeigen von Widersprüchen und durch die Dynamisierung von statischen (Macht-)Gefügen zu weiten.

Künstlerische Intervention als gegenhegemoniale Praxis

All diese Beispiele aus der Theaterarbeit des BE legen nahe, dass Brechts Rede von 1956 weder als *ein* Akt des performativen Eingreifens gelesen werden sollte noch das Konzept der „kleinen, wendigen Truppen" als rein oppositionelles Praxismodell. Mit seiner Forderung von „kleine[n], wendige[n] Kampfformen [...] wie wir sie einmal in der Agitprop-Bewegung gehabt haben"[56], verlagert Brecht eine radikal oppositionelle Spielpraxis in den verengten Spielraum hegemonialer Verschaltungen und ins feststehende Theater als Betrieb und Institution. Seine politische Intervention geht dabei über die heutige Gretchenfrage nach der Haltung zur Institution hinaus, also hinaus über die Frage, ob man sich im feststehenden Theater arrangiert oder gegen es von außen opponiert. Mit Agitprop fordert Brecht vielmehr eine andere Praxis des Machthandelns, nämlich eine gegenhegemoniale marxistische politische Praxis, die sich von der ebenfalls vom Marxismus

grundierten hegemonialen Kulturpolitik der SED radikal unterscheidet.[57] Die kommunistischen Agitprop-Truppen der Weimarer Republik waren, wie später die Theater der DDR, Teil einer zentralistischen Parteiorganisation. Als solches agitierten sie oppositionell gegen das politische und gesellschaftliche System: Sie sollten stören, eingreifen, aufmischen, um einen kämpferischen, gewaltvollen Umsturz des Systems vorzubereiten. Die SED, als regierende Partei der DDR in dem durch Stalin veränderten Machtgefüge der Kommunistischen Partei der Sowjetunion, betrieb hingegen eine hegemoniale Kulturpolitik, die Störendes und Widersprüchliches ausschließen sollte.[58] Nur durch den Rückbezug auf Agitprop, und eben nicht auf Dada oder Expressionismus oder eine andere Avantgarde-Bewegung, wird Brechts Intervention radikal politisch: Sie zielt auf nachhaltige Veränderungen ab, verwendet dabei auch eine parteiliche Zweckorientiertheit und Optimierungslogik wie die Kulturpolitik der SED, erweitert den von ihr gerahmten Spielraum aber um die Möglichkeit für Widerspruch, Kritik und Veränderung. Die von Brecht geforderte interventionistische Praxis der „kleinen, wendigen Truppen" soll in gewisser Weise den örtlichen Parteisekretär*innen wie auch den Intendant*innen die Arbeit abnehmen, um sie zum Teil gegen eben diese einzusetzen.

Brecht nimmt in seiner Rede nicht die oppositionelle Position der historischen Agitprop-Akteur*innen ein, die ihn aufgrund der hegemonialen Verschaltungen der DDR auf einen Platz außerhalb der feststehenden Theater der DDR oder gar des Landes verwiesen hätte. Auch zielt seine Rede nicht in Richtung Autonomie der freien Kunst. Vielmehr zeigt sich in seiner Forderung von Agitprop-Truppen als Anknüpfung an eine historische parteiliche Ästhetik eine im Sinne André Leroi-Gourhans aus praktischer Arbeit nachgerade ausgeschwitzte Technik[59] gegenhegemonialer Intervention:

Die innerhalb des Theaterbetriebs zu organisierenden neuen Einheiten sollten nachhaltig die Arbeit dieser Betriebe wie auch des gesamten Kulturapparats von innen her kritisieren und progressiv umgestalten.

Diese historischen Möglichkeiten einer gegenhegemonialen Intervention – von Chantal Mouffe als relevante kritische Praxis auch für die Gegenwart formuliert[60] – machen in Bezug auf die aktuellen Strukturdebatten eines klar: Nachhaltige Veränderungen sind weder durch Schnell-rein-schnell-raus-Interventionen noch durch oppositionelle Agitationen zu erwarten. Entscheidend scheint die Einführung von Rückkoppelungsmodellen zu sein, die über eine Reflexion des Machthandelns in Stadt-, Staats- und Landestheatern als Betriebsorganisationen hinaus den Austausch mit politischen Entscheidungsträgern, die Teilhabe an künstlerisch-ästhetischen Entscheidungs- und Produktionsprozessen und auch Gespräche mit Zuschauenden ermöglichen. Bottom-up Rückmeldungen an politische Entscheidungsträger*innen finden zum Beispiel seit 2016 regelmäßig auf Initiative verschiedener kulturpolitischer Verbände mit der Aktion „40.000 Theatermitarbeiter*innen treffen ihre Abgeordneten" statt.[61] Für den Austausch mit Zuschauenden wäre ein Rückgriff auf Brechts Konzept von 1956 durchaus denkbar, denn hier stellt sich zunächst die Frage, wie sie über das übliche urbane Publikum hinaus überhaupt erreicht werden könnten. An den Stadt-, Staats- und Landestheatern könnten kleine, wendige Gruppen gebildet werden, in denen Theatermacher*innen in wechselnden Positionen eigenständig künstlerische Programme mit und für Bevölkerungsgruppen entwickeln, die vom urbanen Theaterpublikum strukturell entkoppelt sind. Denkbar wären beispielsweise künstlerische Programme für sogenannte strukturschwache Regionen und ein Austausch auf Augenhöhe über Theater und Schauspielen als Möglichkeits-

und spielerische Verhandlungsräume des gegenwärtig Sag- und Machbaren.

Anmerkungen

1 Bertolt Brecht, „[Ausführungen vor der Sektion Dramatik zum IV. Deutschen Schriftstellerkongress]", in: Ders., *Große kommentierte Berliner und Frankfurter Ausgabe*, Bd. 23 (hiernach *BFA 23*), hg. v. Werner Hecht et al., Berlin/Frankfurt a. M. 1993, S. 365–374, hier S. 368.

2 Brecht, *BFA 23*, S. 370–371.

3 Im Rahmen der Brecht-Tage 2020 fanden neben einem wissenschaftlichen Symposium auch Gespräche zu „Brechts Texte zur Intervention" und „Mit Kunst Missstände beheben?" statt. lfbrecht.de/events/kategorie/schwerpunkte/?schwerpunkte=Brecht-Tage2020&y=2020 [Zugriff am 20.11.2020]. Vgl. auch Cornelius Puschke et al. (Hg.), *Brecht und das Theater der Interventionen*, Berlin 2022 (im Erscheinen). Zur Podiumsdiskussion 2018 mit Alexander Karschnia (andCompany&Co.), Jean Peters (Peng!-Kollektiv), Hilke Berger (HafenCity Universität Hamburg) und Cornelius Puschke (Dramaturg) vgl. lfbrecht.de/events/kategorie/schwerpunkte/?schwerpunkte=BaustelleBrechtII&y= [Zugriff am 20.11.2020]; sowie Hilke Marit Berger, „Brechts kleine, wendige Truppen als künstlerische Intervention" in: *lfb Journal*, hg. v. Literaturforum im Brecht-Haus, 2 (2018/2019), S. 19–20.

4 Friedrich von Borries et al. (Hg.), *Glossar der Interventionen. Annäherung an einen überverwendeten, aber unterbestimmten Begriff*, Berlin 2012, S. 5.

5 Vgl. Frauke Surmann, *Ästhetische In(ter)ventionen im öffentlichen Raum. Grundzüge einer politischen Ästhetik*, Paderborn 2014, S. 43; Mona-Sabine Meis und Georg-Achim Mies (Hg.), *Künstlerisch-ästhetische Methoden in der Sozialen Arbeit*, Stuttgart 2018, S. 36.

6 Thomas Schmidt, *Macht und Struktur im Theater: Asymmetrien der Macht*, Wiesbaden 2019, S. 366.

164 | Anja Klöck

7 Vgl. die „Aktion 40.000. Theatermitarbeiter*innen treffen ihre Abgeordneten", https://ensemble-netzwerk.de/enw/aktion-40-000/ [Zugriff am 30.04.2021].

8 Wolfgang Schneider, "Under Construction. Reformbedarf auf der Baustelle Theater", in: Ders. (Hg.), *Theater entwickeln und planen.* Bielefeld 2013, S. 21–26, hier S. 24.

9 Brecht, *BFA 23*, S. 367.

10 Astrid Deuber-Mankowsky und Reinhold Görling, „Einleitung. Zur Medialität des Spiels", in: Diess. (Hg.), *Denkweisen des Spiels. Medienphilosophische Annäherungen.* Wien 2016, S. 7–17, hier S. 10.

11 Maxim Vallentin, „*Agitpropspiel und Kampfwert. Zur Diskussion*", in: *Die Linkskurve 4* (1930), zit. nach Peter Diezel (Hg.): „*Wenn wir zu spielen – scheinen". Studien und Dokumente zum Internationalen Revolutionären Theaterbund,* Bern et al. 1993, S. 299–300, hier S. 300.

12 Dieter Steinke, *Die Entwicklung der Agitprop-Truppe „Das Rote Sprachrohr",* Leipzig 1958, S. 15.

13 Für den Begriff „totes Theater" vgl. Stefan Priacel, „Das tote Theater und die lebendigen Spieltruppen", in: *Berlin am Morgen,* 22. Mai 1931.

14 Brecht, *BFA 23*, S. 367.

15 Jan Knopf, *Bertolt Brecht. Lebenskunst in finsteren Zeiten,* München 2012, S. 97–101.

16 „5. Tagung des ZK der SED, 15.–17. März 1951" (Protokoll), in: Joachim Lucchesi (Hg.), *Das Verhör in der Oper. Die Debatte um die Aufführung „Das Verhör des Lukullus" von Bertolt Brecht und Paul Dessau,* Berlin 1973, S. 127–177, hier S. 173.

17 „Politbüro des ZK der SED, 2. Mai 1951, Protokoll Nr. 46", in: Lucchesi, *Verhör in der Oper,* S. 221. Brechts widersprüchliche politische Position in der DDR wird in der aktuellen Brechtforschung herausgearbeitet. Vgl. Knopf, *Bertolt Brecht;* Werner Hecht, *Die Mühen der Ebenen. Brecht und die DDR,* Berlin 2013; David Barnett, *A History of the Berliner Ensemble,* Cambridge 2015; Stephen Parker, *Bertolt Brecht. Eine Biographie,* Berlin 2018.

18 *BFA 23*, S. 369.

19 Ebd., S. 373–374.

20 Helmut Müller-Enbergs et al. (Hg.), *Wer war wer in der DDR? Ein Lexikon ostdeutscher Biographien,* in Kooperation mit der Bundesstiftung zur Aufarbeitung der SED-Diktatur, Berlin 2010⁵ (2000). URL: https://www.bundesstiftung-aufarbeitung.de/de/recherche/kataloge-datenbanken/biographische-datenbanken/louis-fuernberg [Zugriff am 01.08.2020].

21 Vgl. Telegramm an Louis Fürnberg, Berlin, 16. Januar 1956, *BFA 30,* S. 413; Brief an Louis Fürnberg, Berlin, den 1. Februar 1956, *BFA 30,* S. 420–21.

22 BArch NY 4036/517.

23 Vgl. Anja Klöck, *Heiße West- und kalte Ostschauspieler? Diskurse, Praxen, Geschichte(n) zur Schauspielausbildung in Deutschland nach 1945,* Berlin 2008, S. 108–117.

24 Ottofritz Gaillard, *Das deutsche Stanislawski-Buch: Lehrbuch der Schauspielkunst nach dem Stanislawski-System,* Berlin 1946.

25 15.9.47 (Journal Amerika), *BFA 27,* S. 246–247.

26 4.1.48 (Journal Schweiz), *BFA 27,* S. 261.

27 Vgl. Anja Klöck, „Agitprop als Intervention? ,Kleine, wendige Truppen' bei Bertolt Brecht und Maxim Vallentin", in: Puschke, *Brecht und das Theater der Interventionen* (im Erscheinen).

28 Kopie der Protokolle, „Konferenzen der Studienplankommission", Staatliche Kommission für Kunstangelegenheiten (Stakuko), 8. und 13. August 1951, BArch, DR1/499, Bl. 305.

29 Brecht, „Vorschläge für Schauspielerausbildung" (1951), *BFA 23,* S. 180.

30 Vgl. Brecht, *BFA 23,* S. 506.

31 Joachim Werner Preuß, *Theater im ost/westpolitischen Umfeld. Nahtstelle Berlin 1945–1961,* München 2004, S. 428–429.

32 Durus, „Das Rote Sprachrohr", in: *Die Rote Fahne. Zentralorgan der Kommunistischen Partei Deutschlands,* 14. Oktober 1930, Nr. 240. Zit. nach: Gudrun Klatt, *Arbeiterklasse und Theater,* Berlin 1975, S. 10.

33 *BFA 23,* S. 370, 371.

34 Vgl. Petra Stuber, *Spielräume und Grenzen. Studien zum DDR-Theater,* Berlin 2000, S. 87 ff.

35 Jochen Staadt, „Einleitung", (Hg.), in: Ders. *„Die Eroberung der Kultur beginnt!" Die Staatliche Kommission für Kunstangelegenheiten der DDR (1951–1953) und die Kulturpolitik der SED*, Frankfurt a.M. 2011, S. 1.

36 Dagmar Buchbinder, „Die Staatliche Kommission für Kunstangelegenheiten (1951–1953) – eine Kulturbehörde ‚neuen Typus'", in: Staadt, *„Die Eroberung der Kultur beginnt!"*, S. 9–276, hier S. 135.

37 „Protokoll der 1. Deutschen Stanislawski-Konferenz" in: Stuber, *Spielräume und Grenzen*, S. 265–376.

38 *BFA 23*, S. 369.

39 Ebd., S. 370.

40 Ebd., S. 371.

41 Ebd., S. 370–371.

42 Brecht, „Notizen über die Dialektik auf dem Theater" [Typoskript um 1954], in: *BFA 23*, S. 297.

43 Brecht, Brief an Louis Fürnberg, Berlin, den 1. Februar 1956, *BFA 30*, S. 420–21.

44 Werner Hecht, *Brecht Chronik. 1898–1956*, Frankfurt a.M. 1997, S. 854

45 Isot Kilian in: *notate*, H.3 1986, zit. nach Hecht, *Chronik*, S. 889.

46 *BFA 23*, S. 599.

47 Berliner Ensemble und Helene Weigel (Hg.), *Theaterarbeit. 6 Aufführungen des Berliner Ensembles*, Dresden 1952, S. 401–402.

48 Ebd., S. 402.

49 Ebd., S. 403.

50 Ebd., S. 404.

51 Ditte Buchmann (Hg.), *„Eine Begabung muß man entmutigen…" b.b.1952. Wera und* *Claus Küchenmeister, Meisterschüler bei Brecht, erinnern sich an die Jahre der Ausbildung*, Berlin 1986, S. 38–39.

52 Ebd., S. 60.

53 Käthe Rülicke, „Die Laienspielbrigade im Berliner Ensemble", *Volkskunst* 2/12 (1953), S. 24–25; *Theaterarbeit*, S. 408.

54 „Schulung des Schauspielerischen Nachwuchses", in: *Theaterarbeit*, S. 386.

55 *BFA 23*, S. 370, 371.

56 Ebd., S. 368.

57 Zum Begriff „gegenhegemonial" vgl. Chantal Mouffe, „Kritik als gegenhegemoniale Intervention", *transversal* 2005, https://transversal.at/transversal/0808/mouffe/de [Zugriff am 30.04.2021].

58 Zum Begriff der Hegemonie vgl. ebd.

59 Zum Begriff des Ausschwitzens von Werkzeugen und technischen Gesten vgl. André Leroi-Gourhan, *Hand und Wort*, Frankfurt a.M. 1980 [1964/65], S. 139. Zur Engführung von Leroi-Gourhans Theorie der technischen Exteriorisierung auf Brechts Gestus-Begriff vgl. Anja Klöck, „Technik von der Hand in den Mund? Geste, Gestus und gestisches Sprechen aus der Perspektive der Technikreflexion", in: Kathrin Dreckmann, Maren Butte und Elfi Vomberg, (Hg.), *Technologien des Performativen: Das Theater und seine Techniken*, Bielefeld 2020, S. 215–222.

60 Mouffe, „Kritik als gegenhegemoniale Intervention".

61 „Aktion 40.000. Theatermitarbeiter*innen treffen ihre Abgeordneten".

Unbestimmtheit üben. Kulturtheoretische Interventionen in den Schauspielunterricht

Daniel Rademacher (Graz)

Der Titel des Beitrags „Unbestimmtheit üben" beschreibt scheinbar eine paradoxe Handlung. Unbestimmtheit lässt sich nicht einüben. Denn sie liegt außerhalb dessen, was sich kulturell bestimmen lässt. Und gerade weil das so ist, stellt kulturelle Unbestimmtheit einen spannenden Gegenstand für die künstlerische Forschung dar. Wenn das Potential des ‚Künstlerischen' darin liegt, fragwürdig gewordene Denktraditionen, leichtgläubigem Pragmatismus und institutionellem Alltag mit einem Schulterzucken zu begegnen, dann besitzt es womöglich auch das Potential, Unbestimmtheit als etwas zu verstehen, dass sich künstlerisch hervorrufen lässt. Der Beitrag geht der Idee nach, immer dann in den Schauspielunterricht zu intervenieren, wenn sich stereotype Wahrnehmungsweisen bewusst oder unbewusst in die Beziehungen zwischen Lehrenden und Studierenden eingeschlichen haben. Das Instrument dieser Intervention besteht darin, kulturtheoretische Texte gemeinsam zu lesen. So können stereotype Wahrnehmungen von Geschlecht, Ethnizität, Alter, Gesundheit uvm. reflektiert und in eine künstlerisch-forschende Invention kultureller Unbestimmtheit überführt werden.

Schauspielende, die bewusst ihre Körper präsentieren, offenbaren immer auch unbewusste Bewegungen, Haltungen und körperliche Konturen. Indem Schauspielende ihre Subjektivität ins Spiel bringen, offenbaren sie zudem unbewusste Werthaltungen, Denk- und Wahrnehmungsweisen. Hierzu zählen verborgene Vorstellungen zu Geschlecht, Ethnizität, Alter, Gesundheit, Mensch, Tier und Umgebung. Kurzum: Schauspielende tragen manchmal unbeabsichtigt zur Reproduktion von kulturellen Stereotypen bei.[1] Ähnliches gilt für mich, als Lehrendem. Bewusst und unbewusst reproduziere ich stereotype Sichtweisen auf Körper, Bewegungen, Handlungen und Aktionen. Als Zuschauender bin ich im Schauspielunterricht ein Co-Konstrukteur. Mein analytischer Blick auf geschlechternormative, ethnisierende u.a. Merkmale, ist ein Blick, der Zuschreibungen aktualisiert und somit gilt für mich das Gleiche, was eingangs über das Spiel von Schauspielenden gesagt wurde: Zuschauende tragen häufig unbeabsichtigt zur Reproduktion von kulturellen Stereotypen bei. Besonders auffällig wird dies, wenn die Reproduktion von Klischees und Normen gezielt zum Gegenstand des Unterrichts gemacht wird. In dem vorliegenden Beitrag gehe ich der Frage nach, inwiefern eine dritte Position in solchen Unterrichtssituationen hilfreich sein kann. Eine Position der Verhandlung, die es ermöglicht von den Wahrnehmungen der Studierenden sowie der Lehrenden abzurücken. Eine Position, die den konstruktivistischen Charakter des Wahrnehmens berücksichtigt und ihn selbst zum Gegenstand macht.

In diesem Beitrag gehe ich der Frage nach, inwiefern kulturwissenschaftliche Interventionen in den Schauspielunterricht solche Funktionen erfüllen können. Im Sinne des übergeordneten Themas dieses Themenhefts schließen sich folgende Fragen an: Wenn kulturtheoretische Vermittlungen für die unbewusste Reproduktion von Stereotypen sensibilisieren, so entstehen neue

Forum Modernes Theater, 33/1-2, 166–176.
Gunter Narr Verlag Tübingen

DOI 10.24053/FMTh-2022-0013

Spielmöglichkeiten, in denen Weiblichkeit, Männlichkeit, Diversität, Ethnizität und Alter künstlerisch neu erfunden und erforscht werden können. Dieser Ansatz zählt zu den mittlerweile gängigen Praktiken an Kunst- und Schauspielschulen, soll im Folgenden jedoch trotzdem durchdacht und vertieft werden. Eine weitere Frage gilt den forschenden Handlungsmöglichkeiten im Schauspielunterricht. Welche Vermittlungsmöglichkeiten können entstehen, wenn das Lesen und Diskutieren von Kulturtheorie zum Alltag im künstlerischen Unterricht gehört? Wie verändern sich die Beziehungen zwischen Lehrenden und Studierenden, hin zu einer forschenden Gemeinschaft? Der Begriff Intervention, im gleichen Masse überverwendet wie unterbestimmt[2], reagiert auf den Umstand, dass die Begriffe Theorie und Praxis im institutionellen Alltag häufig komplementär verwendet werden. Indem Theorie und Praxis als normative Gegensätze auftreten, geraten künstlerisch-forschende Vermischungen von Lesen, Spielen, Sprechen und Bewegen nicht selten zu einer ethisch-ästhetischen Guerilla-Taktik am Rande institutioneller Programmatik.

Der Begriff Intervention zielt in diesem Beitrag auf die Auflösung normativer Trennungen von Theorie und Praxis ab. Seine Verwendung markiert den Anfang eines Eingreifens in den künstlerischen Unterricht, das auf ein situatives Erfinden künstlerisch-forschender Agency angelegt ist. Hierbei folgt der Beitrag einem Vorschlag von Frauke Surmann, die in ihrer Dissertation *Ästhetische In(ter)ventionen im öffentlichen Raum. Grundzüge einer politischen Ästhetik* von einem immanenten Übergang zwischen Interventionen und Inventionen ausgeht.[3] Das Eingreifen und das Neuerfinden sind miteinander verwoben und nicht voneinander zu trennen. Diesem Bild folgend, besteht das Plädoyer dieses Beitrags nicht darin, aus einer autoritären theoretischen Position in künstlerische Praktiken

einzugreifen. Das gemeinschaftliche Lesen kulturtheoretischer Texte soll hingegen als Invention künstlerisch-forschender Gemeinschaften verstanden werden. Die Ausführungen beginnen mit zwei prominenten kulturtheoretischen Positionen, die im Hinblick auf ihr Potential zur Erweiterung, Erneuerung und Veränderung des Schauspielbegriffs gelesen werden. Namentlich werden Judith Butlers *Das Unbehagen der Geschlechter* und Gilles Deleuze/Felix Guattaris Lesart von Antonin Artauds *November 1947 – Wie verschafft man sich einen organlosen Körper?* mit dem Ziel analysiert, Koordinaten und Beziehungen für die Agency von Schauspielenden zu ermitteln. Mit Isabelle Stengers und Donna Haraways Fortschreibung radikal empiristischer Forschungsweisen und ihrer teils ironischen, teils hoffnungsvollen Vorstellung forschender Sprechgemeinschaften scheint es möglich, die Gegenüberstellung von Theorie und Praxis zu Gunsten künstlerisch-forschender In(ter)ventionen zu verabschieden.

Verfehlen, De-Formieren, Parodieren

Das folgende Zitat wurde in einem Pressegespräch im Jahr 2013 von einem designierten Intendanten eines großen Sprechtheaters in Nordrhein-Westfalen ausgesprochen. Es leitet die Präsentation der künstlerischen Neuausrichtung des Hauses ein:

> Wir haben in der Zeit des postmodernen Theaters alle Formen durchbuchstabiert, doch diese Phase ist vorbei, heute ist nichts altmodischer als die Dekonstruktion. Uns interessiert die archaische Verabredung, dass Menschen auf der Bühne, Menschen im Publikum etwas erzählen.[4]

In diesem Statement eines versierten Theaterpraktikers zeigt sich eine abwertende Haltung gegenüber sogenannten postdramatischen Theaterformen. Es wird der Eindruck erweckt, als wäre ‚die Dekonstruktion' ein homogener Block, der sich historisch abschließen ließe, und den das Theater nun ästhetisch überwunden hätte. Es wird also verkannt, dass Dekonstruktion eine kritische Praxis ist, die sich wiederholen muss, wenn sich ihre Anlässe wiederholen. Und diese liegen in bewussten und unbewussten Reproduktionen von Gewalt und Diskriminierung in Ästhetik und Philosophie. Zudem erweckt das Statement den Eindruck einer kontinuierlichen und einstimmigen Entwicklung von theaterästhetischen Formen und Strategien. Es scheint die pragmatische, praxisbezogene und kurzatmige Frage beantworten zu wollen: Wie geht es nach der Dekonstruktion weiter? Versteht man dekonstruktive Ansätze jedoch als performative Resonanzen des Theaters in medienkulturellen Umgebungen, so wird schnell deutlich, dass die Frage nach zukünftigen Theaterformen nicht auf deren Überwindung abzielen kann, sondern auf ihre ästhetischen Konsequenzen, Erweiterungen und Fortschreibungen. Oder, im Sinne dieses Themenheftes gefragt: Welche Spielmöglichkeiten entstehen, wenn kulturelle Schemata, Typisierungen und Zuschreibungen aufgelöst und in Unbestimmtheitszonen[5] überführt werden?

In *Das Unbehagen der Geschlechter* beschreibt Judith Butler drei Strategien, um die Wiederholung stereotyper Geschlechterdarstellungen in Alltag und Kunst zu unterlaufen: Das Verfehlen typischer Merkmale, die gezielte Deformation von Merkmalen und die Parodie geschlechternormativer Akte.[6] Bevor vertiefend auf diese Stilmittel eingegangen wird, soll zuerst daran erinnert werden, welche Veränderungsmöglichkeiten Butler für realistisch hält. Sie geht davon aus, dass performative Dekonstruktionen einen Zweifel an der Natürlichkeit, Wahrhaftigkeit und Ursprünglichkeit von Geschlechtsidentitäten säen können: „Als glaubwürdige Träger solcher Attribute können sie [jedoch]

gründlich und radikal *unglaubwürdig* gemacht werden."[7] Aber geht mit den genannten Strategien nicht immer auch eine implizite oder gar offensichtliche Bestätigung typischer Merkmale einher? Ist nicht gerade die Parodie besonders anfällig dafür, Stereotype zu reproduzieren? Sie lebt von der Herabsetzung von Geschlechterrollen und ihren Merkmalen, die sie im Gewand des Kleidertauschs präsentiert. Butler präzisiert daher ihren Begriff der Parodie anhand einer Definition des Pastiches, die sie Frédèric Jamesons *Postmodernism and Consumer Society* entnimmt:

> Wie die Parodie ist das Pastiche die Nachahmung eines eigentümlichen oder einzigartigen Stils, das Tragen einer stilisierenden Maske oder das Sprechen in einer toten Sprache. Allerdings ist das Pastiche eine neutrale Praxis der Mimikry ohne die Hintergedanken der Parodie, ohne den satirischen Impuls, ohne Gelächter, ohne dies untergründig immer noch vorhandene Gefühl, dass es etwas *Normales* gibt, im Vergleich zu dem das, was imitiert wird, eher komisch wirkt. Das Pastiche ist gleichsam eine blanke Parodie (blank parody), eine Parodie, die ihren Humor eingebüßt hat.[8]

Eine Parodie, im Sinne von Jamesons Pastiche, kann als ästhetisches Verfahren der Dekonstruktion und Aufdeckung eingesetzt werden, das die Grundlosigkeit von Geschlechteridentäten und den mit ihnen verbundenen Subjektivationen offenbart. Sicherlich erinnern die Lesenden Beispiele aus Theater und Film. Vielleicht ist Volker Spenglers Darstellung der Figur Elvira Weishaupt in Rainer Werner Fassbinders *In einem Jahr mit 13 Monden*[9] ein Beispiel, das zeigt, dass Verfehlen und De-Formieren nicht bedeuten müssen, Attribute durch Auslassungen oder Übertreibungen implizit zu reproduzieren.

Butler präzisiert diese Handlungsstrategie anhand von zwei Fragen, die sicherlich wörtlich in den Schauspielunterricht einfließen können:

> Welche Performanz in welchen Kontexten zwingt uns, erneut die *Stelle* und die Stabilität von Männlichkeit und Weiblichkeit zu betrachten? Und welche Art von Performanz der Geschlechtsidentität entlarvt den performativen Charakter der Geschlechtsidentität selbst und setzt ihn so in Szene, dass die naturalisierten Kategorien der Identität und des Begehrens ins Wanken geraten?[10]

Im Falle von Elvira Weishaupt ist es gerade ihre verstörende Fügsamkeit in weiblich konnotierte Verhaltensmuster, die die ‚Stellen' von Männlichkeit und Weiblichkeit ins Wanken bringt. Das Lesen von *Das Unbehagen der Geschlechter* im Schauspielunterricht fragt nach ‚Stellen', an denen Schauspielende sich selbst und ihr subjektives Erleben im Hinblick auf Geschlechteridentitäten verorten. In den Denkweisen von Judith Butler können dies jedoch nur Stellen sein, die innerhalb der Rahmung von Subjektivität liegen. Denn Butler sieht bekannterweise keine Möglichkeit, Subjektivität unabhängig von Geschlechternormen zu denken. Es folgt, dass Schauspielende immer Gefahr laufen, sich in einem subjektiven Erleben heimisch zu fühlen, das Geschlechternormen als gegebene Bedingungen in sich aufgenommen hat. Ob von diesen Stellen aus der unbewussten Reproduktion von Stereotypen umfassend entgegengewirkt werden kann, oder ob sich nicht immer wieder neue Schematisierungen ihren Schauplatz suchen, bleibt sicherlich eine leitende Frage.

Unbestimmtheit und Spiel

Der Begriff des organlosen Körpers steht bei Gilles Deleuze und Felix Guattari für ein anderes Denken. In *28. November 1947 – Wie schafft man sich einen organlosen Kör-*

per? verfolgen Gilles Deleuze und Felix Guattari Antonin Artauds bekannte Forderung nach dem organlosen Körper.[11]

> Denn binden Sie mich, wenn Sie wollen, aber es gibt nichts Sinnloseres als ein Organ. Wenn Sie ihm [dem Menschen] einen Körper ohne Organe hergestellt haben, dann werden Sie ihn von all seinen Automatismen befreit und ihm seine wirkliche und unvergängliche Freiheit zurückerstattet haben. Dann werden Sie ihm wieder beibringen, wie im Delirium Musetten verkehrt herum zu tanzen, und diese Kehrseite wird seine richtige Seite sein.[12]

In *Das Theater und die Wissenschaft* führt Artaud aus, dass er die Aufgabe des Theaters darin sieht, eine „organische und psychische Transformierung des menschlichen Körpers" zu bewirken: „wo sich anatomisch, durch das Stampfen von Knochen, Gliedern und Silben, die Körper erneuern, und sich physisch unverfälscht die mythische Handlung, einen Körper zu erschaffen, darstellt".[13] Hier klingt an, was in der Mitte des 20. Jahrhundert zu einem Kennzeichen der Performance Art gerät: Die Gewalt gegen den Körper als dekonstruktives, performatives Verfahren. Wie Antonin Artaud sprechen Deleuze und Guattari von einer Übung und von Experimenten, die darin bestehen, die Wahrnehmung menschlicher Körper von organischen Bestimmungen zu lösen. Was kann es bedeuten, im Kontext schauspieltheoretischer Überlegungen zu fragen: Wie verschafft man sich einen organlosen Körper? „Der organlose Körper ist das, was übrigbleibt, wenn man alles entfernt hat. Und was man entfernt, ist eben das Phantasma, die Gesamtheit der Signifikanzen und Subjektivationen."[14] Der organlose Körper ist ein Emblem dekonstruktiver Verfahren. Ein Emblem, das für die maximale Auflösung kultureller Zuschreibungen auf den Körper, die Psyche und die Sprache steht. Indem der Blick auf die Organe entfällt, entfällt der funktionale Blick auf das Geschlecht, die Gesundheit, das Alter und „natio-ethno-kulturelle Zuordnungen".[15] So markiert der organlose Körper eine Zone der Unbestimmtheit.[16] Für die Schauspieltheorie ist interessant, dass Deleuze und Guattari die Gewalt gegen den Körper kritisieren, die sie in Artauds Rhetorik ausmachen. Dabei schlagen sie nicht vor, Artaud verharmlosend zu lesen, sondern fragen, ob es nicht auch einen Weg der Fröhlichkeit gibt, um den Körper, die Sprache und die Subjektivität von Macht und Zuschreibungen zu lösen.

> Wozu diese schaurige Kohorte von zugenähten, durchleuchteten, katatonisierten und ausgelaugten Körpern, wenn der oK [organlose Körper] doch auch voller Fröhlichkeit, Ekstase und Tanz ist? [...] Warum nicht auf dem Kopf gehen, mit den Stirnhöhlen singen, mit der Haut sehen, mit dem Bauch atmen, die einfachste Sache, Entität, voller Körper, auf der Stelle reisen, Anorexie, sehende Haut, Yoga, Krishna, Love, Experimentieren. Wo die Psychoanalyse sagt: Halt, findet euer Selbst wieder!, müsste man sagen: Gehen wir noch viel weiter, wir haben unseren oK noch nicht gefunden, unser Selbst noch nicht genügend abgebaut.[17]

Es ist ihre radikal konstruktivistische Position, aus der heraus die Schaffung des organlosen Körpers ein Leichtes ist: „findet heraus, wie man ihn macht".[18] Wobei ‚machen' in diesem Fall nicht auf eine frankensteinsche Erschaffung abzielt, sondern auf eine Veränderung von Wahrnehmungs- und Erfahrungsweisen.

> Den Organismus aufzulösen, hat nie bedeutet, sich umzubringen, sondern den Körper für Konnexionen zu öffnen, die ein ganzes Gefüge voraussetzen, Kreisläufe, Konjunktionen, Abstufungen und Schwellen, Übergänge und Intensitätsverteilungen, Territorien und Deterritorialisierungen, die wie von einem Landvermesser vermessen werden.[19]

Freilich kann nicht einfach beschlossen werden, anders wahrzunehmen. Deswegen ist der organlose Körper nicht als Begriff gedacht, sondern als Übung, Programm und Experiment. Der organlose Körper ersetzt „Anamnese durch Vergessen und Interpretation durch Experimentieren".[20] Er wird als zukunftsorientiertes Programm verstanden, nicht als Interpretationsverfahren der Vergangenheit. In diesem Programm hängt alles von zwei Geschicken ab, die mit einem machtvollen Dritten verstrickt sind: Klugheit, Spiel und Tod.

> Klugheit ist die allen dreien gemeinsame Kunst; wenn man den Organismus demontiert und dabei manchmal mit dem Tod spielt, indem man der Signifikanz und der Unterwerfung ausweicht, dann spielt man mit der Falschheit, der Illusion, der Halluzination, dem psychischen Tod.[21]

Aber wo ist diese Klugheit verortet? In welchen Beziehungen steht sie zu den Organen, zu Signifikanz und Subjektivität?

> Man muss genügend Organismus bewahren, damit er sich bei jeder Morgendämmerung neugestalten kann; und man braucht kleine Vorräte an Signifikanz und Interpretation, man muss auf sie aufpassen, auch um sie ihrem eigenen System entgegenzusetzen, wenn die Umstände es verlangen, wenn Dinge, Personen oder sogar Situationen euch dazu zwingen; und man braucht kleine Rationen von Subjektivität, man muss so viel davon aufheben, dass man auf die herrschende Realität antworten kann. Ahmt die Schichten nach.[22]

Das Programm des organlosen Körpers sieht vor, Beziehungen zu der „herrschenden Realität" aufrecht zu erhalten, Vorräte an Signifikanz zu bewahren und Subjektivität als Nachahmung zu verstehen. Somit scheint es einen Ort der Unbestimmtheit zu geben, von dem ausgehend der strategische Einsatz von Subjektivität und Handlung, „wenn es die Umstände verlangen", geleistet werden kann.[23] Dieser Ort macht es möglich, Unbestimmtheit und Spiel in einem konkreten Zusammenhang zu denken. So würden sich Agency und Spiel überlagern. Spiel und Nachahmung begleiten das Handeln und durchziehen jedes Tun mit einem spürbaren Als-ob. Das Programm des organlosen Körpers hebt die Trennung von Spiel und Handlung auf, da sich beide Dimensionen gleichsam als Schauspiel vor einem Ort der Unbestimmtheit ereignen. Oder anders gewendet: Unbestimmtheit scheint eine Voraussetzung für das Spiel zu sein.[24]

Welche Anregung kann der organlose Körper für das Schauspiel liefern? Wenn die Übung darin besteht, den Körper frei von kulturellen Zuschreibungen wahrzunehmen, dann besteht sie auch darin, damit immer wieder zu scheitern. „Man kann den organlosen Körper nicht erreichen. Der organlose Körper ist eine Grenze."[25] Trotzdem geht von dieser Übung eine ethische Aufforderung an das Schauspiel aus. Sie besteht darin, das Programm von Dekonstruktion, Unbestimmtheit und Spiel immer wieder neu zu spielen. In jedem Auftritt ‚als Frau' und ‚als Mann' werden wirkungskräftige Als-Obs vor einem Hintergrund der Unbestimmtheit exponiert, noch bevor Spielende ihrem sogenannten Bühnen-Ich oder ihrer literarische Figur Konturen verleihen können. Vielleicht ist es die spürbare Gegenwart dieser Unbestimmtheit in den vielfältigen Nachahmungen des Theaters, die die Unterscheidung zwischen Figur und Schauspielenden, Einfühlung und Verfremdung in der Praxis zuweilen nivelliert.[26]

Spekulatives Fabulieren

Butler betont, dass die Wiederholung und Re-Inszenierung kulturell erzeugter Schemata zugleich Effekt des Subjekts und dessen Begründung ist.

Tatsächlich wird die Performanz mit dem strategischen Ziel aufgeführt, die Geschlechtsidentität in ihrem binären Rahmen zu halten – ein Ziel, das sich keinem Subjekt zusprechen lässt, sondern eher umgekehrt das Subjekt begründet und festigt.[27]

Die performative Aufrechterhaltung ‚des Subjekts' sichert für Butler dessen Verhandlungs- und Aushandlungsgeschicke. Hierin kann ein Grund dafür liegen, weshalb sie dieses ‚Subjekt' nicht weiter dekonstruiert. Sie sichert die (politische) Handlungsfähigkeit des Individuums. Andererseits schreibt sie auf diese Weise eine Geschichte binärer Geschlechterbeziehungen fort. Hingegen steht die Idee des organlosen Körpers bei Deleuze und Guattari dafür, eben diese Subjektivität abzulegen, um sie wie ein Ei in der Tasche zu tragen. „Für den Notfall, wenn man sie braucht."[28] Die Verfassung des organlosen Körpers ist somit die der Unbestimmtheit. Das Plädoyer dieses Beitrags für den Schauspielunterricht besteht darin, beide Positionen zu erforschen. Die Idee, kulturtheoretisch in den Schauspielunterricht zu intervenieren zielt darauf, vertiefende künstlerische Erforschungen zu initiieren. Künstlerische Erforschungen der performativen Aufrechterhaltung subjektiver Figurationen sowie organloser Unbestimmtheit. An der Stelle, an der Männer- und Frauenbilder, Schemata und Klassifizierungen zuweilen in komplementären Typisierungen auseinanderfallen, erinnern kulturtheoretische Eingriffe an die Neugier und Lust eines notwendigen Nicht-Wissens. Die Beziehung Lehrende-Studierende erfährt die Erweiterung um ein vermittelndes Drittes. In *Spekulativer Konstruktivismus* unterbreitet Isabelle Stengers einen Vorschlag zum Üben von Unbestimmtheit, als Voraussetzung „kosmopolitischen Forschens"[29]. Für Stengers scheint Unbestimmtheit ein verlangsamender Zustand des Nicht-Wissens zu sein, den Sie der hierarchischen Anordnung von Theorie und Praxis gegenüberstellt.

Er [der hierarchische Ansatz] erfordert überdies Praktiker, die – und dies ist ein politisches und kein kosmopolitisches Problem – es gelernt haben, mit den Schultern zu zucken angesichts der Forderung von verallgemeinernden Theoretikern, die sie als Untergebene definieren, die die Aufgabe haben, eine Theorie ,anzuwenden', und ihre Praxis als eine Illustration der Theorie vereinnahmen.[30]

Als ,Modus der Unbestimmtheit' versteht Stengers ein Ereignis, auf das kein funktionales ,also dann' folgen kann.[31] Sie spielt hierbei auf Gilles Deleuze und dessen Lektüre von Herman Melvilles *Bartleby der Schreiber.* an. Die bekannte Geschichte des Kopisten, der lieber nicht mehr kopieren möchte, und der generell jede Aufforderung mit der Formel „I would prefer not to"[32] beantwortet.

> Er will nur sagen, was er buchstäblich sagt. Und was der Text sagt und wiederholt, lautet: ICH MÖCHTE LIEBER NICHT, *I would prefer not to.* So lautet seine Ruhmesformel, und jeder verliebte Leser wiederholt sie seinerseits. Ein magerer und blasser Mann hat die Formel ausgesprochen, die jedem den Kopf verdreht. Worin aber besteht die Buchstäblichkeit der Formel?[33]

Die Wiederholung des Aussprechens der Formel ist es, die nach Deleuze zu einer Errichtung von Unbestimmtheitszonen führt. Diese Zonen breiten sich aus. „Die Formel […] hebt eine Zone der Unbestimmtheit aus, die unaufhörlich zwischen den nicht-gemochten Tätigkeiten und einer bevorzugten Tätigkeit wächst. Jede Besonderheit, jede Referenz wird abgeschafft."[34] Ausgehend von Bartlebys freundlichen Verweigerungen breiten sich solche Zonen in der Geschichte von Herman Melville unaufhörlich aus. Sie verteilen sich und ihre Funktionslosigkeit, und schaffen auf diese Weise den Platz für etwas Neues. Sie beenden die Reproduktion kultureller Schemata. Gerade deshalb eignet sich der Begriff der Unbestimmtheit in der künstlerischen Forschung als Motiv des Anfangs.[35]

Mit Donna Haraway lässt sich ein Verständnis von Unbestimmtheit als Mehrstimmigkeit entwickeln, das an diesem Anfang ansetzt. Haraway entwickelt die Idee eines spekulativen Fabulierens, das für Schauspielende interessant ist, da es beim spekulativen Fabulieren um spielerische Neu-Konfigurationen von Welten, Werden und Erzählungen geht. Spekulative Fabulationen sind erfinderische, radikal konstruktivistische Modelle. In diesen Modellen geht es nicht um die vorsichtige Vermeidung stereotyper Figurationen, sondern um die notwendige Neuerfindung von Wissen, Gestalten, Verwandtschaften Eingehen, Beziehungen und Körper Erfahren. Spekulative Fabulationen reaktivieren das Erzählen als performative Praxis der Produktion von Wissen um andere Existenzformen, Erkenntnisse und Zusammenhänge denk- und erfahrbar zu machen. Erzählung und Fiktion sind bei Haraway der gesellschaftlichen Wirklichkeit nicht als Illusion gegenübergestellt, sie begründen vielmehr eine Ko-Konstruktion der Produktion von Welt als Erfahrung. Dekonstruktion stellt eine Voraussetzung für Unbestimmtheit und neue Spiele dar, um diese Spiele ernst zu spielen.

> Wissenschaftliche Fakten und spekulative Fabulationen brauchen einander und beide brauchen einen spekulativen Feminismus. SF und Fadenspiele denke ich im dreifachen Sinne als Figurationen. Erstens zupfe ich großzügig Fasern aus verklumpten und dichten Ereignissen und Praktiken heraus. Ich versuche, den Fäden zu folgen und die Spuren so zu lesen, dass ihre Verwicklungen und Muster entscheidend dafür werden, wie wir an wirklichen und spezifischen Orten, in wirklichen und spezifischen Zeiten unruhig bleiben können. So verstanden ist SF eine Methode des Nachzeichnens, des Verfolgen eines Fadens in die Dunkelheit, in eine

gefährlich wahre Abenteuergeschichte hinein, in der vielleicht klarer wird, *wer* für die Kultivierung artenübergreifender Gerechtigkeit lebt oder stirbt und warum. Zweitens ist SF nicht nur die Methode des Nachverfolgens, sondern das Ding an sich: jenes Muster und jene Versammlung, die eine Antwort verlangen; das Ding, das man selbst nicht ist, aber mit dem man weitermachen muss. Drittens bedeutet SF weitergeben und entgegennehmen, herstellen und aufheben, Fäden aufnehmen und fallen lassen. SF ist eine Praxis und ein Prozess, ein Werden-mit-anderen in überraschender Aufeinanderfolge, eine Figur des Fortdauerns im Chthuluzän.[36]

Diese Passage lässt sich als Anleitung einer künstlerisch-forschenden Gemeinschaft lesen, die sich im Aufgreifen von Fäden und Lesen von Spuren gemeinsam in Unruhe versetzen lässt. In diesem Werden-mit-anderen löst sich die komplementäre Unterscheidung zwischen Theorie und Praxis in einem Abenteuer von gemeinsamen Lesen, Sprechen, Spielen und Bewegen auf. In diesem Abenteuer sind weder die Grenzen zwischen Mensch, Tier, Maschine, Mann und Frau vorausgesetzt, noch kann Wissen öffentlich repräsentiert werden. Es kann jedoch gemeinsam erforscht und in der Performanz spekulativer Fabulationen geteilt werden.

> Die Aufgabe besteht darin, sich entlang erfinderischer Verbindungslinien verwandt zu machen und eine Praxis des Lernens zu entwickeln, die es uns ermöglicht, in einer dichten Gegenwart und miteinander gut zu leben und zu sterben. Es ist unsere Aufgabe, Unruhe zu stiften, zu wirkungsvollen Reaktionen auf zerstörerische Ereignisse aufzurütteln, aber auch die aufgewühlten Gewässer zu beruhigen, ruhige Orte wieder aufzubauen.[37]

Spekulative Fabulationen stellen vielleicht eine gemeinsame Invention dar. Auch wenn ihre Initiation möglicherweise nicht um einen einschreitenden und intervenierenden Eingriff herumkommt. Der Begriff Invention steht einerseits für das Erfinden, und dies berührt Haraways ironischen Umgang mit dem Spekulieren, Konstruieren, Phantasieren und Konstatieren. In der Musikwissenschaft steht der Begriff für ein zwei- oder dreistimmiges Klavierstück, mit nur einem zu Grunde liegenden Thema. So regt der Begriff zu dem Erforschen von Unbestimmtheit als Mehrstimmigkeit kultureller Formen an.

Unbestimmtheit üben

Die schwedische Sängerin, Tänzerin, Performerin und Choreographin Alma Söderberg fordert die Augen, das Gehör und die Körper der Zuschauenden in ihrer Performance *Deep Etude* mit Hilfe vielstimmiger rhythmischer Verfahren heraus. Sie zielt jedoch nicht auf eine Überforderung der Zuschauenden und Zuhörenden ab, sondern auf ein gemeinsames Üben. So steht der Begriff *étude* im Französischen für das Studieren, Erforschen, Beobachten und Erlernen. In der Musikwissenschaft werden Übungsstücke als Etüden bezeichnet, die zur Einübung spezieller spieltechnischen Fähigkeiten gedacht sind. Und eben dies praktiziert Söderberg in ihrer Performance auf der großen Bühne des Essener PACT Zollvereins. Sie trägt ein graues, dreiviertellanges Kleid aus leichtem Baumwollstoff. Darüber ein weites Leinenhemd, das keine femininen Konturen erkennen lässt. Sie hebt ihre Hände nach vorne, so dass die Zuschauenden in ihre geöffneten Handflächen sehen. Ihre Finger sind gespreizt und zeigen nach oben. Sie schließt ihre Handflächen und öffnet sie wieder. Mit der ersten Klappbewegung setzt die Toneinspielung eines hämmernden Rhythmus ein. Eine Schreibmaschine. Mit der Zeit fügt die Performerin weitere rhythmische Verläufe hinzu. Zuerst ist es ihre linke Hand, die einen zusätzlichen Beat schlägt. Dann kommt ihre rechte Hand dazu. Später richten sich ihre Arme erst zur rechten, dann zur linken Seite, so dass kreisende Bewegungen ihres Oberkörpers entstehen. Es ist nicht klar, ob ihre Bewegungen dem Rhythmus folgen, oder ob sie ihn lenken. Nach ca. 12 Minuten verlangsamt sie ihre Bewegungen bis zum Stillstand. Die Verbindung zwischen ihrem Körper und der Toneinspielung löst sich auf. In einem Interview beschreibt Alma Söderberg zwei ästhetische Motive, die sie mit den polyrhythmischen Verfahren in *Deep Etude* verknüpft. Ihr künstlerischer Ansatz besteht darin, polyrhythmische Relationen nicht nur zwischen akustisch-musikalischen Schlägen zu entdecken, sondern auch in den visuellen Dimensionen der Performance:

> I started thinking about polyrhythm in this more musical sense. But then it kind of expanded. It became about these relations between different expressions. The visual, the oral, what you hear, what you see, the body and the voice, and to think of that also as polyrhythmic relations. It is also what you kind of experience as a viewer. These different relations: things that go together and don't. And it is also very much depending on the person that is listening, that is watching, to be kind of engaged [sic] with the work and to see the relations.[38]

Alma Söderberg erweitert den Begriff der Polyrhythmik, indem sie akustische und visuelle Eindrücke als räumliche Mehrstimmigkeit produziert. Ihr Körper erzeugt Klänge, Geräusche und einen wiederkehrenden Takt. Zudem werden Rhythmen über eine Tonspur eingespielt. So entstehen spannungsreiche Verläufe, denen Söderberg mit ihren Bewegungen folgt, oder die sie mit ihren Bewegungen gezielt kontrastiert. Sie spricht gezielt von Zuhörenden und Zu-

schauenden, da Gesehenes und Gehörtes hier parallel und kontrastreich zueinandersteht. Zuschauende und Zuhörende sind ‚engaged', wenn sie sich darauf einlassen, in den wiederholenden Beats und Bewegungen eigene Verläufe, Linien und Punkte zu entdecken. Als Performerin stößt Söderberg in jeder Aufführung (bzw. öffentlichen Übung) auf andere Möglichkeiten, Linien und Punkte miteinander zu verknüpfen.

> The definition of an Etude in music, for example, is that you are practicing a skill. So it is a kind of set of exercises in a way to practice a specific skill. And in this case, the skill is kind of a polyrhythmic skill. It is about to be [sic] in many different layers in the same time. For me as performer, I produce sound and movement. So I am both. A kind of a percussionist and a dancer at the same time. Plus [sic] there is a track, by Henrik Willigens. And it is also quite complex[sic], so there is the skill of hearing all those different layers, and moving in between them, being in the right moment [sic], so that is where the Etude part comes in [sic].[39]

Alma Söderberg verortet sich in der Live-Situation performativ zwischen den rhythmischen Verläufen ihres Gesangs, ihrer Percussion, ihrem Sprechen und ihren körperlichen Bewegungen. Indem sie die Fertigkeit einübt, akustische und visuelle Verläufe als Linien und Punkte ihrer eigenen Verortung gelten zu lassen, erweitert sie die in diesem Beitrag skizzierten (Spiel-) Positionen um eine Position künstlerischer Unbestimmtheit. Ausgangspunkt ist eine Position des Übens. Ein Üben, dass nicht als Vorbereitung performativer Darstellung in Probeprozessen gedacht ist, sondern als eine künstlerische Agency im Moment der Aufführung. Die Zuschauenden üben mit der Performerin mit. Indem sie die vielschichtigen Verläufe ihres Wortgesangs, ihres Fingerschnippens und Händeklatschens verfolgen, geraten sie zwischen die Linien und

Punkte typisierender Wahrnehmungsweisen. Alma Söderberg verführt sie zu einer ästhetischen Erfahrung, in der kulturelle Bestimmungen zu Geschlecht, Ethnizität, Alter, Gesundheit, Mensch, Tier und Umgebung aus dem Blick geraten. Sie nennt diese rhythmische Verführung „a game, a soft one". Ihr Spiel zeigt, dass sich Unbestimmtheit scheinbar doch üben lässt. Entgegen der einleitenden These dieses Beitrags ist dies vielleicht immer dann möglich, wenn Agency fragend, spekulierend, forschend, übend und probierend gedacht wird.[40]

Anmerkungen

1 In der Schauspieltheorie des 20. Jahrhunderts wurden zahlreiche Strategien, Spiele, Tricks und Praktiken entwickelt, die dekonstruktiv auf Körper und Subjektivität von Spielenden einwirken. Für den Bereich schauspielmethodischer Ansätze sind neben anderen Michail Chekhov, W. E. Meyerhold und auch Sanford Meisner zu nennen.

2 Friedrich von Borries et al., *Glossar der Interventionen. Annäherung an einen überverwendeten, aber unterbestimmten Begriff,* Berlin 2012, S. 5.

3 Frauke Surmann, *Ästhetische In(ter)ventionen im öffentlichen Raum. Grundzüge einer politischen Ästhetik,* Paderborn 2014.

4 Stefan Bachmann in der Pressekonferenz zur Präsentation des Spielplans 2013/14 am Kölner Schauspielhaus, in: *Rheinische Post,* 29.4.2013. Betrachtet man die Spielpläne des großen und erfolgreichen Hauses unter der Leitung des namhaften Intendanten, so fällt auf, dass Erzähltheater mit dem Schwerpunkt auf Drama, Narration, Figur und Darstellung nicht unbedingt im Vordergrund stehen. Stattdessen tragen die künstlerischen Arbeiten häufig Untertitel, wie: eine performative Installation, Choreografie, Ballet, Räume in Transformation, Stadtgang, digitale Zone usw. Zudem werden häufig Texte von dekonstruktivistisch arbeitenden Autor*innen inszeniert. In der Spielzeit

2020/21 werden gleich mehrere Stücke von Elfriede Jelinek, Sybille Berg und Samuel Beckett aufgeführt. Aus dieser Nichtübereinstimmung zwischen der diskursiven Präsentation des Theaterprogramms und den tatsächlich umgesetzten Ästhetiken ließe sich schließen, dass die oben zitierte Passage strategischen Charakters ist, möglicherweise mit dem Ziel, bestimmte Publikumskreise für das neue Programm zu gewinnen.

5 Gilles Deleuze, *Kritik und Klinik,* Frankfurt a. M. 2000, S. 112.

6 Judith Butler, *Das Unbehagen der Geschlechter,* Frankfurt a. M. 1992, S. 207.

7 Ebd.

8 Fredèric Jameson, *Postmodernism and Consumer Society,* S. 114.

9 Rainer Werner Fassbinder, *In einem Jahr mit 13 Monden,* 1978.

10 Butler, *Das Unbehagen der Geschlechter,* S. 207.

11 Gilles Deleuze und Felix Guattari, *Tausend Plateaus,* Berlin, 1992 [1980], S. 205.

12 Antonin Artaud, *Letzte Schriften zum Theater,* übers. von Elena Krapalik, München 1980, S. 29.

13 Ebd.

14 Ebd., S. 208–209.

15 Paul Mecheril spricht in *Subjektbildungen. Interdisziplinäre Analysen der Migrationsgesellschaft* mit Absicht von natio-ethno-kulturellen Zuordnungen und betont mit dieser Begriffskombination, dass Zuschreibungen wie Nation, Ethnizität und Kultur häufig unbewusst vorgenommen werden: „Die wechselseitige Verwiesenheit der Kategorien Nation, Ethnizität und Kultur, die damit verbundene Verschwommenheit und Unklarheit ist zugleich auch Bedingung ihres politischen und sozialen Wirksamwerdens. Denn diese Vagheit und signifikante Leere ist der Hintergrund, vor dem es möglich wird, Imaginationen, Unterstellungen und Zuschreibungen vorzunehmen, die der Verwendung von Bezeichnungen wie ‚türkisch', ‚italienisch', ‚deutsch', ‚arabisch' zugrunde liegen." Paul Mecheril, *Subjektbildungen. Interdisziplinäre Analysen der Migrationsgesellschaft,* Bielefeld 2014, S. 14.

16 Gilles Deleuze, *Kritik und Klinik,* S. 98.

17 Deleuze und Guattari, *Tausend Plateaus*, S. 206.

18 Ebd., S. 208.

19 Ebd., S. 219.

20 Ebd., S. 206–208.

21 Ebd., S. 220.

22 Ebd., S. 220.

23 Ebd.

24 Reinhold Görling leitet seinen Beitrag „Spiel:Zeit" in: Astrid Deuber-Mankovsky und Reinhold Görling (Hg.), *Denkweisen des Spiels. Medienphilosophische Annäherungen*, Wien/Berlin 2016, S. 19–52 mit einem Zitat von Gilles Deleuze ein: „Die Spiele benötigen das leere Feld, ohne das nichts voranginge noch funktioniere." Gilles Deleuze, „Woran erkennt man den Strkturalismus?", in: François Châlet (Hg.), *Geschichte der Philosophie*, Bd. VIII, Frankfurt a. M. 1975, S. 269–302, hier S. 292.

25 Deleuze und Guattari, *Tausend Plateaus*, S. 206.

26 Wolf-Dieter Ernst, „Schauspielkunst und Wissen im Zeichen der technischen Sichtbarmachung des mimetischen Ausdrucks", in: Wolf-Dieter Ernst, Anja Klöck und Maike Wagner (Hg.), *Psyche Technik – Darstellung. Beiträge zur Schauspieltheorie als Wissensgeschichte*, München 2016, S. 87–110.

27 Butler, *Das Unbehagen der Geschlechter*, S. 206

28 Deleuze und Guattari, *Tausend Plateaus*, S. 206.

29 Isabelle Stengers, *Spekulativer Konstruktivismus*, Berlin 2008, S. 153.

30 Ebd.

31 Ebd.

32 Hermann Melville, *Bartleby*, Stuttgart1985.

33 Deleuze, *Kritik und Klinik*, S. 98.

34 Ebd.

35 Deleuz und Guattari, *Tausend Plateaus*, S. 206.

36 Donna Haraway, *Unruhig bleiben. Die Verwandtschaft der Arten im Chthuluzän*, Frankfurt a. M./New York 2018, S. 11.

37 Ebd., S. 9.

38 Alma Söderberg im Interview: https://www.pact-zollverein.de/journal/alma-soederberg-ueber-deep-etude-bei-pact-zollverein [Zugriff am 29.04.2021].

39 Ebd.

40 Ebd.

„Schöpferin glücklicher Stunden …" – Utopische Spielräume von Amateur-Schauspielerinnen im frühen 19. Jahrhundert

Meike Wagner (Stockholm)

Im frühen 19. Jahrhundert boten die massenhaft gegründeten Amateurtheater-Vereine bürgerlichen Frauen die Möglichkeit, in einem vor-professionellen Umfeld eine ästhetische Bildung zu erlangen, das Schauspielen zu erproben und gegebenenfalls sogar als mögliches Berufsziel anzuvisieren. Somit wurden die Spielräume für diese Frauen erweitert, denen im politischen und gesellschaftlichen Kontext der Zeit ansonsten wenig Möglichkeiten zur freien Entfaltung offenstanden. Der Beitrag zeigt am Beispiel der Berliner *Urania*, wie Amateurtheater als wichtiges Scharnier zwischen einer privaten und öffentlichen Sphäre des Schauspielens wirkte. Durch eine solche ‚Zwischen-Position' wurde es wichtig für eine allmähliche Verbürgerlichung dieses lange prekären Berufes. Hier wurden Muster professionellen Schauspielens und bürgerlich-sittlichen Verhaltens eingeübt. Für Frauen bot die theatrale Amateurpraxis Spielräume der Aushandlung einer weiblichen Utopie von bürgerlichem, selbstbestimmtem Handeln.

Die Französische Revolution hatte nach 1789 zunächst kühne Entwürfe von Geschlechtergerechtigkeit und bürgerlicher Gleichstellung hervorgebracht, die als Ideen durchaus ihre Wirkung auf dem ganzen europäischen Kontinent entfalteten. Nicht zuletzt die Schriften von Olympe de Gouges (1791) und Marie Jean André de Condorçet (1790),[1] welche politische und gesellschaftliche Rechte der Frauen einforderten, machten einerseits die Möglichkeit einer Gleichstellung denkbar, standen andererseits in starkem Widerspruch zu dem, was die politisch Handelnden und Mächtigen zugestehen wollten. Ihre politischen Provokationen bezahlten die beiden Autor*innen mit dem Leben: Gouges wurde 1793 guillotiniert, Condorçet starb 1794 unter ungeklärten Umständen in der Haft.

Die politische Realität der Frauen war auch nach 1800 weit von jenen theoretischen Entwürfen entfernt.[2] Das Allgemeine Preußische Landrecht von 1794 bestimmte die Ehe als ‚standesgemäße' Versorgungs- und Reproduktionsinstitution und den Mann als Oberhaupt der ehelichen Gesellschaft (II., erster Titel, § 184), der über eine berufliche Tätigkeit der Frau bestimmte (II., erster Titel, § 195).[3] Und 1804 schrieb auch der von Napoleons repressivem Frauenbild stark geprägte Code Civil, der in der Zeit auf dem europäischen Kontinent weitreichend Geltung hatte, die Hierarchie zwischen Mann und Frau auf lange Zeit fest: Die Frau galt als Besitz des Mannes, der eine unumschränkte Gewalt über sie ausüben konnte, und stand in jeder Hinsicht unter seiner Vormundschaft – zunächst als Tochter des Vaters, dann als Ehefrau des Ehemannes. Der Frau war es nur mit Einverständnis des Mannes möglich, beruflich, geschäftlich, oder gar politisch aufzutreten (Art. 215).

Obgleich man davon ausgehen kann, dass um 1800 auch durchaus partnerschaftliche Familien- und Ehegemeinschaften zwischen Frau und Mann bestanden, so ist es jedoch offensichtlich, dass die gesetzlichen Vorgaben für beide Geschlechter starke Rollenvorgaben machten, die sich auf das gesellschaftliche Miteinander auswirkten. Ent-

Forum Modernes Theater, 33/1-2, 177–190.
Gunter Narr Verlag Tübingen

DOI 10.24053/FMTh-2022-0014

sprechend boten die gesellschaftlichen Zwänge der Zeit den bürgerlichen Frauen wenige Möglichkeiten der Berufsausübung und auch des öffentlichen Auftretens. Im geschützten Rahmen der Amateur-Vereine ließ sich diese politische und gesellschaftliche Realität ein Stück weit gegen die zirkulierten Ideen von Gleichberechtigung und Handlungsmacht aushandeln. Sowohl für Männer als auch für Frauen konnte das Amateurtheater so Spielräume ermöglichen, um eine andere, eine aktive, eine selbstbestimmte Realität zu erproben. Während für Männer die freie Meinungsäußerung und das Stimmrecht hochzuschätzende politische Werte im Theater-Verein darstellten,[4] so konnten Frauen durch die Einübung einer Berufsaktivität zumindest teilweise die ersehnte Handlungsmacht erreichen.

Ein berufsmäßiges Schauspiel im Rahmen einer wandernden ,Komödiantentruppe' hatte für Frauen im späten 18. Jahrhundert noch einen radikalen Ausschluss aus der bürgerlichen Gesellschaft zur Folge.[5] Und auch ein Engagement an einer der zunehmend wichtiger werdenden festen Bühnen (Nationaltheater, Stadttheater) bedeutete für die Frauen,[6] sich einer nicht immer gewogenen Öffentlichkeit zu stellen, die ihr Bild insbesondere von einer jungen Schauspielerin lange noch zwischen ,gefallenem Mädchen' und ,sexueller Freibeute' verortete.[7] In den neu entstehenden Amateur-Theater-Vereinen[8] war das Theaterspiel für die Frauen hingegen gesellschaftlich anerkannt und wurde im geschützten Rahmen auch gefördert. Von dort aus gelang es vielen ambitionierten Schauspielerinnen eine professionelle Karriere zu starten: Es ist signifikant, wie viele Schauspielerinnen der Zeit zunächst im Amateurtheater erste Erfahrungen sammelten und Sichtbarkeit erreichten, um später an verbürgerlichten Hof- und Stadttheatern ein Engagement zu erlangen. Durch ihr Amateurspiel schufen sie berufliche Fakten, die dann von den Männern anerkannt und für unterstützungswert befunden wurden. Man mag sich vorstellen, dass sie durch die schauspielerische Erfahrung im Verein einen gefestigteren Status als Schauspielerin hatten als blutjunge Debütantinnen auf den Bühnen der Hof- und Nationaltheater.

Das Bildungsangebot in den Theatervereinen war ebenso davon geprägt, ähnliche Möglichkeiten für junge Männer und Frauen zu eröffnen. Auch hier kann man eine Differenz zu gesellschaftlichem Bildungsdiskurs und gesellschaftlicher Bildungspraxis erkennen. Um 1800 entstand eine öffentliche Debatte um Mädchenbildung, die eine klare Abtrennung von dem Ziel einer ,Gelehrsamkeit', als rein männliche Eigenschaft betrachtet, formulierte. Bildungsangebote für Mädchen und junge Frauen sollten die ihnen zugewiesene Rolle als ,Gefühls- und Naturwesen' bestärken, sonst drohte eine unangemessen ,Verbildung'.[9] Damit wurde durch Bildungspraxis die Polarisierung der Geschlechter weiter fortgeschrieben. Die ästhetische Bildung und schauspielpraktische Ausbildung im Theaterverein *Urania* (1792–1944)[10] hingegen lässt sich nicht nach Geschlechtern unterscheiden. Alle Eleven, ob männlich oder weiblich, wurden durch Probe, Aufführung und Spielkritik gleichermaßen zur Weiterentwicklung angestoßen.[11] ,Studium der Rolle' war das Gebot der Stunde, eng am Modell des ,gelehrten' Schauspielers Iffland entlang. Hier bot sich den bürgerlichen Frauen geistige Anregung und Herausforderung, die weit über das gängige Modell einer Mädchenbildung hinausgingen.

Die Performanz der Utopie

Die ,Spielräumen' dieser Frauen lassen sich mit einer utopischen Performativität in Beziehung setzen, wie sie Jill Dolan in Bezug auf heutiges Theater und Performance mit ihrem Konzept der „utopian performatives" formuliert hat. Dolan geht es darum, Utopie als performativen Prozess offenzuhalten und nicht als festgeschriebene ideologische Blaupause zu verstehen. „Utopian performatives" beschreibt Momente eines emotional aufgeladenen Erlebens, das die Möglichkeit eines anderen Weltentwurfs performativ realisiert und somit spürbar macht:

> Utopian performatives describe small but profound moments in which performance calls the attention of the audience in a way that lifts everyone slightly above the present, into a hopeful feeling of what the world might be like if every moment of our lives were as emotionally voluminous, generous, aesthetically striking, and intersubjectively intense. As a performative, performance itself becomes a 'doing' in linguistic philosopher J. L. Austin's sense of the term, something that in its enunciation *acts* – that is, performs an action as tangible and effective as saying 'I do' in a wedding ceremony. Utopian performatives, in their doings, make palpable an affective vision of how the world might be better.[12]

Dieses Erleben, so Dolan, lässt eine Handlungsmöglichkeit im öffentlichen und politischen Feld denkbar und erreichbar werden,[13] ohne dass die Autorin jedoch eine spezifische politische Realität damit verbinden würde. Die eigentliche politische Bedeutung liegt in der subjektiven Bildung eines quasi ‚utopischen Zutrauens' von Transformation: „the experience of performance, the pleasure of a utopian performative, even if it doesn't change the world, certainly changes the people who feel it."[14] Die performativen Akte erproben eine soziale Utopie und arbeiten gleichzeitig durch das wiederholte Tun an ihrer Materialisierung. Aus der Perspektive von *queer theory* spricht José Esteban Muñoz der Performance ein utopisches Potential *per se* zu, indem sie lineare Zeitstrukturen außer Kraft setzen kann.[15] Sie reicht in eine Vergangen-

heit und macht eine mögliche Zukunft in der Aufführung präsentisch erfahrbar. Muñoz bezieht sich auf Ernst Blochs utopisches Konzept, wenn er den performativen Akt im ‚noch-nicht-Bewussten', aber doch schon Materialisierten verortet. Theater kann also nach Muñoz eine utopische Zeit außerhalb der von ihm so konnotierten ‚heteronormativen' Zeit (‚straight time') setzen, in der alternative Realitäten und utopische Lebenskonzepte erlebt werden können. Im historischen Kontext lässt sich diese ‚schräge' Zeitordnung eines utopischen Theaters im Spannungsfeld zwischen der konkret erlebten politischen Unterdrückung und dem Emanzipationsversprechen des post-revolutionären politischen Diskurses verorten.

Beide, Muñoz und Dolan, formulieren ihre utopische Konzeption im Rahmen feministischer und queerer Theoriebildung und beziehen sich auf zeitgenössisches Theater und Performancekunst. Ihre Perspektive ist jedoch gleichermaßen fruchtbar für den Blick auf die historische Theatersituation der Frauen um 1800. Eine wichtige Anpassung im Hinblick auf das Amateurtheater muss jedoch erfolgen: Hier geht es nicht nur um das utopisch-performative Erleben der Zuschauer*innen, die sich zur politisch erhobenen ‚communitas'[16] zusammenfühlen, sondern es geht auch um die utopisch-performative Identitätsbildung durch das aktive Theaterspiel – die Schauspielerinnen setzen sich dem utopischen Erleben durch die Verkörperung ihrer Rolle und das freie Agieren auf der Bühne aus und werden dadurch immer wieder, quasi im ‚doing', in einer aktiven Handlungsmacht bestärkt.

Für die historische Situation um 1800 erscheint es nicht abwegig ‚Utopie' als Denkfigur anzusetzen. Man kann in dieser Zeit mindestens auf drei Ebenen Aspekte von Utopie identifizieren, die ineinandergreifend eine starke Auswirkung auf das Verständnis von Theater haben werden: 1) die politische Utopie von Freiheit und subjektiver Handlungsmacht; 2) die inszenierte Utopie eines ‚Theaters der Hoffnung'; 3) die gesellschaftliche Utopie einer ästhetischen Bildung zum ‚neuen Menschen'.

Auf der ersten dieser drei Ebenen geht es um die Erfahrung radikaler politischer Umwälzungen, die Möglichkeitsräume eröffnen für politische Handlungsmacht jenseits von ständischen Hierarchien. Allerdings klaffen hier Theorie und Praxis noch weit auseinander: Ideen von Freiheit, Gleichheit und humanistischem Umgang werden in der alltagsweltlichen und politischen Realität nicht umfassend umgesetzt. Dennoch kommt es durch das Spannungsverhältnis zwischen den zirkulierenden Konzeptionen einer freien und besseren Welt und der an Handlungsmacht weiter armen Lebenswelt zu einer zunehmenden Aushandlung dieser Gegensätze, die in bestimmten Rahmungen und ‚Spielräumen' ein ‚doing' der Utopie als Vorauswurf einer möglichen freien Zukunft in Gang setzt.[17] Dies lässt sich auch im Theaterverein *Urania* beobachten. An der ersten Fassung der Vereins-Konstitution von 1797 lässt sich der Einfluss republikanischer und demokratischer Ideen ablesen. Die ersten Paragraphen definieren ein gleiches Stimmrecht für alle Mitglieder, setzen einen Schutzraum für freie Meinungsäußerung und garantieren Rechtssicherheit:

§ 1.
Alle Mitglieder haben gleiche Lasten, also auch gleiche Rechte, und gleiche Stimmen
§ 2.
Jedes Mitglied hat das Recht etwas vorzutragen, so wie seine Meinung über das Vorgetragene zu sagen.
§ 3.
Kein Mitglied kann, wenn es aus Liebe zur Ordnung gegen ein Anderes auftreten, und sprechen muß, deshalb befeindet werden.
§ 4.
Das Gesetz ist für alle: Sicherstellung des einzelnen Rechts! es sey nun, daß es vertheidige oder bestrafe.[18]

Auf der zweiten Ebene kann das aufklärerische Dramenrepertoire im Sinne eines ‚Theaters der Hoffnung'[19] gelesen werden. Durchaus von den neuen politischen und gesellschaftlichen Ideen beflügelt, lieferte das bürgerliche Drama utopische Momente einer weiten Handlungsmacht insbesondere für seine Frauenfiguren. Ich möchte in diesem Sinne nicht so sehr einzelnen Werken der Zeit eine politische Durchschlagskraft bescheinigen.[20] Vielmehr geht es um die serielle Ausformulierung von utopischen Akten, dem performativen ‚doing', das auf der Bühne und im Theater durchgespielt und erlebt wird. In dieser Logik gewinnt der Schnellschreiber und Meister der aufklärerischen Dramenserie August von Kotzebue eine immense Bedeutung.[21] Seine bürgerlichen Dramen und Komödien, die in den ersten Jahrzehnten des 19. Jahrhunderts das Repertoire der *Urania* stark dominierten, konjugieren und variieren unendlich die Grammatik eines selbstgewählten aufklärerischen Handelns gegen äußere soziale, politische und wirtschaftliche Missstände.

Auf der dritten Ebene lassen sich die zeitgenössischen Konzepte von ‚utopian performatives' (Dolan) und ‚utopian futurities' (Muñoz) eng an die historischen Diskurse um ästhetische Bildung anschließen, wie es am prominentesten Friedrich Schiller formuliert hat. In seinen Briefen *Über die ästhetische Erziehung des Menschen* (1793/95)[22] geht es explizit darum, die Utopie einer besseren Gesellschaft zu realisieren. Sowohl gegen den revolutionären Umsturz von unten als auch gegen die Dekadenz der höheren Stände gerichtet,[23] entwirft Schiller die politische Idee von freien, ästhetischen Bürgern in einer friedlichen Gesellschaft. Um die Menschen durch die Schönheit hin zur Freiheit zu führen[24], muss die harmonische Aufhebung des Konflikts zwischen dem physischen Charakter (niedere Triebe, körperliche Bedürfnisse) und dem sittlich-moralischen Charakter (formale Rationalität) erreicht werden. Und diese gelänge laut Schiller durch Herausbildung des dritten, des ästhetischen Charakters.[25]

Genau wie Dolan und Muñoz nimmt auch Schiller die Perspektive von Theater- und Kunstrezipient*innen ein. Die performativ bildende Wirkung geschieht durch Anschauung und nicht durch aktive Teilhabe an der künstlerischen Gestaltung. Der von allen gleichermaßen formulierte politische Anspruch einer gesellschaftlichen Transformation lässt sich jedoch unmittelbar mit den ästhetischen, sozialen und politischen Praxen im Amateurtheater-Verein verbinden.

Der Theaterverein *Urania* als utopischer Spielraum

Die Privat-Theater-Gesellschaft *Urania* war ein typisch bürgerlicher Verein des frühen 19. Jahrhunderts.[26] Durch eine emanzipativ-protodemokratische Verfassung waren ihre Mitglieder mit gleichen Stimmen und Rechten ohne Unterschied des Standes ausgestattet. Der Haupt-Zweck waren die Theateraufführungen und die sonstigen geselligen Unternehmungen wie etwa Bälle und Abendtische, die nur für die Mitglieder selbst und ausgewählte Gäste bestimmt waren. Mit diesen Kulturpraxen war ein deutlicher Bildungsanspruch verbunden: Zum einen wurde ein bestimmter ‚Bildungsgrad', eine Offenheit für Theater und Literatur, die Lesefähigkeit und das Wissen um einen Literaturkanon vorausgesetzt; zum anderen wurde ästhetische Bildung als Grundessenz bürgerlichen Theaterspiels umarmt. Theatergenuss und Theaterspiel wurden als Mittel zur Selbstbildung und Verfeinerung der Sinne verstanden, welche den Menschen zum sittlichen Bürger formen und ihm dadurch den Status eines selbstbestimmten und frei handelnden Gesellschaftsmitglieds verleihen. Diese spezifische Performativität einer gelebten Bürger- und Bildungskultur

fand unter den Grundbedingungen einer expansiven urbanen Entwicklung in Berlin um 1800 einen reichen Boden zur Entfaltung.

Für die männlichen Vereinsmitglieder bestand das utopische Potential des Theatervereins vor allen Dingen in der Ausbildung einer Bürgeridentität und der Einübung bürgerlicher und politischer Rechte. Für die Frauen im Verein, und hier vor allen Dingen für die ‚spielenden Damen' bot sich der utopische Spielraum einer öffentlichen und professionellen Tätigkeit, die in der bürgerlichen Gesellschaft außerhalb des Vereins extreme Einschränkungen erfuhr. Wie stark die Anziehungskraft des Theatervereins für das utopische Sehnen von bürgerlichen Frauen war und welche repressiven Kräfte dagegenwirkten, zeigt exemplarisch und eindrücklich ein anonymer Brief von ca. 1804, der sich in den Vorstandsprotokollen der *Urania* befindet:

O!! wenn mein Wunsch in Erfüllung ginge daß Ihnen diese wenigen Zeilen ein viertelstündiges Vergnügen gewährten, wodurch den doch nur ein sehr geringer Theil – meiner an Ihnen abzutretenden Verbindlichkeit, Ihnen als Entschädigung geworden wäre so würde ich mich unendlich glücklich schätzen. Auch habe ich mit Vergnügen bemerkt, daß Sie meinen Rath unterm 21. d. m. nicht ganz auf die Seite gelegt und werde ich mich jederzeit freuen, wenn ich Gelegenheit finden werde, Sie auf diesen oder jenen Gegenstand zu Ihrem Vorteil aufmerksam zu machen. Schließlich bitte ich nur noch recht sehr diese Aeußerungen nur als das zu betrachten was sie sind – nehmlich als bloße Anhänglichkeit erzeugt durch die, mit Fleiß, Nachdenken und mit Kunst gut dargestellten Gemählde – und nicht als Eigendünkel, weil es ein Weib ist die es Ihnen sagt.
Wenn ich Mann wäre, würde ich auf jeden Falle zu Ihnen treten, wenn Sie denn, der Aufnahme unter sich mich werth finden würden. Jedoch als Weib, nicht mit dem Tallent wohl aber mit dem herzlichen rich-

tigen Gefühle ausgerüstet, daß auch dazu gehört, um die verschiedenen Charaktere darzustellen – muß ich es mir auf immer versagen Ihnen als ein solches nützlich zu werden, und das glückliche Gefühl entbehren, Schöpferin, glücklicher und angenehmer moralisch guter Stunden für meine Mitmenschen zu werden. Ach! ich fühle es, dieser Gedanke der immer einer meiner angenehmsten war, stimmt mich zur Traurigkeit […].[27]

Für die stilistisch fein formulierende Briefeschreiberin ließe sich folgendes historische Szenario entwerfen: Sie stand als Ehefrau oder Tochter unter der Vormundschaft eines Mannes.[28] Ihr innigster Wunsch war es, Theater zu spielen, dazu erhielt sie jedoch keine Erlaubnis. Sie stand heimlich in einem brieflichen und auch mündlichen Austausch mit einem Vereinsmitglied, das auch selbst auf der Bühne stand – wahrscheinlich handelte es sich um einen der Vorstände, da der Brief in die *Urania*-Akten einging. Der Brief macht deutlich, dass der Frau hier die Emanzipation als Bürgerin *und* Kunstschaffende verweigert wurde. Die offene Äußerung von Meinung und Kritik, die ja im Geheimen geäußert eine positive Wirkung hatte, stand der Briefschreiberin nicht zu. Der erteilte Rat wurde beherzigt zum Vorteil der Darstellung, wie sie bemerkt. Gleichzeitig muss diese produktive Kritik aber dezent gerahmt und fast entschuldigt werden: Sie sei nur durch Freundschaft erzeugt und angestoßen durch die Erfahrung der guten Darstellung, also durch die Aktivität des Mannes. Die *männliche* Kritik darf sich frei äußern, die *weibliche* muss den Vorwurf des ‚Eigendünkel‘, also der Anmaßung, widerlegen und ihre Quelle im kreativen Tun des Mannes verorten.

Mit der ersehnten Mitgliedschaft würde sich die Möglichkeit zur ‚Schöpferin‘ zu werden, tätig zu sein und gleichzeitig andere mit den eigenen Werken zu erfreuen, eröffnen. So aber verbleibt nur der verdeckte

Weg, durch einen anderen, durch einen Mann, die eigenen Ideen und Anregungen zu verwirklichen.

Die Briefschreiberin formulierte hier genau die zentralen emanzipativen Versprechen des bürgerlichen Theatervereins, die sich für die männlichen Mitglieder einlösten: *freie Äußerung von Meinung und Kritik* („diese Äußerungen"), *Zugehörigkeit zu einem ausgewählten Kreis von gleichen Bürgern* („der Aufnahme unter sich werth") *und die Entfaltung einer kreativen Kraft* („Schöpferin angenehmer Stunden"). Aus der Verweigerung dieses solcherart praktizierten emanzipativen Identitätsmodells erwuchs für die Frauen ein immenser Leidensdruck, wie die unbekannte Frau deutlich ausdrückte. Die Eingrenzung der Spielräume der anonymen Schreiberin kommen von außerhalb des Vereins, etwa von ihren Vormündern. Innerhalb des Vereins gab es zumindest die Aushandlung solcher Spiel- und Freiräume für bürgerliche Frauen des frühen 19. Jahrhunderts, daran beteiligt waren insbesondere die aktiven Amateur-Schauspielerinnen.

Frauen im Theater-Verein

Ab 1847 konnten Frauen Abonnements-Mitglieder werden, aber erst 1893 wurden Frauen und Männer als Vollmitglieder formal gleichgestellt. Dennoch waren seit Beginn des Theatervereins Frauen auf der Bühne als sogenannte ‚Spielende Damen‘ tätig, die mit einigen Theaterbillets entschädigt wurden. Dies waren Familienangehörige von Vereinsmitgliedern oder junge Debütantinnen von außerhalb, die eine Bühnenkarriere anstrebten, sowie ehemalige Schauspielerinnen, die sich von der Berufsbühne zurückgezogen hatten.

Insbesondere die Debütantinnen waren in einer spezifischen Situation. Ihr Berufswunsch wurde einerseits nach Kräften unterstützt, die Uranier hatten keinerlei Vorbehalte gegenüber dem Schauspielberuf für Frauen. Im Gegenteil, es wurde stolz mitgeteilt, wenn eine der jungen Frauen von der *Urania*-Bühne aus ein festes Engagement an einer der Hof- oder Stadtbühnen gefunden hatte. Insbesondere der Übergang an die königliche Bühne in Berlin war durchaus eine realistische Option für die jungen Schauspielerinnen. Beide Theaterdirektoren, Iffland und später von Brühl, betrachteten die *Urania* als geeignete Ausbildungsstätte und Talentschmiede. Andererseits wurden die jungen Schauspielerinnen nach der Maßgabe des männlichen Diskurses im Verein strikt in den Grenzen bürgerlichen Anstandes und bürgerlicher Moral gehalten. Die Doppelperspektive der Ausbildung des *Schauspielers als Bürger* und des *Bürgers als Schauspieler* war auch für die jungen Frauen gültig, jedoch beschränkte sich das Emanzipationsversprechen auf das Zugeständnis einer Berufstätigkeit an sich und noch lange nicht auf eine mögliche Mitbestimmung und Mitwirkung in der politischen Realität einer bürgerlichen Gesellschaft.

Das grundlegende Frauen-Modell im Theaterverein folgte dem Bild der bürgerlichen Dame mit gehobenem Bildungs- und Besitzstand, die keinem eigenen Beruf nachging und in der Öffentlichkeit weitgehend unsichtbar blieb. Dadurch ist eine Vollmitgliedschaft für sie lange undenkbar, versteht sich der Uranier doch als tätiges, emanzipiertes und in der ,Halböffentlichkeit'[29] (zwischen der Privatheit der Mitgliedschaft und der Öffentlichkeit der Theateraufführungen) der *Urania* erfolgreich agierendes Gesellschaftsmitglied.[30] Das vollständige Gegenmodell ist die Schauspielerin, die berufstätig ist und gerade durch diesen Beruf in der Öffentlichkeit maximal sichtbar erscheint. Die *Urania* vereint in einer ambivalenten Position diese widersprüchliche Lebensrealität: Während man jede andere

Form der Erwerbstätigkeit von Frauen rigoros ablehnte, wurde die Professionalisierung der eigenen Schauspielerinnen hochgeschätzt und massiv unterstützt. Berufsschauspielerinnen genossen in der *Urania* Anerkennung, sie wurden auch in die bürgerliche Geselligkeit voll integriert.

Bürgerliche Frau und Schauspielerin

Die Grenze der Akzeptanz war allerdings erreicht, wenn sich die Frauen neben der Schauspieltätigkeit, die in der *Urania* zwar nicht professionell war, doch deutlich als Vorstufe zur Berufsausübung gepflegt und anerkannt wird, einer anderen gewerblichen Tätigkeit widmeten. 1817 hat das Gerücht, gewerblich tätig zu sein, für die Schauspielerin Herbst[31] fast den Ausschluss zur Folge. In der Konferenz berichtete der Regisseur Boecke, er habe Nachricht erhalten, dass

> die bey uns in verschiedenen Rollen beschäftigt gewesene Demoiselle Herbst, früher bey einigen Herrschaften im Dienst gestanden, und sich gegenwärtig der Schneider-Profession befleißige, um dadurch ihren Unterhalt zu erwerben. Um den anderen Damen hierdurch kein Aergerniß zu geben, würde es daher am zweckmäßigsten sein, auf die Demoiselle Herbst, fernerweit nicht mehr zu rücksichtigen und deren Billets einzubehalten.[32]

Angeblich lag es im Interesse der anderen Frauen, Erwerbstätige fernzuhalten. Selbst wenn sie sich so geäußert hatten, dann folgten sie wohl dem männlichen Diskurs, der die Untätigkeit den bürgerlichen Frauen als Norm setzte. Eine Woche später stellte der Regisseur Boecke fest, dass es sich um ein reines Gerücht handelte, Fräulein Herbst durfte als spielendes Mitglied in der *Urania* verbleiben.[33] Der Ruch einer gewerblichen Tätigkeit genügte, um die Abgrenzungsreflexe der *Urania* gegen arbeitende Schichten wirksam werden zu lassen. Ähnlich verhält es sich 1823 mit der Absage an zwei Schauspiel-Debüttantinnen.[34] Aus ihren Bewerbungsschreiben kann man ihre einfache Herkunft ablesen: Die eine hat sichtlich Mühe mit Rechtschreibung und Formulierung[35], die andere legt offen, im Laden ihrer Mutter zu arbeiten[36].

Etwas paradox wirkt es dann, wenn die Uranier den Berufswunsch ‚Schauspiel‘ junger Frauen vorbehaltlos unterstützen. Dies muss wohl im Zusammenhang des grundsätzlichen Bestrebens der *Urania* gesehen werden, den Schauspiel-Beruf in den Rang einer bürgerlichen Tätigkeit zu erheben – ein Projekt der ‚Verbürgerlichung‘, das Männer wie Frauen gleichermaßen umfasste. In einer Reihe von schriftlichen Kritiken aus dem Jahr 1827[37] wird deutlich formuliert, dass die Korrektur-Hinweise im Hinblick auf eine professionelle Karriere unterstützend geäußert werden. Und auch einzelne junge Schauspielerinnen drücken in Abschiedsbriefen deutlich ihre Dankbarkeit für die Unterstützung des Vereins bei Ausbildung und Übergang in den Beruf aus. Emilie Willmann etwa hinterlässt mit ihrem Abschiedsbrief im Mai 1815 auch die Bitte um Beistand zu ihrem Bühnen-Debüt am Berliner Nationaltheater, der ihr gerne gewährt wird.[38]

Dieser Beistand durch die Vereinsamateure ist nicht unbedeutend für eine junge Debütantin. Ein berühmtes Beispiel für die Verletzlichkeit einer jungen Schauspielerin gegenüber einem männlich-aggressiven Publikum ist der Theaterskandal um Friederike Unzelmann-Bethmann und ihre Tochter Minna. 1809 hatte letztere sich gegenüber Werbeversuchen von jungen Offizieren widersetzt und war daraufhin mit lautem Pochen während ihres Bühnenauftritts abgestraft worden. Daraufhin betrat ihre Mutter, eine anerkannte und höchst populäre Schauspielerin, die Bühne, um sie vor den Aggressionen der militärischen Bande in

Schutz zu nehmen. In der Folge wurden jedoch nicht die Ruhestörer, sondern die beiden Frauen mit öffentlicher Entschuldigungspflicht (die Mutter) und Entbindung aus dem Theaterkontrakt (die Tochter) bestraft.[39] Ein solches ‚Mobbing‘-Verhalten gegenüber Schauspielerinnen führte immer wieder zu Theaterskandalen. Dem zugrunde lag eine traditionelle Vorstellung von der (sexuellen) Totalverfügbarkeit des weiblichen Bühnenkörpers für die männlichen Zuschauer. Dieser Art von Erniedrigung waren die *Urania*-Schauspielerinnen nicht ausgesetzt. Es wurde streng auf ein gesittetes Verhalten des Publikums geachtet bis hin zur Forderung, keine Anzeichen des Missfallens aber auch des Gefallens äußern zu dürfen. Dieses ‚Applaus-Verbot‘ wurde im Theaterverein immer wieder kontrovers diskutiert,[40] die Schauspieler*innen fühlten sich nicht wahrgenommen[41]. Darüber hinaus war es „aktiven Militair-Angehörigen" nicht erlaubt, Mitglied im Verein zu werden, dadurch hielt man die doch oft problematisch agierende Gruppe der jungen Offiziere draußen.[42] Mit ihrer strengen bürgerlichen Disziplin im Zuschauerraum hat die *Urania* sicher einen Beitrag geleistet zur Durchsetzung eines neuen, nämlich stillen und andächtigen Rezeptionsmodus‘ im Theater.[43] Welche Entlastung dies insbesondere für Schauspielerinnen bedeutete, ist bisher noch nicht ausreichend reflektiert worden.

Um diese Unterstützung der *Urania* auf dem Weg in den Beruf, oder auch während der Berufsausübung, zu erhalten, mussten die jungen Frauen sich allerdings vollständig in das bürgerliche Modell einpassen, insbesondere in die normativen Formeln von ‚Anstand‘ und ‚Moral‘. So wurde 1835 etwa die junge Elevin Frau Bouffier vom Verein ausgeschlossen, weil sie bei einer Ballveranstaltung einem Vorstandsmitglied gegenüber den Namen ihrer weiblichen Begleitung für die Fremdenliste nicht nennen wollte. Die Delinquentin, welche für die derselben ertheilte Beguenstigung, sich die Bildung für das Theater auf unserer Privatbühne zu verschaffen, unserer Gesellschaft die grösste Achtung und die genaueste Befolgung der zur Behaltung der in unserem Verein vorherrschenden Sitte und des Anstands bestehenden [...] gesetzlichen Ordnungen, schuldig war,[44]

konnte sich nicht einmal selbst verteidigen. Ihr Vater versuchte vergeblich, sich mit einem Brief[45] für sie einzusetzen.[46]

Grundsätzlich wurden diejenigen Schauspielerinnen, die einen gewissen Grad an Selbstbestimmung einforderten, etwa bei der Rollenzuteilung, als ‚schwierig‘ betrachtet. Der Regisseur Chabot stellte 1808 fest, dass er grundsätzlich im Konflikt mit den Darsteller*innen stehe, da diese seine Rollenzuteilung selten ohne Protest akzeptierten. Besonders schwierig sei allerdings der Umgang mit den Schauspielerinnen:

> Nicht zu gedenken, welchen Verdruß ich bey Besetzung und Ueberreichung der Rollen, von den Damen erdulden muß, wovon keiner in der Conferenz etwas erfahren kann, weil die Parthien in der Wohnung einer jeden von mir gebracht werden müßen. Diese Damen sind allein Ursach warum manch schönes, bereits ausgeschriebenes Stück, liegen bleiben muß.[47]

Die von den Schauspielerinnen überlieferten Beschwerdebriefe sind in der Tat sehr scharf formuliert und erscheinen in Stil und Sprache über ihr Ziel hinauszuschießen. Warum?

Zunächst einmal lässt sich feststellen, dass den Frauen, die von den wöchentlichen Konferenzen ausgeschlossen waren, einzig die schriftliche Beschwerde als Diskussionsbeitrag zugestanden war. Dagegen sind von den Auseinandersetzungen und Konflikten der Männer zum einen Briefe, zum anderen aber auch Konferenz-Protokolle von mündlichen Verhandlungen überliefert. Dadurch erscheinen die Dispute der Männer im Ver-

ein immer im Licht einer ausgleichenden Verhandlung. Vielfache Protokollnotizen von erfolgten Versöhnungen, von weisem Ausgleich balancieren die ‚verbrieften‘ Kontroversen aus. Demgegenüber bleibt den Frauen mit der schriftlichen Intervention nur die Maximalforderung und eine kräftige Schwarz-Weiß-Zeichnung des Konflikts, um ihre Rechte durchzusetzen. Nur dadurch konnten sie darauf hoffen, in den Konferenzen Gehör und vielleicht auch einen Anwalt ihres Anliegens zu finden.

An einer über mehrere Monate mit Caroline Schöning geführten Auseinandersetzung lassen sich die von spezifischen Frauenbildern motivierten Positionen deutlich herauslesen. Die Schauspielerin ist die erste Liebhaberin des *Urania*-Theaters und hatte sich durch Talent und berufliche Erfahrung eine zentrale Stellung im Verein erarbeitet.[48] Nach einem Streit mit dem Regisseur Laacke über die Rollenvergabe drohte sie in einem Brief an den Vorstand mit dem sofortigen Austritt aus dem Verein. In der Konferenzsitzung vom 18.12.1837 wurde der Fall diskutiert:

> Bei der Lage der Sache fand die Versammlung sich außer Stande hierin entscheiden zu können, sie war indeßen der Meinung, daß ein Verlußt der Dem. Schöning welche für die ersten Rollen des diesseitigen Theaters ganz allein dastehe, höchst empfindlich sein und die Gesellschaft umso mehr in vielfache Verlegenheit bringen dürfe, als das Talent der Dem. Schöning anerkannt ist, dieselbe jederzeit und in allen Fällen die größte Bereitwilligkeit gegen die Gesellschaft gezeigt habe und durch ihr höchst anständiges Benehmen sich der allgemeinen Achtung erfreue.[49]

Die Vereins-Mitglieder erkannten Frau Schönings zentrale Rolle in ihrem Ensemble und forderten vom Regisseur, einen Ausgleich zu erzielen. Vorläufig wurde tatsächlich eine Versöhnung erzielt, aber der Konflikt um die angemessenen oder unangemessenen Rollenforderung der Schauspielerin schwelte weiter bis zu dem Punkt, dass der Vorstand sich völlig in der Sache ,Schöning' entzweite und am 28.5.1838 zurücktrat.[50]

Mit einem neuen Regisseur wurde Fr. Schöning zur neuen Saison ab Herbst 1838 wiederum ins Ensemble aufgenommen, der Frieden hielt jedoch nicht lange. Schöning beanspruchte in dem Stück *Die beiden Sergeanten* (nach dem Französischen von Theodor Hell) die Rolle der ersten Liebhaberin. In einem langen Brief erklärt sie, warum sie die ihr zugedachte Rolle der älteren Madame Derville postwendend zurückgeschickt hatte.

> Die Äußerung in Ihrem Brief, daß die Rolle der M. Derville beim Publikum das meiste Interesse erregt, kann nur jemand hervorbringen, dem das Stück völlig unbekannt ist, – oder der gar nichts vom Theater versteht. – Ich spiele Liebhaberinnen in Trauer- Schau- und Lustspielen. Die Laurette, die Liebhaberin im Schauspiel, war also diejenige Rolle, die für mich paßte, jedoch keineswegs die Frau des Sergeanten, die bereits einen Knaben hat, der durch Dlle. Bartsch, ein 17jähriges Mädchen, dargestellt werden soll. Ich spiele nur Mütter, wenn keine Liebhaberin im Stück ist, oder wenn diese Mutter eine jugendliche und weit überlegene Rolle vor der Liebhaberin ist.[51]

Leicht kann man den deutlichen Tonfall hier als Rückzugsgefecht einer älter werdenden Schauspielerin deuten. Die Angst in das weniger bedeutsame Fach der ,zweiten Liebhaberin', der ,Matrone' oder gar der ,komischen Alten' zu geraten, war für die Schauspielerinnen der Zeit durchaus realistisch und bedeutete einen immensen Verlust an Einfluss und Gestaltungsmöglichkeit. Gerne möchte ich an dieser Stelle auf Spekulationen über die ,Torschluss-Panik' einer Frau verzichten und stattdessen die Perspektive eines Emanzipationsversuches einneh-

men. Mit ihrem Brief setzte Caroline Schöning der Fremdbestimmung eine klare Grenze. Sie erklärte sich befugt, über ihr Rollenrepertoire selbst zu entscheiden und scheute sich nicht, den patriarchalen Gestus der Uranier entschieden zurückzuweisen. Der Furor ihres Briefes speist sich aus einer vom Vorstands-Komitee brieflich an sie ergangene Belehrung, dass die Zurückweisung der Rolle unangemessen gewesen sei. Es heißt dort:

> Ohne uns in weitere Auseinandersetzungen einlassen zu wollen, geben wir Ihnen als einer jungen Dame, welche auf Bildung Anspruch macht, zu erwägen, welchen Eindruck ein so unüberlegtes Benehmen bei einer Gesellschaft gemacht haben muß, die Ihnen jederzeit mit Artigkeit und Achtung entgegengekommen ist. Besonders wurden gerade diejenigen Mitglieder, welche bei Ihren früheren Beschwerden, auf eine entschiedene Weise Ihre Parthie genommen und als Ihre Wortführer aufgetreten waren, von höchstem Unwillen ergriffen, und bereuten es, so warme Vertheidiger einer Dame gewesen zu seyn, die ihren eigenen Vortheil so wenig kennt, daß sie sich zu Handlungen hinreißen läßt, die nichts weniger als geeignet sind, ihr die Achtung und Liebe der Gesellschaft zu bewahren.[52]

Schöning emanzipierte sich entschieden von der Rolle der zu belehrenden und zu bildenden ,jungen Dame', indem sie darauf direkt antwortete:

> Sehen Sie meine Herren, die Sie mich Bildung lehren wollen, mein Betragen, keineswegs unüberlegt, kann ich jederzeit verantworten; möge es auch auf meine vormalige Vertheidiger einen unangenehmen Eindruck gemacht haben /der mit Ihren Worten/ sie ihr früheres Fürwort für mich schmerzlich bereuen ließ; ich kann den Vortheil wie sie sich ausdrücken, gar leicht verschmerzen; möge Sie der Nachtheil von Ihrem unüberlegten Betragen eben so wenig drücken, dieses ist mein Wunsch für Sie![53]

Die Schauspielerin drückte klar aus, dass sie ihr Verhalten selbst verantwortete und keines Fürsprechers bedurfte. Und – ihr war klar, dass ihr Ausscheiden aus der *Urania* gravierendere Folgen für den Verein als für sie persönlich hatte.

Deutlich erkennbar wird die ambivalente Position der Schauspielerin. Zum einen war sie mit wesentlich mehr Gestaltungs- und Entscheidungsspielräumen ausgestattet als jede andere Frau. Ihre berufliche Tätigkeit verschaffte ihr Anerkennung innerhalb der *Urania* bis hin zu einer gewissen Machtposition. Zum anderen zückten die Mitglieder der *Urania* im Zweifel das Kontrollmittel ,Anstand' und ,Achtung', um die Frauen in ihre Schranken zu weisen. Jüngere und unerfahrenere Schauspielerinnen, wie etwa der Fall Bouffier zeigt, waren dabei stärker der männlich bürgerlichen Macht ausgesetzt als so etablierte Akteurinnen wie Caroline Schöning.

Risse zu Spielräumen aufweiten

Wie oben dargestellt, ermöglichte das bürgerliche Dispositiv einerseits eine effektive Kontrolle der schauspielenden Frauen, andererseits gab gerade die Schauspielaktivität im Verein den Frauen sowohl eine Möglichkeit, ihr Selbstvertrauen auszubilden durch den schauspielerischen Erfolg, als auch eine Plattform, ihre Bedürfnisse und Ansprüche überhaupt zu formulieren. Im Rahmen des Theatervereins waren die Frauen an dem Projekt der ,Verbürgerlichung des Schauspielstandes' beteiligt, ihre Ausbildung und ihre schauspielerischen (später auch professionellen) Erfolge wurden anerkannt und unterstützt. Mit großem Stolz rief man etwa die ehemaligen Amateurspielerinnen, nun Berufsschauspielerinnen, von den Hofbühnen zurück an die *Urania*, um bei Jubiläumsveranstaltungen aufzutreten.[54] Gleichzeitig begaben sich die Frauen durch den Schau-

spielberuf in einem viel größeren Maße als die Männer in eine prekäre Zone. Die Grenzen von ,Anstand' und ,Sitte' wurden umso schärfer gezogen, je stärker die Frauen in der Öffentlichkeit auftraten. In diesem Sinne wirkt das Agieren des Vereins im Hinblick auf die Verdammung und Bestrafung ,unbürgerlichen' und ,unprofessionellen' Verhaltens widersprüchlich. Aber es sind genau diese Widersprüchlichkeiten, die Risse im bürgerlichen Frauenbild zu Spielräumen weiblichen Schauspielens aufweiten können, wie etwa Dem. Schöning und die anonyme Briefschreiberin erkannten.

Insofern waren die Frauen im Amateurschauspiel Teil einer utopischen Performance bürgerlicher Emanzipation, der sicher keine politische Revolution nachfolgte, die aber an der Realisierung einer Berufsperspektive von Schauspielerinnen mitwirkte. Wie weit der emanzipative Aufbruch sofort von den Arbeitsbedingungen und Kämpfen an den professionellen Bühnen eingebremst wurde und der utopischen Sehnsucht die harte Desillusionierung zur Seite tritt, muss in Einzeluntersuchungen zu Lebensläufen von Schauspielerinnen im 19. Jahrhundert weiter diskutiert werden.

Anmerkungen

1 Olympe de Gouges, *Déclaration des droits de la femme et de la citoyenne*; Marie Jean André de Condorcet, *Sur l'admission des femmes au droit de cité* (1790).

2 Vgl. hierzu einschlägig Geneviève Fraisse und Michelle Perrot (Hg.), *Geschichte der Frauen*, Bd. 4, *Das 19. Jahrhundert*, Frankfurt a. M./New York/Paris 1994; und hieraus insbesondere den Abschnitt „Der politische Bruch und die Neuordnung des Diskurses", S. 18–133.

3 Man bedenke, dass erst 1977 im BGB der Passus entfernt wurde, nach dem eine Frau gegen den Willen des Ehemannes nur dann

berufstätig sein durfte, wenn die Familie dadurch nicht vernachlässigt würde.

4   So bezeichneten die Mitglieder *Urania* immer wieder als ‚ihre Republik‘, in der sie ein freies Stimmrecht ausüben durften. Vgl. etwa FU Berlin, Sammlung Walter Unruh, NL Urania, Conferenz 9.11.1829 oder auch Conferenz, 13.4.1830. Quellen aus dem Nachlass werden im Folgenden mit "Slg. WU, NL Urania" abgekürzt.

5   Besonders eindrücklich geschildert in den Tagebuchaufzeichnungen von Karoline Schulze-Kummerfeld (1745–1815): Karoline Schulze-Kummerfeld, *Lebenserinnerungen der Karoline Schulze-Kummerfeld*, hg. von Emile Benezé, Schriften der Gesellschaft für Theatergeschichte, Nr. 23, Berlin 1915, 2 Bde.

6   Ich danke Anna Volkland für den Hinweis auf Barbara Becker-Cantarinos Studie *Der lange Weg zur Mündigkeit*, Stuttgart 1987, in der sie ausführlich ausarbeitet, dass Frauen im Verlaufe des 18. Jahrhunderts aus einer aktiven Rolle als Prinzipalinnen von Wandertruppen auf die reine Schauspielerei zurückgeworfen wurden. Zum Ende des 18. Jahrhunderts, mit einer zunehmenden Institutionalisierung von Theater, ist keine einzige Frau mehr in einer leitenden Funktion zu verzeichnen. Vgl. ebd., insbes. Kapitel 5 „Von der Prinzipalin zur Primadonna. Frauen am Theater", S. 303–340. Erst 1837 gelangte mit der Ausnahmegestalt Charlotte Birch-Pfeiffer eine Frau an die Spitze eines öffentlichen Theaters: Sie leitete bis 1843 das Stadttheater Zürich. Allerdings war Birch-Pfeiffer zu diesem Zeitpunkt nicht nur ein Schauspielstar, sondern fast noch populärer durch ihre zahlreichen Dramen. Diese Doppelrolle – Schauspielerin und Dramatikerin – mag ihr den entscheidenden Status für den Karriereschritt verliehen haben, konnte die Stadt Zürich doch darauf rechnen, dass ihre Erfolgsstücke die Finanzen des Theaters konsolidierten.

7   Für eine feministische Perspektive auf diese Problematik siehe Gisela Schwanbeck, *Sozialprobleme der Schauspielerin im Ablauf dreier Jahrhunderte*, Theater und Drama, Bd. 18, Berlin 1957; Renate Möhrmann

(Hg.), *Die Schauspielerin. Zur Kulturgeschichte weiblicher Bühnenkunst*, Frankfurt a. M. 1989.

8   Vgl. Ute Motschmann (Hg.), *Handbuch der Berliner Vereine und Gesellschaften 1786–1815*, Berlin 2015. In Berlin entstanden gegen Ende des 18. Jahrhunderts ca. 160 „vereinsartige Zusammenschlüsse" (S. XV). Zwischen 1792 und 1807 wurden 8 Privattheatergesellschaften gegründet. Vgl. insbes. zu den Privattheatergesellschaften S. 527–569.

9   Vgl. zu Bildungsdiskurs und Frauenrolle ausführlich James C. Albisetti, *Mädchen- und Frauenbildung im 19. Jahrhundert*, Bad Heilbrunn 2007.

10   Zur *Urania* siehe Meike Wagner, „Das Spiel der Liebhaber – Ästhetische Bildung im bürgerlichen Amateur-Schauspiel", in: *Forum Modernes Theater* 31/1-2 (2020), S. 7–25; vgl. auch Ute Motschmann, „Die private Öffentlichkeit – Privattheater in Berlin um 1800", in: Klaus Gerlach und René Sternke (Hg.), *Der gesellschaftliche Wandel um 1800 und das Berliner Nationaltheater*, Berlin 2009, S. 61–84.

11   Ebd.

12   Jill Dolan, *Utopia in Performance. Finding Hope in the Theater*, Ann Arbor 2005, S. 5 f.

13   Ebd., S. 8.

14   Ebd., S. 19.

15   Vgl. José Esteban Muñoz, *Cruising Utopia. The Then and There of Queer Futurity*, New York 2009.

16   Dolan bezieht sich hier auf Turners Begriff von ‚communitas‘, wie er ihn entwickelt in *From Ritual to Theatre. The Human Seriousness of Play*, New York 1982.

17   In diesem Sinne haben auch die Junghegelianer Hegels berühmte Sentenz „Was vernünftig ist, das ist wirklich; und was wirklich ist, das ist vernünftig." (Hegel, *Grundlinien der Philosophie des Rechts*) als Aufforderung gelesen, das vernünftig politisch Gedachte in Übereinkunft zu bringen mit einer zukünftigen vernünftigen politischen Realität. Vgl. zur Bedeutung dieser Lesart für das vormärzliche Drama Horst Denkler, *Restauration und Revolution. Politische Tendenzen im deutschen Drama zwischen Wie-

ner Kongress und Märzrevolution, München 1973, S. 29.

18 GStA PK, I HA, Rep. 77, Ministerium des Innern, Tit. 420, Nr. 16 Bd. 1, Bl. 24–27, Drucksache, Auszug der Gesetze des Privat-Theaters Urania zur Richtschnur der Mitglieder desselben. Berlin 1797.

19 Vgl. den Buchtitel von Walter Hinck, *Theater der Hoffnung. Von der Aufklärung bis zur Gegenwart*, Frankfurt a. M. 1988.

20 Auch hier lässt sich Dolans Linie folgen, die postuliert: „Utopian performatives exceed the content of a play or performance." Dolan, *Utopia*, S. 8.

21 Zu August von Kotzebue vgl. etwa Meike Wagner: „On the Other Side of the Canon. August von Kotzebue as a Popular Playwright and Controversial Public Persona", in: Randi Margarete Selvik, Svein Gladsø, Annabella Skagen (Hg.), *Relevance and Marginalisation in Scandinavian and European Performing Arts 1770–1860*, London, 2020, S. 66–88; Jörg F. Meyer, *Verehrt, verdammt, vergessen. August von Kotzebue. Werk und Wirkung*, Frankfurt a. M. 2005.

22 Friedrich Schiller, *Über die ästhetische Erziehung des Menschen*, hg. von Klaus L. Berghahn, Stuttgart 2000.

23 Ebd., S. 18 f.

24 Ebd., S. 11.

25 Ebd., S. 13 f.

26 Christiane Eisenberg, „Arbeiter, Bürger und der ‚bürgerliche Verein' 1820–1870", in: Jürgen Kocka (Hg.), *Bürgertum im 19. Jahrhundert. Deutschland im europäischen Vergleich*, München 1980, S. 187–218,

27 Slg. WU, NL Urania, Brief Anonyma, o. d. [einsortiert unter Briefe vom Februar 1804].

28 Für alle jungen ledigen Frauen, die bei der Urania als Debütantinnen eintraten, war eine schriftliche Erlaubnis ihrer Vormünder (entweder der Vater, oder falls der Vater schon gestorben war ein weiterer männlicher Verwandter) erforderlich. Dies war nicht nur eine vereinsinterne Regel, sondern polizeilich Vorschrift. Vgl. etwa Slg. WU, NL Urania, Spielgenehmigung für Frl. Wunster von ihrer Mutter, 10.8.1935: „Daß meine Tochter, Friderike, sowohl mit meiner, als mit ihres Herrn Vormundes, Bewilligung

sich dem theatralischen Fache gewidmet hat, bescheinige ich hiermit auf Verlangen. Henriette Wunster, geb. Hack". Verheiratete Frauen unterstanden der Kuratel des Ehemannes. Junge Männer galten bis zur Volljährigkeit als unmündig.

29 ‚Halböffentlichkeit' meint hier, dass der Verein zwar grundsätzlich nur den Mitgliedern zugänglich war, aber die geselligen Veranstaltungen (Dinners, Bälle) und die Theateraufführungen auch von Fremden, die durch ein Vereinsmitglied eingeführt wurden, besucht werden konnten. Dadurch entstand eine Semipermeabilität in der Vereinsstruktur, die immer wieder kontrovers diskutiert wurde, z. B. wenn doch Theaterbillets illegal in den freien Verkauf kamen (vgl. Slg. WU, NL Urania, Conferenz, 28.1.1839), oder auch wenn Aufführungen in Zeitungen besprochen wurden, obgleich gerade öffentliche Kritik vermieden werden sollte (vgl. Slg. WU, NL Urania, Conferenz, 18.12.1826).

30 Vgl. den abschlägigen Bescheid des Vorstands zur Anfrage, ob Frauen Mitglied werden könnten, Slg. WU, NL Urania, Conferenz, 3.11.1817.

31 Es handelt sich hier vermutlich um Friederike Herbst, die der Schauspieler Ludwig Devrient nach dem Tod ihres Vaters, eines Schauspielkollegen von Devrient, als Pflegetochter angenommen hatte. Geboren 1803 war sie von Devrient zur Ausbildung an die *Urania* vermittelt worden und stand mit 14 Jahren erstmals auf der Bühne. Die um 1817 entstandenen Gerüchte korrelierten also mit ihren ersten Bühnenauftritten und betrafen ein 14 Jahre altes Mädchen. Vgl. Ludwig Eisenberg, *Großes biographisches Lexikon der deutschen Bühne im 19. Jahrhundert*, Leipzig 1903, S. 419 f.

32 Slg. WU, NL Urania, Conferenz, 8.12.1817.

33 Slg. WU, NL Urania, Conferenz, 15.12.1817.

34 Slg. WU, NL Urania, Conferenz, 13.10.1823.

35 Slg. WU, NL Urania, Brief von Dem. Ziemendorff, 9.10.1823.

36 Slg. WU, NL Urania, Brief von Dem. Seifert, 10.10.1823

37 Slg. WU, NL Urania, zwei Relationen, 28.1.1827

38 Slg. WU, NL Urania, Brief von Emilie Willmann an den Vorstand, 8.5.1815 und Antwortentwurf vom Vorstand, Mai 1815.

39 Der Fall wird ausführlich und kritisch diskutiert in Ruth B. Emde, *Schauspielerinnen im Europa des 18. Jahrhunderts*, Amsterdam 1994, S. 291–300; siehe auch Irmgard Laskus, *Friederike Bethmann-Unzelmann*, Theatergeschichtliche Forschung, Bd. 37, Kiel 1926.

40 Vgl. hierzu etwa Slg. WU, NL Urania, Conferenz, 18.1.1830.

41 Vgl. Slg. WU, NL Urania, Conferenz, 14.12.1835.

42 Vgl. Arno Paul, „Offizierskrawalle im Königlichen National-Theater währen der Iffland-Ära (1796–1814)", in: Akademie der Künstler (Hg.), *Berlin zwischen 1789 und 1848. Facetten einer Epoche*, Berlin 1981, S. 71–80.

43 Zur Disziplinierung der Theaterzuschauer im Kontext einer polizeilichen Ordnung der Ruhe um 1800 vgl. Jan Lazardzig, „Ruhe oder Stille? Anmerkungen zu einer *Polizey für das Geräusch* (1810)", in: Meike Wagner (Hg.), *Agenten der Öffentlichkeit. Theater und Medien im frühen 19. Jahrhundert*, Bielefeld 2014, S. 97–116.

44 Slg. WU, NL Urania, Brief des Vorstands an Hr. Bouffier, 28.9.1835 (Entwurf).

45 Slg. WU, NL Urania, Brief von Hr. Bouffier, 21.9.1835.

46 Slg. WU, NL Urania, Brief des Vorstands an Hr. Bouffier, 28.9.1835 (Entwurf).

47 Slg. WU, NL Urania, Bericht des Regisseurs Chabot, 20.6.1808.

48 Sie war zunächst am Königstädter Theater in Berlin, dann in Königsberg und Danzig engagiert. Später gab sie den Schauspielberuf auf, kehrte zu ihrer Familie nach Berlin zurück und trat nur noch im nicht-professionellen Umfeld der *Urania* auf. Vgl. Rubrik „Figaronaden", *Berliner Figaro*, No. 59, 10.3.1837.

49 Slg. WU, NL Urania, Conferenz, 18.12.1837.

50 Vgl. Slg. WU, NL Urania, Conferenz, 28.5.1838.

51 Vgl. Slg. WU, NL Urania, Brief Schöning, 27.9.1838

52 Slg. WU, NL Urania, Brief des Vorstands vom 24.9.1838.

53 Slg. WU, NL Urania, Brief Schöning, 27.9.1838.

54 In der *Festschrift zur 100.jährigen Jubelfeier der Privat-Theater-Gesellschaft Urania*, 1892, werden die Namen der am Festprogramm mitwirkenden Schauspielerinnen mit dem Zusatz ihrer derzeitigen Wirkungsstätte und der Anmerkung „vormals Mitglied der Urania" aufgeführt, vgl. *Festschrift*, 66 f.

Der pädagogische Spielraum. Die Schauspielerin als Rollenmodell der Emanzipation

Wolf-Dieter Ernst (Bayreuth)

Zu Beginn des zwanzigsten Jahrhunderts entdeckten Schauspielerinnen die Selbst- und Ausbildung als neuen Spielraum für sich, wie sich exemplarisch an der von Louise Dumont und Gustav Lindemann gegründeten Schauspielschule in Düsseldorf aufzeigen lässt. Sie sahen sich als Rollenmodell für die nächste Generation und konnten die strukturelle Ungleichheit der Rollenvergabe, die ältere Schauspielerinnen klar benachteiligte, kompensieren; Schüler*innen wiederum projizierten Emanzipationswünsche auf die neue Schauspielschule und die in ihnen autonom wirkenden Schauspieler*innen. Die im Beitrag untersuchten Quellen zeigen, in welcher Weise der neue Spielraum der Vermittlung geprägt war von realen Zwängen des Theaterbetriebs und einer bis ins Spirituelle überhöhten Idee der Reform.

Die Lebensreform um die Jahrhundertwende war bekanntlich eine Zeit großen Bildungseifers, Bildungsanstalten für Rhythmik, Tanz und Schauspiel entstanden und eröffneten insbesondere auch Schauspielerinnen ein neues Tätigkeitsfeld. Schauspielerinnen, die qua Geschlecht und Alter diskriminiert waren (und sind), erblickten in dem noch jungen Feld der Schulengründung einen neuen Spielraum für sich. Nicht wenigen erschien dieses Feld nicht zuletzt deshalb attraktiv, weil sie so als Vorbild und Modell für die nächste Generation (insbesondere von Frauen) wirken konnten. Hier verschmolzen Aspekte einer Sozialreform der Ausbildung für die Bühne mit den emanzipatorischen Bestrebungen einer neuen Frauengeneration. Am Beispiel der Theaterakademie Düsseldorf und dem Wirken der Schauspielerin Louise Dumont wird der Zuwachs an Autonomie deutlich, insbesondere wenn man die Schulengründung vor dem Hintergrund ihrer ganz anders gelagerten Ausbildung und ihrem Werdegang betrachtet.

Die 1862 in Köln geborene Schauspielerin Louise Dumont absolvierte eine durchweg erfolgreiche Theaterkarriere im Kaiserreich. Über geschicktes Geschäftsgebaren und ihre Bekanntschaft mit namhaften Finanzgrößen – wie etwa dem Bankier Alexander von Pflaum (1839–1911) – erlangte Dumont gegen Ende des Jahrhunderts finanzielle Unabhängigkeit.[1] Dabei profitierte sie auch von den gestiegenen Gagen für Gastspiele und private Rezitationsabende. 1896 ging sie an das Deutsche Theater unter Otto Brahm (1856–1912), bevor sie sich 1903 der Internationalen Tournée Gustav Lindemann anschloss. In ihrer Berliner Zeit unterhielt sie Kontakte zur gebildeten Oberschicht, so zum Philosophen Georg Simmel (1858–1918), zum Religionsphilosophen Martin Buber (1878–1965) und lebte zuweilen zurückgezogen auf ihrem Landgut in Osterode im Harz.

Es schien eine Zeit der Besinnung, in der sie Abstand suchte vom pulsierenden Theaterleben. Die nun fast Vierzigjährige orientierte sich ab 1903 neu und erschloss sich mit der Hinwendung zum Pädagogischen und der Gründung der Theaterakademie Düsseldorf 1905 den neuen Spielraum einer prägenden Schauspiellehrerin ihrer Generation. Dumont nahm so eine überregional sichtbare Rolle in einem sich etablierenden

Forum Modernes Theater, 33/1-2, 191–204.
Gunter Narr Verlag Tübingen

DOI 10.24053/FMTh-2022-0015

gesellschaftlichen Bereich ein, und die Theaterakademie Düsseldorf positioniert sich als eine wichtige Bildungsinitiative neben der Schule Max Reinhardts in Berlin, den Duncan-Schulen in Berlin, Darmstadt und München, ab 1911 auch der Bildungsanstalt für Musik und Rhythmus in Dresden-Hellerau. In diesem Beitrag gilt es aufzuzeigen, wie sich dieser neue Spielraum allmählich aus drei zeittypischen Strömungen herauskristallisierte, die Dumont in sich vereinte: die Frauenemanzipation, die Lebensreform und das Streben nach ökonomischer und sozialer Unabhängigkeit.

Man liegt nicht falsch, Dumonts um 1903 gefassten Entschluss, mit Gustav Lindemann (1872–1960) ein eigenes Reformtheater mit Schauspielakademie zu gründen, als eine Wende in ihrem Leben zu bezeichnen. War sie in Berlin noch eine gefeierte Schauspielerin und mit ihren regelmäßigen Empfängen auch eine Dame der Gesellschaft, so erschuf Dumont mit der Theatergründung in Düsseldorf eine neue Rolle. Es ist ein signifikanter biografischer Wendepunkt, der vielleicht nicht von ungefähr mit dem Älterwerden zusammenfällt.[2]

Wie ihr Briefwechsel aus den Jahren 1890–1904 und weitere Archivmaterialien zeigen, stellte Dumonts neue Rolle der Schauspiellehrerin gerade keinen Abschied von der Bühne dar, sondern erweiterte im Gegenteil das Berufsbild der Schauspielerin hin zur Schauspiellehrerin. Die Künstlerin verlegte sich auf die Kunst der Menschenführung[3]. Für diesen neuen Spielraum war also entscheidend, dass Dumont parallel zu ihrem pädagogischen Engagement weiterhin auf der Bühne präsent war und sich auch weiterhin primär als Schauspielerin verstand. Es war insofern also ein neuer Spielraum, der den bestehenden Handlungsraum der Bühne transformierte und dessen Verengung als Laufsteg für Virtuos*innen revidierte.

Die Schauspielerin wird Schauspiellehrerin

Die öffentliche Rolle einer Schauspiellehrerin wie sie Dumont mit Gründung ihrer Theaterakademie 1905 ausfüllte, war eher ein Novum. Der typischen Berufsbiografie einer Schauspieler*in um die Jahrhundertwende war ein solches Engagement meist noch äußerlich. Sicherlich gaben Schauspieler*innen jüngeren Aspiranten Unterricht und inserierten ihre Dienste in Zeitungen. Jedoch hatten diese Dienste eher den Charakter eines Zubrots und implizierten häufig auch, dass die aktive Bühnenkarriere nun beendet war. Dumont allerdings leitete parallel zu ihren Engagements die Schauspielschule, die selbstbewusst ab 1914 gar als Hochschule für Bühnenkunst bezeichnet wurde. Sie verfügte über ein Budget und stellte andere Lehrer*innen an, nahm Schüler*innen auf, bzw. lehnte sie ab, ohne allein auf deren Schulgeld angewiesen zu sein. Die Schule war keine jener Theatralpflanzschulen, wie etwa die Hohe Karlsschule in Stuttgart, in der billige Statist*innen für die Hoftheater herangezogen wurden.[4] Im Gegenteil wurden Absolvent*innen der Theaterakademie eher selten ins Engagement am Düsseldorfer Schauspielhaus übernommen, nicht zuletzt bedingt durch den notorisch hohen Anteil von Schülerinnen und den ebenso notorischen Mangel an Rollen für Schauspielerinnen. Die Theaterakademie und das Schauspielhaus Düsseldorf waren organisatorisch unabhängige Einrichtungen. Die Schule galt als prägende Institution mit Strahlkraft in die deutschsprachige Theaterszene hinein. Dieser Grad an Autonomie und diese Möglichkeiten, die Methoden und Inhalte einer Schauspielausbildung zu bestimmen, verliehen Dumont also in ihrer Zeit eine Alleinstellung.

Ihre Autonomie als Lehrerin war gepaart mit einem neuen Selbstbewusstsein, mit diesem Schritt einer Theaterreform größeren Ausmaßes zu dienen. Offensiv nahm Dumont also die Rolle einer Pädagogin an und lebte vor, wie man als gefeierte Schauspielerin in der zweiten Lebenshälfte weiterhin in der Öffentlichkeit und auf der Bühne präsent sein konnte. Für sie war Schauspiel und Schauspielunterricht gleichermaßen eine Berufung, eine Lebensaufgabe. Denn in beiden Rollen ging es ihr neben allem gesellschaftlichen und ökonomischen Erfolg vor allem darum, einem allgemein angenommenen Zerfall der Kultur und Tradition etwas nachhaltig Sinnvolles entgegen zu stellen. Exemplarisch kommt dieser Wunsch nach einer neuen Sinngebung in ihrem Briefwechsel mit dem bildenden Künstler Karl Donndorf zum Ausdruck:

> In Deutschland wächst jetzt keine Kunst, nur Speichelleckerei und Höflingswirtschaft, – wann wird es anders werden. Wenn man mit offenen Augen Alles [sic!] sieht und verfolgt kann man schließlich nur noch Ekel haben, nirgends frische Luft, nirgends wahre Kunst, überhaut nirgends Wahrheit.[5]

Ekel und Mangel an frischer Luft – diese drastischen Worte, in denen die Krise der Kunst und Kultur gefasst werden, zeigen eine tiefe Enttäuschung der Dumont angesichts der Ökonomisierung des Theaters ihrer Zeit an. Ihre Hoffnung war es, eine neue Generation von Bühnenkünstler*innen prägen zu können, die sich dann erneut der Kunst und der Wahrheit verpflichten würde. Wie umfassend ihre Reformideen waren, beschreibt sie in einem Schreiben an ihren langjährigen Arzt und zugleich den Herausgeber der *Neuen metaphysischen Rundschau* Paul Zillmann. Alle ihre Bestrebungen folgten der Idee einer stetigen Veredelung, die ihre Früchte erst in den nächsten Generationen tragen wird:

> Könnten Sie doch einmal hierher kommen und sich von allem überzeugen und über-

haupt die Arbeit sehen; sie geht stetig weiter hinauf, und ich hoffe doch wieder, dass etwas erreicht wird, worauf die Besseren, die dann kommen, weiter aufbauen können.[6]

Das Bild einer beständigen Pflege des Nachwuchses und der eigenen Bildungsarbeit als eine Tätigkeit der Veredelung weckt Assoziationen zur Gartenkunst. Obstbäume werden veredelt und Obstsorten erlangen ihre Qualität erst durch diese behutsame und mithin kunstvolle Pflege. Solche organischen Vorstellungen standen im Gegensatz zu den Erzählungen der Schauspieltraktate und Theater-Journale des 18. Jahrhunderts, die über herausragende Schauspieler*innen als Genies befanden, welche entdeckt werden. Genies, so der Tenor, werden sich von selbst durchsetzen, da sie über natürliche Gaben, über Talente verfügten. In Folge dieser Erzählung der Genieästhetik wurde im langen 19. Jahrhundert auch die Schauspielkunst überhöht, so dass etwas Profanes, wie das Unterrichten, das Training, die Ausbildung, die Unterweisung nicht als notwendiger Schritt der Professionalisierung von Schauspieler*innen gesehen wurde. Die geschäftlichen und sichtbaren Erfolge (,Siege‘) von Schauspieler*innen auf der Bühne, nicht aber die institutionell geordneten Wege zur Bühne prägten die Berichterstattung und die biografischen Erzählungen gleichermaßen.[7] Die Ausbildung zum Schauspieler erfolgte daher im Privatunterricht, an Amateurtheatern und auf Provinzbühnen. Da Schauspielschulen und geordnete Ausbildungswege noch nicht die Regel waren, entstand der Eindruck einer im Dunkeln liegenden Lehrzeit in Hinterzimmern, Theater-Vereinen und kurzzeitigen Engagements an kleinen Theatern.

Dieses anekdotische Erzählmuster wurde auch noch autobiografisch von Dumont bemüht. Sie habe sich 1883 spontan und einer Eingebung folgend, für eine Bühnenkarriere entschieden:

Zähe Veränderungen in den Verhältnissen meiner Eltern machten es mir zur Pflicht, mir eine selbständige Existenz zu gründen, ich durfte nicht mein Leben in träumerischer Unthätigkeit verbringen. Der Aufforderung meiner Verwandten Folge leistend, kam ich nach Berlin – dort entschloß ich mich eines Tages, der Not gehorchend, nicht dem eigenen Triebe, Schauspielerin zu werden. – Als ich gelegentlich eines Ganges durch die Friedrichstraße an einer Plakatsäule mehrere Theaterzettel angeschlagen sah, hatte ich den plötzlichen Einfall: ich gehe zum Theater […].[8]

Louise Dumont, die ausgebildete Weißnäherin, schilderte in diesem sieben Jahre nach ihrem Debüt veröffentlichten Zeitungsartikel, dass ihre Entscheidung für die Bühnenkarriere einer plötzlichen Eingebung geschuldet sei. Sie bemühte den Topos einer schicksalhaften Berufung. Realistischer ist aber, dass sie strategisch vorging: Als 21-Jährige setzte sie ihren Entschluss gegen den Willen des Vaters durch. Entsprechend verleugnete sie ihren Familiennamen ‚Heynen' und trat unter dem Namen ihrer Mutter ‚Dumont' in die Öffentlichkeit, somit das Risiko minimierend, durch einen möglichen Misserfolg die Reputation der Familie zu schädigen. Verbürgt ist auch, dass Dumont vor ihrem ersten Vorsprechen 1883 bereits ein Jahr dramatischen Unterricht bei Hugo Gottschalk genommen hatte.[9] Diese Schritte eines mühsamen Starts der Karriere aber hütete sie als „strenges Geheimnis"[10] und von ihren ersten Engagements an Provinzbühnen wie am Berliner Ostend-Theater, in Hanau, am Deutschen Theater im böhmischen Reichenberg, in Karlsbad und Graz, von den genaueren Lebensumständen einer alleinstehenden Schauspielerin mit Anfang Zwanzig, geprägt von beruflicher Mobilität und unsicheren Beschäftigungsverhältnissen, erfahren wir wenig. Offenbar hatte sie sich über kurzfristiges Engagement hochgearbeitet. Ausgebildet war sie damit

noch nicht. Denn bekannt ist, dass sie parallel zu ihrem ersten längeren Engagement am Wiener Burgtheater Sprechunterricht nahm, etwa bei den Schauspielern Adolf Ritter von Sonnenthal (1834–1909) und Joseph Lewinsky (1835–1907).[11] Briefwechsel belegen, dass sie sich den Rat der fast zwanzig Jahre älteren Schauspielerin Auguste Wilbrandt-Baudius (1843–1937) und ihrem Mann, dem Burgtheaterdirektor, Schauspieler, Schriftsteller, Übersetzer und Dramatiker Adolf Wilbrandt einholte. Beide protegierten sie und empfahlen sie an andere Theater. Man würde heute von Mentoren sprechen. Alle diese wichtigen Schritte, die für ihre Ausbildung und ihren Karrierestart wichtig waren, blendet die Erzählung von der plötzlichen Eingebung, dem Ruf zur Bühne freilich aus.

Das Berufsbild der Schauspiellehrerin und Mentorin entstand um die Jahrhundertwende also erst allmählich und keineswegs eindeutig abgekoppelt von der Genieästhetik. Die Schauspielausbildung als anerkannter Ausbildungsweg musste erst noch etabliert werden und ein erster Schritt in diese Richtung ist, dass Schauspielerinnen von Selbst-Mythologisierungen absahen und die Professionalisierung des Nachwuchses in die eigenen Hände nahmen. Prägend war der Gedanke der (Frauen)Selbsthilfe, der zahlreiche sozialreformerische Bestrebungen der Lebensreformbewegung trug. Dumont wirkte hier mit gleichgesinnten Frauen ihrer Generation. Bereits in ihrer Berliner Zeit engagierte sie sich im Berliner Verein Frauenwohl. So saß sie mit der Frauenrechtlerin und Schauspielerin Anita Augspurg (1857–1943) vom Verband fortschrittlicher Frauenvereine, der Mäzenin Helene Leins (1870–?) und der Wirtschaftswissenschaftlerin Charlotte Engel-Reimers (1870–1930) im Komitee der Centralstelle für weibliche Bühnenangehörige, deren Ziel die Verbesserung der Lage von Schauspielerinnen war.[12]

Die Selbsthilfe von Frauen profitierte im pädagogischen Feld sicherlich davon, dass der Berufsweg für ledige Frauen von der höheren Mädchenschule in den Schuldienst bereits etabliert war und eine Schulengründung den nächsten logischen Schritt in die Unabhängigkeit darstellte. Dumont war hier nicht allein. So startete etwa die ihr bekannte Frauenrechtlerin und Publizistin Minna Cauer (1841–1922) ihre Karriere als Lehrerin und auch die mit Dumont befreundete Publizistin und Übersetzerin Sophie von Harbou (1865–1940) arbeitete nebenberuflich als Lehrerin, unternahm 1902 eine Forschungsreise nach England, u. a. zu der in völliger Provinz und ohne Strom und Wasser gelegenen Reformschule Ruskin-School-Home in Heachum-on-Sea, Norfolk und verfolgte ähnliche Pläne der Schulengründung mit Dumont.[13] Eine Schule war also geradezu ein Leitmotiv dieser Generation der Lebensreformer*innen, und ihre Hinwendung zum Pädagogischen galt als Ausweis eines neuen Lebensziels. Das Pädagogische umfasste dabei zum einen die Aufgaben der Erziehung und Bildung im engeren Sinne der Erziehungswissenschaft, zum anderen beinhaltete es im weiteren Sinne die Kunst der Menschenführung, die Herausbildung eines neuen Menschen. Bildung und Erziehung als Tätigkeitsfelder der Lebensreform waren durchweg Desiderate eines Staates, der zwar die allgemeine Schulpflicht kannte, diese aber nicht breitenwirksam durchsetzte, so dass an dieser Stelle die Selbsthilfe ansetzen konnte. Im Rahmen des spirituellen Überbaus, der die Lebensreformbewegungen prägte, unterschied sich diese Hinwendung zum Pädagogischen von den Wohltätigkeitsaktivitäten aristokratischer und großbürgerlicher Provenienz.[14] Standen hier traditionell mehr die Ermöglichung und Finanzierung von Aus- und Selbstbildung im Vordergrund, ging es den Reformer*innen um die aktive Übernahme der Rolle einer Lehrerin selbst. Eine

Schule galt also als Ausweis weiblicher Autonomie, insofern man hier selbst gestalterisch und organisatorisch tätig werden konnte. Wie sah es aber im Inneren dieses neuen Spielraums aus?

Wie man den Dokumenten entnehmen kann, bildete sich der Spielraum als komplexes Wechselverhältnis sozialer Beziehungen und ästhetischer Wirkungen aus, so dass Louise Dumonts neue Rolle die eines doppelten Vorbilds war: Als Pädagogin wirkte sie auf der Probebühne (geprobt wurde im Theater-Foyer im zweiten Stock, es gab keine eigenen Schulräume), und zugleich war sie in ihren bekannten Rollen, vor allem in den Dramen Henrik Ibsens, stets präsent. Insbesondere ihre Ibsen-Interpretationen verfehlten ihre Wirkung auf die Schülerinnen nicht, war doch Ibsen als Propagandist der Frauenbewegung ebenso populär wie umstritten. Wurden die Rollenfiguren unter Otto Brahm noch naturalistisch gespielt, so entwickelten Dumont und Lindemann einen eigenen Sprechstil, das „Worttonsprechen"[15], der den zeitgenössischen Frauenrollen dann eine gleichsam künstlerische Note verlieh. Wie sehr diese doppelte Vorbildfunktion der Ibsen-Interpretin Dumont auch in der Öffentlichkeit präsent war, bezeugt eine Rezension der ersten Schüler*innenaufführung der Hochschule für Bühnenkunst. Dort hieß es über die Darbietung der Schüler*innen: „Naturgemäß waren die Schüler die Resonanz ihrer Lehrkräfte, und man glaubte manchmal, das Organ von Luise Dumont zu hören an Stelle der wirklichen Akteure."[16]

Der unbekannte Rezensent bediente sich hier der Idee der Schwingungsresonanz, eine Kraft der Übertragung und Bewegung, die etwa in den Klangfiguren von Ernst Florens Friedrich Chladni (1756–1827) besonders anschaulich wurde.[17] Sie war in der Musiktheorie und auch noch in der Schauspieltheorie des 18. Jahrhunderts ein übliches Erklärungsmuster.[18] Man ging dabei davon aus, dass sich Sympathien, Sensibilitäten und Affekte aller Art gleich einer akustischen Schwingung übertragen. Schauspieler*innen versetzten also ihr Publikum in Schwingungen, so wie eine angeschlagene Saite den Korpus einer Gitarre in Schwingungen geraten lässt. Im Kontext dieser Schüler*innenaufführung führte diese Theorie jedoch zu einer komischen Verzerrung, wenn der Rezensent annimmt, dass sich das stimmliche Timbres der Dumont, also einer höchst personalisierten ausdrucksästhetischen Größe, auf die Schüler*innen übertragen habe. Dumont spielte an jenem Abend jedoch keine ihrer dramatischen Rollen. Wenn also der Rezensent die Dumont zu hören schien, dann war das nur mehr ein Beweis für Dumonts Vorbildfunktion, die hier auch noch den Rezensenten ergriff.

Die Schüler*innen also konnten Dumonts zweifelsfrei vorhandener künstlerischer Gestaltungskraft, ihrer Fähigkeit sogar „in Volkshochschulkursen mit gänzlich Ungeübten in kurzer Zeit [...] schöne Erfolge"[19] zu erzielen, vertrauen und sich an diesem Vorbild für die Gestaltung der eigenen Rollen orientieren. Das doppelte Vorbild erweiterte und verlängerte also Dumonts Wirkung als prägende Schauspielerin; sie konnte weiterhin spielen und hoffen, eine neue Generation zu erreichen. Zur Rolle der gefeierten Schauspielerin kam nun allerdings die Dimension der Schauspiellehrerin, die ganz unmittelbar eine neue Generation von Schauspieler*innen formte. Soweit wäre der Vorbildcharakter Dumonts und seine ästhetische Dimension beschrieben.

Der neue Spielraum der Schauspiellehrerin umfasste allerdings auch eine klare soziale Dimension. Dumonts Auftritte und Tätigkeiten wurden von nicht wenigen Frauen als *role model* für eigenen Emanzipationsbestrebungen verstanden.

Dumont als Modell der Emanzipation

Die Rolle der Schauspielpädagogin ging nahtlos über in den Bereich eines *role models* für junge Frauen, die nach Gleichberechtigung, sinnstiftender Tätigkeit und Unabhängigkeit strebten und diesen Wunsch auf eine Bühnenkarriere projizierten. Die Hausangestellte Louise Becker begründete in einem Schreiben vom 9. September 1909 an Dumont ihren Wunsch, Schauspielerin zu werden ganz ausdrücklich damit, sich endlich einer sinnvollen Tätigkeit, einer ‚Welt der Ideale' widmen zu können:

Verehrte Frau Dumont!
[...] Nehmen Sie sich meiner an. Ermöglichen Sie mir, ein Mitglied des Schauspiels sein zu können. Es ist dieses nicht der eitle Wunsch eines übermütigen Kindes, sondern ehrliches Verlangen einer Seele, welche sich nach großer geistiger Arbeit sehnt und sich ihr ganz hingeben kann. In meinem schattenreichen, sich in allen Farbentönen widerspiegelnden Leben habe ich erlebt, was ich auf der Bühne wieder finde und namentlich Sie, gnädige Frau, mit ihrer großen, überzeugenden Kunst waren der Spiegel meiner armen Seele. So scheint es mir selbstverständlich, dass ich mich mit dem Wunsche, Schauspielerin zu sein wie Sie auch an Sie wende. Oh, lassen Sie mich ihre Jüngerin sein! Durch eisernen Fleiß will ich Ihnen danken und gern dienen.
Hier im Hause bin ich zu einem Kinde engagiert, auf welches ich erzieherisch einwirken soll. Meine ohnehin schwierige Aufgabe wird mir dadurch, dass die Autoritäten Mutter, Großmutter erzieherisch zu Seite stehen, erschwert. [...] Man geht zu Grunde unter solchen Verhältnissen! Natürlich wird man hart und verbissen aber der Gedanke an alles Ideale und Reine, wie es unsere Dichter uns gaben, lässt mich weich sein wie ein Kind, lässt alle finsteren Gedanken und Zweifel verschwinden. Geben Sie mir Gelegenheit in dieser Welt der Ideale leben zu können. Bitte weisen Sie mich nicht zurück, gnädige

Frau. Mit höchster Hochachtung und Verehrung. Louise Becker.[20]

Die offensichtlich unglücklich verheiratete Mary Herber formulierte ihren Wunsch nach Autonomie in einem Schreiben vom 23. September 1906 ganz explizit in Hinsicht auf Dumonts Ibsen-Interpretationen:

> Hochverehrte Frau,
> […] Niemals bin ich zufrieden, wenn ich nicht ganzes leisten kann, aber als zweitklassig betrachtet werde. Da bricht die ganze Leidenschaftlichkeit meines sonst so stillen Wesens hervor und der Kampf beginnt. Vielleicht liegt hierin das stärkste schauspielerische Moment bei mir. Drum haben mir auch von je her die Ibsenschen Frauengestalten, die sich frei machen konnten von Lüge und Zwang, die von einem unbestechlichen Druck und schrankenlosen Ehrgeiz beseelt sind, am besten gefallen. Ich will Ihnen sagen, welche Typen mich anziehen von den Sachen, die ich durchs Lesen am Besten kenne. Es ist die Figur der Frau Alvig, der Elida, der Laura Wessels und der Rebecca in Rosmersholm. Darin habe ich Sie spielen sehen, gnädige Frau, es war einer der schönsten Theaterabende der Saison, der Glänzendste.[21]

Für Becker und Herber, die sich hier in eine Schauspielausbildung hineindachten, verschmolz die Figur der Dumont als Schauspiellehrerin und Interpretin nahtlos mit den literarischen Frauenrollen zu einer sozialen Rolle neuen Typs. Ob Dumont die Schreiben beantwortete, ist nicht überliefert – wohl aber sind die Schreiben in das von Gustav Lindemann an die Stadt Düsseldorf übergebene Archiv Dumont-Lindemann eingegangen.

Liest man diese Schreiben aus einer gendertheoretischen Perspektive, so geben sie mittelbar auch Auskunft über das komplexere Bild des Spielraums für berufstätige Frauen um die Jahrhundertwende. Dieser Spielraum war durch vertraglich gefestigte Ungleichheit stark eingegrenzt. Die Beschäftigungsmöglichkeiten von Schauspielerin-

nen etwa waren im Gegensatz zu jenen der Schauspieler stärker reglementiert. Das betraf das Repertoire ebenso wie Fragen der Lebensführung und des ökonomischen Erfolgs. Dumont hatte diese Ungleichheit nicht nur selbst erfahren, sie hatte sie bereits als Tradition, in die man hineinwächst, kennengelernt. Diese Überlieferung einer Ungleichheit können wir einem rund dreißig Jahre früher verfassten Schreiben entnehmen, in dem nun umgekehrt die fünfundvierzigjährige Schauspielerin Auguste Wilbrandt-Baudius (1843–1937) die sechsundzwanzigjährige Louise Dumont in Karrierefragen berät. Dazu vergleicht Wilbrandt-Baudius die kluge Wahl eines Theaterengagements mit der eines Ehepartners.

> Mit der Kunst ist's wie mit der Liebe: kein Bräutigam will seine Braut nach & nach entstehen, heranwachsen sehn; oder will dabei sein wenn sie Toilette macht, und alles thut zu ihrer Verschönerung & zur Reinlichkeit. Die Wirkungen davon will man sehn; aber nie & nimmer die Ursachen. – Kein großstädtisches Publikum will seine Lieblinge werden sehn. Wie aus dem Haupte des Jupiter soll die erste Liebhaberin steigen: fertig.[22]

Diesen Vergleich des Bühnenauftritts mit der Brautschau zieht Wilbrandt-Baudius vor dem Hintergrund ihres drohenden Karriereendes. Ein Jahr zuvor trennte sie sich von ihrem Mann, den sie 15 Jahre zuvor geheiratet hatte und mit dem sie einen nun 13 Jahre alten Sohn hat. Erst ein Jahr später gelingt es Auguste Wilbrandt-Baudius am Theater an der Wien wieder ein Engagement anzunehmen.

Die Berufstätigkeit von Schauspielerinnen war üblicherweise nur unverheirateten Frauen möglich, eine Schwangerschaft und ein Bühnenengagement schlossen sich aus. De facto mussten sich Schauspielerinnen häufig zwischen Beruf und Ehe, bzw. Familie entscheiden. Die Fortführung des Engagements für verheiratete Frauen hing allein vom Wohlwollen des Ehemanns ab. Im Arbeitsvertrag Louise Dumonts mit dem Stuttgarter Hoftheater war diese Bestimmung wie folgt gefasst:

> Bei Dienstunfähigkeit, welche bei verheiratheten Damen während des Bestandes ihrer Ehe oder in der gesetzlichen Zeit darüber hinaus in Folge von Schwangerschaft eintritt, fällt für sie der Anspruch auf Gage und garantiertes Spielhonorar von dem Tage ab fort, an welchem die Intendanz nach gerechtfertigtem Ermessen deren weiteres Auftreten für unzulässig erklärt. Bei verheiratheten Chorsängerinnen tritt desfalls nur Minderung der Gage auf die Hälfte ein. Doch darf die Störung durch Schwangerschaft und Wochenbett nicht über 2 ½ Monate dauern.[23]

Für verheiratete Schauspielerinnen bot sich alternativ nur die Tätigkeit als Rezitatorin an. Allein die Ehe mit einem männlichen Bühnenangestellten versprach unter günstigen Umständen eine kontinuierliche Ausübung des Berufs. Die Möglichkeiten beruflicher Entfaltung der Schauspielerinnen waren also juristisch stark eingeschränkt.

Vor diesem Hintergrund sind die Briefe, die Louise Dumont von jungen Frauen erhielt, auch als Dokumente aufzufassen, die der Notwendigkeit der Selbsthilfe von Frauen für Frauen entsprangen. Immerhin war bekannt, dass Dumont sich ganz praktisch für junge Schauspielerinnen einsetzte, etwa in ihrem Engagement im Berliner Verein Frauenwohl[24].

Zusammen mit Helene Leins (Horsfall) und Charlotte Engel-Reimers gründete sie bereits am 1. April 1899 die Centralstelle für weibliche Bühnenangehörige. Dies war ein zentraler Kostümverleih, der es weniger solventen Schauspielerinnen ermöglichte, die umfangreichen Kostüme für historische Rollen auszuleihen.[25] Damit wurde ein wichtiges Ziel zur Verbesserung der Lage von Schauspielerinnen verfolgt. Denn in der Tat war es üblich, dass Schauspielerinnen ihre Kostüme selbst stellen mussten. Insbesondere für historische Kostüme konnte das kostspielig werden. Zudem war die Bühne um 1900 auch ein bevorzugter Ort, an dem kostbare Stoffe und aufwändige Schnitte zur Schau gestellt wurden, so dass der Besitz einer kostspieligen Garderobe und Toilette mithin karriereentscheidend war. Dumonts 1889 ausgefertigter Dienstvertrag in Stuttgart sah immerhin schon vor, dass sie

> aus den Magazinen des K. Hoftheater die erforderlichen Costüme mit Ausnahme der modernen Garderoben, aller Tricots, sodann des Leibweißzeugs, der Handschule, Fußbekleidung, des Schmucks, der Schminke und anderer Toiletten-Gegenstände der zum Haarputze dienenden Federn, Blumen, Perlen und Bänder[26]

gestellt bekam.

Der Kostümverleih war eine ganz praktische Maßnahme, um mit der von Dumont neu erworbenen Handlungsmacht die Spielräume von Schauspielerinnen zu erweitern. Dabei ging es sowohl um materielle Unterstützung und um Wohlfahrt, wenn man Dumont als jemanden versteht, der es vermochte, Mäzene zu werben. Es ging aber auch um das Selbstbewusstsein von Schauspielerinnen, sich zu helfen zu wissen, etwa indem man Kostüme umnähte und sich gegen eine Rechtsauffassung zu solidarisierte, deren Wandel noch Jahrzehnte auf sich warten ließ. Erst nach einem Beschluss des Deutschen Bühnenvereins von 1907 mussten zunächst historische Kostüme gestellt werden und mit den neuen Tarifverträgen der Weimarer Republik 1919 änderte sich allmählich die Praxis dahingehend, dass alle Kostüme seitens der Theater gestellt wurden.

Neue Spielräume: Führen und Geben

Die Spielräume der Schauspielerin Louise Dumont wurden durch die Rolle der Schauspiellehrerin und ihr Auftreten als unabhängige Schauspielerin sicherlich erweitert. Will man den spezifischen Sinn dieser Erweiterung erfassen, so muss man in Rechnung stellen, welche Spielräume sich Dumont als etablierte Schauspielerin nicht erschlossen hat oder erschließen konnten.

Ihr Versuch, als Geschäftsfrau und Regisseurin ein eigenes Theater zu leiten und damit autonom in Fragen der Rollenbesetzung und der Stückauswahl zu werden, musste 1903 als gescheitert gelten. Mit dem Schauspieler Adolf Klein plante sie bereits in den 1890er Jahren ein eigenes Theater in Sankt Petersburg[27], sie engagierte sich zusammen mit Helene Leins und den Schauspielern Friedrich Kayssler (1874–1945), Berthold Held (1868–1931) und Max Reinhardt (1873–1943) im Theaterunternehmen Schall und Rauch und verfolgte zusammen mit Henry van den Velde (1863–1957), Harry Graf Kessler (1868–1937) und Gustav Lindemann (1872–1960) Pläne zur Gründung eines Nationaltheaters in Weimar[28]. Der Weg ins Unternehmertum aber blieb letztlich Männern wie Max Reinhardt vorbehalten, und nur über die Verbindung und ab 1907 geschlossene Ehe mit dem Theaterleiter Gustav Lindemann konnte auch sie über ein eigenes Theater verfügen. Selbst hier aber galt offiziell, dass die Direktion von Lindemann übernommen wurde: „In dem Augenblick", so schreibt sie im Juni 1904 an Lindemann, „wo Du in Düsseldorf officiell die Geschäftsführung übernimmst wäre es nicht gut, wenn ich an Deiner Seite wäre, – das ist wieder einer der Momente, wo die Convention allmächtig ist, ich könnte bei Dir sein: als Deine Frau."[29]

Die Unabhängigkeit einer Gesellschaftsdame oder eines Stars wie sie Sarah Bernhardt oder Charlotte Wolter erlangten, hatte Dumont in ihrer Berliner Zeit sicherlich erreicht. Fraglich war aber, wie man diese Reputation im Angesicht des Älterwerdens dauerhaft erhalten und das öffentliche Bild

kontrollieren konnte und ob es für die gesellschaftliche Anerkennung nicht ab einem gegebenen Zeitpunkt eine eheliche Verbindung brauchte, einen großbürgerlichen oder aristokratischen Haushalt, dem man sich dann als Hausdame vorstellte. Damit wäre allerdings eine gehobene soziale Position um den Preis eingenommen, auf weibliche Rollenmuster beschränkt zu bleiben: Wohltätigkeitsaktivitäten etwa oder die Unterhaltung eines Salons. Diese Aktivitäten pflegte Dumont in ihrer Berliner Zeit, zog sich davon aber mehr und mehr in ihr Landhaus im Harz zurück und verlegte sich auf Gastspielreisen und Tourneen.

Vor dem Hintergrund dieser beiden Rollenmuster – einem männlich codierten Bereich der Geschäftswelt, in der Dumont ohne Patronage nicht agieren konnte – und einem weiblich codierten Bereich des Haushalts – der Dumont nicht genügte, erscheint die Schule als neues Handlungsfeld vor allem deshalb attraktiv, weil sie völlige Autonomie in der Gestaltung verspricht. Niemand machte ihr die sinnvolle Gestaltung streitig, denn hier flossen ihre Autonomie als Schauspielerin und ihre Reputation als fortschrittliche und emanzipierte Dame des Großbürgertums kongenial zusammen.

Der Schauspielbegriff wird von ihr also in Hinsicht auf eine neue Sinnstiftung erweitert, die als Führen und Geben aufzufassen ist. Man kann diese neue, mithin aufregend erlebte Sinnstiftung wiederum einem Briefwechsel entnehmen. Die langjährige Freundin Sophie von Harbou, die mit Dumont in keiner berufsständigen oder familiären Beziehung stand[30], schilderte in großer Offenheit, welche neue Erfahrung sich emanzipierenden Frauen ihrer Zeit bot.

Der Anlass erscheint uns aus heutiger Sicht vielleicht marginal: Von Harbou leitete in Itzehoe, ihrer Heimatstadt, die Mitgliederversammlung des Vereins Frauenwohl, in der sich die 18 Mitglieder dem Verband fortschrittlicher Frauenvereine um die radikaleren Frauenrechtlerinnen Minna Cauer (1841–1922) und Lida Gustava Heymann (1868–1942) anschlossen. Wie sie diesen Erfolg und ihre Rolle erlebte, schilderte sie wie folgt:

> [E]s war […] ein plötzliches berauschendes Gefühl meiner Macht über all die Menschen da vor mir, – ich mußte plötzlich an Sie denken, und wie es Ihnen sein mag auf offener Scene. Es ist berauschend, macht so stark und so frei, plötzlich zu fühlen, daß man die ganze Menge da vor sich hinreißt, zwingt, wohin man will, mit sich fort, – aber was für eine wahnsinnige Verantwortung, und – was für ein bitter erkaufter Sieg![31]

Von Harbou vermittelte einen Eindruck ihrer Gefühlslage, die zwischen Machtphantasie und der Angst vor der eigenen Courage schwankte. Offensichtlich tastete sie sich erst an die Rolle einer Frauenrechtlerin und öffentlichen Rednerin heran. So als stünde ihr diese Position nicht selbstverständlich zu, relativierte sie ihren Erfolg und suchte sich auch von den Vorkämpferinnen der Frauenbewegung zu distanzieren.

> Daß der Anschluß an sich mir ziemlich gleichgültig war, werden sie leicht verstehen. Mir sind Vereine kaum mehr, als notwendige Übel, mir lag daran, ein paar Menschen zu helfen zu leben, die leben wollen.[32]

Es ist dies der Ausdruck eines nur zögerlich angenommenen politischen Auftrags einer Bewegung. „[S]ind mir auch die Ziele der ganzen Bewegung sympathisch, – ihr Vorgehen ist's sehr oft nicht."[33] Im selben Schreiben charakterisierte von Harbou die Schauspielerin Louise Dumont als jemanden, der mit dieser neuen Rolle einer auf Eigensinn zielenden Aktivität bereits im Einklang stünde. Sie verlieh ihrer Bewunderung Ausdruck, dass Dumont wie selbstverständlich die Bühne betrat und dort über eine Gestaltungsmacht verfügte, die es ihr erlaubte, nicht nur die Menge zu fesseln,

sondern Einzelnen darin – sie bezeichnet sie als „Hungernde" – Nahrung zu geben.

> Ich denke, es muß Ihnen kommen, wenn Sie etwas spielen, darin Sie wirklich Ihr ganzes Ich legen, etwas Wirklich-Großes, Schönes, – daß es wie eine jubelnde Glückseligkeit über Sie kommt, zu wissen, da unter der Menge sind einige Hungernde, denen geben Sie Speise […].[34]

Dieser intimen Schilderung der Gefühlslage einer Frau an der Schwelle zur Öffentlichkeit gerahmt im christlichen Bild der Armenspeisung können wir vielleicht Dumonts Entscheidung für das Pädagogische als neuen Lebenssinn zur Seite stellen. Will man es zusammenfassen, so ging es in der neuen Rolle als Pädagogin und Schulleiterin nicht um ein Zubrot (im Gegenteil: die Schule finanzierte sich teilweise auch aus Vortragshonoraren Dumonts), noch um die Übernahme einer Bildungsaufgabe als Armenbrot in Ermangelung staatlicher Fürsorge. Es ging – um im Bilde der Speisung zu bleiben – darum, anderen geistige Nahrung zu geben und somit primär darum, mit dem Eintreten für eine (pädagogische) Idee des Gebens und Führens nun einen Platz in den (Lebens)Reformen zu besetzen, der neue Handlungsfelder eröffnete. Die Gestaltung eigener Spielregeln der Schauspielausbildung, die sich von den fremdbestimmten Spielregeln der Ökonomie und des Kunstbetriebs abhoben, bot Dumont die Möglichkeit, sich weiterhin und intensiv mit gleichgesinnten Männern und Frauen fortschrittlicher Künstler*innenkreise und spiritueller Weggefährten auszutauschen. Die gemeinsame Mission war die des Gebens und Führens im Streben nach sozialem und ästhetischem Fortschritt, der die Folgen der Industrialisierung und Ökonomisierung aller Lebensbereiche zu kompensieren versprach. Reinhardts Entscheidung für das Geschäftstheater ebenso wie die Entscheidung von Frauenrechtler*innen wie Cauer, Heymann und ihrer Mitstreiterin Augspurg bezogen sich auf die gesellschaftlichen Handlungsräume Politik und Wirtschaft. Dumont hätte hier in Konkurrenz zu etablierten Größen sich ihre Spielräume erkämpfen müssen und unweigerlich ihren Beruf nicht weiter ausüben können. Im pädagogischen Feld hingegen konnte man in diese Richtung noch Neuland betreten, Bestehendes bewahren und musste kaum erneute Abhängigkeiten befürchten.

Fazit

Mit der Gründung einer eigenen Schauspielschule gab Louise Dumont einem Wendepunkt ihrer Karriere Ausdruck. In dem Moment, wo Einfluss, Erfahrung und Lebensalter ihr Engagement an Theatern oder ihre Solo-Karriere als Rezitatorin nicht mehr zum einzigen Lebenszweck machten, wendete sie sich dezidiert dem pädagogischen Feld zu. Strategisch verband sie sich mit dem Theaterleiter Gustav Lindemann, trat in der Geschäftswelt in die zweite Reihe zurück, um in der spirituellen und künstlerischen Welt die Oberhand zu behalten. Eine Autonomie als Geschäftsfrau, Intendantin und Regisseurin – wie Reinhardt – strebte sie nach dem Schall und Rauch-Versuch nicht mehr an, bzw. es blieb ihr verwehrt, wenn man an die übliche Besetzung dieser Positionen mit Männern denkt.

Wie jede Schauspiellehrerin machte sie sich in dieser neuen Rolle tendenziell unabhängiger vom Alter, von den Vorlieben der Dichter für bestimmte Rollenbilder. Sie ließ das Diktat der Rollenfächer an den Häusern hinter sich und verlagerte stattdessen ihr Können in den Ausbildungsraum. Das stimmliche und sprechtechnische Können, die Durchdringung von Texten und die Erfahrung und Spielpraxis einer langen Berufskarriere konnte man ihr so nicht nehmen, eher im Gegenteil – die frühere

Karriere verlieh ihr erst die professionelle Reputation als Lehrerin. Nun musste sie Rollen nicht durchspielen, musste nicht Jugend und Elastizität behaupten, wo ihr Körper etwas anderes sagen wollte, und sie musste sich in ihrem Können nicht dem raschen Wechsel der Moden und Stile des Sprechtheaters anpassen.

Gilt diese Emanzipation vom Normdruck der geschlechtlichen und lebenszeitlichen Konventionen auch für den Privatunterricht, so kam für die eigene Schule eine Unabhängigkeit in der Sinnstiftung hinzu. Dumont – und niemand anderes – konnte entscheiden, wer als Lehrer*in und Schüler*in angenommen und gefördert wurde und wie sie die neue Sinnstiftung des Gebens interpretierte. Dies wog möglicherweise schwerer als nur eine direktive Handlungsmacht, die sonst eher Männern in Leitungspositionen zugestanden wurde. Vor diesem Hintergrund lässt sich auch argumentieren, dass Dumont in ihrem pädagogischen Engagement anstrebte, das eigene schauspielerische Können in die nächste Generation zu übertragen. Gelänge dieser Transfer, wäre tatsächlich ein Spielraum eröffnet, der weit über den eigenen Aktionskreis hinaus Geltung erlangte.

Anmerkungen

1   Quelle zur Biografie: Wolf Liese, *Louise Dumont. Ein Leben für das Theater*, Hamburg/ Düsseldorf 1971; Otto Brües, *Louise Dumont. Umriss von Leben und Werk*, Emsdetten 1956.

2   In der ihr eigenen Überzeichnung formuliert Dumont es so: „Mein total überflüssiges Leben". Louise Dumont an Maximilian Harden, o. O., o. D. [4/1901], hs. Brief, BArch, N 1062/31, Gertrude Cepl-Kaufmann, Michael Matzigkeit und Winrich Meiszies (Hg.), *Louise Dumont. Eine Kulturgeschichte in Briefen und Dokumenten, 1879–1904*, Bd. 1, Essen 2013, S. 242.

3 Der Begriff ist in Anlehnung an die wörtliche Bedeutung von ‚Pädagogik' = Führer der Knaben (agogos paidos) gebraucht. Dumont ging es wie vielen Reformpädagog*innen um eine Einheit von Selbstbildung, Bildung und Erziehung, die eher an das antike Vorbild denn an die Unterrichtslehre der wissenschaftlichen Disziplin Pädagogik gemahnt. Im Sinne der Erwachsenenbildung, der die Schauspielschule mit ihrem Eintrittsalter nach Abschluss der allgemeinen Schule zuzurechnen war, wäre dann von Menschenführung zu sprechen, die weniger als Organisation und Technik, sondern als Kunst aufgefasst wurde.

4 Peter Schmitt, *Schauspieler und Theaterbetrieb. Studien zur Sozialgeschichte des Schauspielerstandes im deutschsprachigen Raum 1700–1900*, Tübingen 1990, S. 118; vgl. auch Robert Uhland, *Geschichte der Hohen Karlsschule in Stuttgart*, Stuttgart 1953.

5 Louise Dumont an Karl Donndorf, Berlin 20.9.1898, zitiert nach Cepl-Kaufmann, Matzigkeit und Meiszies, *Louise Dumont*, S. 224 f.

6 Louise Dumont an Paul Zillmann, Brief vom 8.9.1926, Theatermuseum Düsseldorf (TMD) 18885.

7 Siehe zu Geschichte des Berufs und der Ausbildungswege Schmitt, *Schauspieler und Theaterbetrieb*; Tim Zumhof, *Die Erziehung und Bildung der Schauspieler. Disziplinierung und Moralisierung zwischen 1690 und 1830*, Wien 2018.

8 Louise Dumont, „Neues Hoftheater-Dekamerone VII", in: *Württembergischer General-Anzeiger und Stuttgarter Fremdenblatt*, Stuttgart, Samstag, No. 298, 20. Dezember 1890.

9 Brief an Niola, 11.3.1893 „Schon seit einem Jahr nehme ich dramat. Unterricht.", zitiert nach Cepl-Kaufmann, Matzigkeit und Meiszies, *Louise Dumont*, S. 89 und Anm. S. 437.

10 Brief an Niola, 11.3.1893, zitiert nach Cepl-Kaufmann, *Louise Dumont. Eine Kulturgeschichte in Briefen*, S. 89.

11 Vgl. Cepl-Kaufmann, Matzigkeit und Meiszies, *Louise Dumont*, S. 91; S. 95.

12 Vgl. zu Dumonts sozialen Aktivitäten Michael Matzigkeit, „Louise Dumont und das Theater", in: Cepl-Kaufmann, Matzigkeit und Meiszies, *Louise Dumont. Eine Kulturgeschichte in Briefen*, S. 61–77.

13 Vgl. Cepl-Kaufmann, *Louise Dumont*, S. 494; S. 587 f.

14 Vgl. den 1874 eingerichteten Kindergarten „Alexandrinenpflege" in Hochberg der Gräfin Alexandrine von Beroldingen (1843–1903), mit der Dumont ebenfalls in Briefkontakt stand. Cepl-Kaufmann, Matzigkeit und Meiszies, *Louise Dumont*, S. 490.

15 F. C. Hempel, Komponist und ehemaliges Mitglied des Schauspielhauses Düsseldorf notierte diese offenbar auch von Dumont und Lindemann benutzte Wortbildung, worauf mich Michael Matzigkeit freundlicherweise hinwies. Vgl. Michael Matzigkeit, *Literatur im Aufbruch. Schriftsteller und Theater in Düsseldorf zwischen 1900–1933*, Düsseldorf 1990, S. 91, Anm. 11; vgl. auch Wolf-Dieter Ernst, „‚Worttonsprechen'. Aufklärung und Esoterik in der Theaterreform um 1900", in: Monika Neugebauer-Wölk, Renko Geffarth und Markus Meumann (Hg.), *Aufklärung und Esoterik. Wege in die Moderne*, Berlin 2013, S. 605–619.

16 Rezension vom 28. Juni 1915 in der *Düsseldorfer Zeitung* zur ersten Aufführung der Hochschule für Bühnenkunst vom 26. Juni 1915; ähnlich ist auch von einer Manier die Rede, von der gerade die Schüler*innen „entweder noch oder schon befangen" seien. Rezension *Kölnische Zeitung*, 2. Juli 1915.

17 Vgl. Jürgen Maehder, „Ernst Florens Friedrich Chladni, Johann Wilhelm Ritter und die romantische Akustik auf dem Wege zum Verständnis der Klangfarbe", in: Jürgen Kühnel, Ulrich Müller und Oswald Panagl (Hg.), *Die Schaubühne in der Epoche des ‚Freischütz'. Theater und Musiktheater der Romantik*, Anif/Salzburg 2009, S. 107–122.

18 So etwa bei Pierre Rémonde de Sainte Albine: „So mächtig ist die Traurigkeit! Diese Leidenschaft ist eine Art epidemische Krankheit der Seele, deren Fortgang eben so schnell, als erstaunlich ist. Sie theilet sich so gar, andern Krankheiten zuwider, durch die Augen und Ohren mit, und es

ist genug, nur eine wirklich und mit Recht betrübte Person zu sehen, um uns mit ihr zu betrüben." Pierre Rémonde de Sainte Albine in Gotthold Ephraim Lessing: „Auszug aus dem Schauspieler des Herrn Remond von Sainte Albine." In: Gotthold Ephraim Lessing, *Theatralische Bibliothek*, 1. Stück, Stuttgart 1890, S. 120–166, hier S. 129; noch in Diderots ,Paradox' figuriert diese Theorie ex negativo, wenn vom Schauspieler die Rede ist, welcher keinen eigenen Akkord, keinen eigen Ton und Klang aufweisen solle. Vgl. Denis Diderot, *Das Paradox über den Schauspieler* (Le paradoxe sur le comèdien, 1773, aus dem Französischen übersetzt von Katharina Scheinfuß), Leipzig 1964, S. 5–69, S. 41. „Ein großer Schauspieler ist weder ein Klavier, noch eine Harfe, noch ein Cembalo, noch eine Geige, noch ein Cello, er hat keinem ihm eigenen Akkord, aber er nimmt den Akkord und Ton an, der seiner Rolle entspricht, und versteht es sich an jeden hinzugeben."

19 Ebd..

20 Louise Becker an Louise Dumont, Brüssel, 9. September 1909, TMD, 8149. Louise Becker wurde nicht zur Ausbildung angenommen, wohl aber ist auf dem Brief vermerkt: „beantworten".

21 Brief von Mary Herber, Göttingen, 23. September 1906, TMD, 8194.

22 Auguste Wilbrandt-Baudius an Louise Dumont, o. O. [Rostock], 19.1.1888, TMD, SHD 17425/1, zitiert nach Cepl-Kaufmann, Matzigkeit und Meiszies, *Louise Dumont*, S. 96

23 Dienstvertrag Louise Dumonts, Stuttgarter Hoftheater, 2.7.1889, Staatsarchiv Ludwigsburg, E18IIBÜ236/276, zitiert nach Cepl-Kaufmann, Matzigkeit und Meiszies, *Louise Dumont*, S. 366–374, hier S. 369.

24 Vgl. Matzigkeit in: Cepl-Kaufmann, Matzigkeit und Meiszies, *Louise Dumont*, S. 69.

25 Vgl. zur engen Verknüpfung der Kostümfrage mit dem Topos der Prostitution Melanie Hinz, *Das Theater der Prostitution. Über die Ökonomie des Begehrens im Theater um 1900 und der Gegenwart*, Bielefeld 2014; Jan Lazardzig, Viktoria Tkaczyk und Matthias Warstatt, *Theaterhistoriografie. Eine Einführung*, Tübingen 2012, S. 215; Gustav Rickelt,

Schauspieler und Direktoren. Sozial-wirtschaftliches aus deutschen Theatern, Berlin 1910, Charlotte Engel-Reimers, *Die deutschen Bühnen und ihre Angehörigen. Eine Untersuchung über ihre wirtschaftliche Lage*, Leipzig 1911.

26 Dienstvertrag Louise Dumonts (1889), S. 367; es handelte sich hier jedoch um keinen Anfängervertrag und die Gage von 5500 M markierte bereits die herausragende Stellung Dumonts. Engel-Reimers geht von einer durchschnittlichen Gage von 1500 M pro Saison aus. Vgl. auch Engel-Reimers, *Die deutschen Bühnen und ihre Angehörigen* (1911), S. 365–390. Rickelt beziffert eine durchschnittliche Garderobe einer Schauspielerin auf 1000 M. Einzelne Kostüme kosteten zwischen 70 und 80 M. Vgl. Rickelt, *Schauspieler und Direktoren*, S. 78 f; zu einer detaillierten Darstellung am Beispiel der Krefelder Bühnen vgl. Britta Marzi, *Theater im Westen. Die Krefelder Bühnen in Stadt, Region und Reich (1884–1944)*, Münster 2017, S. 176 f.

27 Vgl. die Briefe von August Klein an Louise Dumont vom 9.1.1893, 2.6.1894, 6.6.1894, 4.7.1894, 15.9.1894, 7.11.1994, 28.11.1894, 11.9.1895 in: Cepl-Kaufmann, Matzigkeit und Meiszies, *Louise Dumont*.

28 Vgl. hier exemplarisch das Schreiben von Louise Dumont an Harry Graf Kessler, 1.5.1891, in: Cepl-Kaufmann, Matzigkeit und Meiszies, *Louise Dumont*, S. 250 f und Matzigkeit in: Cepl-Kaufmann, Matzigkeit und Meiszies, *Louise Dumont*, S. 70 f.

29 Louise Dumont an Gustav Lindemann, o. O., Samstag (Juni 1904), TMD SHD: 17647, 2, 21–23. Zitiert nach Cepl-Kaufmann, Matzigkeit und Meiszies, *Louise Dumont*, S. 562.

30 Vgl. die Anmerkungen zum Briefwechsel Dumont – von Harbou Jasmin Grande, Nina Heidrich und Karoline Riener, „Louise Dumont. Eine Herausforderung für die Forschung", in Cepl-Kaufmann, Matzigkeit und Meiszies, *Louise Dumont*, S. 545–589, hier S. 585–588.

31 Sophie von Harbou an Louise Dumont, Itzehoe, 26.2.1903, zitiert nach Cepl-Kaufmann, Matzigkeit und Meiszies, *Louise Dumont*, S. 310.

32 Ebd.

33 Sophie von Harbou an Louise Dumont in: Cepl-Kaufmann, Matzigkeit und Meiszies, *Louise Dumont*, S. 311.

34 Ebd.

Sprache und Hierarchie. Die Möglichkeit des Widerstands in internationalen Koproduktionen des Regisseurs Suzuki Tadashi

Terao Ehito (Sapporo)

Suzuki Tadashi (*1939) gehört zu den wichtigsten Theaterkünstler*innen in Japan. Er hat sein eigenes Schauspieltraining, die ‚Suzuki-Methode‘, entwickelt und sich in seinen Inszenierungen mit der De- und Rekonstruktion des Verhältnisses von Körper und Sprache beschäftigt. Im Jahr 2009 ließ der Regisseur in seiner Produktion *Haisha-Nagaya no Kachi Kachi Yama*, anders als in seinen bisherigen zahlreichen internationalen Produktionen, alle ausländischen Schauspieler*innen in japanischer Sprache spielen. In dieser Situation verfremden ihre Gesten und Sprechweisen die Selbstverständlichkeit der Sprache: Sie machen einen Sprach- und Kulturraum sichtbar, in dem die sprachliche, soziale und kulturelle Hierarchie ohne Gründe und als kollektive Phantasie entsteht. Im Spielraum der formalen Kollektivität bzw. der kollektiven Formalität zeigen sich markante Momente, mit denen die Grenzen der bestimmten Sprach- und Kulturräume überschritten und eine neue Möglichkeit der transkulturellen Schauspielkunst gezeigt werden.

Spielraum als Spannungsverhältnis

In den 1960er Jahren entstanden in Japan Theaterpraktiken, die darauf abzielten, das moderne japanische psychorealistische Theater namens Shingeki[1] in einschlägigen künstlerischen Bereichen wie Dramaturgie, Schauspielkunst, Inszenierung, Theaterbau und Organisation zu kritisieren und zu überwinden.[2] Es handelte sich bei diesen Theaterpraktiken um Versuche, konventionelle Theaterideale zu durchbrechen und das Theater zu retheatralisieren, was in der japanischen Theatergeschichte als Neo-Avantgarde-Bewegung bezeichnet wird. Diese Bewegung wurde vor allem von Suzuki Tadashi,[3] Kara Jūrō, Terayama Shūji und Satō Makoto bestimmt.

Im Vergleich zum ‚demokratischen‘ arbeitsteiligen System der großen Kompanien im Shingeki ist ein zentralistisches System, das um einen charismatischen Regisseur organisiert ist, charakteristisch für die kleinen Gruppen der genannten Praktiker*innen. Zu hinterfragen ist jedoch das Paradox:

Einerseits versuchten die Praktiker*innen der 1960er Jahre, Schauspieler*innen von der Fessel der Literarisierung zu befreien und ihre Souveränität wiederzubeleben. Es steht außer Frage, dass das Machtverhältnis bei ihnen keine Repräsentation der realen Klassengesellschaft war, sondern den Versuch darstellte, sich der realen politischen bzw. sozialen Hierarchie zu entziehen und einen kreativen Spielraum[4] ‚außerhalb‘ des realen Machtverhältnisses zu bilden. Allerdings beinhalteten ihre Praktiken in den meisten Fällen ebenfalls ein diktatorisches Produktionssystem.

In diesem Beitrag konzentriere ich mich auf die Arbeiten des Regisseurs Suzuki Tadashi, um den Fragen nachzugehen, welcher künstlerische Spielraum unter einer strengen Diktatur in einer Theatergruppe entstehen kann, welche künstlerischen Möglichkeiten körperliche, sprachliche und kulturelle Einschränkungen den Schauspieler*innen einbringen können, wie in einer Aufführung sprachliche, soziale und kulturelle Machtverhältnisse sinnlich erfahrbar

Forum Modernes Theater, 33/1-2, 205–217.
Gunter Narr Verlag Tübingen

DOI 10.24053/FMTh-2022-0016

gemacht und zugleich kritisch dargestellt werden können und welche Wirkung sie auf das Publikum haben können. Bei den Arbeiten von Suzuki ist sowohl im Training als auch in der Aufführung ständig die Zweiseitigkeit von Konstruktion und Dekonstruktion zu beobachten. Einerseits bringt Suzuki die Schauspieler*innen zu strenger Disziplin, um eine starke Gemeinschaft zu bilden. In seiner Inszenierung präsentiert sich tatsächlich eine ästhetisch konstruierte Kollektivität, welche oft von seinen Gegner*innen für zu formalistisch gehalten wird. Andererseits stellt der Regisseur seit wenigen Jahren wiederholt das Machtverhältnis in einer politischen, sozialen und künstlerischen Situation parodisch dar und dekonstruiert damit auf der ästhetischen Ebene die Hierarchie in der realen Welt. Dies ermöglicht eine durch seine Methode trainierte schauspielerische Kollektivität. Diese Kollektivität seiner Gruppe ist der Spielraum, in dem das Machtverhältnis verfremdet und kritisch reflektiert wird.

In einer seiner Produktionen, die später ausführlich erörtert wird, befinden sich die Schauspieler*innen also in dem Dilemma, dass sie auch dann sprechen müssen, wenn ihnen die Sprache entzogen wird. Dieses Dilemma, das einerseits als Widerspiegelung des zentralistischen Machtverhältnisses in Suzukis Theater angesehen werden kann, führt andererseits zu einer kreativen Möglichkeit im sprachlichen, sozialen und ästhetischen Spielraum, womit die Machtverhältnisse von Regisseur und Schauspieler*innen, von Sehenden und Gesehenen sowie von Mehrheit und Minderheit kritisch infrage gestellt werden können.

Suzuki-Methode

Die Theaterpraktiken der bereits erwähnten Theaterkünstler*innen der 1960er Jahre sind weder als Genre mit einem Stil noch als Bewegung mit einem Manifest zu bezeichnen. Sie hatten aber ausnahmslos die Absicht, das Theater von seiner Unterordnung unter die Literatur zu befreien. Während Shingeki – auch wenn es zu seinem Beginn viele andere Möglichkeiten gegeben hätte – auf der „natürlichen" Nachahmung der Alltagsrealität und auf dem Schauspielerbild als „natürliche Gestalt"[5] beruhte, fokussierten sie ihren Blick auf die hochgradige Artifizialität bzw. ‚Unnatürlichkeit' des Körpers. Suzukis praktische und theoretische Arbeiten sind im Vergleich zu anderen Praktiker*innen seiner Generation insofern bemerkenswert, als er die Mechanismen, welche die artifiziellen und unnatürlichen Körper von Schauspieler*innen formen, in seiner Trainingsmethode ‚Suzuki-Methode' kontinuierlich und tiefgründig systematisiert. In seinem Theater geht es nicht darum, die Alltagsrealität realistisch nachzubilden. Die Schauspieler*innen präsentieren stattdessen die im normalen Leben unsichtbar bleibende exzessive Leidenschaftlichkeit durch ihren Körper. Sie zeigen sich als groteske, widersprüchliche und unverständliche Existenz. Sie müssen sich dazu der Ebene der Darstellung der Alltagsrealität entziehen und sich in einen nicht alltäglichen und hochgradig artifiziellen Kunstkörper verwandeln.

Die ‚Suzuki-Methode', eine von Suzuki entwickelte und von seiner Theatergruppe praktizierte Methode zur Ausbildung von Schauspieler*innen, besteht darin, durch simple Übungen wie Stampfen Druck auf den Körper (insbesondere auf den Unterkörper) auszuüben. Drei Grundprinzipien seines Trainings sind laut Suzuki Energie, Atmung und Schwerpunkt: Die Trainierenden aktivieren ihre körperliche Energie und kontrollieren ihren Körper, indem sie sich auf die Atmung und den Schwerpunkt konzentrieren.[6] Dabei geht es jedoch nicht um die Verbesserung der körperlichen Fähigkeiten, sondern darum, das Bewusstsein aller für den Körper, den Aufführungsraum, die Mitspielenden und das Publikum zu schärfen und gemeinsam zu einem praktischen und theoretischen Code zu gelangen. Dies ist also der kollektive Prozess, den artifiziellen Kunstkörper, der exzessive Affekte überzeugend auszudrücken vermag, zu erlangen. Darüber hinaus unterscheidet sich sein Training deutlich von dem für Tänzer*innen oder Musiker*innen, weil seine Methode besonderen Wert auf die Sprache legt. In vielen Übungen deklamieren die Trainierenden einen bestimmten Text. Es handelt sich um eine Wiederbelebung der Narration, welche den Kern der traditionellen Darstellungskunst ausmachte und trotzdem im modernen Theater außer Acht gelassen wurde.[7]

Zu erwähnen ist in diesem Zusammenhang, dass Suzuki das theoretische und praktische Prinzip der kreativen Einschränkung von der traditionellen darstellenden Kunst gelernt hat. Im Bereich der Theateranthropologie wurde bereits darauf hingewiesen, dass in den traditionellen Theaterstilen der asiatischen Länder die körperliche Einschränkung ein wichtiges Element zur Erreichung einer bestimmten Körperlichkeit ist. Eugenio Barba weist zum Beispiel darauf hin, dass ein Prinzip der asiatischen traditionellen Theater „die Konsequenz der Spannung" sei, „die zwischen gegensätzlichen Kräften besteht".[8] Wenn jemand beispielsweise einen Arm hebt, spürt er gleichzeitig im Inneren die gegensätzliche Kraft, den Arm zu senken. Hier funktioniert ein anderes Prinzip als beim Arbeitskörper im Alltagsleben. Da soll minimale Energie zu einem maximalen Ergebnis führen, um die Energie für die Arbeit zu sparen und die Leistung zu steigern. In der traditionellen Darstellungskunst ist es umgekehrt: ein minimales Ergebnis aus maximaler Energie. Dadurch, dass solch eine widersprüchliche – oder besser: unnatürliche – Einschränkung im Körper zu spüren ist, kann die körperliche Wahrnehmung intensiviert und von den alltäglichen Konventionen des Körpers befreit werden.[9]

Die Trainingsmethode hat sich entwickelt, indem Suzuki den Inhalt des Textes verfremdet und das Verhältnis von Körper und Sprache rekonstruiert hat. In seinen bekannten Produktionen wie *On the dramatic passions II* (uraufgeführt 1970), *Die Troerinnen* (1974), *Die Bakchen* (1978), *König Lear* (1984) und *Der Kirschgarten* (1986) wurde die dramatische Situation jeweils durch eine andere Situation – wie beispielsweise die in einem psychiatrischen Krankenhaus – ersetzt. Die Einheit der Darstellung im Sinne des modernen Theaters geht verloren, und ein komplementäres Verhältnis von Körper und Sprache bzw. Darstellendem und Dargestelltem entsteht im Spielraum. Ausgedrückt wird nicht der Inhalt des Textes, sondern die exzessiven Leidenschaften der Menschen, die etwas erzählen müssen und dadurch gegebenenfalls das Individuelle zerstören können.

Die Sprache der Aufführungen von Suzuki ist nicht nur ein Medium, das den Bedeutungsinhalt des Stückes und das Konzept der Inszenierung vermittelt, sondern sie ist auch das zentrale Element, um die Struktur der Aufführung zu präsentieren. Seit zwanzig Jahren reinszeniert Suzuki die oben erwähnten Produktionen und versucht über die Sprache neue Ausdrucksmöglichkeiten für die Schauspielenden zu finden. Sprache hat dabei die Funktion, das normalerweise unsichtbar bleibende Machtverhältnis im Theater zu veranschaulichen. In der folgenden Studie wird gezeigt, dass die Schauspieler*innen bei Suzuki mithilfe der Sprache die sozial und historisch reproduzierte Hierarchie zugleich darstellen und ihr widerstehen.

Fremd- und Mehrsprachigkeit

In den 1970er und 1980er Jahren erfuhr das Theater der 1960er Jahre, das zunächst als ‚underground' oder jugendliche, antiautoritäre und gegen das Establishment gerichtete Kultur galt, einen qualitativen Wandel. In dieser Periode hatten sowohl Suzuki als auch viele andere Theaterpraktiker*innen die Gelegenheit, ins Ausland zu gehen und mit ausländischen Schauspieler*innen zusammenzuarbeiten. Suzuki war in den 1970er Jahren in der internationalen Theaterszene hoch angesehen, und in den frühen 1980er Jahren bekam er die Gelegenheit, sein Schauspieltraining an Universitäten und Schauspielschulen in den Vereinigten Staaten und Australien zu unterrichten. Daraus entstanden Produktionen wie *Die Bakchen* (1984 in Australien) und *König Lear* (1988 in den USA). Seitdem hat Suzuki mit Schauspieler*innen aus vielen Ländern zusammengearbeitet, unter anderen aus den USA, Deutschland, Russland, Südkorea, China, Taiwan und Indonesien. Sowohl für Suzuki als auch für die anderen Theaterpraktiker*innen war es eine große Herausforderung, Theater außerhalb ihrer Muttersprache zu machen. Es könnte manchmal eine unangenehme und beängstigende Erfahrung gewesen sein. Dennoch gab diese Erfahrung ihm den wichtigen Anlass dazu, sich auf die Sprache selbst zu fokussieren.[10]

Im Shingeki war die Sprache prinzipiell das Instrument, um die Ideen des Dramatikers oder des Regisseurs dem Publikum mitzuteilen – und es war nahezu unvorstellbar, dass Schauspieler*innen in einer unverständlichen Sprache spielten. Natürlich gab es seit der Mitte des vergangenen Jahrhunderts nicht wenige Gastspiele ausländischer Truppen, die im distanzierten Rahmen der fremden Kultur rezipiert wurden. Da Shingeki aber historisch im aufklärerischen Prozess entstand[11], ist seine Verständlichkeit für ein japanisches Publikum immer schon vorausgesetzt. Verständlichkeit meint hier nicht nur sprachliche Verständlichkeit, sondern auch die Darstellungsweise: Alle Ereignisse auf der Bühne müssen der realen Welt entsprechen und die Gegenstände re

präsentieren, ohne widersprüchlich zu sein.[12] Shingeki beruht also auf dem Prinzip der Repräsentation, welche die Identifikation von Darstellendem und Dargestelltem voraussetzt.

Demgegenüber richteten die Theaterpraktiker der 1960er Jahre ihre Aufmerksamkeit auf die Unentscheidbarkeit bzw. Vieldeutigkeit der Sprache.[13] Indem Suzuki den Körper von dem Bedeutungsinhalt der Sprache differenzierte, hinterfragte er das Verhältnis von Körper und Sprache und gestaltete Zeit und Raum der Aufführung vielschichtig. In seiner erfolgreichen Produktion *On the Dramatic Passions II* (1970) etabliert er beispielsweise die Rahmenhandlung, dass eine verrückte Person sich in einem Gefängnis an viele Texte erinnert und sie spielt.[14] Dabei geht es nicht nur um die konzeptionelle Idee der Trennung von Wort und Körper, sondern um die Wiederbelebung der Schauspielkunst durch die artifizielle unnatürliche Körperlichkeit. Das dem Theater der 1960er Jahre mehr oder weniger gemeinsame Schauspielerbild ist nicht das des „Menschendarstellers"[15], der die Alltagsrealität nachahmt und realistisch aussehende Menschen verkörpert, sondern es ist eine groteske, fremde und unnatürliche Existenz, die den wesentlichen Widerspruch bzw. die Unmenschlichkeit der Menschen zu präsentieren vermag. Die Sprache dieser Schauspieler*innen ist daher keine Imitation der Alltagssprache. Sie veranschaulicht vielmehr die Unverständlichkeit und Unentscheidbarkeit der sprachlichen Kommunikation. Anders gesagt: sie demonstriert die Fremdheit der Sprache.

Es ist daher nicht verwunderlich, dass die Theaterpraktiker der 1960er Jahre eine neue kreative Phase dadurch erreichten, dass sie mit der Fremdsprache umzugehen lernten. Indem sie der Sprache der anderen begegneten, gingen sie dann auch über die begrenzte kulturelle und künstlerische Phase der jugendlichen Gegenkultur hinaus. Su zukis Inszenierung von *König Lear* ist eine seiner erfolgreichsten Produktionen. Suzuki inszenierte das Stück mit der Struktur von ‚Spiel im Spiel': Ein alter verrückter Mann in einem psychiatrischen Krankenhaus stellt sich vor, dass er König Lear sei, und das ganze Stück wird als seine Phantasie präsentiert. Im Jahr 2009 inszenierte Suzuki das Stück erneut als mehrsprachige Version. Anders als die japanische Version von 1984 und die englische Version von 1988 verwendete diese Version Japanisch, Deutsch, Englisch und Koreanisch: König Lear wurde von einem deutschen Schauspieler, Goneril von einer US-amerikanischen Schauspielerin, Regan von einer südkoreanischen Schauspielerin und Cordelia von einem japanischen Schauspieler gespielt. Infolgedessen wurde schon die erste Szene in vier Sprachen gespielt. Die Mehrsprachigkeit symbolisiert in dieser Produktion Uneinigkeit und gegenseitige Abstände in der königlichen Familie, d.h. die Unmöglichkeit der Kommunikation.

Allerdings führte die durch das Schauspieltraining von Suzuki gemeinsam ausgebildete Körperlichkeit zur Harmonie bzw. Synchronisation in der Aufführung. Die Körperlichkeit der Schauspieler*innen ist nach Suzukis Methodik ästhetisch konstruiert, wie beispielsweise in Bezug auf die Schärfe und Tiefe ihrer Atmung, die Kraft ihrer Vokalisierung oder die mit ihrer Sprache verbundenen Gesten. Ein Aspekt dieser Praxis ist sicherlich ihre äußere Form. Die Leistung der Schauspieler*innen beruht jedoch darüber hinaus auf der Fähigkeit, die Rahmenstruktur der Phantasie des alten Mannes überzeugend umzusetzen. Ihre Kunst beruht dabei nicht auf ‚Natürlichkeit', sondern auf Künstlichkeit.

Das einzige Unterscheidungsmerkmal innerhalb dieser Gruppe von körperlich-ästhetisch disponierten Schauspieler*innen ist die Sprache. Daher scheint sich eine homogene Gemeinschaft zu etablieren, ob-

wohl tatsächlich verschiedene Sprachen gesprochen werden. Infolgedessen kann das Publikum sowohl die symbolische Heterogenität als auch die phänomenale Homogenität zugleich wahrnehmen. Suzukis ästhetische und sprachliche Inszenierung dieser Art stellt einerseits auf der Ebene der Sinne die Macht des Schicksals dar, das Individuum zu binden und zu zerstören. Andererseits vermittelt sie dem Publikum auch die Leidenschaft des Einzelnen, solchen äußeren Faktoren zu widerstehen. Auf diese Weise kommt die Tragik von *König Lear*, in der jeder Einzelne seinem Schicksal aus eigenem Willen trotzt und letztlich zugrunde geht, dramatischer zum Ausdruck als im Rahmen der Repräsentation eines literarischen Werks.

Jedoch ist Suzukis Inszenierung von *König Lear* auch zu problematisieren, weil durch die Mehrsprachigkeit das Machtverhältnis zwischen Muttersprache und Fremdsprache eher verstärkt als überwunden wurde. Für die japanischen Muttersprachler, die den größten Teil des Publikums ausmachten, waren alle anderen Sprachen als Japanisch Fremdsprachen. Es ist zweifelhaft, dass alle Zuschauer*innen die Fähigkeit hatten, zwischen den einzelnen Fremdsprachen zu unterscheiden und den sprachlichen Hintergrund der Schauspieler*innen zu erkennen. Die Mehrsprachigkeit dieser Inszenierung könnte in diesem Sinne auch dazu führen, die Trennung zwischen Japanisch und anderen Sprachen hervorzuheben und die dichotome Sicht für das Publikum hinsichtlich der Sprache, Japanisch vs. Fremdsprachen, zu verstärken. Dann hätte die Idee der Interkulturalität, die in der Theaterpraxis Suzukis auf die Zusammenarbeit Schauspielender mit verschiedenen Muttersprachen und auf die Mehrsprachigkeit von Aufführungen abzielte, in diesem Fall eher zur sozialen Segregation geführt.

Auch für die meisten Theaterpraktiker der 1960er Jahre war es nicht leicht, sich diesem Problem der Interkulturalität zu entziehen, da sie die tradierte japanische Darstellungsweise strategisch auf ihre Praktiken anwendeten[16] und ihre Praktiken mehr oder weniger im Kontext des kulturellen Exotismus rezipiert wurden.[17] Suzuki versucht jedoch in einer anderen Produktion, die Selbstverständlichkeit der Dichotomie Japanisch vs. Fremdsprachen bzw. von Japanern vs. Ausländern radikal infrage zu stellen. Das ist eine neue Möglichkeit sowohl für ihn als auch für seine Gruppe, einen künstlerischen Spielraum hervorzubringen.

Sprachraum als Machtverhältnis

Nachdem Suzuki 2007 als künstlerischer Leiter des Shizuoka Performing Arts Center in den Ruhestand ging, kehrte er mit einigen Schauspieler*innen nach Toga Village in der Präfektur Toyama zurück, wo er seit den 1970er Jahren seinen künstlerischen Stützpunkt hatte. Angesichts des gesellschaftlichen Wandels beschäftigte er sich mit einem neuen Experiment, um eine stärkere Kollektivität als bisher zu bilden. Das Charakteristische seiner Arbeiten aus dieser Zeit ist, dass sie die Macht des Regisseurs in seiner Gruppe parodieren und das Machtgefüge auf verfremdende Weise zeigen.[18] Es ist anzumerken, dass sich zu dieser Zeit sein künstlerisches Interesse an der Präsentation persönlicher Verrücktheit hin zur Darstellung kollektiver Machtverhältnisse wandelte.

In Toga versammeln sich jeden Sommer viele Schauspieler*innen aus der ganzen Welt bei ihm. Sie trainieren mit den Mitgliedern seiner Kompanie SCOT (Suzuki Company of Toga) und spielen bei seinen Produktionen mit. Diese Aktivität nennt Suzuki International-SCOT, die er für ein wichtiges Projekt hält. International SCOT ist ein Labor, das sich der Fragestellung widmet, wie sich unter den Bedingungen der Globalisierung eine theatrale Kollektivität bilden lässt. Im Jahr 2009 trug der damals siebzigjährige Regisseur eine Produktion der international SCOT vor: *Haisha-Nagaya no Kachi Kachi Yama* (Klipp-Klapp-Berg am Autoschrott-Reihenhaus). In einem anderen Sinne als *König Lear* erforschte dieses Stück die Machtverhältnisse zwischen Regisseur und Schauspieler*innen sowie Muttersprachlern und Nicht-Muttersprachlern und eröffnete eine neue Möglichkeit für das Schauspiel im Suzuki-Theater (Abb. 1).

Die Produktion ist eine Rekonstruktion seiner beiden Inszenierungen *Kachi Kachi Yama* (Klipp-Klapp-Berg) von Dazai Osamu (Premiere: 1996) und *Das Nachtasyl* von Maxim Gorki (Premiere: 2005). Außerdem werden auch manche Texte wie *Endspiel* von Samuel Beckett und eine ultranationalistische Äußerung eines japanischen Mathematikers fragmentarisch zitiert. *Kachi Kachi Yama* ist ein bekanntes Märchen, in dem sich ein Hase an einem bösen Marderhund rächt, da der Marderhund eine Freundin des Hasens getötet hat. Der Schriftsteller Dazai interpretiert den Hasen als ein grausames Mädchen und den Marderhund als einen hässlichen Mann mittleren Alters, der in das Mädchen verliebt ist, und adaptiert dieses Volksmärchen als ironischen Kampf zwischen Männlichkeit und Weiblichkeit. In dieser Adaption überlagert der Autor das Thema Gut und Böse in den Volksmärchen mit einer modernen weiblichen Rebellion. Suzuki inszenierte seinen Text mit der Rahmenstruktur von ‚Spiel im Spiel‘ in einem psychiatrischen Krankenhaus. Das inszenatorische Konzept „Welt als psychiatrisches Krankenhaus"[19] verwendet Suzuki seit den 1990er Jahren oft, um die kollektive Verrücktheit auszudrücken und semiotische Bedeutungen des Textes kritisch zu verfremden. Dieser Weltanschauung zufolge sind alle Menschen prinzipiell Verrückte, und alle Ereignisse werden als ihr Possenspiel ver-

Abb. 1: *Haisha-Nagaya no Kachi Kachi Yama*, SCOT.

standen. Die Identität aller Menschen befindet sich daher immer in einer Krise. In Suzukis Inszenierung werden die Häsin durch eine Krankenschwester, die auch Prostituierte zu sein scheint, und der Marderhund durch einen Kranken, der wie ein japanischer Mafiaboss aussieht, ersetzt. Der Regisseur interpretiert in dieser Inszenierung den Kampf zwischen Weiblichkeit und Männlichkeit bei Dazai als groteskes Possenspiel zwischen der Krankenschwester und der Mafia und verfremdet die Geschichte im theatralen Rahmen des Krankenhauses.

In der Inszenierung *Das Nachtasyl* ist auf der Bühne ein Autoschrottplatz eingerichtet. In dieser Kulisse leben die Figuren wie Landstreicher in verlassenen Autos. Auf dem Friedhof der Automobilindustrie sozusagen, die Japans rasantes Wirtschaftswachstum vorantrieb, spielen die Figuren das Stück und singen Lieder der Popsängerin

Misora Hibari, einem kulturellen Symbol für das Wirtschaftswachstum. Sie träumen von einem utopischen Ort und geben sich der Erinnerung an die verlorene Vergangenheit hin. Diese Produktion verwendet eine Beckettsche Lesart von Gorkis Werk, um das Ende des kapitalistischen Überkonsums und der kapitalistischen Verschwendung darzustellen.

Haisha-Nagaya no Kachi Kachi Yama ist aber keine simple Mischung der beiden Inszenierungen. Zu bemerken ist, dass alle internationalen Schauspieler*innen aus Russland, Südkorea, Italien gemeinsam mit den japanischen in japanischer Sprache spielten. Suzuki lässt in dieser Produktion zum ersten Mal alle ausländischen Schauspieler*innen Japanisch sprechen und stellt dadurch die Kritik an sprachlichen Hierarchien in den Vordergrund.

Wenn der Dialog in einer Fremdsprache geäußert wird, ist er als Sprache unverständlich und stattdessen wird der Bedeutungsinhalt des Dialogs direkt an das Publikum vermittelt (durch zusätzliche Medien wie Untertitel). Wenn aber die ausländischen Schauspieler*innen auf Japanisch sprechen, wird eher die Unnatürlichkeit einer Fremdsprache als ihre Mitteilung dargestellt. Im Inneren des Werkes scheint die Kommunikation zwischen den Figuren so reibungslos zu verlaufen wie in *König Lear*. Viele japanische Zuhörer*innen sind jedoch überrascht und verwirrt über die japanische Sprache der ausländischen Schauspieler*innen. Für denjenigen, der schon einmal eine mehrsprachige Inszenierung von Suzuki gesehen hat, müsste die Verwirrung viel größer sein, da nicht aufgeklärt wird, warum die ausländischen Schauspieler*innen Japanisch sprechen.[20]

Sie wurden von Suzuki trainiert, sodass sie sich eine artifizielle Körperlichkeit aneignen konnten, die mit derjenigen der japanischen Schauspieler*innen vergleichbar ist. Jedoch ist der Unterschied zwischen ihnen im Vergleich zur internationalen Version von *König Lear* offensichtlicher. Die japanische Aussprache der nicht japanisch sprechenden Schauspieler*innen klingt in den Ohren des Publikums merkwürdig wie gebrochenes Japanisch. Obwohl Suzuki die Intonation der Alltagssprache oft in seinen Produktionen de- und rekonstruiert, handelt es sich um eine neue ästhetische Strategie. Im Unterschied dazu wird sprachliche Inkompetenz im Prinzip abgelehnt. Suzukis Auffassung zufolge müssen den Schauspieler*innen Sprache und Körper zur Verfügung stehen. In der Produktion *Haisha-Nagaya no Kachi Kachi Yama* findet sich daher nicht nur die Kontinuität seiner Theaterästhetik, sondern auch der Versuch, davon abzuweichen.

Suzuki konzentrierte sich bisher vor allem auf die Distanzierung zwischen Körper und Sprache sowie die Unmöglichkeit der Kommunikation. Für ihn ist die Sprache kein Kommunikationsmittel, sondern ein Anlass dafür, die Kommunikationslosigkeit auszudrücken. In der Produktion *Haisha-Nagaya no Kachi Kachi Yama* taucht Suzukis Regiekonzept der Kluft zwischen dem sprechenden Körper und dem gesprochenen Wort als ein eher strukturelles Problem auf. Das gebrochene Japanisch ist eine vom Regisseur erzwungene Fremdsprache, die das strukturelle Machtverhältnis zwischen Regisseur und Schauspieler*innen sichtbar macht. Zugleich deutet es auf das Machtverhältnis zwischen Muttersprachlern und Ausländern in einem Sprachraum hin. In diesem Sinne funktioniert die gemeine Sprache nicht nur als Kommunikationsmittel, sondern auch als Unterbrechung der Kommunikation. Das gebrochene Japanisch der ausländischen Schauspieler*innen trägt nicht zur Repräsentation einer Figur bei, sondern impliziert einen Riss der Repräsentation. Diese ambivalente Eigenschaft ihrer Sprache lässt sich auf eine Geste beziehen, die in der postkolonialen Studie von Homi K. Bhabha als „Mimikry"[21] bezeichnet wird. Mimikry wird von den strukturell Schwachen wie Minderheiten, Immigranten und Kolonisierten betrieben. Bemerkenswert ist, dass sie sowohl Ähnlichkeiten als auch Unähnlichkeiten und Unterschiede hervorhebt. Wie sehr auch die Kolonisierten die Kolonisierenden imitieren wollen, sie können körperliche, sprachliche und kulturelle Unterschiede nicht vollständig auslöschen. Die Geste der Mimikry hebt solche Unterschiede hervor und verfestigt infolgedessen die Hierarchie.

Mimikry ist ein Kernbegriff, um die Geschichte des modernen japanischen Theaters zu verstehen. Zu Beginn des vergangenen Jahrhunderts entstand Shingeki durch den Import und die Imitation von Ideen und Methoden des Theaters aus europäischen Ländern. Die Gründer des Theaters Jiyū Gekijō, das 1909 gegründet wurde und im Allgemeinen als der Ursprung des Shingeki gilt, hatten keine andere Darstellungsweise als die bloß äußerliche Imitation des europäischen Theaters.[22] Die Darstellungsweise, sich durch Schminken und mit Perücken zu verkleiden sowie Gesten und Haltungen der Europäer oberflächlich nachzuahmen, müsste auch auf das damalige Publikum einen komischen Eindruck gemacht haben. Als Mimikry hob sie sowohl Ähnlichkeiten als auch Unähnlichkeiten zwischen Japanern und Europäern hervor. In der Zeit danach entwickelte sich im Shingeki unter dem Einfluss der Theorie von Stanislawski die schauspielerische Methode, um die Emotionen der Figuren rational zu verstehen und natürlich darzustellen. Die Theaterkünstler*innen der 1960er-Jahre kritisierten an Shingeki jedoch, dass es sich bezüglich dieser Imitation nicht wesentlich geändert hatte und vom kulturellen Kolonialismus nicht befreit wurde.

Bei der Produktion *Haisha-Nagaya no Kachi Kachi Yama* handelt es sich um ein Possenspiel, das um sprachliche Machtverhältnisse kreist. Die ausländischen Schauspieler*innen gehören zur sprachlichen Minderheit, und ihre Sprache könnte auch als sprachliche Mimikry verstanden werden. Die Verwirrung des Publikums, als die ausländischen Schauspieler*innen auf Japanisch sprachen, dürfte auch eine aus der sprachlichen Hierarchie bzw. der sprachlichen Monopolisierung resultierende Verwirrung gewesen sein. Jedoch unterscheidet ihre Sprache sich von der Mimikry im Shingeki, weil in Suzukis Inszenierung das sprachliche und kulturelle Machtverhältnis selbst ironisch ausgedrückt wird und der Zwang der Mimikry verfremdet wird.

Spiel um Sprache und Hierarchie

In der Produktion *Haisha-Nagaya no Kachi Kachi Yama* wird das Machtverhältnis in einem Sprachraum insbesondere durch das Verhältnis zwischen den beiden Hauptrollen spielerisch gezeigt: die von der russischen Schauspielerin Nana Tatishvili gespielte Krankenschwester, ‚die russische Häsin‘, und der vom japanischen Schauspieler Nihori Kiyosumi gespielte Kranke, ‚der japanische Marderhund‘. Während dieser seine Muttersprache fließend und geschickt spricht, artikuliert jene mit großer Mühe gebrochenes Japanisch. Der sprachliche Kontrast erinnert das Publikum, dessen größter Teil japanische Muttersprachler sind, ständig an die sprachliche Hierarchie, die normalerweise im Sprechtheater außer Acht gelassen wird. Die ‚russische Häsin‘ muss immer ihrer schwierigen Situation widerstehen, obwohl sie durch sprachliche Einschränkung behindert ist.[23] Aber das Gleiche gilt auch für den ‚japanischen Marderhund‘. Er ist ja im psychiatrischen Krankenhaus und spielt mit der Unmöglichkeit der Sprache in einer ausweglosen Situation. Sicherlich interagieren sie über die Sprache miteinander, aber sie dient nicht dazu, irgendeine Bedeutung zu vermitteln.

Dass die Schauspielerin der ‚russischen Häsin‘ die Schauspielkunst beherrscht, ist an ihrer kräftigen Stimme und ihren gelenkigen Bewegungen leicht zu erkennen. Zwar ist es eine Beschränkung, dass sie in einer fremden Sprache agieren muss. Aber ihre mit ihrem gebrochenen Japanisch und ihrer artifiziellen Körperlichkeit kombinierte Performance schafft einen einzigartigen Rhythmus, oft mit komischem Effekt. Es ist ein markanter Moment, in dem sie sich von der Norm der sprachlichen Natürlichkeit befreien und eine neue und andere Virtuosität präsentieren kann.[24]

Haisha-Nagaya no Kachi Kachi Yama ist ein collageartiges Stück, in dem die Szenen nicht direkt miteinander verbunden sind. In manchen Szenen werden japanische Volkslieder gespielt und von den Figuren chorisch gesungen. Die Figur ‚der japanische Alte‘, gespielt von Tsutamori Kōsuke, symbolisiert die Gemeinschaftlichkeit des japanischen sprachlichen und kulturellen Raumes mittels der Musik. Zu einem Schlager der Popsängerin Shimakura Chiyoko murmelt er: „Sehr gut, japanische Lieder sind herzlich gut."[25] Doch kaum hat er es pathetisch und gefühlvoll gesagt, springt die ‚russische Häsin' wie ein Blitz herein. Sie unterbricht die emotionale Einigkeit der Figuren und sagt zu dem ‚japanischen Marderhund', der in der vorherigen Szene geschlafen hat: „Du hast lange geschlafen." An dieser Reihenfolge kann das Publikum leicht erkennen, dass der sprachliche und kulturelle Raum vom Japanischen nichts anderes als Traum bzw. Phantasie der Figuren ist. Die leichte und geschickte Bewegung der Häsin bildet einen scharfen Gegensatz zum alten Körper des ‚japanischen Alten' – der Alte stirbt tatsächlich in der folgenden Szene. Zwar ist die Sprache der Häsin unnatürlich und eintönig, jedoch dient die Unnatürlichkeit dazu, die japanische Gemeinschaftlichkeit zu verfremden und kritisch zu betrachten.

Hinsichtlich der Geste ist die folgende Szene bemerkenswert, in welcher die Häsin das vom Marderhund getragene Bündel Reisig in Brand setzt. Im ursprünglichen Märchen täuscht der Hase den Marderhund, der durch den Klang der Feuersteine aufgeschreckt wird, mit den Worten: „Dieser Berg heißt Kachi Kachi Yama."[26] Mit diesem Wort, von dem der Titel des Märchens sich herleitet, begleitet aber die ‚russische Häsin' den Akt, sich eine Zigarette anzuzünden und sich zu parfümieren. Diese verfremdende Geste war in der früheren Produktion *Kachi Kachi Yama* nicht vorhanden und betont die Andersartigkeit der Häsin als ausländische Schauspielerin. Die Häsin täuscht den Marderhund erneut, als er das Geräusch des Feuers bemerkt: „Das ist wahr, dieser Berg ist Pachi Pachi no Bō Bō Yama (Knistern und Knattern Berg). […] Derselbe Berg hat je nach Standort einen anderen Namen. Weißt du das nicht?"[27] Der ursprünglich von dem

Schriftsteller Dazai geschriebene Text ist ausdrücklich eine Ausrede der Häsin. Aber in der Aufführung wird die Ebene der Darstellung vielschichtig: die Rache des Hasen an dem Marderhund als Ebene des Märchens; der Widerstand der Weiblichkeit als Ebene des Textes; die sexuelle Verführung der Krankenschwester als Ebene der Geste. Darüber hinaus erscheint hier eine neue ironische und metatheatrale Ebene, dass eine Ausländerin einem Muttersprachler die Sprache lehrt.

Die vorletzte Szene, in welcher der Marderhund von der Häsin getötet wird, ist besonders spannend. Im Märchen lässt der Hase den Marderhund in ein Boot aus Erde einsteigen, um ihn in den See sinken zu lassen und dadurch zu töten. Auch in Suzukis Inszenierung findet ihr letzter Dialog auf dem Boot statt. Da sagt der japanische Marderhund: „Halte die Japaner in Ehren, vergiss nicht die Idee der ethnischen Koexistenz!",[28] indem er seine Hand in den Rock der Häsin hineinsticht (Abb. 2). Sein Verhalten ist eine Parodie des historischen und kulturellen Fundamentalismus der japanischen Nation, die ihr Ressentiment gegen und ihre Begierde auf die Kultur der westlichen Länder richtete und zugleich versuchte, ihre eigene Kultur für besonders und edel zu halten. Daraufhin versetzt die Häsin ihm einen tödlichen Schlag und wischt sich den Schweiß von der Stirn. In diesem Moment wird ihr Machtverhältnis zum Marderhund komplex und vielfältig. Die ‚russische Häsin' symbolisiert sowohl eine weibliche Objekthaftigkeit, auf die ein männliches Subjekt seine sexuelle Begierde richtet, als auch ein zivilisiertes Subjekt, das eine barbarische Männlichkeit bestraft. Obwohl sie darüber hinaus eine sprachliche Minderheit ist, benimmt sie sich dem Marderhund gegenüber wie ein absolutistischer Herrscher. Das Verfahren der Häsin ist für den Marderhund eine unlogische irrationale Gewalt, wenn er auf dem sinkenden Boot schreit: „Ich weiß nicht, ich verstehe nicht, ich kann mir keinen Reim darauf machen. Das ist beinahe Gewalt!"[29] Das ist aber die Rache für die Gewalt von Männern gegen Frauen, von Kolonisierenden gegen Kolonisierte und von Mehrheit gegen Minderheit. In diesem Sinne ist der Kampf der russischen Häsin mit dem japanischen Marderhund ein auf Sprachen und Kulturen bezogenes Possenspiel über historische Gewalt.

Abb. 2: Der japanische Marderhund und die russische Häsin, SCOT.

In der Produktion *Haisha-Nagaya no Kachi Kachi Yama* wird gezeigt, dass die sprachliche, soziale und kulturelle Hierarchie ohne Gründe, aber als kollektive Phantasie entsteht. Die ausländischen Schauspieler*innen stehen unter einem kulturellen Zwang, der auf Suzukis besonderer physischer Methodik beruht, und einer sprachlichen Unterdrückung der erzwungenen japanischen

Sprache. In dieser Situation werden sie in der künstlerischen Freiheit eingeschränkt. Aber indem sie der Situation widerstehen, machen sie die Gewalttätigkeit und die Machtstruktur des Sprach- und Kulturraumes sichtbar, zu dem die japanischen Schauspieler*innen sowie Zuschauer*innen gehören, und erzeugen zugleich markante Momente, die die Grenzen der bestimmten Sprach- und Kulturräume überschreiten. Das ist eine andere grenzüberschreitende transkulturelle Schauspielkunst als Virtuosität in einem bestimmten Sprach- und Kulturraum.

Ob Suzuki sich im Produktionsprozess dieser besonderen Praxis der Schauspielkunst bewusst war, ist nicht klar. Suzuki, der von der Sprach- und Körperkunst der Schauspieler*innen ausgegangen war, konfrontierte sie in dieser Inszenierung zum ersten Mal mit der Nutzlosigkeit der Sprache selbst und zeigte damit neue Möglichkeiten des Schauspielens auf. Auch heute noch treten in den Sommermonaten viele ausländische Schauspieler*innen in Suzukis Produktionen im Toga Village auf. *Haisha-Nagaya no Kachi Kachi Yama* ist jedoch bisher das einzige Experiment, alle ausländischen Schauspieler*innen in japanischer Sprache spielen zu lassen. Dennoch zeigt das Experiment in *Haisha-Nagaya no Kachi Kachi Yama* die Möglichkeit auf, die manieristische Selbstwiederholung des Schauspiels zu überwinden und der sprachlichen und kulturellen Hierarchie der internationalen Theaterszene zu widerstehen.

Anmerkungen

1 In diesem Aufsatz wird Shingeki als das Theater definiert, das zu Beginn des 20. Jahrhunderts entstand und hauptsächlich darauf abzielte, Stücke abendländischer Länder zu übersetzen und aufzuführen. Charakteristisch für Shingeki ist der veristi-

sche und psychorealistische Schauspielstil und das Prinzip der Repräsentation der Alltagsrealität.

2 Vgl. Senda Akihiko, *Hirakareta Gekijō* (Das geöffnete Theater), Tokio 1976, S. 129–132.

3 In diesem Aufsatz wird gemäß der japanischen Konvention jeder japanische Familienname vorangestellt.

4 ‚Spielraum‘ wird in diesem Beitrag als ein Möglichkeitsraum verstanden, in dem ein menschliches Handeln unabhängig von politischen, sozialen und ethischen Fragen als sinnliches und semiotisches Ereignis aufgeteilt werden kann. In diesem Raum ist zwar Sprache von großer Bedeutung, aber nicht im Sinne von Wechselverständnis, sondern dessen Abwesenheit.

5 Vgl. Günter Heeg, *Das Phantasma der natürlichen Gestalt*, Frankfurt a. M./Basel 2000, S. 35–121.

6 Vgl. Suzuki Tadashi, *Culture is the Body*, übers. von Kameron Steele, New York 2015, S. 57–61.

7 Vgl. Suzuki Tadashi, *The Way of Acting*, übers. von J. Thomas Rimer, New York 1986, S. 3–24; Ian Carruthers und Takahashi Yasunari, *The Theatre of Suzuki Tadashi*, Cambridge 2004, S. 70–97; Tadashi, *Culture is the Body*, S. 31–61.

8 Eugenio Barba, *Jenseits der schwimmenden Inseln: Reflexionen mit dem Odin-Theater: Theorie und Praxis des Freien Theaters*, übers. von Walter Ybema, Hamburg 1985, S. 157.

9 Es geht in Suzukis Training allerdings nicht darum, künstlerische Körperlichkeit der traditionellen Darstellungskunst zu imitieren. Zwar ist es charakteristisch, eine kollektive Formalität bzw. eine formale Kollektivität zu bilden, jedoch zielt sein Training darauf, das Risiko des Verlusts der Individualität in der Kollektivität zu überwinden und eine neue Möglichkeit der Schauspielkunst durch Kollektivität und Formalität zu finden.

10 Suzuki beschreibt seine Erfahrungen, in den USA sein Training zu lehren. Vor dem Beginn des Trainings dachte er, dass sein Training für die amerikanischen Schauspieler*innen nicht leicht zu unterrichten wäre. Im Laufe des Trainings wurde ihm jedoch

klar, dass die ‚ethnische Besonderheit‘ der Schauspieler*innen durch eine universelle Reflexion über den Körper überwunden werden kann. Vgl. Suzuki Tadashi, *Naikaku no Wa II* (Summe der Innenwinkel II), Tokio 2003, S. 43–52.

11 Die Geschichte des japanischen modernen Theaters ist mit dem Nationalismus und mit der Ideologie der Nationalsprache eng verknüpft. Vgl. Kamiyama Akira, *Kindai Engeki no Raireki* (Der Ursprung des modernen Theaters), Tokio 2006, S. 7–22; Hyōdō Hiromi, *Enjirareta Kindai* (Die gespielte Moderne), Tokio 2005, S. 260–262.

12 Einer der wichtigsten Theaterpraktiker*innen im Shingeki, Senda Koreya, bezeichnet in seiner Studie *Kindai Haiyūjutsu 1* „Betrachtung und Imitation" als wichtige Aufgabe der Schauspieler*innen. Hier ist leicht zu erkennen, dass die schauspielerische Methode im Shingeki auf dem rationalen, naturwissenschaftlichen Prinzip von Betrachtung, Prüfung und Wiederholung beruht. Vgl. Senda Koreya, *Kindai Haiyūjutsu 1* (Moderne Schauspielkunst 1), Tokio 1968, S. 223–239.

13 Die zeitgenössischen Zuschauer*innen der frühen Produktionen von Kara Jūrō beispielsweise brachten ihre Eindrücke oft wie folgt zum Ausdruck: „Ich weiß nicht, was da gesprochen wird und was daran interessant ist, aber es ist interessant." Solch ein Ausdruck symbolisiert die Sprachlichkeit des Theaters der 1960er Jahre, wo die Praktiker*innen der Überlegenheit des Signifikats über den Signifikanten widerstehen wollten. Vgl. Ōzasa Yoshio, *Shin Nihon Gendai Engekishi 4* (Neue Geschichte des modernen Theaters in Japan 4), Tokio 2010, S. 138–141.

14 Zu dieser Produktion siehe: Watanabe Moriaki, „Butai de Nani ga Shikō saretaka" (Was wurde im Theater probiert), in: *Gekiteki naru Mono wo megutte* (Über die dramatischen Leidenschaften), hg. von Waseda Shōgekijō/Kōsakusha, Tokio 1977, S. 182–188; Senda Akihiko, „Tachiagaru Kongen – Suzuki Tadashi Shiron" (Der aufstehende Ursprung – ein Aufsatz über Suzuki Tadashi), in: *Engeki no Shisō – Suzuki Tadashi Ron Shūsei* (Idee des Theaters – Ausgewählte Aufsäze über

Suzuki Tadashi), hg. von Shizuoka Performing Arts Center, Shizuoka 2003, S. 30–40.

15 Zu dem Begriff ‚Menschendarsteller‘ im Sinne von August W. Iffland siehe: August Wilhelm Iffland, *Beiträge zur Schauspielkunst. Briefe über die Schauspielkunst. Fragmente über Menschendarstellung auf den deutschen Bühnen*, hg. von Alexander Košenina, Hannover 2009, S. 40–46.

16 Kara Jūrō sieht zum Beispiel die vormodernen Kabuki-Akteur*innen als Archetyp des Schauspielerbildes. Er sah im Ressentiment und in der Rebellion der unterdrückten Klassen gegen die Gesellschaft die Energie, die die Schauspielkunst möglich machte. Vgl. Kara Jūrō, *Tokkenteki Nikutai Ron* (Studie zum privilegierten Körper), Tokio 1997, S. 22–25.

17 Die Produktion *On the dramatic Passions II* wurde beispielsweise 1975 in Polen als „Kontamination der realistischen Darstellung der zeitgenössischen Gegenwart und der orientalischen Stimmung des traditionellen Kabuki“ bezeichnet. Natürlich handelt es sich bei Suzukis Inszenierung nicht um eine Modernisierung des Kabuki, aber dieser Eindruck entsteht häufig bei der Rezeption von Suzuki im Westen. *Financial Times* (21. Juni 1975), in: *Gekiteki naru Mono o Megutte – Suzuki Tadashi to sono Sekai*, S. 245.

18 Die Produktion *Vom Aschenputtel zur Marquise de Sade*, uraufgeführt 2010, beispielsweise hat die Struktur eines Spiels im Spiel, sodass das ganze Stück die Probe einer Theaterkompanie ist. Der Regisseur ist eine komische Person, die in der Probe einschläft und während des Schlafs murmelt, wie unverständlich das Stück ist. Trotzdem verhält sich die Person als Diktator und alle Figuren folgen diesem anscheinend untüchtigen Regisseur ohne Beschwerden. Die Person lässt

sich ohne Zweifel als Selbstparodie von Suzuki verstehen.

19 Vgl. *Naikaku no Wa II*, S. 236–238.

20 Allerdings gibt es in dieser Produktion die Figur ‚der Muslim‘, der im Stück von Gorki als ‚ein Tatar‘ auftritt. Obwohl diese Person von einem japanischen Schauspieler gespielt wird, spricht sie mit Absicht gebrochenes Japanisch. Daher positioniert sich die Figur zwischen den ausländischen Schauspieler*innen und den anderen japanischen Schauspieler*innen, was die sprachliche Ebene der Produktion vielschichtig macht.

21 Vgl. Homi K. Bhabha, *The Location of Culture*, London/New York 1994, S. 85–92.

22 Vgl. Akiba Tarō, *Nihon Shingekishi Gekan* (Geschichte des japanischen modernen Theaters, Bd. 2), Tokio 1956, S. 146–190; Matsumoto Kappei, *Nihon Shingekishi* (Geschichte des japanischen modernen Theaters), Tokio 1967, S. 3–21.

23 In diesem Sinne ist seine Sprache gemäß Gayatri C. Spivak auch als „subaltern“ zu verstehen, vgl. Gayatri C. Spivak, *Can the Subaltern Speak?* japanisch. übers. von Uemura Tadao, Tokio 1998, S. 3–29, 72–116.

24 Auch in den bisherigen Inszenierungen von Suzuki lässt sich ein solch lustiger Augenblick finden. In *Cyrano de Bergerac* (2003) spielte die russische Schauspielerin Irina Lindt Roxane. Als sie Christian im Schlachtfeld besucht, zählt sie plötzlich fiktive Speisen auf Japanisch auf, was die Zuschauer*innen zum Lachen brachte.

25 Vgl. Spieltext (zur Verfügung gestellt von der Kompanie SCOT), S. 22.

26 Ebd., S. 23.

27 Ebd., S. 24.

28 Ebd., S. 43. In der Produktion *Kachi Kachi Yama* lautete dieser Satz wie folgt: „Halte die Alten in Ehren, vergiss nicht die Idee der Altersverehrung!“

29 Ebd., S. 45.

„But there is another side." Spielräume zwischen Markt und Kollektiv im frühen Living Theatre

Nora Niethammer (Bayreuth)

In diesem Beitrag wird das New Yorker Living Theatre in seinen frühen Jahren beleuchtet, um den Versuch zu unternehmen, die Reflexion und Setzung der Gruppe als einen besonderen, kollektiven Spielraum aus einer mythisierten Verankerung in der geschichtlichen Darstellung zu lösen. Anhand eines erweiterten Materialrahmens, der z. B. administrative Unterlagen einschließt, lässt sich diskutieren, inwiefern sich die historiografisch zementierte Idee kollektiver Praxis nicht nur als Effekt politisch-ästhetischer Bestrebungen verstehen lässt, sondern auch als taktische Reaktion auf ökonomische Prozesse. Die angeführten Beispiele kursieren dabei um die Aspekte Besetzungspraxis und Gewerkschaft, anhand derer aufgezeigt werden soll, inwiefern der ‚Spielraum' Living Theatre weniger als utopischer Möglichkeitsraum, denn vielmehr auch im Sinne de Certeaus als taktischer Spielraum in Opposition zu bestehenden Strukturen lesbar ist.

Das New Yorker Living Theatre ist eines der vielbeachteten Beispiele, wenn es darum geht, alternative Arbeitsformen im Theater des 20. Jahrhunderts zu untersuchen. So wurde hinreichend über den kollektiven Anspruch der Gruppe geschrieben. Dabei wird dem Living Theatre die Politisierung der eigenen Arbeitsweise nahezu selbstverständlich zugeschrieben sowie zahlreiche Attribute, die sich heute wie paradigmatisch über eine avancierte Theaterpraxis um die Mitte des 20. Jahrhunderts stülpen lassen: demokratisch, anti-hierarchisch, anarchistisch, anti-autoritär, Lebens- und Arbeitsgemeinschaft verschränkend. Entsprechende Darstellungen betonen das Living Theatre in Abgrenzung zu hierarchisch organisierten Theatergruppen als offenen ‚Spielraum', innerhalb dessen beispielsweise hegemoniale Verhältnisse weitgehend außer Kraft gesetzt sind und der die Möglichkeit in sich einschließt, gesellschaftspolitische Kritik performativ-aktivistisch in eine alternative Form zu gießen. Eine präzise Konturierung bleibt zumeist aus. Das Living Theatre erscheint in diesem Sinne als (utopischer) Möglichkeitsraum, der den Rahmen für eine ‚gemeinsame Sache' für Personen bot, die sich einer künstlerisch-aktivistischen Stoßrichtung bewusst in den Dienst stellten.[1]

Einer solchen Darstellung und Betrachtungsweise kann gleichsam kritisch begegnet werden. Denn zunächst lässt sie sich – zumal mit dem nötigen historischen Abstand – als Mythisierung begreifen, indem sie selektiv und repetitiv vorgeht. So kursieren (Selbst-)Definitionen, die den ‚Spielraum' Living Theatre (be-)greifbar machen, vor allem um Aufsehen erregende Ereignisse aus der Geschichte der Gruppe (beispielsweise Verhaftungen, Theaterschließungen, Skandale erzeugende Aufführungen und öffentliche Kontroversen), um deren radikal-politische Qualität zu betonen und das Kollektive ebendort zu verankern. Fokussiert wird dabei zumeist das Living Theatre der 1960er Jahre und damit eine Zeit, in der sogenannte ‚collective creations'[2] erprobt wurden und sich die Gruppe im selbstgewählten europäischen Exil befand, wo sie mit ihren Aufführungen Weltruhm erlangte.[3] Offenkundig ist damit aber einer-

Forum Modernes Theater, 33/1-2, 218–230.
Gunter Narr Verlag Tübingen

DOI 10.24053/FMTh-2022-0017

seits ein historiografisches Problem angezeigt, wie es Thomas Postlewait mit dem Hinweis auf „the seductive appeal of certain kinds of anecdotes and stories, which tend to simplify yet distort the nature of historical events"[4] einschlägig herausgearbeitet hat. Andererseits lassen sich Hans Blumenbergs Überlegungen zur ‚Arbeit am Mythos' fruchtbar machen. So betont Blumenberg die stabilisierende und ordnungsstiftende Funktion mythischer Programme, die durch den Akt der Wiederholung und den „kontingenten Akt der Selektion, dessen Kontingenz zu verdrängen ist"[5] mitunter und bei Blumenberg explizit im politischen Handeln als Erklärungsmethode fungieren. Dabei geben sie sich in der Reflexion nicht nur in ihrem Gemacht-Sein zu erkennen, sondern enttarnen sich in der rhetorischen Figur der Präfiguration als Machtinstrument, vermittels dessen Kontingenz beherrscht und politisches Handeln vermittelt werden kann:

> [Präfiguration] beruhigt über Motivation, schirmt gegen Unterstellungen ab, indem sie als gar nicht mehr dispositionsfähig hinstellt, was zu entscheiden war. Sie schirmt den fremden Blick bei der Suche auf immer weitere ‚Hintergründe' der Motivation ab. Die historischen oder sich historisch dünkende oder historisch ambitionierte Handlung rückt in die Zone der Fraglosigkeit: wer sie in Frage stellt, mißachtet, worauf sie sich beruft.[6]

Blumenbergs Überlegungen lassen sich als Folie über die im vorliegenden Kontext fokussierte Frage nach Spielräumen des Schauspielens legen. In diesem Sinne können Spielräume nicht nur auf ihre ordnungsstiftende Funktion hin befragt werden, sondern gerade im Moment ihrer Herausbildung je spezifische Hegemonialverhältnisse sichtbar machen. So eröffnen sich Einblicke in Organisation und Handeln des Living Theatre zumeist – und über

einzelne Aufführungen hinaus – durch programmatische Selbstaussagen der Gründungsfiguren Julian Beck und Judith Malina. Repetitiv gezeichnet wird in solchen Dokumenten das Bild einer Konsensgemeinschaft, das kaum Bruchstellen zulässt, erzeugt durch die Zentralsetzung eines ‚Wir', dessen Vielstimmigkeit aber hinter einzelnen Sprecher*innen-Instanzen zurücktritt.[7] Weitere Mitglieder des Living Theatre kommen selten zu Wort, kaum ist über ihre konkreten Arbeitsverhältnisse über ein verfestigtes Narrativ des Kollektiven hinaus zu erfahren. Nur unzureichend lässt sich so etwa ein Einblick in das spezifische institutionelle und organisatorische Umfeld, den ‚Spielraum' Living Theatre, gewinnen. Die bei Blumenberg vermerkte ‚Fraglosigkeit' wird entsprechend zementiert.

In vorliegendem Beitrag soll, an diese Überlegungen anschließend, ein Perspektivwechsel in zwei Schritten vorgenommen werden. Entsprechend geht es im Folgenden erstens darum, den zeitlichen Untersuchungsrahmen zu erweitern und das frühe Living Theatre zu beleuchten, das in der Theaterwissenschaft bislang nur unzureichend Beachtung findet, indem es hinter dem ‚Mythos 60er Jahre' verschwindet. Die frühen Jahre der Gruppe zu fokussieren erscheint jedoch lohnenswert, denn dieser Zeitraum lässt sich als Phase untersuchen, in der weniger der Spielraum als utopischer Möglichkeitsraum von Bedeutung ist, sondern sich zuallererst über Ein- und Ausschlüsse überhaupt herstellt. Dabei entwickeln der Gründer und die Gründerin des Living Theatre, so möchte ich behaupten, einen kollektiven Ansatz im Rahmen einer organisatorischen Taktik, die von der historischen Setzung des utopischen Möglichkeitsraums jedoch verdeckt wird.

Damit soll zweitens anhand bislang unbeachteter Archivmaterialien der Blickwinkel auf das heute als ikonisch geltende Living Theatre insgesamt erweitert werden: Wie und mit welchen Überlagerungen stellt sich der Spielraum konkret dar, wenn man administrationsbezogene Unterlagen hinzuzieht – Unterlagen, denen weder öffentlichkeitswirksamer noch programmatischer oder ästhetischer Charakter zu eigen ist? Welche Machtkonstellationen formen den ‚Spielraum' Living Theatre als Raum schauspielerischer Praxis und welche konkreten institutionellen Konstellationen lassen sich darin aufspüren?

Zwei zentrale Aspekte leiten dabei meine Überlegungen. Dem ersten Teil des Beitrags liegt die mythische Begründung einer spezifischen Machtausübung zugrunde, die sich im Taktischen manifestiert. Anhand der Besetzungspraxis im frühen Living Theatre soll gezeigt werden, inwiefern die Rede von der Gemeinschaft eine mythisierende Tendenz zur Machtausübung innerhalb der Gruppe selbst darstellte. Daran anschließend möchte ich im zweiten Teil des Beitrags darlegen, inwiefern der Topos des*r ‚Künstler*in als Hungerleider*in' taktisch ins Feld geführt wird, um Arbeitsverhältnisse in einem institutionellen Zusammenhang zu bestimmen und zu stabilisieren.[8] Der Rückgriff auf den mythischen Topos erweist sich dabei als Mittel, um schauspielerische Motivation a priori unhinterfragbar zu begründen und gegen (beispielsweise ökonomische) Forderungen von innen wie auch von außen wirksam abzuschirmen.

Einschluss und Ausschluss: Regulierung von innen

Im folgenden Abschnitt dieses Beitrags werde ich nun zunächst die Besetzungspraxis im frühen Living Theatre fokussieren. Besetzungspraxis ist dabei als Vorgang von Interesse, der Machtkonstellationen (Besetzende und Besetzt-Werdende) in besonderem Maße erkennbar werden lässt. Anhand von Zutrittskriterien, die durch Ausschrei-

bungen, Castings u. ä. explizit oder implizit benannt werden, lässt sich dabei der Spielraum, den es zu betreten gilt, zunächst bestimmen. Nur, wer die Zutrittskriterien erfüllen konnte, konnte also Zugang zum Spielraum erhalten und hatte die Möglichkeit, fester Teil der sich im Prozess des Castings formierenden Gruppe zu werden. In der Sichtbarmachung einer Grenzziehung zwischen ‚innerhalb' und ‚außerhalb' lassen sich nicht nur wertvolle Erkenntnisse über spezifische Organisationszusammenhänge gewinnen, sondern auch über interne Selbstverständnisse und Konfigurationen.

Vor dem Hintergrund der eingangs skizzierten Mythisierung muten der Beginn des Living Theatre bzw. insbesondere die eingeführten Zugangskriterien aufgrund ihrer Unbestimmtheit zunächst wenig Aufsehen an. Während Beck und Malina, die ihrem künstlerischen Vorhaben 1947 seinen Namen, The Living Theatre, gaben, und bis zum Bezug eines eigenen Theaters im Jahre 1951 zunächst Wohnzimmeraufführungen für einen, so lässt sich vermuten, esoterischen Zirkel veranstalteten, suchten sie bereits ab 1946 Mitstreiter*innen über den Weg der Zeitungsannonce. In einer September-Ausgabe des wöchentlich erscheinenden New Yorker Literaturkritik-Magazins *Saturday Review* findet sich eine solche Annonce zwischen unzähligen Kleinanzeigen, deren Spanne von Wohnungsgesuchen, Kontaktanzeigen bis hin zu Stellenangeboten reicht: „LITERATURE THEATER group in formation in N. Y. C. seeks plays, talent, finance and suggestions. What have you? Box 865-Q."[9] Weder eine ästhetische, noch eine politische Stoßrichtung war also Gegenstand der Anzeige, lediglich der Ort der Veröffentlichung lässt erkennen, dass ein grundsätzlich literarisch interessierter Personenkreis angesprochen werden sollte. Auch der Aspekt der Spezialisierung fand keinen Platz in der Annonce, die eine Selbstbestimmung der noch nicht benannten

Gruppe zunächst vermissen lässt. Vielmehr stand im Rahmen der Suche offensichtlich die Frage zentral, was man einer Theatergruppe zu bieten habe und welche Kompetenzen und Ideen man einbringen könne. Ob die Annonce Amateur*innen ansprechen sollte oder Personen mit spezifischer Ausbildung und Erfahrung, bleibt offen. Dass jedoch gerade die Unbestimmtheit ein assoziatives Potential in Bezug auf die Beschaffenheit eines Spielraums anbieten konnte, legt eine Interessensbekundung offen, die eine motivierte Bewerberin am Tag nach dem Erscheinen an Beck und Malina schriftlich versandte:

> Your ad in the Saturday Review sounded like a maiden's prayer. I've been looking for a theatre group where I can lend my talents such as they are. Production and writing are my interest – not acting.
> I have done lightning at Hunter College and for the Equity Library Theatre and at Northwestern University under Theodore Fuchs. I can build a flat and mix dope and paint with the best of amateur stage hands, and have some minor directing.
> I've also done publicity writing – both in an amateur and in a professional capacity. [...] I'm really interested in becoming a part of the theatre group and I think I do have something to offer.[10]

Diese Unbestimmtheit der Zutrittskriterien, die die enthusiastische Briefschreiberin als erhörtes ‚Gebet einer Jungfer' wertet, indem nicht Spezialisierung, sondern ein wie auch immer geartetes Talent zentral standen, wiederholt sich in Castingbögen aus dem Jahr 1947. Es wurde darin, neben Alter, Größe und Gewicht zwar auch nach Beruf, ‚dramatic training' und Erfahrung gefragt, jedoch blieb die Suche weiterhin undefiniert. So besteht ein Teil des Fragebogens aus einer Auflistung, die der Zusammenfassung aller denkbarerer Tätigkeitsbereiche, die das Theater anbietet, gleichkommt. Unter der

Rubrik „I can (or am willing to) do the following",[11] einer Formulierung, die suggeriert, dass Mehrfachnennungen möglich seien, findet sich die umfangreiche Auflistung möglicher Kompetenzen und Arbeitsfelder, in die sich die Bewerber*innen einordnen konnten:

> Acting, Directing, Designing, Publicity, Singing, Dancing, Typing, Lighting, Set Construction, Costume Making, Properties, Stage Crew, Secretarial Work, Ushering, Box Office, Musical Instrument, All Around Work, Others.[12]

Erst in der Frage nach vier Lieblingsstücken und vier Rollen, die der*die Bewerber*in gerne einmal spielen würde, schlägt das Formular einen Bogen von Kompetenzen hin zu einem vagen ästhetischen Interesse. Gesucht wurde also auch hier prinzipiell nach Personen, die sich weniger über Professionalität und Spezialisierung definierten, sondern sich, allgemeiner, in die Arbeit einer Theatergruppe einbringen wollten und konnten.

Es ist nun vielfach dargelegt worden, dass Becks und Malinas Vorhaben einer eigenen Truppe von Beginn unter finanzieller Not zu leiden hatte.[13] Vor diesem Hintergrund lässt sich die Frage, wer Zugang zum konkreten Spielraum des Living Theatre erhalten konnte, auch über einen ökonomischen Zusammenhang begründen. Denn während die zitierte Ausschreibung sowie vorliegende Castingbögen zwar einerseits und besonders über den Aspekt des ‚Multitasking' die Möglichkeit der kollektiven Gestaltung eines Spielraums implizierten, lässt sich ‚Multitasking' auch als konkreter Bedarf verstehen, der sich aus wirtschaftlichem Mangel ergab. So brachte der Übertritt in den bewusst offen angelegten Spielraum nicht nur Möglichkeiten, sondern auch Verpflichtungen mit sich, die fernab künstlerischer Ambitionen liegen mussten. 1952 hieß es beispielsweise in einem Aufruf: „because of shortage of personnel, members of the cast will be asked to help clean the theatre before curtain time."[14] Diese beiläufige Notiz ist interessant, denn sie markiert ein konkretes Machthandeln in dem sich herausbildenden Spielraum der Gruppe. So formulierten Beck und Malina ihre Anforderungen an die Statusgruppe ‚Cast' als ‚Theatermanagement'. Ob sie in ihrer Funktion als Management selbst den Putzdienst übernahmen, darüber kann nur spekuliert werden, jedoch gibt die Notiz eine hierarchische Organisation zu erkennen, während sich das Prä-Kollektive über den Hebel der gemeinsamen Sache als Taktik andeutet, die sich entlang einer wirtschaftlichen Argumentation (shortage of personnel) entspinnt.

Eine öffentliche Ausschreibung aus dem Jahr 1951 gewährt weitere Einblicke in die Machtkonstellation innerhalb des Living Theatre. Im Castingaufruf für die ersten Produktionen im Cherry Lane Theatre, dem ersten soliden Theaterraum, der der Gruppe zur Verfügung stand, wurden schließlich konkrete Merkmale benannt, die Schauspieler*innen erfüllen mussten, um den Erwartungen der Castenden zu entsprechen. So hieß es in diesem Aufruf: „All three plays require actors who can speak verse or poetic language. Good diction is essential. All types of actors and actresses are needed. Also four children who must appear under 14 years of age."[15] Die Sprechkompetenz der Schauspieler*innen dominierte hier also zunächst eine Suche, die sich aus einem in Stückvorlagen begründeten Bedarf ergab. Während dabei über den Aspekt Diktion ein Kriterium ins Feld geführt wurde, das sich als Merkmal von Professionalität der Schauspieler*innen verstehen lässt und damit die offene Kontur des Multitasking wesentlich eingrenzte, wurde fast beiläufig der Handlungsspielraum von Schauspieler*innen neu bestimmt. So heißt es in der Ausschreibung weiter, man suche „[a]ctors with dancing experience and actors capable of playing musical instruments who are non-802."[16] Der Verweis auf 802 – gemeint ist damit die US-amerikanische Musiker*innen-Gewerkschaft Local 802 – ist entscheidend, denn eine Gewerkschaftszugehörigkeit brachte (und bringt) immer auch strenge Regularien und wirtschaftliche Vorgaben mit sich. Auf den Aspekt externer juristischer Vorgaben werde ich später noch zurückkommen. Entscheidend ist dabei jedoch der Hinweis, dass anhand entsprechender Quellen mythisierende Darstellungen, die die Formierung des Living Theatre aus einer rein politisch-ästhetischen Perspektive betrachten, ausgehebelt werden und die Notwendigkeit einer historiografischen Re-Lektüre sichtbar machen.

Im Bestreben des ‚Theatermanagements', sich institutionellen Regulierungen zu entziehen, die die Möglichkeiten des eigenen Spielraums von außen begrenzten und organisierten, zeigt sich schließlich die Konkretisierung von Zutrittskriterien. Beck und Malina stabilisierten damit ihre eigene machtvolle Position innerhalb des Spielraums insofern als sie die Schwelle zwischen ‚innerhalb' und ‚außerhalb' an die Frage der Motivation bzw. den Wunsch nach Partizipation am künstlerischen Unterfangen knüpften.

Während der Zutritt schrittweise präzisiert, kategorial erfasst werden und damit der Spielraum als solcher zunehmend bestimmt werden konnte, erforderte die Möglichkeit des Ausstiegs aus der Gruppe eine Umdeutung. Denn Versuche von Schauspieler*innen bzw. Mitwirkenden, sie zu verlassen, können als Destabilisierung gelesen werden, anhand derer sich Tendenzen einer Verschaltung von Machtausübung und Mythisierung erkennen lassen. Nachdem offensichtlich immer wieder Schauspieler*innen das Living Theatre verlassen hatten und anlässlich einer Umbesetzung in der Produktion *The Idiot King* von Claude Fredericks, wendete sich Beck mit folgendem Befund an den Autor, um diesen von der Umbesetzung in Kenntnis zu setzen: „Oh, these actors, who suddenly drop, they have been a curse on our work in the theatre since we started working in the theatre. How I hope that your play is not afflicted with this dread disease".[17] Das Bild eines offenen Möglichkeitsraums zunehmend verengend, erinnert Becks Metaphorik nun eher an einen organischen Körper, der durch Krankheit in seiner Funktionsfähigkeit eingeschränkt wurde. Ausschließlich Schauspieler*innen adressierend, begab sich Beck dabei in eine wertende Position und eröffnete ein machtvolles Verhältnis von Arbeitgeber und Arbeitnehmer*innen, das mit mythisch anmutenden Begrifflichkeiten wie dem benannten ‚Fluch' verknüpft wurde.

Für vorliegenden Zusammenhang erhellend ist ein Brief, den Beck an einen abtrünnig gewordenen Schauspieler richtete. Im Versuch, den Schauspieler zurück zu gewinnen, kehrte Beck seine pathologisierende Rhetorik um und wechselte auf die Ebene des Emotionalen. Überdeutlich tritt hier die Idee der Probengemeinschaft als besonderer Zusammenschluss in den Vordergrund. Die Referenz auf die Gemeinschaft erweist sich dabei als rhetorische Taktik, die bestehende Machtverhältnisse reorganisiert. So schreibt er:

It has seemed very sad to us that you should go away. We miss you, we miss not only you as a worker, but we miss you as a friend. It is not that we miss a worker — the work is getting done — tho I know we could get on a good deal better and faster if you were around. [...] We trace, like detectives, the day of your departure to the fact that you had only recently 'read' for us. And, plainly, our guess is that the realization that you might not be really suited to a role in our first play came as a harsh disappointment to you. [...] And of course. The most important thing to you

must be acting, not the building of a theatre or any theatre group. Acting is your life, so why should you devote yourself, all your working energy, and in heroic fashion, to a project in which you are not going to partake as an actor? It makes such good sense. [...] Do you think that we do not feel badly about not having a part ready for you in this play. We have worried and fretted about this for the longest while. How we wish there were a role for you in this! How often we have talked about it.[18]

Becks Versuch des Zurückholens lässt die stabilisierende, ordnungsstiftende Funktion des Mythos und die Produktion von ‚Fraglosigkeit', wie sie Hans Blumenberg herausgearbeitet hat, erkennen. So wurden einerseits unartikulierte Beweggründe spekulativ vorweggenommen, andererseits in den Spielraum Living Theatre reintegriert, indem sie als Effekt organisatorischer Zwänge relativiert wurden. Nicht das Nicht-Besetzt-Werden konnte Beck zufolge das zentrale Problem darstellen, sondern die übergeordnete organisatorische Zwangskonstellation, die künstlerische Ambitionen verhinderte. Während sich frühere Dokumente gerade über eine Trennung von ‚acting' und ‚working' im Sinne der gemeinsamen Sache und in Form des ‚Multitasking' hinwegbewegten, wird diese Differenzierung in Becks Versuch, den Schauspieler nicht zu verlieren, Verständnis suggerierend vollzogen: Nur wer bereit war, potentiell jegliche Funktion innerhalb der Gruppe zu übernehmen, konnte also auf die Erfüllung der explizit schauspielerischen Ambition hoffen. Damit inszenierte sich Beck in seiner Funktion als Theatermanager nun bewusst als Opfer eines Systems, in dem Kunst und Arbeit als Konsequenz einer spezifischen ökonomischen Situation nicht voneinander getrennt werden konnten. Der Verweis auf das Kollektive wurde dabei als taktisches Mittel herangezogen, um konkret etwas zu erreichen, und lässt sich gleichsam als sinnstiftendendes, begründendes Element im Sinne Blumenbergs verstehen.

Der Versuch, den Schauspieler zurückzugewinnen, kulminierte schließlich in einem Versprechen, in dem weder Kunst noch Arbeit, sondern die Gemeinschaft zentral stand. Damit wendete Beck seine argumentative Richtung, indem er nicht das Living Theatre als organisatorische Konstellation oder Arbeitszusammenhang zentral setzte, sondern das Bild der Gruppe als Ort des gemeinschaftlichen und gegenseitigen künstlerischen Begehrens mobilisierte:

> But there is another side. And on that side is that fact there is permanent place for you here, that we are anxious for you to participate in the company not as a mason, nor as a painter, nor as a carpenter or stage manager, but as an actor; and every time a role comes along for you, it will certainly be yours. [...] I really fell [sic!] that though we need you, you also need us, tho [sic!] we want you, you also want us.[19]

Besetzung als Bedarfserfüllung (Multitasking, Diktion, institutionelle Unabhängigkeit) und künstlerische Arbeit als Art des gemeinsamen ‚Begehrens‘ wurden in diesem Sinne, so möchte ich behaupten, taktisch und damit machtvoll gegeneinander ausgespielt. Die Option, zwischen beiden Varianten zu oszillieren, erwies sich dabei, wie der oben zitierte Brief deutlich macht, als Möglichkeit, aus verschiedenen Richtungen machtvoll auf Schauspieler*innen einzuwirken und den Spielraum Living Theatre permanent neu bestimmen zu können.

Die Widersprüchlichkeit des taktischen Machthandelns lässt sich zuspitzen und zwar dort, wo eine machtvolle Verfestigung von innen heraus mit einer Außenperspektive konfrontiert wird. So entspinnt sich am Beispiel der Besetzungspraxis von Jack Gelbers Stück *The Apple*, das das Living Theatre 1961 zur Aufführung brachte eine Kritik, die weniger auf den Vorgang des Besetzens selbst abzielte, denn vielmehr auf die Po-

sition der Theaterleiter*innen innerhalb dieses Vorgangs. Es ginge, so der scharfe Vorwurf, nicht um eine adäquate Besetzung, sondern um die Stärkung des eigenen Status. Als Reaktion auf eine Kolumne, die am 15.02.1961 in der *New York Times* erschien und im Zusammenhang mit einem Streit um die Abgeltung von Aufführungsrechten stand, schrieb Seymour Litvinoff, der die Rechte Gelbers vertrat an die Zeitung, den Konflikt weiter befeuernd:

> [...] Mr Gelber advised The Living Theatre that he would, at his own expense, return from London before or after the opening of 'The Connection' there, in order to attend rehearsals, complete casting, etc. Mr. Gelber spent approximately eight hours every day for the three weeks prior to his departure to London on January 21, 1961 in an attempt to cast the play. This he did all by himself, without any cooperation from the directors of The Living Theatre who had tied themselves up with other matters. He had found many suitable actors for the play, some of whom are well known in the Broadway, television, and motion picture areas. The Living Theatre, however, despite the fact that they took no part in the attempted casting, rejected most actors who had any kind of reputation at all, apparently they wish their names to appear more prominent than any other persons.[20]

Die Richtigkeit und der subjektive Gehalt der Vorwürfe, die Gelbers Anwalt vorträgt, können an dieser Stelle nicht validiert werden. Jedoch ist Litvinoffs Brief im archivalischen Kontext Teil eines Konvoluts, dessen Lektüre eine Perspektivenverschiebung hinsichtlich der Gruppe Living Theatre geradezu aufdrängt. Denn während Beck und Malina sich nach außen um 1960 zunehmend als Gründungsfiguren einer spezifischen Gemeinschaft positionierten, geben Archivalien zu erkennen, wie sie das Living Theatre als eine Gruppe unter vielen zunehmend strategisch im professionellen Theatermarkt positionieren mussten, um ihr Bestehen zu sichern.

Einschluss und Ausschluss: Regulierung von außen

Im Zuge dieser zunehmenden Positionierung des Living Theatre – von Liebhaber*innen-Aufführungen im Wohnzimmer hin zu vielbeachteten internationalen Auftritten – waren Beck und Malina zunehmend mit dem Theater als Gewerbe und Markt konfrontiert. In der Konsequenz konnte es bei Ein- und Ausschlüssen aus dem Spielraum nicht mehr um eine interne Praxis gehen. Vielmehr rückten Bestimmungen und Vorgaben von außen in den Fokus. Dabei wurde der spezifische Spielraum der Gruppe mehr und mehr reglementiert und ausgehandelt.

Wesentlicher, gleichsam oftmals unbeachteter Teil dieses Systems und Gegenstand der Aushandlung waren Künstler*innen-Gewerkschaften wie die eingangs bereits erwähnte Local 802 sowie die 1913 gegründete Actors' Equity Association (kurz: Equity). Equity bot Schauspieler*innen einen organisatorischen Kontext, juristische Unterstützung und stärkte ihre Rechte, eröffnete dabei in der komplexen Funktion jedoch vor allem einen eigenen, reglementierenden machtpolitischen Kontext. Die Gewerkschaft vertrat einerseits die Interessen der Schauspieler*innen auf dem Markt des Theaters und bot ihnen Lobby und juristische Unterstützung. Es ist andererseits naheliegend, dass die Gewerkschaft regulierend und im Zweifel sanktionierend auf die Theaterlandschaft einwirkte, und sich auf Schauspieler*innen ebenso bezog wie auf Manager*innen und Companies als Organisationsrahmen. Ein entscheidender Bestandteil der Regularien, die Equity hervorbrachte, bestand in der Einführung streng regulierter Honorare, der Versicherungspflicht und der neu eingeführten Verpflich-

tung zur Vergütung von Probenzeiten. Die Regularien griffen über die Honorarfrage hinaus jedoch weitaus tiefer in die Theaterpraxis ein und bestimmten, so ist anzunehmen, in starkem Maße die jeweiligen Spielräume. Aus einem vorliegenden Regelwerk aus dem Jahr 1957 lassen sich drei weitere, zentrale Bereiche der Regulation ablesen, die im Folgenden kurz skizziert werden.[21]

Erstens griff Equity in die zeitliche Gestaltung von Theaterarbeit ein, indem tägliche Probenzeiten (auf fünf Stunden täglich) wie auch Gesamtprobenzeiten (auf vier Wochen) begrenzt wurden und nur durch eine Sonderzahlung überschritten werden durften. Auch Mindestruhezeiten waren im Regelwerk vermerkt, wobei Theatermanager*innen bei einer besonders kurzen Ruhezeit zwischen zwei Vorstellungen darauf verpflichtet wurden, eine warme Mahlzeit auf eigene Kosten sowie mit hygienischen Mindeststandards ausgestattete Garderobenräumlichkeiten zur Verfügung zu stellen.

Zweitens nahm Equity Einfluss auf die Vertragsgestaltung. So waren Vertragsauflösungen sowohl durch Theatermanager*innen als auch durch Schauspieler*innen mit Fristen besetzt. Interessant ist dabei überdies die Differenzierung zwischen Off-Broadway und der (im Regelwerk nicht näher spezifizierten) Unterhaltungsindustrie, denn reguliert wurde explizit auch der Übertritt von Schauspieler*innen in den Unterhaltungsbereich, sollte dieser ein wirtschaftlich rentableres Engagement bieten.

Drittens wirkte Equity auf die Freiheiten in Besetzungsfragen ein. So regulierte die Gewerkschaft, basierend auf den jeweiligen Box-Office-Umsätzen, die verpflichtende Anzahl an Gewerkschaftsschauspieler*innen je Produktion. Im Regelwerk aus dem Jahr 1957 ist beispielsweise nachzulesen, dass diese Zahl zwischen drei und acht liegen musste, wobei eine der Personen als Stage-Manager*in zu engagieren war, die jedoch keineswegs als Schauspieler*in auftreten durfte.

Nun war es Schauspieler*innen, Manager*innen und Companies freilich grundsätzlich freigestellt, ob sie Teil der Gewerkschaft werden wollten. Die umfassenden Eingriffe und finanziellen Konsequenzen das gesamte Berufs- und Organisationsfeld betreffend machen jedoch deutlich, dass es selbst für Nicht-Gewerkschafts-Gruppen schwierig sein musste, sich den Regularien gänzlich zu entziehen. Dies wird deutlich in einem Brief, den eine Schauspielerin in den frühen 1950er Jahren an Beck und Malina richtete, ein Schreiben, in dem sie in entschuldigendem Ton erklärte, warum sie zu einem geplanten Vorsprechen nicht erschienen war:

> Just as I was about to come up to your apartment for a reading, I learned that yours was to be a 'non-Equity' production – Since I have been an Equity member for [*Zahl nicht lesbar*] years, I don't suppose I would be allowed to be in your play even if I should get a part.[22]

Die Freiheit, nach beispielsweise rein künstlerischen Gesichtspunkten besetzen zu können, wurde also maßgeblich eingeschränkt, weil das Living Theatre selbst zu diesem Zeitpunkt kein Gewerkschaftsmitglied war. Und andersherum: Gewerkschaftsschauspieler*innen konnten nicht ohne weiteres ihren eigenen Interessen folgen. Entsprechend wurde der Handlungsspielraum entscheidend verengt und veränderte über den Hebel gewerkschaftlicher Regularien die Frage, wer Zugang zum Living Theatre erhalten konnte. Ausnahmen dürften allerdings möglich gewesen sein. Denn im selben Jahr bat etwa eine Gruppe an Gewerkschaftsschauspieler*innen um eine Sondergenehmigung, indem sie ein geschicktes Argument ins Feld führten, das sich die Einengung des Spielraums taktisch und aus umgekehrter Perspektive zunutze machte: „[We] should be encouraged to utilize any showcase possiblity, such as this. And finally

we should be [sic!] no means let non-union members take over our roles."[23]

Dass Beck und Malina im Oktober 1958, kurz vor dem Umzug in eine neue, größere Spielstätte in der 14th Street in Manhattan um Aufnahme in die Equity Association baten, scheint allein als taktischer Umgang mit den Restriktionen schlüssig. Zu sehr wurde das organisatorische Umfeld durch die Gewerkschaft wohl bestimmt. Zahlreiche Beschwerden und Klagen durch Equity, teils im Namen von Schauspieler*innen bis hin zur Drohung eines Aufführungsverbots aufgrund ausstehender Zahlen zementieren jedoch den Eindruck, dass sich beide Kontexte – die Einwirkungen auf den Spielraum von außen und der Spielraum als Arbeitsrealität Living Theatre – nicht oder kaum in Einklang bringen ließen.

Hungerleider*innen als taktischer Topos

Die Gewerkschaft als Institution, die Arbeitsverhältnisse bestimmt und künstlerische Praxis dezidiert als Arbeit markiert, wurde von Beck und Malina öffentlich scharf kritisiert. An dieser Stelle wurde der eingangs erwähnte Topos des*r Künstler*in als Hungerleider*in zentral ein- und der Machtausübung zugeführt. In einem undatierten, voraussichtlich um die Mitte der 1960er Jahre entstandenen Manuskript schrieb Beck, der der Gewerkschaft schon früher faschistische Manier vorgeworfen hatte:

> [The actor] is being forced into the position of being a simple worker, which he is not, his work can be, or ought to be, distinguished from the work of manufacturing. The actor no longer creates, he makes, and what he makes is not primarily art or love, but money. This is what the Union emphasizes.[24]

Anhand seiner Kritik, in der die Gewerkschaft als kapitalistische Instanz hervortritt, die in offenkundiger Anlehnung an Marx' Differenzierung zwischen produktiver und unproduktiver Arbeit entworfen wurde, zog Beck also abermals eine Grenze zwischen Kunst und Arbeit, die er sich jedoch taktisch, so zeigt sich, zunutze machte. Und mehr noch, denn Becks Kritik, die den Begriff des Zwangs bemüht und damit die autonome Handlungsmacht von Schauspieler*innen negiert, lässt sich auch als ‚Arbeit am Mythos' interpretieren. In diesem Sinne ließe sich das Living Theatre, aus Sicht Becks, als prophetisches Angebot der Befreiung präfigurieren. Dies ist in Hinblick auf Becks Funktion als ‚Theatermanager' freilich bemerkenswert, denn damit wurde der Spielraum bestimmt, ein Spielraum indes, in dem sich nur befinden konnte, wer kein finanzielles Interesse hatte. Becks Bemerkung lässt sich so auch als Verschärfung seiner Machtposition lesen, die ihm das argumentative, potentielle Werkzeug dafür gab, Schauspieler*innen in einer zunehmend regulierten Theaterlandschaft nicht zu vergüten und damit von innen wie auch von außen einen Raum der ‚Fraglosigkeit' hervorbringt.

In veränderter Weise erscheint das starke Bild des Prophetischen in einem Manuskript, das Beck und Malina 1959 verfasst hatten und das auf den biblischen Ausspruch „Ihr könnt nicht dem Gott und dem Mammon dienen" referiert. So schrieben sie:

> We want the poets and the artists, the visionaries and the prophets. The world hovers on the brink of spiritual and actual disaster and men rely on the puppets of Mammon to act as the priests in the theatre. The Living Theatre wants to be free of the service of Mammon, and because of this we turn to the poets and the artists, because next to the saints and the comman [sic!] man, they are most free.[25]

Wer also, so legt diese Programmatik nahe, Teil des Living Theatre werden konnte, war nicht nur finanziell desinteressiert, sondern ‚auserwählt' – und stand in weitaus größerem Dienst als jenem der Kunst. Beck und Malina verorteten sich und das Living Theatre damit in einem größeren historischen Zusammenhang des (sozialrevolutionären) künstlerischen Prophetentums, der über eine Kapitalismuskritik des 20. Jahrhunderts entschieden hinausreicht. Auch hieran lassen sich selbst-mythisierende Tendenzen offenkundig diskutieren.

Während die angelegte Überhöhung des schauspielerischen Daseins evident ist, lässt sich jedoch eine taktische Wendung erkennen, die durch das Bild der Künstler*innen als Hungerleider*innen und Prophet*innen in Anschlag gebracht wurde und im Widerspruch zur Idee des offenen, Multitasking adressierenden Spielraums stand. Denn über diesen Hebel spezifischer Künstler*innen-Bilder ließ sich das Argument der Motivation und Identifikation stets neu entwickeln, indem ‚Motivation', wie bereits erwähnt, vollständig aus einem Kontext gelöst wurde, in dem an ‚Arbeit' gekoppelte Forderungen der Schauspieler*innen fruchtbar sein konnten.

Was bedeutete dies nun für Schauspieler*innen konkret? Der bereits erwähnte Jack Gelber hat dies retrospektiv-anekdotisch aus einer Perspektive deutlich gemacht, in der sich künstlerische und ökonomische Zusammenhänge des Spielraums Living Theatre direkt verschalten. So schrieb Gelber in seinem Text „Julian Beck, Businessman":

> Each prospective actor was scrutinized as to his or her values and whether or not they measured up politically, aesthetically, sometimes sexually. Would the strength of their commitments drive away all thoughts of running to Equity every time Julian couldn't pay them on time? Were they willing to live on unemployment? In other words, would they take more than the ordinary amount of crap an actor must bear [...]?[26]

Während in Gelbers Beschreibung einerseits der Faktor des Ästhetischen und explizit

Politischen ins Feld geführt wird, legt die Beschreibung eine Taktik frei, die Becks Bild des*r Hungerleider*in gegen ökonomische Aspekte bewusst ausspielt. So ließe sich in Bezug auf Gelbers Anekdote gleichsam behaupten, dass das Living Theatre vom ‚service of mammon' eben gerade nicht frei, sondern maßgeblich davon abhängig war, wenngleich dieser Service außerhalb des Spielraums Living Theatre, nämlich in einem dezidierten Kontext von Arbeit (statt Kunst) verortet wurde und entsprechend die Partizipation in sich, nach Becks Logik, ausschließenden Spielräumen erforderlich machte. Mehr noch, wenn Gelber eindrücklich ausführt:

> The one subsidy which was fundamental to the survival of the theater was the performers' deferred and often unpaid salaries. By and large, the Living Theatre actor had to work outside the theater to put food on the table and pay rent. A common strategy was for Julian to keep an actor on the payroll long enough to be eligible for unemployment insurance. While performing at night, the actor would collect unemployment checks relieving Julian of the obligation to pay that week's salary. To quote a line I wrote in my play much later on, 'Unemployment insurance, the great patron of the Arts.' [...] It was common for Julian's checks to bounce. After rushing into his office on more than one occasion with a twice bounced check, ready to kill, I would find myself coming back out with Julian's sympathetic arm around me and another check in my hand, destined to bounce again.[27]

Wenn Gelber hier den Begriff der ‚Strategie' benutzt, so betont er das Gemacht-Sein eines Spielraums, in dem ‚Motivation' über den Weg des Gemeinschaftlichen bzw. der Zugehörigkeit hergestellt wurde, um dadurch eine ökonomische Dimension künstlerischen Arbeitens zu verdecken und außerhalb institutioneller Strukturen überhaupt agieren zu können. In gerade diesem Ge-

macht-Sein setzt die Mythisierung an, die durch die Verschaltung verschieden konturierter Spielräume produziert wird und die bei Blumenberg benannten Unterstellungen abschirmt, während sie sich gleichsam in ihrer Widersprüchlichkeit zu erkennen gibt.

In der Überlagerung der in diesem Beitrag aufgezeigten Perspektiven gibt sich ein machtpolitisches Konstrukt zu erkennen, das den Spielraum von Schauspieler*innen im Living Theatre in aller Widersprüchlichkeit absteckt und Schauspieler*innen in einem System permanenter Aushandlung verortet, in dem sich verschiedene Spielräume strategisch und in Widersprüchlichkeit verschalten. Das organisatorische Umfeld, das das frühe Living Theatre darstellte, ist im Sinne dieser Verschaltung immer taktischer, ästhetischer und ökonomischer Spielraum zugleich – ein Spielraum indes, der sich permanent aktualisiert und mit anderen Spielräumen überlagert. So scheint es entsprechend lohnenswert, den ‚Spielraum' Living Theatre aus einer starren Mythisierung zu lösen und zunehmend auf seine Machtkonstellationen und jeweiligen Aushandlungsprozesse hin zu befragen. Es bleibt dabei auch in diesem Beitrag am Ende schließlich ein zentrales Problem unauflösbar: Schauspieler*innen des Living Theatre kommen in der Geschichte des Living Theatre kaum zu Wort.

Anmerkungen

1   Charles L. Mee spitzt dies bereits 1962 zu, wenn er schreibt: „[T]he emphasis is on the style of the company, not on the style of the plays." Charles L. Mee, „The Becks' Living Theatre", in: *Tulane Drama Review* 7/2 (Winter 1962), S. 194–203, hier S. 194.

2   Nur wenige Produktionen wurden als ‚collective creations' ausgewiesen, erstmals *Mysteries and smaller pieces* (1964). Der pau-

schalen Annahme, die Gruppe habe per definitionem kollektiv gearbeitet, ist somit mit Vorsicht zu begegnen.

3 Vgl. dazu besonders jene Beispiele mit dokumentarischem Anspruch, z. B. Aldo Rostagno, *We, The Living Theatre. Aldo Rostagno with Julian Beck and Judith Malina*, New York 1970; oder z. B. die vielbeachtete Dokumentation *Resist! Ein Traum vom Leben mit dem Living Theatre*, Belgien 2004.

4 Thomas Postlewait, *The Cambridge Introduction to Theatre Historiography*, Cambridge 2009, S. 80.

5 Hans Blumenberg, *Präfiguration. Arbeit am politischen Mythos*, Berlin 2014, S. 11.

6 Ebd., S. 14–15.

7 Solche Programmatiken liegen zahlreich vor, es sei an dieser Stelle nur eine von vielen exemplarisch zitiert: „To call into question / who we are to each other in the social environment of / the theatre / to undo the dots that lead our misery / to spread ourselves across the public's table [...] This is what the Living Theatre does today / It is what it has always done". Julian Beck, zit. in: https://www.livingtheatre.org/about, undatiert, [Zugriff am 01.08.2020].

8 Der Begriff Taktik wird hier nach de Certeau eingeführt als „Handlungen, die ihre Geltung aus der Bedeutung beziehen, welche sie der Zeit beilegen – und auch den Umständen, welche in einem ganz bestimmten Interventionsmoment in eine günstige Situation verwandelt werden". Michel de Certeau, *Kunst des Handelns*, Berlin 1988, S. 91.

9 Annonce abgedruckt in: *The Sunday Review*, 14.09.1946, S. 41 [Hervorhebung im Original].

10 Corinne Posner, Julian Beck und Judith Malina, 15.09.1946, Living Theatre Records, *T-Mss 1988–005, Billy Rose Theatre Division, New York Public Library for the Performing Arts.

11 Castingbögen vom 23.10.1947, Living Theatre Records, *T-Mss 1988–005, Billy Rose Theatre Division, New York Public Library for the Performing Arts.

12 Ebd.

13 Solche häufig in Erzählungen nur en passant eingestreuten Hinweise gründen zumeist auf Selbstaussagen Becks und Malinas, die zahlreich in veröffentlichten Rückschauen vorliegen. Beispielhaft ist etwa Julian Becks oft zitierte Darstellung „How to close a theatre", in der er schreibt: „I had some money, six thousand dollars which an aunt had left me, and with that we finally formally launched the Living Theatre in 1951 [...]. The Living Theatre never made money. We were broke after our second production." Julian Beck, „How to Close A Theatre", in: *Tulane Drama Review* 8/3 (Spring 1964), S. 180–206, hier S. 180.

14 Handschriftliche Notiz, 12.03.1952, Living Theatre Records, *T-Mss 1988–055, Billy Rose Theatre Division, New York Public Library for the Performing Arts.

15 Castingaufruf, 15.10.1951, Living Theatre Records, *T-Mss 1988–005, Billy Rose Theatre Division, New York Public Library for the Performing Arts.

16 Ebd.

17 Julian Beck an Claude Fredericks, 1955, Living Theatre Records, *T-Mss 1988–005, Billy Rose Theatre Division, New York Public Library for the Performing Arts.

18 Brief von Julian Beck, 11.06.1958, Living Theatre Records, *T-Mss 1988–005, Billy Rose Theatre Division, New York Public Library for the Performing Arts [Adressat nicht eindeutig zuordenbar].

19 Ebd.

20 Seymour Litvinoff an die *New York Times*, 15.02.1961, Living Theatre Records, *T-Mss 1988–005, Billy Rose Theatre Division, New York Public Library for the Performing Arts.

21 Vgl. zu den Regularien: Actors' Equity Association, „Amendments to Equity rules governing employment as applied to Off-Broadway productions, effective September 1, 1957", Living Theatre Records, *T-Mss 1988–005, Billy Rose Theatre Division, NYPL.

22 Brief an Judith Malina, 1951, Living Theatre Records, *T-Mss 1988–005, Billy Rose Theatre Division, NYPL [Hervorhebung im Original].

23 Brief an die Actors' Equity Association, 02.11.1951, Living Theatre Records, *T-Mss

1988–005, Billy Rose Theatre Division, New York Public Library for the Performing Arts.

24 Julian Beck, undatiertes Manuskript, Living Theatre Records, *T-Mss 1988-005, Billy Rose Theatre Division, New York Public Library for the Performing Arts.

25 Julian Beck und Judith Malina, Manuskript „The Living Theatre", 1959, *T-Mss 1988-005, Billy Rose Theatre Division, New York Public Library for Performing Arts. Das angeführte Zitat ließe sich als Sinneswandel im Vorgriff auf einen ‚Zeitgeist 1968' und als Versuch interpretieren, sich einem ökonomischen Kontext zu entziehen. Belege, die dieses Argument schwächen, finden sich jedoch zahlreich. So schrieben Beck und Malina, die 1964 bereits ein Theater ohne Eintritt forderten, im Zusammenhang mit der bevorstehenden, in New York stattfindenden Weltausstellung und im selben Jahr ein hohes finanzielles Defizit ausgleichen müssend in einem Statement zur Rettung des Theaters: „With a World's Fair Season ahead, it might turn out to be one of considerable profit, for aside from the artistic community, tourists have been perhaps the largest single category of paying spectators", ein Statement, in dem künstlerische Programmatik und das Ökonomische in Schwingung gebracht werden und sich in ihrer Widersprüchlichkeit zu erkennen geben. Zit. aus Julian Beck und Judith Malina, „Statement October 17, 1963", 17.10.1963, Karl Bissinger Papers, D-189, Department of Special Collections, General Library, University of California, Davis.

26 Jack Gelber, Manuskript „Julian Beck, Businessman", 1986, Mark Hall Amitin / World of Culture for the Performing Arts, Inc. Archive; MSS 121; Fales Library and Special Collections, NYU Libraries.

27 Ebd.

Rezension

■ Sarah Ralfs, *Theatralität der Existenz. Ethik und Ästhetik bei Christoph Schlingensief*, Bielefeld: transcript 2019, 344 Seiten.

Im Angesicht des Todes, so die Ausgangsbeobachtung von Sarah Ralfs, vollzieht sich im Spätwerk Christoph Schlingensiefs eine existentielle Zuspitzung seiner konstitutiven transgressiven und intermedialen Ästhetik. Mit dieser These ist zugleich die leitende Perspektive des Buches artikuliert, die sich nicht auf die Suche nach Brüchen begibt, die das Œuvre vor und nach der Krebsdiagnose in zwei kategorial verschiedene Abschnitte teilen, sondern die Theaterinszenierungen sowie sämtliche öffentliche Äußerungen und Auftritte bis hin zum Operndorfprojekt als „Kristallisationspunkt" (S. 13) betrachtet, in dem sich die seit je vollzogene „Verflechtung von Kunst und Leben und gleichzeitig die Verdichtung von Kunst und Künsten" (S. 13) paradigmatisch zeigt.

Dieser Überzeugung entsprechend verfolgt die Autorin keine isolierte Analyse der infolge der Krebserkrankung entstandenen letzten Inszenierungen ab dem Jahr 2008, sondern bindet ausgewählte Werke in eine Vergleichskonstellation zum vorhergehenden Schaffen ein, um das Modifikationsgeschehen der nunmehr auf die elementare eigene Verletzbarkeit des Künstlers hin projizierten ästhetischen Prämissen exemplarisch durchzuarbeiten. Erklärtes Ziel der Untersuchung ist es, die Relation von Ethik und Ästhetik im Spätwerk auszuleuchten und damit die Weise zu erhellen, in der Fragen des menschlichen Ausgesetzt- und Zusammenseins künstlerisch verhandelt und philosophisch kontextualisiert werden.

Das Buch fächert die titelgebende Verdichtung der selbstreflexiven und metaästhetischen Verfahren hin zu einer ‚Theatralität der Existenz' in fünf Kapiteln auf. Das Vorgehen ist systematisch angelegt und erläutert die Spezifika der theatralen Spiele um Leben und Tod entlang künstlerischer Praktiken. So widmet sich das erste Kapitel der Thematisierung von bild- und aktionskünstlerischen Verfahren der Avantgarden und Neoavantgarden, das zweite untersucht die Bezugnahme auf die theatrale Aufführungssituation, im dritten Kapitel steht die Funktion des Films im Zentrum. Das vierte und fünfte Kapitel wiederum fokussieren mit der Oper und der Installation ausdrücklich synästhetische und dem Zusammenwirken der Künste verpflichtete Inszenierungsstrategien. Damit erfolgt ein gradueller Perspektivwechsel: Im Bayreuther *Parsifal* (2004–07), der ‚ReadyMadeOper' *Mea Culpa* (2009) sowie dem in den *Animatographen* materialisierten totalen Installationskonzept sieht die Autorin v. a. eine produktive Reibung mit Wagners Konzept des Gesamtkunstwerks, die zum Ende des Künstlerlebens zum Indiz „einer Abwendung von einem humanistischen Vitalismus" (S. 309) und darin sogar als mediale Entsprechung seines Sterbens hypostasiert wird.

Die grundlegende methodische Entscheidung, die Gliederung nicht an einzelnen Inszenierungen auszurichten, sondern auf der Folie ästhetischer Strategien Spotlights auf die Thematisierung der prekären Existenz zu richten, erweist sich als wertvoll, da auf diese Weise topologische Schwerpunkte der Verarbeitung persönlichen und künstlerischen Materials gesetzt und ins Gesamtwerk eingeordnet werden. Den fundierten Analysen ist ein konziser Abriss zu Schlingensiefs Werkgenealogie sowie eine kunstphilosophische Verortung als „negative Gattungsästhetik" (S. 24–27) vorangestellt, mit der das in der neo-/avantgardistischen Tradition stehende übergeordnete Charakteristikum von Schlingensiefs Kunst exponiert wird: Die Sprengung von Grenzziehungen künstlerischen Handelns.

Das die Auseinandersetzung mit neo-/avantgardistischen Programmatiken und Verfahrensweisen beleuchtende erste Kapitel des Buches ist zugleich das umfangreichste. Nicht nur das experimentelle Wiederholen und Durchspielen entsprechender Praktiken, nicht nur die expliziten wie verfremdenden Referenzierungen auf kanonische Aktionen und Performances, son-

Forum Modernes Theater, 33/1-2, 231–232.
Gunter Narr Verlag Tübingen

DOI 10.24053/FMTh-2022-0018

dern auch die forcierte Einbindung der Künstler-Person in seine Inszenierungen gelten der Autorin als Exempel für die ubiquitäre Bezugnahme auf die historische Tradition einer Entgrenzung der Kunstpraktiken. Detail- und geistreich sowie mit einer Vielzahl an informativen kunsttheoretischen und -historischen Einlassungen ergänzt, zeigt die Lektüre von *ATTA ATTA – Die Kunst ist ausgebrochen* (2003) eindrücklich, wie die performativ vollzogene Kunst über Künste „neue Kunst-Welt-Relationen" (S. 46) entstehen und den mit ironisch gebrochener Geste inszenierten Schauplatz von Kunstgeschichte(n) überdies mit einer Familienfarce korrelieren lässt, um den Topos von ‚Kunst und Leben' *au second degré* zu thematisieren.

In der anschließenden Betrachtung von *Eine Kirche der Angst vor dem Fremden in mir* (2008) liegt der Akzent ebenso auf der transmedialen Dimension der bestimmenden Einflüsse – vornehmlich des Fluxus, der in der paradoxen Gattungsbezeichnung ‚Fluxus-Oratorium' aufgerufen wird –, die nunmehr allerdings potenziert erscheinen, indem sie zu Chiffren der labilen Künstler-Existenz umgeformt werden. Besonders deutlich – darin ist Ralfs auf einer Argumentationslinie mit der jüngeren Forschungsliteratur – zeigt sich Schlingensiefs persönliche Aneignung künstlerischer Gesten in der Umwertung christlicher Erlösungsethik in ein radikales Autonomiebekenntnis im Zeichen des Fluxus (bes. Joseph Beuys).

Das ‚Fluxus-Oratorium' nimmt in Ralfs Argumentation für die metaästhetische Selbstreflexion und -inszenierung in Schlingensiefs Spätwerk eine Schlüsselrolle ein. Als „Ethik der Theater-Aufführung" (Kap. II) beschreibt sie im Rekurs auf deren spezifische Medialität, Performativität, Semiotizität und Ästhetizität die wechselseitige Dynamik des im Zentrum der Inszenierung stehenden Zeigens der eigenen Verwundbarkeit, das an die Präsenz des Publikums appelliert. Dadurch erhält das „fundamentale Ingemeinschaftstehen" (S. 156) in der Inszenierung einen existentiellen Doppelsinn: Das theatrale Dispositiv der Ko-Präsenz wird zugleich zur Metapher für das Leben selbst, das auf dem Spiel steht.

Demgegenüber erfüllt das ebenso konstitutive Medium Film eine gänzlich andere Funktion (Kap. III). Auf Basis medientheoretisch informierter, kluger Analysen weist die Autorin darauf hin, dass die Vielzahl an filmischen Materialien, mit der die Existenz des Protagonisten Schlingensief codiert wird, ein medienreflexives Spiel um An- und Abwesenheit, um Selbst- und Fremdreferenz, um Vergangenheit und Gegenwart in Gang setzt, das sich zum rituell angeeigneten theatralen Prinzip von gemeinsam geteilter Zeit gegenwendig verhält. Auf die ästhetischen und ethischen Implikationen der aus diesem Wechselspiel hervorgehenden augenscheinlichen Überproduktion von Erscheinungsweisen des sterbenden Ichs hingegen geht Ralfs dabei weniger ein. Daran zeigt sich nicht zuletzt auch die affirmative Tendenz im gesamten Argumentationszusammenhang, die sämtliche Gesten ‚im Sinne' des Künstlers sowohl als Belege für eine ästhetische Sprengung wie als ethischen Appell für menschliche Verbundenheit aufsammelt, sich in dieser Idealisierung aber gegen eine kritische Durchdringung der paradoxen Inszenierung eines im Zeichen des Geniekults stehenden performativen Maximalismus (bis hin zum Vermächtnis des Operndorfs) immunisiert.

Außer Frage steht, dass die Publikation durch einen genauen Blick und die Fähigkeit zur theoretischen Kontextualisierung besticht und nicht nur ein Gewinn für die Forschung zu Schlingensiefs Werk, sondern auch anschlussfähig für Fragen zur Ästhetisierung der Existenz ist.

München   JOHANNA ZORN

■ Astrid Schenka, *Aufführung des offen Sichtlichen. Zur Poesie des Mechanischen im zeitgenössischen Theater*, Bielefeld: Aisthesis Verlag 2020, 269 Seiten.

Die Offenlegung von theatralen Prozessen ist eine wichtige Inszenierungsstrategie im Gegenwartstheater: Das Aus-der-Rolle-Fallen der Performer*innen/Schauspieler*innen oder der Einsatz von Expert*innen des Alltags können als Versuche gelesen werden, den dahinterliegenden Theaterapparat sichtbar zu machen. Dazu zählt

Forum Modernes Theater, 33/1-2, 232–234.
Gunter Narr Verlag Tübingen

DOI 10.24053/FMTh-2022-0019

auch der Forschungsgegenstand, dem sich die Theaterwissenschaftlerin, Dramaturgin und Übersetzerin Astrid Schenka in ihrer Publikation widmet: Die Ausstellung des Mechanischen in Objekttheaterinszenierungen. Schenka untersucht dafür ausgewählte Produktionen des Gegenwartstheaters aus Frankreich, Deutschland und der Schweiz, bei denen Objekte im Zentrum stehen, womit genaugenommen ausschließlich solche Objekte gemeint sind, deren Konstruktion nicht verdeckt, sondern ausgestellt ist, um so „den Vorgang der Bewegung als gleichwertigen Teil der Aufführung [zu zeigen]" (S. 13).

Schenkas Verwendung des Begriffs Objekttheater kann bisweilen irreführend sein, da sie damit sämtliche Inszenierungsstrategien meint, in denen Objekte (damit auch Puppen) zentral gesetzt werden, während das im Figurentheaterbereich etablierte Verständnis bestimmte Ästhetiken umfasst, bei denen mit Alltagsgegenständen inszeniert wird. Entsprechend bezieht sich diese Untersuchung sowohl auf Figurentheaterinszenierungen als auch auf Mechanisches Theater und performative Installationen. Damit leistet Schenkas Publikation nach Kathi Lochs Veröffentlichung *Dinge auf der Bühne* (2009) erstmals wieder aus dem deutschsprachigen Raum einen wissenschaftlichen Beitrag zu Dingphänomenen im Gegenwartstheater.

Zentrale Gegenstände sind das Objekt im Gegenwartstheater und das mittels einer technischen Vermittlung realisierte Verhältnis zwischen Mensch und Ding. Diese Vermittlungsarbeit wird von der Autorin als „mechanisch" beschrieben, „sowohl das Material und seine Bewegungen als auch die Anordnungen innerhalb der Inszenierungen betreffend" (S. 13). Charakteristisch ist die „wenn/dann-Wirkungskette" (S. 13) eines technischen Ablaufes, deren Wahrnehmung sich in einem Spannungsfeld zwischen „Wiederholung und Differenz" (S. 13) abspielt. Verhält sich ein Ablauf nicht gemäß der Erwartungshaltung, so Schenka, eröffnen sich Leerstellen, die „das aktive *Befüllen* [...] durch die Zuschauerin" (S. 14) ermöglichen. Aufgrund dieser (bewusst inszenierten) Auslassungen entfaltet sich die Wahrnehmung des Poetischen, definiert als „Korrelation aus Konkretheit und Unkonkretheit" (S. 14).

In der 2019 an der Freien Universität Berlin angenommenen Dissertation wird näher ein-

gegangen auf Arbeiten der Gruppen Royal de Luxe (*Das Wiedersehen von Berlin*, 2009) und La Machine (*Le Grand Eléphant*), sowie Heiner Goebbels *Stifters Dinge* und Zimouns *Mécaniques remontées*, deren Analyse das Kernstück des Buches bildet.

Im ersten Teil werden anhand der Produktion *Das Wiedersehen von Berlin* und der eingesetzten Riesenmarionetten die Besonderheiten des Mechanischen aufgezeigt, indem Bewegungssequenzen der Figur der Kleinen Riesin analysiert werden. Gerahmt wird das Kapitel von Überlegungen zu künstlichen (Theater-)Körpern bzw. Marionetten und deren Funktionsweise. Auch wenn die Forschungsarbeit sich nicht vordergründig auf figurentheatrale Phänomene beschränkt, bezieht sich Schenka immer wieder auf Phänomene und Theorien, die im Kontext dieser Theaterform entstanden sind: Insbesondere das Spielprinzip der offenen Manipulation (die die sichtbare Kopräsenz von Spieler*in und Spielobjekt bezeichnet und damit ein für das Figurentheater charakteristisches Prinzip der Offenlegung der Spielprozesse markiert) wird für die Untersuchung der Wirkung des Mechanischen herangezogen. Damit wird jene Form der mittels technischer Vermittlung umgesetzten Verbindung zwischen Mensch und Objekt zu fassen versucht, die „nicht nur bewusst offengelegt, sondern auch inszeniert" wird (S. 107).

Ergänzt werden diese Analysen zum Mechanischen und ‚offen Sichtlichen' (so auch der Untertitel des Buches) anhand Ausführungen zu Goebbels *Stifters Dinge*, einer Produktion, die sich gerade durch die scheinbare Abwesenheit von Menschen auszeichnet. Mit der performativen Installation – in welcher verschiedene Klangapparaturen in einem definierten Ablauf funktionieren – wird nicht ein Resultat, sondern ein Prozess ausgestellt, der kein eindeutiges Bedeutungsangebot macht. Durch ambivalenten Sinn der Installation wird der Wahrnehmungsprozess selbst thematisiert und aufgedeckt. Schenka nimmt dies zum Anlass, um eine Auseinandersetzung mit der Mechanik der Wahrnehmung durchzuführen und Überlegungen zur Produktion mit solchen zur Rezeption zu verquicken: Die Autorin zeigt anhand der Klangapparaturen, dass die Mechanik der Wahrnehmung, wie auch die Mechanik der Dinge auf einer „wenn/dann-Wirkungskette" (S. 175) aufbaut, wobei die inszenierten Leerstellen eine besondere Rolle spielen.

Im zweiten Teil wird anhand der Klanginstallationen des Schweizer Klangkünstlers Zimoun die Varianz des Mechanischen untersucht: Dies meint die „Eigentümlichkeit" (S. 208) der Materialien und Objekte, die Unvorhergesehenes zu evozieren vermag, genauso wie Momente des Nicht-Funktionierens oder „Misslingen[s]" (S. 222). Grundlage sind die bewusst gesetzten Leerstellen in den Produktionen, die gerade erst die aktive Wahrnehmung ermöglichen. Die Wirkung ist jene des Poetischen. Diese wird erst im letzten Teil näher erläutert, der argumentiert, dass sich das Poetische nicht in der Wiederholung, sondern gerade in der Wahrnehmung der Varianz eines mechanischen Ablaufs materialisiert. Das Poetische, definiert als „Korrelation von Konkretheit und Unkonkretheit, das eng mit dem Anordnungsmerkmal der leeren Zentren korrespondiert" (S. 251), findet sich so in Schenkas Analysen des Mechanischen wieder.

Die äußerst ausführlichen Inszenierungsbeschreibungen sowie die Beschreibung der Arbeitsweise und Einbettung anderer Werke der untersuchten Theatermacher*innen sind teilweise ausufernd. Indem sie nicht nur die ausgewählten Inszenierungen in die Untersuchung einbezieht, sondern auch die Arbeitsweise und das restliche Werk der jeweiligen Gruppen, trägt die Autorin allerdings zum Diskurs über Arbeitsprozesse im Gegenwartstheater bei.

Durch die Auswahl der Inszenierungsbeispiele vermag Schenka das bisher nahezu ausschließlich als historisches Phänomen betrachtete Mechanische Theater, das sie unter dem Begriff Objekttheater greift, als Phänomen des Gegenwartstheaters zu platzieren. Sie zeigt auf, wie reich dieses inter- und transdisziplinäre Forschungsfeld ist, indem sie den Einsatz von bewegten Objekten in unterschiedlichen Theaterformen wie Figurentheater, Mechanischem Theater oder performativen Installationen untersucht. Darüber hinaus werden Produktionen analysiert, die im deutschsprachigen Raum bisher kaum besprochen wurden, wodurch Schenka neben ihrer ungewöhnlichen Perspektive auf das Mechanische und Poetische der Forschung einen neuen wesentlichen Beitrag hinzufügt. Dass die Inszenierungsstrategie der offenen Manipulation

als Konzept fruchtbar gemacht wird, um die Offenlegung der Theatermittel in Inszenierungen mit Objekten zu untersuchen und so zu zeigen, dass figurentheatrale Phänomene wichtige Elemente des Gegenwartstheaters sind, ist ein Verdienst von Schenkas Arbeit.

Bern   FRANZISKA BURGER

■ Leon Gabriel, *Bühnen der Altermundialität. Vom Bild der Welt zur räumlichen Theaterpraxis*, Berlin: Neofelis 2021, 351 Seiten.

Es gibt wissenschaftliche Monografien, die sich einen überschaubaren Gegenstand suchen und diesen durchdeklinieren. Hierbei stehen die Vertiefung und die Ausbreitung eines eingegrenzten und überschaubaren Feldes im Vordergrund, das sich die Leser*innen in der Lektüre erarbeiten. Was aber, wenn dieser Gegenstand die Welt ist und dabei nicht nur die eine Welt, sondern eine Auffassung von Welt als Multi- und Pluriversum? Wie groß ist dann dieses Feld und wo eigentlich werden Leser*innen abgeholt und hingeführt? Dass Leon Gabriel sich nicht mit der einen Welt zufriedengibt, ist dem Titel seines Buches *Bühnen der Altermundialität. Vom Bild der Welt zur räumlichen Theaterpraxis* nicht direkt zu entnehmen. Lässt doch die Eingrenzung auf die Bühne etwas anderes vermuten, weil seine Wortkreation *Altermundialität* nur vage Assoziationen einer anderen Welt evozieren. Bezeichnend ist, dass Gabriel Johann Amos Comenius *Orbis Pictus* in seinem zweiten Kapitel heranzieht, um die Differenz von Bild und Sprache als Mittel der Weltanschauung zu verhandeln. So steckt im Werk von Comenius der Anspruch, die Welt als Ganzes in Form eines Schulbuchs emblematisch zu fassen und vermittelbar zu machen. Die dabei vor- und dargestellte Welt ist recht überschaubar, dennoch aber mit dem Anspruch zu Papier gebracht, allumfassend zu sein. Diesem Weltbild stellt sich Gabriel und sein Werk entgegen. Vielmehr erweckt er in sieben Kapiteln sein Konzept von Altermundialität zum Leben

DOI 10.24053/FMTh-2022-0020

und geht hier alles andere als einschließend, abrundend oder mit dem Anspruch allumfassend zu sein vor. Sein Werk brilliert und fordert gleichermaßen durch seine Komplexität, Vielschichtigkeit und Offenheit heraus. Daher kann und will ich im Rahmen dieser Besprechung nicht auf Einzelheiten seiner Argumentation eingehen, sondern ziehe es vor, mich auf die Struktur und die damit verbundene implizite Zielsetzung zu konzentrieren.

Der strukturelle wiederkehrende Rahmen des Buches besteht aus einer Verwebung von drei Schichten. Zum einen zieht Gabriel Beispiele aus dem weiten Feld des Theaters und der performativen Künste heran. Seine Beschreibungen der Aufführungen und Ereignisse, mit sehr genauen Beobachtungen und teilweise überraschenden Ableitungen, dienen als Türöffner für eine sehr viel breiter angelegte Betrachtung, deren Ziel es ist „die Möglichkeit der Pluralität von Welten und die Bezugnahme auf diese in theatralen Praktiken" (S. 221) zu eröffnen. Das setzt er um, indem er den deskriptiv am konkreten Gegenstand eingeführten ästhetischen Praktiken, eine sich abstrakt öffnende philosophische Auseinandersetzung anschließt. Hierbei nimmt Gabriel vorwiegend Bezug auf französische Poststrukturalisten: So bezieht er sich beispielsweise neben Michel Foucault, Jacques Derrida, Gille Deleuze auch auf deren nähere und teilweise fernere Bezugsquellen wie Martin Heidegger, Walter Benjamin oder Hannah Arendt. Dieses beides zieht Gabriel in einer dritten Schichtung zusammen, um seinen Ansatz der Altermundialität weiträumig zu umkreisen. Denn tatsächlich handelt es sich um ein Umkreisen dieses Begriffs, der nur bedingt bestimmt wird. So wird Altermundialität zum Beispiel in Abgrenzung zu einem teleologisch ausgerichteten Moderneverständnis einer sich vereinheitlichenden globalisierten Welt vorgestellt und als „Mannigfaltigkeit an Welten" herausgehoben, die die „Fiktion der einen Welt samt ihrem Ziel in Frage" (S. 221) stellt. „Altermundialität beschreibt die Möglichkeit der Vielheit von Welten anstelle eines Einheitsraumes der einen Welt. Dies meint

aber kein ‚Ding in der Welt', sondern ein Anderes-Denken zugunsten einer immer stattfindenden unaufhaltbaren Verzweigung" (S. 311). Ausgehend von der greifbaren Konkretheit der Beispiele über eine weitere konkrete, aber die Beispiele abstrahierende Bezugnahme auf philosophische Theorien bis hin zur schlussendlich öffnenden Synthese beider, wird eine Struktur geschaffen, die Altermundialität nicht nur beschreibt, sondern zum Strukturmerkmal des Textes macht und zum wesentlichen Teil der Leseerfahrung werden lässt.

So sehr die konsequente Übertragung des eigenen theoretischen Ansatzes auf die Komposition des Buches und seiner Leseerfahrung zu bewundern ist, wird sie auch zur Herausforderung. Gabriel geht in seinem hochgradig komplexen Buch ein extrem hohes Wagnis ein, in der Überlagerung diverser Schichten und dem darin gesetzten Ziel, selber der Vielheit der konkreten wie abstrakten Welten gerecht zu werden. Der damit verbundene Mehrwert ist, dass er – teilweise vorauseilend, vielleicht auch antizipierend–, Globalisierung in seinem theoretischen Gewebe aus den Fängen einer vermeintlich – trotz aller auszumachender Pluralität – geschlossenen Weltanschauung herauslöst. Dieses Unterfangen schafft aber auch viele Stolpersteine. Als Leser*in wird man mit all diesen Pluriversen – ihren Differenzen, stilistischen Charakteren, methodischen Grundlegungen oder auch philosophischen Welten(anschauungen) – überfrachtet und manchmal auch ratlos abgehängt. Ein Eintauchen in die von Gabriel geschaffene Welt ist kaum möglich, wird man doch vor die Herausforderung gestellt, sich immer wieder von Neuem in das Andere und Fremde hinein begeben zu müssen, wenn man einen Fuß in die diskursive Tür bekommen will. Hierbei fühle ich mich an Theatererfahrungen erinnert, in denen ich als Zuschauer auf Distanz gehalten werde und der kritisch distanzierende Anteil, die auch mögliche pluriversale Erfahrung übertüncht und verdrängt. Ein solches Distanziertwerden löst bei mir weniger eine Öffnung für das Andere aus, sondern eher eine Demut gegenüber den verhandelten Gegenständen. Im schlimmsten Fall erlebe ich das Präsentierte als Überheblichkeit oder es kommt das Gefühl auf, dem an mich gerichteten Anspruch nicht gewachsen zu sein.

Bühnen der Altermundialität ist kein Buch über Theater, sondern ein Buch, das Theater zur Projektionsfläche, zum Erfahrungsraum oder auch zum exemplarischen Gegenstand macht, mit dem in Anlehnung an philosophische Diskurse die Welt als eine pluralisierte, als ein Multiversum beschrieben wird, bei der die üblichen Aspekte einer ordnungsliebenden Betrachtung von Zuschauer*innen versus Aktuer*innen, Liveness oder Kopräsenz etc. (vgl. S. 127) aus dem Fokus rücken. Für Gabriel liegt vielmehr „die politische Aufgabe eines Denkens, dass [sic!] der Pluralität Rechnung tragen will, darin, dem Chaos keine neue Ordnung oder Gründung gegenüberzustellen, sondern sich auf selbiges einzulassen, sich ins Chaos zu versenken" (S. 288 f.) Wer sich auf Entdeckungsreise begeben will, die einerseits einen Einblick in Gegenwartstheater gibt und in eine Vielzahl von künstlerisch-performativen Ansätzen, wer sich nicht scheut auf Basis der Stückbeschreibungen, sich auf analytische Pfade dieser in das Pluriversum philosophischer Diskurse hineinzubegeben und sich dabei einem sich öffnenden Begriff von Welt, Globalisierung und Pluralität widmen will, für den und die ist diese Lektüre ausgesprochen bereichernd. Nicht immer sollte man erwarten, die dort aus- und dargelegten Zusammenhänge direkt erfassen zu können, aber auch das ist Teil der entwickelten Altermundialität, denn Verstehen hat immer auch schließende und oft auch ausschließende Wirkungen, gerade dann, wenn sich aus dem Verstehen geschlossene Ideologien ergeben und eben keine öffnende Vielheit geschaffen wird. Genau dies erreicht Gabriels Buch, es erschafft ein pluriversales Feld von Theater-Welten.

Wuppertal   Christoph Rodatz

Autorinnen und Autoren

Maya Arad Yasur is a PhD candidate at Tel-Aviv University. Her research, supervised by Prof. Gad Kaynar Kissinger and Prof. Kati Röttger, deals with the potential of narratology to serve as a dramaturgical matrix for performance analysis. Maya is also a playwright known for her knotty and complex fractured narratives. Her plays (among others: *Amsterdam, Suspended, God Waits at the Station*) are published and staged worldwide.

Franziska Burger promovierte am Institut für Theaterwissenschaft der Universität Bern mit einer Arbeit zum gegenwärtigen Figuren- und Objekttheater. Aktuell arbeitet sie als Wissenschaftliche Mitarbeiterin an der Hochschule der Künste Bern.

Lily Climenhaga promovierte mit einem joint PhD in Performance Studies (University of Alberta, Edmonton, Canada und Ludwig-Maximilians-Universität, München). Ihre Forschungsschwerpunkte sind das deutschsprachige Theater der Gegenwart und die Produktionen Milo Raus. 2013 erhielt sie den BA in Drama and History, 2015 den MA in Drama an der University of Alberta mit einer Arbeit über den Dramatiker Marius von Mayenburg.

Terao Ehito ist ein japanischer Theaterwissenschaftler. Er studierte Theaterwissenschaft und Germanistik an der Universität Waseda (Tokio) und der Universität Keio (Tokio). Von 2015 bis 2019 war er DAAD-Forschungsstipendiat am Institut für Theaterwissenschaft an der Universität Leipzig. Seit 2021 ist er Dozent an der Universität Hokusei-Gakuen (Sapporo). Sein Forschungsprojekt zur Promotion widmet sich den schauspielerischen Praktiken des japanischen Theaters der 1960er Jahre. Neben seinen wissenschaftlichen Arbeiten ist er in der Performancegruppe Asubu-Kikaku als Schauspieler und Dramaturg tätig.

Wolf-Dieter Ernst ist Professor für Theaterwissenschaft an der Universität Bayreuth. Seine Forschungsschwerpunkte sind die Intermedialität von Theater und Performance sowie die Schauspieltheorie und -geschichte vom 18. bis zum 21. Jahrhundert.

Gulistan Gursel-Bilgin is an Assistant Professor at Bogazici University, Istanbul, Turkey. She graduated from English Language Teaching Department at Middle East Technical University in 2005 (BA FLE), and completed her master's degree (MA ELT) in 2009 in the same department. During her PhD and postdoctoral studies in the department of curriculum and instruction at Indiana University-Bloomington, she conducted research in peace education practices in the USA, and taught courses on teacher education, peace education, and multicultural education. Her dissertation received the John Laska Outstanding Successful Dissertation Award by the American Association for Teaching and Curriculum (AATC).

Anja Klöck ist Professorin für Schauspiel an der Hochschule für Musik und Theater in Leipzig. Sie studierte Sprechtheaterregie, Theaterkünste und Theaterwissenschaft an den Universitäten in Canterbury, München und Minneapolis und arbeitet in den Bereichen Regie, Schauspiel, Performance und Dramaturgie. Ihre Forschungsschwerpunkte sind Schauspieltheorie und -historiografie seit der frühen Neuzeit, die Schauspielausbildung in Deutschland nach 1945, Theater und Kalter Krieg, die historische Avantgarde und das Gegenwartstheater.

Katja Meroth, M. A. ist wissenschaftliche Mitarbeiterin an der LMU München. Seit 2019 promoviert sie zu der Frage, ob sich ein sog. enkulturativer Bruch als Erklärung für den Publikumswandel im deutschen Musiktheaterpublikum nachweisen lässt und wie diesem entgegengewirkt werden kann. Ihre Arbeit setzt an der Schnittstelle von Theaterwissenschaft, Interkultureller Kommunikation sowie Soziologie an. Zuvor hat Katja Meroth Bachelor und Master der Theaterwissenschaft sowie ein Zertifikatsstudium der interkulturellen Kommunikation an der LMU in München abgeschlossen.

Forum Modernes Theater, 33/1–2, 237–239.
Gunter Narr Verlag Tübingen

DOI 10.24053/FMTh-2022-0021

Nora Niethammer studierte Theaterwissenschaft, Neuere deutsche Literaturwissenschaft und Komparatistik in Bayreuth, Rennes und München. Von 2010 bis 2016 arbeitete sie als wissenschaftliche Mitarbeiterin an der Theaterwissenschaft der Universität Bayreuth. In ihrer Dissertation beschäftigt sie sich mit kollektiven Arbeitsprozessen in der darstellenden Kunst seit den 1960er Jahren.

Daniel Rademacher ist seit März 2021 Professor für Dramaturgie am Institut Schauspiel der Kunstuniversität Graz. Zuvor war er wissenschaftlicher Mitarbeiter am Institut für Medien und Kulturwissenschaft der Heinrich-Heine-Universität Düsseldorf. In seiner Promotion mit dem Titel *Spielbeziehungen und das Zwitschern des Theaters* hat er Beziehungen zwischen Schauspielenden aus medienkulturellen Perspektiven in Theorie und Praxis des Theaters befragt. Als Dramaturg arbeitet er im zeitgenössischen Tanz und in der Performance Art, u. a. für die israelische Choreographin Reut Shemesh und die belgische Compagnie Irene K.

Christoph Rodatz ist Juniorprofessor für Medienästhetik und Studiengangsleiter des Masterstudiengangs Public Interest Design an der Bergischen Universität Wuppertal. Parallel arbeitet er künstlerisch im Feld medialer, performativer und partizipativer Künste.

Raimund Rosarius ist wissenschaftlicher Mitarbeiter am theaterwissenschaftlichen Institut der LMU München. Seine Arbeit wird gefördert durch das Marianne-Plehn-Programm des Elitenetzwerks Bayern und durch die Studienstiftung des deutschen Volkes. Er lehrt außerdem im Bereich Tanzwissenschaften an der Paris Lodron Universität Salzburg. Auf ein Bachelorstudium der Theater-, Film- und Medienwissenschaft an der Universität Wien folgte ein Masterstudium der Theorie und Praxis von Regie an der Central Academy of Drama in Peking. Seine Masterarbeit sowie seine Abschlussinszenierung legte Rosarius auf Mandarin ab. Neben der Wissenschaft war Rosarius als Kurator, Autor, Regisseur, Schauspieler und Performance Künstler tätig.

Gerald Siegmund ist Professor für Angewandte Theaterwissenschaft an der Justus-Liebig-Universität Gießen. Zwischen 2005 und 2008 war er Assistenzprofessor am Institut für Theaterwissenschaft der Universität Bern. Von 2015 bis 2018 leitete er das DFG-Projekt „Theater als Dispositiv". Er ist Mitglied der dezentralen DFG-Forschungsgruppe „Krisengefüge der Darstellenden Künste". Zu seinen Forschungsschwerpunkten zählen Theater seit den 1960er Jahren, Theatertheorie, Ästhetik, Entwicklungen im zeitgenössischen Tanz und im postdramatischen Theater im Übergang zur Performance und zur bildenden Kunst.

Sebastian Stauss forscht zu Musiktheatervermittlung seit 2018 als Postdoc im Teilprojekt „Die dritte Ebene" der DFG-Forschungsgruppe „Krisengefüge der Künste" am Institut für Theaterwissenschaft der LMU München. Aufsätze und Artikel veröffentlichte er z. B. bei edition text+kritik (2021 mit Elfi Vomberg und Anna Schürmer als Mitherausgeber des Sammelbandes *Krise – Boykott – Skandal*), in *MGG Online*, *The Cambridge Wagner Encyclopedia*, *Laaber Lexikon der Gesangsstimme*, *wagnerspectrum* und *Studies in Musical Theatre*.

Berenika Szymanski-Düll ist Professorin für Theaterwissenschaft mit dem Schwerpunkt transnationale Theatergeschichte an der LMU München. Ihre Forschungsinteressen umfassen Mobilität und Migration, Theater und Gesellschaft, Theatralität von Protesten sowie Performance Art in Osteuropa. Aktuell leitet sie das vom European Research Council geförderte Forschungsprojekt „T-MIGRANTS" (www.t-migrants.com).

Anna Volkland studierte Dramaturgie in Leipzig und Tanzwissenschaft in Berlin, 2008 erhielt sie das Marie-Zimmermann-Stipendium für junge Dramaturg*innen. Arbeit als freie und Stadttheater-Dramaturgin, Autorin für Tanz- und Theatermagazine. Von 2014 bis 2020 war sie wissenschaftliche Mitarbeiterin an der Universität der Künste Berlin am Studiengang Schauspiel, wo sie zur Geschichte von Institutionskritik im deutschen Stadttheater seit den späten 1960er-Jahren (BRD, DDR) und deren gegenwärtigen Formen zu forschen begann. Seit 2019 lehrt sie auch an der Hochschule für Schauspielkunst „Ernst Busch" Berlin. Texte und Vorträge u. a. zur jüngeren Stadttheatergeschichte, zu Machtstrukturen, Transformationsprozessen, demokratischer Theaterarbeit.

Hanna Voss ist wissenschaftliche Mitarbeiterin im Bereich Theaterwissenschaft an der Johannes Gutenberg-Universität Mainz. Nach bzw. parallel zu ihrem Studium der Theaterwissenschaft, AVL sowie Wirtschaftswissenschaften hat sie im Rahmen des theaterwissenschaftlichen Teilprojekts der Mainzer DFG-FOR 1939 „Un/doing Differences" (2013–2019) zur Institution des deutschen Sprechtheaters mit Fokus auf Humandifferenzierungen nach Ethnizität empirisch wie historiographisch geforscht. Weitere Forschungsschwerpunkte und -interessen: Institutionen- und Organisationstheorie, Verbindung aufführungsanalytischer und ethnographischer Verfahren.

Meike Wagner ist Professorin für Theaterwissenschaft an der Universität Stockholm. Sie hat an der Universität Mainz mit *Nähte am Puppenkörper. Der mediale Blick und die Körperentwürfe des Theaters* (Bielefeld 2003) promoviert und 2011 an der LMU mit der Schrift *Theater und Öffentlichkeit im Vormärz. Berlin, München, Wien als Schauplätze bürgerlicher Medienpraxis* (Berlin 2013) habilitiert. Sie war an den Universitäten Mainz und München als wissenschaftliche Mitarbeiterin tätig. Meike Wagner ist Redaktionsmitglied bei *Double. Magazin für Puppen-, Figuren- und Objekttheater* (in Koop. mit *Theater der Zeit*). Seit 2018 ist sie Secretary General der International Federation for Theatre Research.

Johanna Zorn promovierte als Mitglied des interdisziplinären Promotionsprogramms ProArt der LMU München über Christoph Schlingensiefs letzte Bühnenarbeiten: *Sterben lernen: Christoph Schlingensiefs autobiotheatrale Selbstmodellierung im Angesicht des Todes*, Tübingen 2017. Seit Oktober 2016 ist sie als Akademische Rätin a. Z. am Institut für Theaterwissenschaft der LMU München tätig. Zuletzt erschienen ist der gemeinsam mit Ulf Otto herausgegebene Band: *Ästhetiken der Intervention. Ein- und Übergriffe im Regime des Theaters*, Berlin 2022.